大垣城の乾櫓（左）と天守（鈴木元提供）

旧国宝天守は昭和 20 年 7 月，第二次大戦の空襲で焼失するが，昭和 34 年に大垣城郷土博物館として外観復元された。周囲には後に復元・修景整備された櫓や門が所在する。

松尾山城主郭部の桝形虎口

松尾山城は石田三成が毛利輝元を迎え入れるために築いた本格的な陣城である。写真は主郭の見事な桝形虎口である。

加納城近世加納城本丸全景（岐阜市教育委員会提供）

凸字形の城郭プランが特徴の本丸一帯を南上空から撮影。北に中山道が通り，東に荒田川が流れる。中世加納城は本丸直下に埋没している。後方は岐阜城の立地する金華山。

八幡城木造模擬天守と隅櫓

大垣城天守をモデルに建てられた木造模擬天守と隅櫓。標高 350 mの山頂に立地。城域中心部は天守台を中心に松の丸・桜の丸等からなる。天守は昭和 8 年，大垣城を元に木造で模造復元された。最上階からは郡上市街を一望できる。

苗木城空中写真（中津川市提供）

北西上空から撮影。城は花崗岩の岩山に立地し，岩の間に石垣をめぐらし曲輪を造成する。山頂天守台には懸造りの柱梁建物が復元されている。後方を流れるのは木曽川。

岩村城空中写真　上空から本丸と城下町を望む（恵那市提供）

南東上空から撮影。城は標高 717 mの急峻な岩山に築かれた。山頂の本丸・二の丸には近世以降の石垣が累々と連なる。北西山麓の城下町には伝統的商家群が多数残る。

松倉城のＢ曲輪石垣（佐伯哲也氏提供）

高さ７～８ｍの高石垣が天守台をはじめとする山頂部を中心に築かれる。石材は２～３ｍの大形のものを含む。写真は天守台直下のＢ曲輪の土台石垣である。

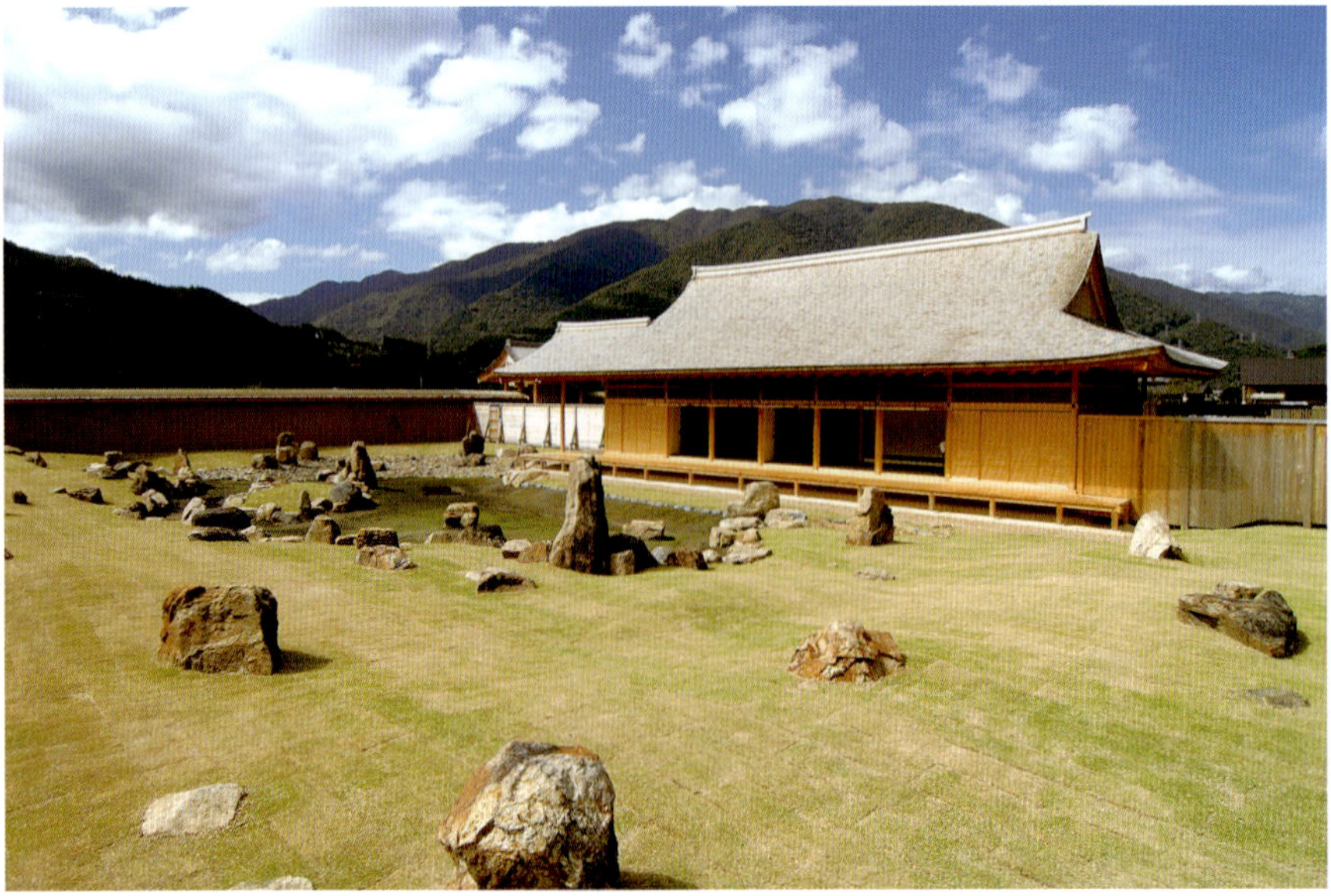

江馬氏下館の復元された会所と庭園（飛驒市教育委員会提供）

発掘調査で見つかった庭園や庭園を鑑賞する会所等の遺構を対象に，学術研究を積み重ねて「中世武家空間の接客空間」を復元することを目的に整備された。

東海の名城を歩く

岐阜編

中井 均・内堀信雄［編］

吉川弘文館

刊行のことば

岐阜県内には八一一ヵ所にのぼる中世城館跡が分布している。平成八年より九ヵ年かけて岐阜県教育委員会が行った悉皆《しっかい》調査の結果である。その内訳は美濃国六四八ヵ所、飛驒国一六三ヵ所となっている。

美濃国は日本列島のほぼ中央部に位置する内陸国である。南北朝時代以降、摂津源氏《せっつげんじ》の庶流である土岐《とき》氏が代々美濃守護となる。戦国時代には守護代の斎藤氏も勢力を伸ばし、さらにその庶流である長井氏も主家を凌ぐ力を持ち、そこに斎藤道三が入り、やがて美濃を統一する。まさに国盗《くにと》り物語のモデルとなった戦国史が繰り広げられた。美濃にはそうした舞台となる山城が数多く残されている。西濃には菩提山城や揖斐城、中濃では大桑城、東濃では明知城といった巨大な山城が構えられた。山間部では篠脇城や二日町城、鶴尾山城のようにコンパクトではあるが畝状竪堀群を構えた山城が集中する。

織豊期には織田信長が斎藤道三の居城であった稲葉山城を引き継ぎ、岐阜城とし、天下布武印を用いて天下統一に乗り出す。信長の石垣、瓦、天主という三つの要素は安土築城以前の岐阜城で萌芽しており、それは日本城郭にとって革命的な変化と言っても過言ではない。また、信長によって森可成《よしなり》が兼山に入れ置かれ金山城を居城とし、東濃支配を行うが、金山城に石垣が導入されるのは天正十二年（一五八四）の小牧長久手《こまきながくて》合戦以後のようである。山城への石垣の導入は信長とは別に大桑城や東殿山城、伊木山城などで確認されており、戦国時代の石垣も美濃の城郭の大きな特徴である。

一方の飛驒国は飛驒山脈の西側に位置する山岳地帯であった。明治九年（一八七六）に岐阜県となるものの美濃との結びつきは弱く、交通の便からは越中との結びつきが強く、飛越地方と呼ばれる場合がある。守護は南北朝以降京極氏が引き継いでいる。その庶流と称する守護代の三木氏は国司姉小路《あねがこうじ》氏の分家であった古川氏の名跡を継ぎ、飛騨の戦国大名となる。飛騨北部では江馬氏が勢力を持ち、姉小路氏とたびたび戦っている。こうした飛騨の戦国時代を象徴するように数多くの山城が構えられた。三木氏は桜洞城を居城とし、後に松倉城、鍋山城、広瀬城なども居城とし、姉小路氏は小島城、古川城、向小島城を居城とし、江馬氏は高原諏訪城を居城とし、将軍邸を模した江馬下館を居館としていた。

こうした飛騨の山城はダイナミックに山を切り盛りして築かれている。垂直に近い切岸、山を切断する堀切、そして巨大な爪で引っ掻いたような畝状竪堀《うねじょうたてぼり》群は見る人を圧倒する。土造りの城の迫力を感じる山城が数多く残されている。

こうした美濃、飛騨の城のなかから今回は六〇城を掲載することとした。その執筆に関しては、城跡の所在する自治体の文化財を担当する職員の方々を中心にお願いをした。また、掲載した縄張図は岐阜県による悉皆調査の際に作成されたものと、今回は飛越地方の山城を精力的に踏査されている佐伯哲也氏作成のものを掲載させていただくことができた。

さて、昨今の山城ブームである。本書はただ読んでいただくためだけではなく、実際に現地を訪れてもらうために編んだものである。その際のガイドブックとして本書を持参していただければ編者としては嬉しい限りである。近年、山城はメジャーになったとは言うものの、まだまだ見学が困難な城跡もある。それらも城跡歩きの楽しみと捉えてほしい。藪漕《やぶこ》ぎ上等である。

二〇一九年十月

中井　均

内堀信雄

目次

岐阜県の城館跡調査と整備

中井　均

岐阜県では数多くの城跡や館跡が発掘調査され、多くの成果をあげている。本稿では発掘調査された城館跡を紹介するとともに、保存整備された城館跡の現状を紹介したい。

【岐阜城の調査】　岐阜城跡は約三五年前の一九八四年より継続して調査が行われている。第一次調査では山麓部の居館前面で巨石を用いた喰違《くいちが》いの虎口《こぐち》が検出された。岐阜城を訪れたルイス・フロイスが『日本史』のなかで「驚くべき大きさの加工されない石の壁がそれを取り囲んでいます」と記している、石の壁を彷彿させるものであった。この石列部分は現在整備され見ることができる。なお、この調査では信長期の下層からも石垣が検出されており、斎藤道三《どうさん》の稲葉山城にともなう居館の石垣と見られる。

岐阜城の山麓居館部ではその後も継続して発掘調査が実施され、石垣によって区画された屋敷地が検出されているが、その特徴としてすべての屋敷地で庭園が検出されている。さらに槻谷《けやきだに》を流れる谷川の巨石は自然の景観だと思われていたのであるが、調査の結果、人工的に配したものであることが判明しており、谷筋を庭園に取り込んでいたことが明らかになった。

岐阜城跡は平成二十三年に国史跡に指定された。今後はこれまでの発掘調査で明らかとなった遺構を整備していくことになるだろう。

【岐阜・美濃地域】　戦国時代の山城では郡上市の鶴尾山城で発掘調査が実施され、城郭構造の全体が明らかになった。主郭では小規模な礎石建物が検出されているほか、曲輪縁辺部に集石遺構が認められたが、これは投石に用いる礫《つぶて》を準備していたものと見られる。もっとも注目されるのは南側斜面に設けられた畝《うね》状竪堀《じょうたてぼり》群である。八条の竪堀が設けられているのであるが、その頂部には腰曲輪《こしくるわ》が構えられており、そこからは一間×二間の櫓と見られる礎石建物が検出されている。畝状竪堀群によって斜面移動を封鎖された敵が、竪堀を登って来たところを頭上より迎撃できる構造となっており、築城の工夫をよく示していた。

各務原市の伊木山城は小規模な山城であったが発掘調査の結果、曲輪の切岸《きりぎし》面で石垣が検出された。織田信長による石垣構築以前の石垣として注目される。岐阜県内では**大桑城**や東殿山城などでも石垣が認められており、城郭への石垣導入の先進地域であることを裏付けた。

【飛騨地域】　高山市の**尾崎城**跡は主郭と副郭の単純な曲輪配置の山城であるが、発掘調査の結果、一四〜一五世紀の中国製青白磁が三〇〇〇点も出土した。なかには水注《すいちゅう》などの威信財や壺、天目《てんもく》茶碗などがあり、二次焼成を被っていた。城の年代に関しては出土遺物の年代と一致しない。単純な曲輪配置ではあるが曲輪の周辺には畝状竪堀群が廻らされており、一六世紀後半に縄張としての構造はいじらずに周辺に畝状竪堀のみを廻らす改修を施したとみられる。飛騨の山中でこれほどの威信財を持つ城主の存在基盤は材木など山に関わるものであったことを示唆する調査となった。尾崎城跡からは明治三十九年に古銭二〇〇キロ余りが発見されており、その一部六四〇枚が現存している。城跡は現在尾崎城跡公園となっており地域の憩《いこ》いの場となっているが、城跡として畝状竪堀群などは放置されたままであり、城跡としての整備でないのは残念である。

鶴尾山城跡で検出された畝状竪堀群

このほか県内では瑞浪市の**鶴ヶ城**跡、八百津町の**和知城**跡などでも発掘調査が行われている。

飛驒では**江馬氏城館跡群**が昭和五十五年に国史跡に指定されている。山城の発掘調査は実施されていないが、江馬氏の下館がほぼ全域調査されている。館跡からは主殿、会所、常御殿の遺構が検出されており、地方の有力国人の館も室町将軍邸を模倣して構えられていたことが明らかにされた。興味深いのは館の前面に薬研堀《やげんぼり》が巡らされていた点である。その西堀の深さ三メートルにおよぶV字の堀は圧巻である。また、館の南面には庭園が配置されていた。洛中洛外図の将軍邸では屋敷の四分の一を庭園が占めており、将軍邸になくてはならない施設であった。それを地方の守護や有力国人も模倣していたわけである。もちろんそこで使用されたのは将軍邸で用いられた京都のかわらけを模倣した手づくねのかわらけであった。貯蔵具の甕《かめ》には珠洲《すず》焼が大量に用いられているのも江馬館の立地を示す遺物として注目される。

江馬氏館跡は調査されるまでは背後の山頂に構えられている**高原諏訪城**に対する山麓居館と認識されていたのであるが、調査の結果、江馬氏館跡は一五世紀後半から一六世紀前半に最盛期を迎え、その後廃絶したようである。ところが高原諏訪城跡の構造は一六世紀後半のものであり、同時に存続していなかったようである。戦国時代の山城と山麓居館という二元的構造論に一石を投ずる調査結果となった。

現在江馬氏館跡では周囲の築地、礼門、会所が復元されている。主殿や常御殿はウッドデッキ状に桟敷《さじき》として位置を示す整備が行われている。現在復元された会所で名月の下で庭園を鑑賞したり、中世の食を復元した膳を庭園を愛《め》でながら食べたり、講演会を催すなどさまざまな活用が行われている。単に復元した建物を鑑賞するだけではなく、活用することが模索されている。

飛驒では江馬氏とともに戦国時代の有力国人である三木氏の居城である下呂市の**桜洞城**が調査されている。桜洞城は一八〇×一四四《メートル》の平城であるが、調査の結果、建物の配列等については不明であったが、出土遺物には中国の梅瓶《メイピン》や酒会壺などの威信財があり、居館的要素の強い施設であったと考えられる。また、そうした遺物が出土した土坑は庭園遺構の可能性もある。

こうした居館の調査で郡上市の**東氏館**跡は重要である。庭園とそれにともなう建物跡が検出されている。東常縁《とうつねより》が文明三年（一四七一）、宗祇《そうぎ》に古今伝授《こきんでんじゅ》を行った地と言われている。現在庭園が整備され、古今伝授の里フィールドミュージアムとしてさまざまな施設が設けられている。そのなかの東氏記念館には東氏館跡より出土した遺物が展示されている。注目されるのは膨大な数の中国陶磁器である。天目や青磁が多く、青花はまったく含まれていない。なお、この東氏館跡の背後に聳《そび》える山が**篠脇城**跡である。城の周囲に畝状竪堀群を巡らせており、臼の目堀と呼ばれている。畝状竪堀群を考えるうえで避けて通れない遺構である。

【東濃・加茂地域】　戦国時代後半から織豊期にかけての城跡調査が多いのも岐阜県の特徴だろう。可児市の**金山城**跡では国史跡指定のための総合調査が実施され、主郭では御殿と見られる礎石建物が検出された。さらに礎石建物は他の曲輪からも検出されており、山城ではあるが、曲輪内部が居住空間となっていたことが判明している。現在のところ出土した瓦はすべてコビキB手法であることより、天正一二年（一五八四）の小牧長久手合戦以後に森忠政《ただまさ》によって改修されたと考えられる。主郭の北端には巨大な桝形虎口《ますがたこぐち》があり、その正面が天守台と考えられていた。平成二十九年より可児市教育委員会と滋賀県立大学でこの天守台の調査を行っているが、穴蔵と考えられる構造の施設があり、その内面石垣が検出されている。

可児市では金山城跡とともに市内に所在する**久々利城**跡、**今城**跡などの保存団体で組織する可児市山城連絡協議会が設立され、各城跡の整備や活用を積極的に行っている。それは地域活性に大きく貢献している。さらに可児市では旧兼山歴史民俗資料館をリニューアルして戦国山城ミュージアムを開館した。

土岐市の**妻木城**跡では山城部分の調査で曲輪の切岸部が石垣によって構築されていることが明らかになるとともに石垣上には多聞櫓《たもんやぐら》が構えられていた可能性を示す礎石《そせき》列が検出されている。また、主郭の虎口が石垣によって構えられた桝形虎口であったことも明らかとなった。こうした遺構は慶長五年（一六〇〇）の関ヶ原合戦以後に改修された段階のものと考えられている。城主妻木《つまき》氏は生え抜きの国人《こくじん》であり、関ヶ原合戦後も本領を安堵された。石高は一万石におよんでおらず身分的には大名ではなく、旗本に属する。しかし元和の武家諸法度や一国一城令は発布されておらず、戦国期と同様に居城を構えたのである。美濃ではこうした事例が他にもある。瑞浪市の小里城では山麓の居館部で発掘調査が行われ、一七世紀初頭の旗本小里氏の居館の一部が確認された。この居館の背後の山が**小里城**跡であるが、この山城にも石垣が用いられており、やはり関ヶ原合戦後に改修されたものである。

恵那市の**明知城**跡は畝状竪堀群などを構える戦国時代の山城であるが、城主である遠山氏はやはり関ヶ原合戦後も本領に留まり、明知城の山麓に陣屋を構えた。妻木城や小里城では山城を石垣で改修するが、明知城では一部石垣を導入しつつも、基本的には戦国期の土の城を維持管理したようである。このように一七世紀初頭の在地の国人の城を考える重要な地域である。

元和元年（一六一五）以後山城は廃城となり、山麓の居館のみが陣屋として機能することとなる。

【近世城郭】 近世城郭の調査事例も紹介しておきたい。岐阜市の**加納城**は岐阜城に変わって慶長七年（一六〇二）に奥平信昌《おくだいらのぶまさ》によって築かれた近世美濃の拠点的城郭である。戦後自衛隊が駐屯していたが昭和五十八年に国史跡に指定された。本丸の発掘調査では明治に撤去された桝形門の石垣基底部が検出されている。また、注目されるのは内堀の調査で堀底に畔《あぜ》状の高まりがいくつか検出されたことである。これは障子堀の痕跡と見られる。堀内障壁としての障子堀は戦国時代の関東の北条氏築城の特徴として捉えられていたが、慶長五年（一六〇〇）の関ヶ原合戦直後の軍事的緊張状態のなかで築城された城郭の堀にも用いられていたことが近年の発掘調査で明らかになった。米沢城、高崎城、小倉城などでも検出されているのであるが加納城も含めて、これらは築城直後の元和以降は維持管理されることなく堀底に埋もれてしまった。

高山市の**高山城**と飛驒市の**増島城**の調査も興味深い。天正十三年（一五八五）に飛驒に入った金森長近《かなもりながちか》は高山城を本城とし、増島城、萩原諏訪城を支城とした。金森氏は関ヶ原合戦後も飛驒の大名として存続したが、元禄五年（一六九二）に出羽上山に国替えとなり、高山は天領となり同八年に高山城は廃された。高山城は高山の町並みを見下ろす標高六八六・六㍍の城山に築かれた山城であったが、廃城にともない破城が行われ、現在では部分的に石垣が残されているに過ぎない。発掘調査は三の丸の堀でも行われたが、大量の建築廃材が出土した。そのうち柿は櫓などの建物の屋根材と見られ、廃城に際して堀内に投棄されたものと見られる。柿のなかには「戸田山城守殿　黒田甲斐守殿」と墨書されたものもあった。高山城跡の調査では築城の年代が明らかになったとともに破城の実態も明らかとなった。

増島城は金森氏による飛驒支配の支城として築かれた。金森長近が古川城を廃して築いた城である。その構造は本丸を中心に一直線上に配置する連郭《れんかく》式の縄張であった。発掘調査ではほぼ縄張通りの構造の石垣基底部と堀が検出された。元和一国一城令以後、金森氏は支城を旅館と呼んで存続させたが、石垣の破壊は高山城と同様に金森氏の国替え後の破城と見られる。現在古川小学校の校舎内に発掘調査の写真などが展示されており、地域学習に活用されているのは喜ばしいことである。

さらに飛驒市では現在戦国時代の飛驒国司であった姉小路氏関連の**古川城**跡、**小島城**跡、野口城跡、**小鷹利城**跡、**向小島城**跡を国史跡に指定するための総合調査を実施しており、古川城跡と小島城跡で発掘調査が行われている。その結果、古川城跡に残る現在の遺構は姉小路氏時代のものではなく、その後に改修を受けた時代のものであることが明らかとなった。しかも本丸の端部に位置する一段高い削平地からは総柱建物の礎石が整然と出土した。本丸端部の櫓台状の土壇から検出されたことより、天守の可能性が高い。

●—古川城跡の主郭で検出された礎石建物

さらに大手の虎口では巨石を鏡石とする石垣を用いた枡形虎口も検出されている。

こうした古川城の構造は、天正十三年（一五八五）に飛騨に入国した金森長近段階に改修されたものと見られる。長近はいったん地域の拠点となっていた城に入って石垣や天守を築き、新たな支配者の入国を誇示し、一段落してから新たな拠点としての城郭を築いたものと考えられる。古川城で検出された遺構もこのような金森氏の築城を物語るものである。古川城の後に築かれた新城が増島城であった。

小島城では発掘調査の結果、山城の西端部で櫓台と見られる部分で巨石を用いた、高さ四メートルにおよぶ高石垣の基底部が検出された。さらに南山麓には三筋の城下の痕跡が認められるが、そこから見上げた主郭の南面にのみ石垣が認められた。石造りの城を誇示したかったことを物語っている。小島城の場合は新たな拠点が構えられるのではなく、一段落した後に増島城に収斂されるのである。

【日本城郭史を展望】　このように岐阜県では数多くの山城で発掘調査が実施され、日本の城郭史を考えるうえで重要な成果をあげている。整備や指定にともなう調査も多く、調査後の整備も現在進行形で進められており、今後の城跡整備に大いに期待したい。

岐阜県内には現在国史跡に指定されている城跡が六ヵ所ある。飛驒市の江馬氏城館跡、姉小路氏城跡、岐阜市の加納城跡、岐阜城跡、中津川市の**苗木城**跡、可児市の金山城跡、大垣市の**西高木家陣屋**跡、郡上市の篠脇城跡、高山市の**松倉城**跡である。

また、岐阜県史跡として、明知城跡・**岩村城**跡（恵那市）、小里城跡・**鶴ヶ城**跡（瑞浪市）、**お茶屋屋敷**跡（大垣市）、北方城跡（北方町）、郡上八幡城跡（郡上市）、高山城跡・**広瀬城**跡・鍋山城跡・高堂城跡・三**仏寺城**跡（高山市）、竹中氏陣屋跡（垂井町）、妻木城跡（土岐市）、**萩原諏訪城**跡（下呂市）、増島城跡（飛驒市）、八神城跡（羽島市）が指定されている。

なお、岐阜県内では高山市の広瀬城跡、高山城跡、山県市の大桑城跡、垂井町の**菩提山城**跡、恵那市の明知城跡が国史跡指定を目指して総合的な調査を開始している。これらの城跡が国史跡に指定される日は近い。

【主要参考文献】岐阜市教育委員会『千畳敷―織田信長居館伝承地の発掘調査と史跡整備―』（一九九〇）、岐阜県文化財保護センター『鶴尾山城跡・深戸遺跡』（一九九二）、各務原市埋蔵文化財調査センター『伊木山城址発掘調査報告書―遺構の範囲確認調査―』（二〇〇三）、丹生川村教育委員会『尾崎城跡発掘調査報告書（第一・二次調査）』（一九九三）、飛驒市教育委員会『飛驒市山城マップ 姉小路編』（二〇一七）、飛驒市教育委員会『史跡江馬氏城館跡 名勝江馬氏館跡庭園保存活用計画書』（二〇一九）、下呂市教育委員会『桜洞城跡発掘調査報告』（二〇一四）、大和村教育委員会『東氏館跡発掘調査報告書』（一九八四）、大和町教育委員会『東氏館跡発掘調査報告書Ⅱ』（一九八九）、可児市教育委員会『金山城跡発掘調査報告書』（二〇一三）、同・滋賀県立大学『国史跡美濃金山城跡発掘調査概報Ⅰ』（二〇一八）、『同Ⅱ』（二〇一九）、土岐市教育委員会『妻木城―妻木城跡・士屋敷跡発掘調査報告書』（二〇〇二）、瑞浪市教育委員会『小里城山城跡―御殿場跡発掘調査報告書―』（二〇〇五）、高山市教育委員会『高山城跡発掘調査報告書Ⅲ』（一九九六）、飛驒市教育委員会『増島城跡』（二〇一〇）

美濃・飛騨における中世城館の動向

内堀信雄

【守護所の形成と方形館】 一五世紀中頃から後半にかけて、尾張との国境の旧木曽川付近に守護所「革《かわ》手《て》・加納《かのう》（岐阜市）」が出現する。禅宗寺院正法寺《しょうぼうじ》を中心に、守護土岐《とき》氏の居館革手城、守護代クラスの前斎藤氏居館・中世加納城、足利義視御座所《よしみござしょ》と目される船田城という一町半～二町四方の大規模方形館が集中する。一六世紀初頭、守護所は長良川北岸の「福光（岐阜市）」に移転。発掘成果によれば鷺山《さぎやま》を基点に東方に東西一・六キロ以上、南北〇・八キロ以上にわたり街路の可能性が高い碁盤目状の方格地割が整然と施行されていた。地割内から武家屋敷や宗教施設、銅細工工房などが確認された。鷺山東麓には一町半四方以上の方形館（鷺山館）が存在。福光東端には禅宗寺院崇福寺《そうふくじ》が立地し、付近に守護館福光城があったと推定されている。

一五世紀～一六世紀前葉頃は美濃・飛騨各地に方形館が築かれた。中でも**顔戸城**（中濃・御嵩町）は守護代クラス前斎藤氏の本拠と目され、二町四方の巨大城館遺構がほぼ完存している。**広恵寺城**（中津川市／遠山氏）、**東氏居館**（郡上市）、**江馬氏居館**（飛騨市）、**桜洞城**（下呂市／三木氏）など国人《こくじん》領主クラスの方形館は一町四方程で、守護・守護代クラスの城館との間に規模による違いがあった。

【守護所の解体と山城居城】 大永五年（一五二五）六月、長井《ながい》長弘《ながひろ》と斎藤道三《さいとうどうさん》の父長井新左衛門尉《しんざえもんのじょう》の起こしたクーデターにより、越前朝倉氏が擁立した守護土岐頼武《よりたけ》は没落、弟の頼芸が家督を継ぐとともに長井氏は家格を向上させて守護家直臣《じきしん》となった。天文元年（一五三二）、頼芸は守護館を福光城から枝広館に移転させた。枝広館は二町四方の方形館で、幅一五メートル、深さ五メートルの堀の北西角が発掘され、洪水で埋まった状態を確認した。

この頃、守護所福光・枝広に集住していた一族・重臣は在地に拠点を移す。守護弟・揖斐五郎《いびごろう》は瑞穂市古橋城（方形館）、長井氏は金華山《きんかざん》西麓（長井洞か）への移転が確認される。また守護館（福光城、枝広館）の詰城《つめじろ》として**大桑城**が、**古橋城**の詰城として揖斐川町**小島城**がこの頃に築かれた可能性がある。

天文二年（一五三三）、長井長弘・長井新左衛門尉があいついで死亡、長井景弘と斎藤道三が跡を継ぐも、まもなく道三が長井嫡流家を打倒して実権を掌握する。天文四年（一五三五）七月には長良川の流路を変えたとされる大洪水（枝広水）が発生。洪水により守護所は枝広から大桑へ移転した。洪水直後から道三派と反道三派（前守護土岐頼武の息子頼純《よりずみ》と越前朝倉氏・近江六角氏）による大規模な内乱が勃発、国内は数年にわたり混乱状態に陥った。天文八～九年頃ようやく両派は和睦し頼純は**大桑城**に入ったらしい。

天文十年（一五四一）の本願寺との音信に基づき、乱終息後の美濃の政治体制と居城を推定すると、守護土岐頼芸（**大桑城**）、弟・揖斐五郎（古橋城・小島城?）、弟・鷲巣六郎《わしずろくろう》（不明）、守護代斎藤利茂《とししげ》（大垣市墨俣城）、斎藤彦九郎入道宗雄（関市**小野城**）、斎藤道三（**稲葉山城**）となり、居住性を志向する山城を居城とするものが多数を占める。また、斎藤大納言妙春の可児市金山城、苗木遠山氏の中津川市**苗木城**等新体制の枠外においても山城居城化が進む。またこの頃、**稲葉山城**や**金山城**等において戦国城下町の建設が始まる。

【戦国大名後斎藤氏・織田氏と城郭】　石川美咲によれば、天文十八年（一五四九）頃までに斎藤道三が土岐氏にかわって一国支配権を掌握、その後道三・義龍《よしたつ》の二重権力による過度期をへて義龍期の岐阜・西濃に拠点を持つ斎藤六人衆による体制が確立した（石川二〇一四）。斎藤六人衆の居城は不明のものもあるが、北方城（北方町／安藤氏）、**大垣城**（氏家氏）など方形館の系譜を引く平地城館であったと思われる。

弘治二年（一五五六）、長良川の戦いで道三は息子・義龍に敗れる。義龍は宿老制・貫高制の実施、印《いん》判《ばん》状の発給など、道三時代には見られなかった政策を実施するとともに、左京大夫に任官し、一色に苗字を改めるなどして戦国大名の地位を確立した。

永禄四年（一五六一）五月、斎藤義龍が急死すると尾張の織田信長は美濃攻めを本格化。永禄十年（一五六七）八月、信長は斎藤龍興《たつおき》の**稲葉山城**を占領、本拠を小牧山から岐阜へ移す。谷口克弘によれば投降した西美濃三人衆を中心とした武将たちは西美濃衆として、占領済の中・東濃地域に配属された武将たち（東美濃衆）とともに信長家臣団に組み込まれた。さらに、天正元年（一五七三）七月には嫡男信忠《のぶただ》の元服により信長家臣団の中から尾張の一部と中・東濃の武将たちにより信忠軍団が結成されたという（谷口二〇〇五）。中・東濃では在地領主が尾張系の武将へと交替したのに対し、岐阜・西濃地域では、後斎藤期から信長期にかけて既存の在地領主がそのまま継続した。

信忠軍団の内美濃の武将の居城は**鉈尾山城**（美濃市／佐藤秀方）、**加治田城**（富加町／斎藤新五）、**金山城**（森長可）、**小里城**（瑞浪市／池田恒興）、**鶴ヶ城**（神篦城）（瑞浪市／河尻秀隆）等いずれも山城であった。

この頃飛騨では、南飛騨から勢力を伸張させた三木氏が台頭し、姉小路氏の諸城を掌握していった。佐伯哲也は南飛騨の三木氏は永禄年間頃、**桜洞城**から**古川城**へ本拠を移し、天正七年（一五七九）に松倉城（高山市）へ移転したと推定している（佐伯二〇一八）。弘治・永禄年間頃までには**古川城**・**小島城**・**向小島城**（飛騨市）等の山城の居城化が進んだものと思われる。

【織豊系城郭技術の普及】　美濃では後斎藤期、織田信長・信忠期を通じて岐阜・西濃と中・東濃では由来は異なるものの中小在地領主層が存続する。天正十年（一五八二）六月二日、本能寺の変により織田信長とともに岐阜城主織田信忠《のぶただ》が死去、清須会議で信長三男信孝《のぶたか》が岐阜城主となる。しかし、尾張の領主となった次男信雄《のぶかつ》との間で国境争いが起こるなど混乱が続く。信孝は反秀吉の越前北《きた》ノ《の》庄《しょう》城主柴田勝家に味方し、天正十一年（一五八三）四月の賤《しず》ヶ《が》岳《たけ》の戦い後に自害させられる。

この権力の空白・混乱期において西濃・**曽根城**（大垣市）の稲葉氏や中濃・**金山城**の森長可による周辺小領主併合の動きがあった。賤ヶ岳の戦いの戦後処理では池田恒興・元助父子が美濃に移封され、恒興は大垣城主、元助は岐阜城主となる。『柴田退治記』にはこの二城と先述の曽根城・金山城が記され、秀吉側からみて、この四城が美濃国内でもっとも重要な城と認識されていたことがわかる。

天正十二年（一五八四）四月九日、長久手の戦いで池田恒興・元助父子および森長可《ながよし》が戦死。美濃において秀吉を支える有力武将が一気に失われた。さらに天正十三年（一五八五）十一月二十九日には濃尾平野は天正大地震に見舞われる。この災害復旧の中、**大垣城**が「秀吉の城郭」として「徳川・東国」に対抗するため築かれた（高田二〇〇二）。この大垣城には天守・金箔瓦が採用されていた。筆者は**大垣城**の本丸の構造が秀吉期大坂城と類似すると推定した（内堀二〇一七）。

本能寺の変直後の飛騨では、三木氏が江馬氏の本城**高原諏訪城**（飛騨市）を落城させて飛騨全土を支配する。しかし、天正十三年（一五八五）、羽柴秀吉の命を受けて飛驒に入った金森長近《かなもりながちか》軍により三木氏は滅亡。三木氏が対金森戦のため改修したと見られる畝状空堀群《うねじょうからぼりぐん》が**広瀬城**（高山市）や**小鷹利城**・**野口城**（飛驒市）など多数の山城に残されている。また、**古川城**や**小島城**では発掘調査によって織豊系の石垣を使用した桝形《ますがた》状《じょう》虎口《こぐち》等が確認されており、金森入部直後の改修を示す。三木氏の城を織豊系城郭技術で改造することで秀吉政権の権威を示そうとしたと指摘されている。同様の石垣は**桜洞城**にも認められる。こうした織豊系城郭石垣技術導入による虎口の改修は天正十一年頃の**小野城**（関市）や**加治田城**にもみられる。美濃・飛驒同時期に技術の普及が始まったのだろう。

「日本を代表する山城」（佐伯二〇一八）**松倉城**はこの時期に大改修され、巨石使用の高石垣や天守台が築かれた。**古川・小島城**改修からほどなく**増島城**とその城下町が建設された。下呂市の**萩原諏訪城**もほぼ同時期に街道・町場と一体化して築かれたと推定する。両城とも織豊系城郭による高石垣を備え、城郭プランは「聚楽第型」（佐伯二〇一八）である。また、同時期に**高山城**と城下町の建設が始まる。

【関ヶ原の戦いから近世へ】 文禄元年（一五九二）、信長の孫・秀信が岐阜城主となり、黒野城主加藤貞泰《さだやす》、八幡城主稲葉貞通《いなばさだみち》、岩手城主竹中重門《たけなかしげかど》らを与力格とする体制が築かれたが、「小大名がひしめく状況が確定し、その状況は江戸時代にも引き継がれ」た（山本二〇一四）。慶長五年（一六〇〇）九月の関ヶ原の戦いでは秀信が西軍に味方したため美濃の諸将の多くは西軍に就いた。しかし、犬山籠城組など東軍に寝返った武将も多く見られ、美濃国が秀信の元で一枚岩という訳では無かった。関ヶ原の戦い後、西軍方の領主をはじめとする城郭が大きく淘汰された（高田二〇〇二）。**岐阜城**は廃城となり、新たに中山道沿いの中世**加納城**跡地に近世加納城が天下普請《てんかふしん》で築かれた。東濃では、関ヶ原の戦い後に苗木氏が旧領を回復

（**苗木城**）。明知氏（**明知城**）・小里氏（**小里城**）、旧領を安堵された妻木氏（**妻木城**）が織田期の拠点を近世城郭・城下町へと発展させた（三宅二〇一七）。

美濃の近世は政権中枢の大々名を擁する尾張の外縁部となり、中小大名領や旗本領、徳川幕府領（後に尾張藩領）が入り混じる形で推移した。旗本には信長以来の在地領主出身の者が多い。多良高木家（**西高木家陣屋**）や更木徳山家（**徳山氏更木陣屋**）では遺構が残り発掘も行われている。

飛驒では金森氏の高山城以外は元和元年（一六一五）の一国一城令で廃城となるが、**増島城・東町城**（飛驒市）、**萩原諏訪城**は「旅館」として存続した。元禄五年（一六九二）金森氏の出羽移封によりすべての城郭が廃城となり、新たに高山陣屋が建設された。

【参考文献】

内堀信雄ほか『守護所と戦国城下町』（高志書院、二〇〇六）、石川美咲「戦国期美濃における後斎藤氏権力の展開」『年報中世史研究』三九（二〇一四）、谷口克弘『信長の司令官』（中公新書、二〇〇五）、佐伯哲也『飛驒中世城郭図面集』（桂書房、二〇一八）、高田徹「豊臣期における西濃地区の城館」『岐阜県中世城館跡総合調査報告書第一集』（岐阜県教育委員会、二〇〇二）、内堀信雄「美濃における守護所・戦国城下町研究の成果と展望」『中世・近世移行期における守護所・城下町の総合的研究』（「城下町科研」事務局、二〇一七）、山本浩樹「関ヶ原合戦と尾張・美濃」『関ヶ原合戦の深層』（高志書院、二〇一四）、三宅唯美「十六世紀後半東美濃における地域拠点の形成」『中世・近世移行期における守護所・城下町の総合的研究（2）』（「城下町科研」事務局、二〇一七）

●岐阜県〈西濃・本巣郡〉名城マップ

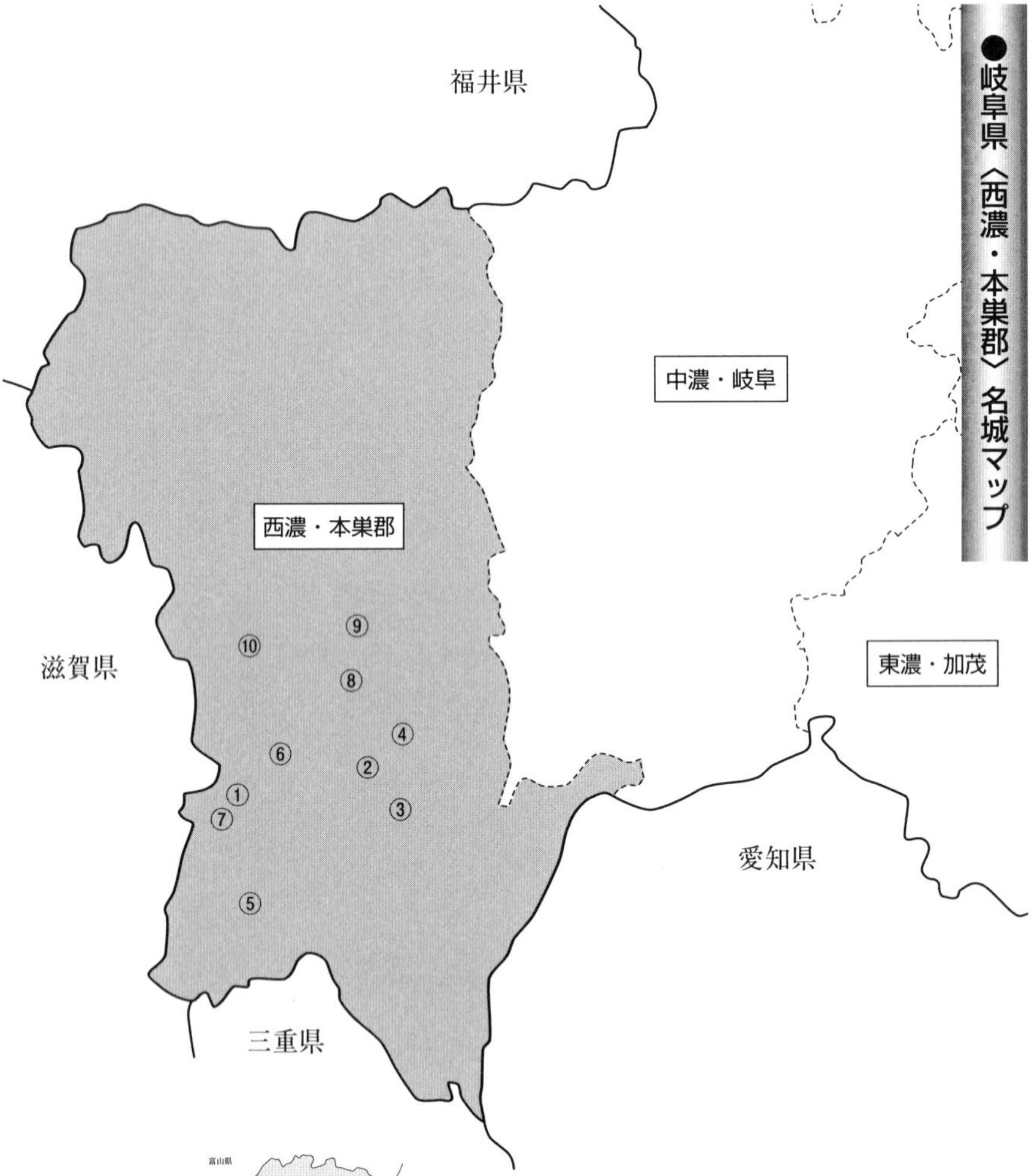

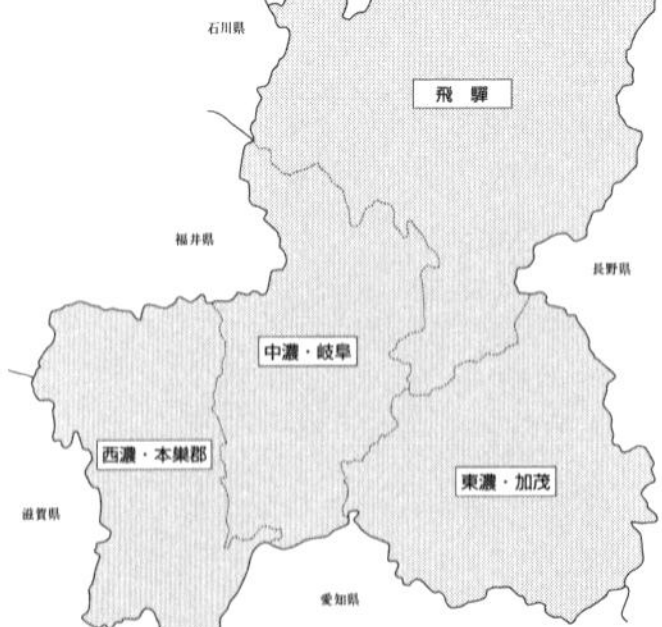

〔本巣郡・西濃〕

①関ヶ原合戦陣屋群
②お茶屋屋敷
③大垣城
④曽根城
⑤西高木家陣屋
⑥菩提山城・竹中氏陣屋
⑦松尾山城
⑧本郷城
⑨揖斐城
⑩小島城

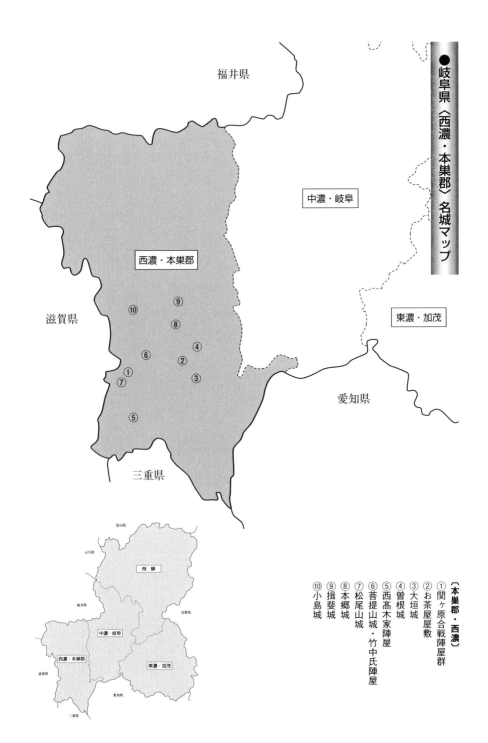

●岐阜県〈中濃・岐阜〉名城マップ

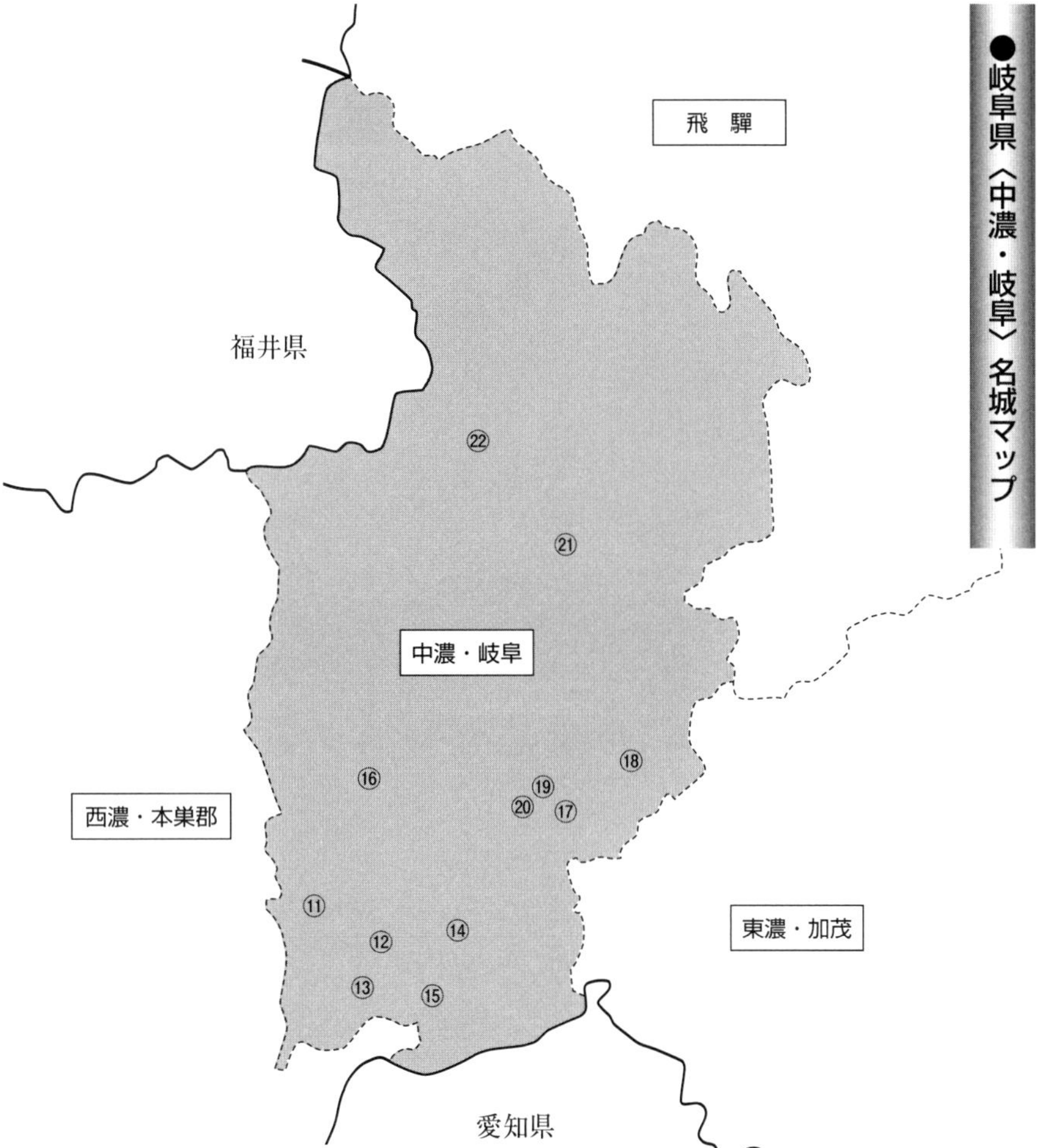

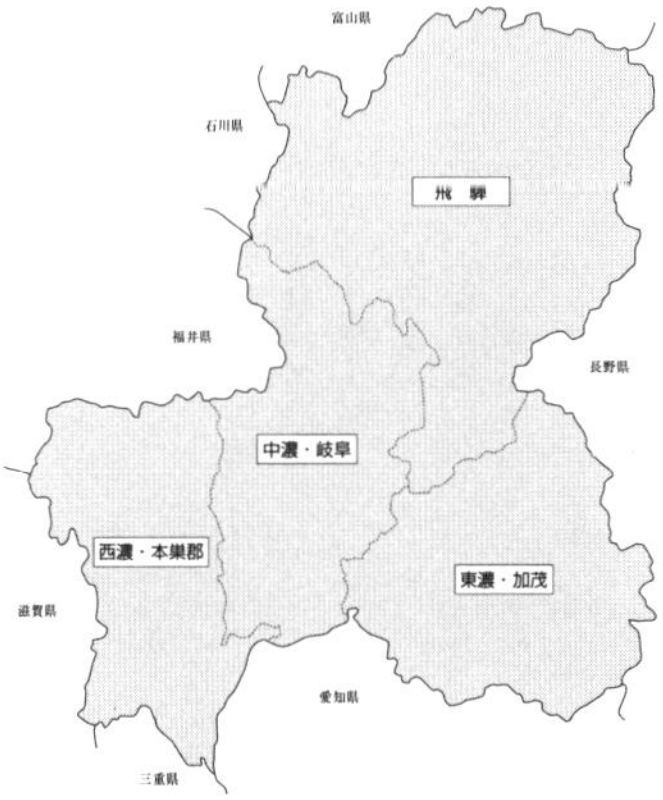

〔中濃・岐阜〕

⑪黒野城
⑫岐阜城
⑬加納城
⑭長山城
⑮徳山氏更木陣屋
⑯大桑城
⑰小野城
⑱大洞城
⑲鉈尾山城
⑳小倉山城
㉑八幡城
㉒篠脇城・東氏館

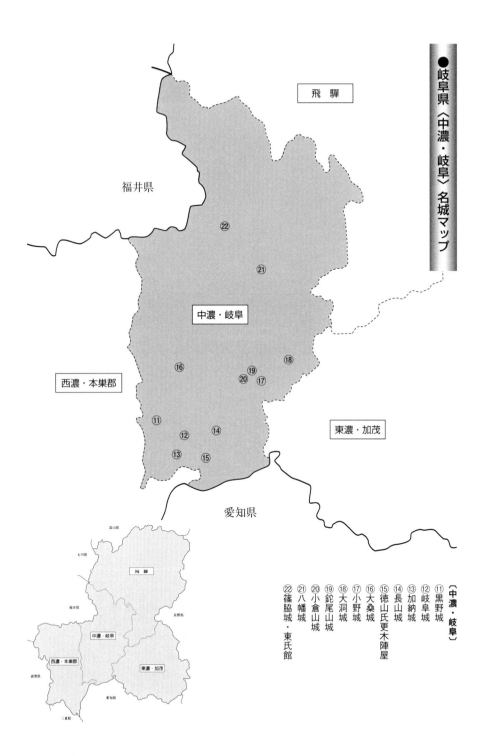

●岐阜県〈東濃・加茂〉名城マップ

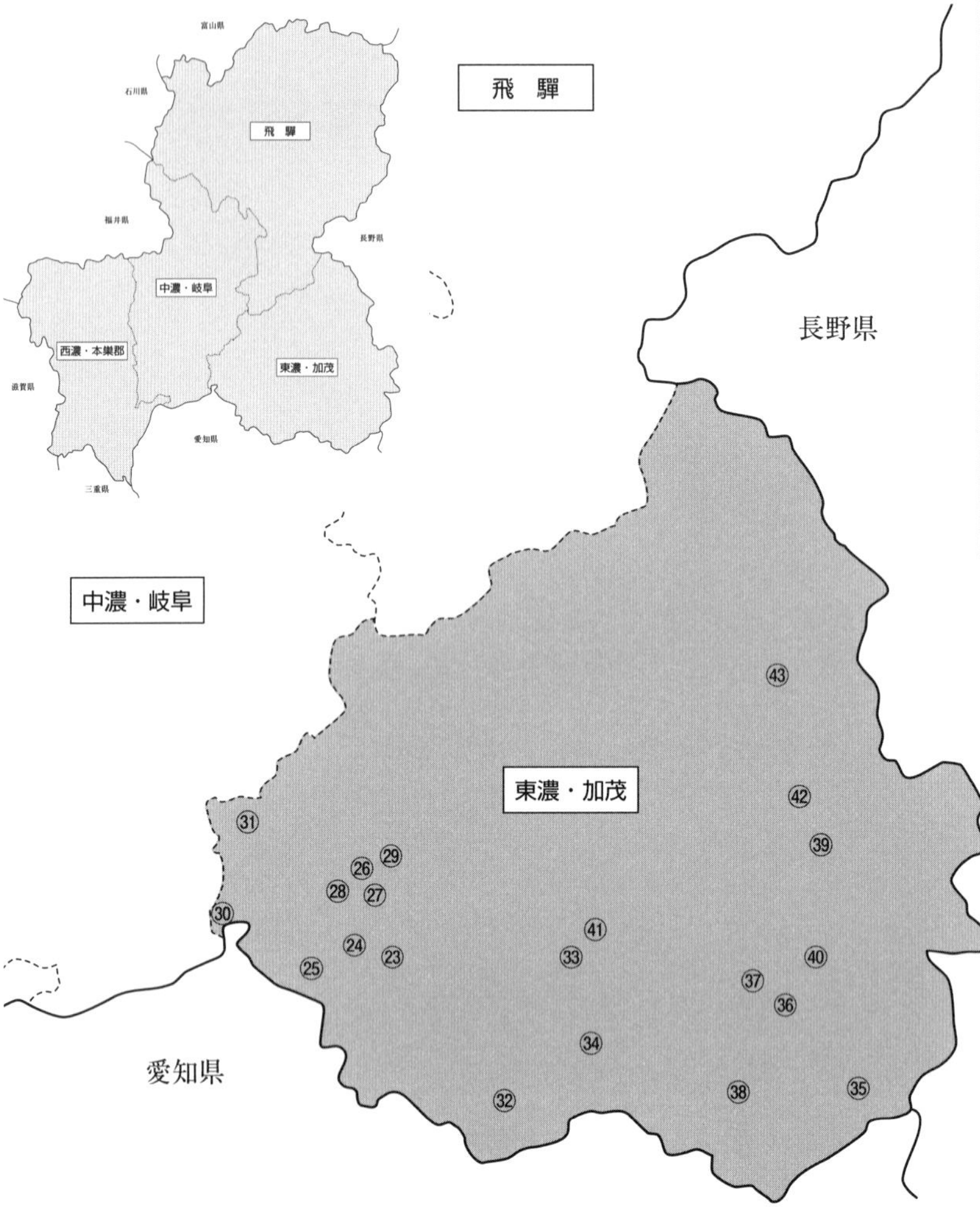

〔加茂・東濃〕

㉓久々利城
㉔大森城
㉕今城
㉖美濃金山城
㉗顔戸城
㉘上恵土城
㉙和知城
㉚猿啄城
㉛加治田城
㉜妻木城・士屋敷
㉝鶴ヶ城
㉞小里城
㉟前田砦・城山砦
㊱岩村城
㊲信の城・飯羽間城
㊳明知城
㊴阿寺城
㊵阿木城
㊶旗本馬場氏陣屋
㊷苗木城
㊸片岡寺跡

●岐阜県〈飛驒〉名城マップ

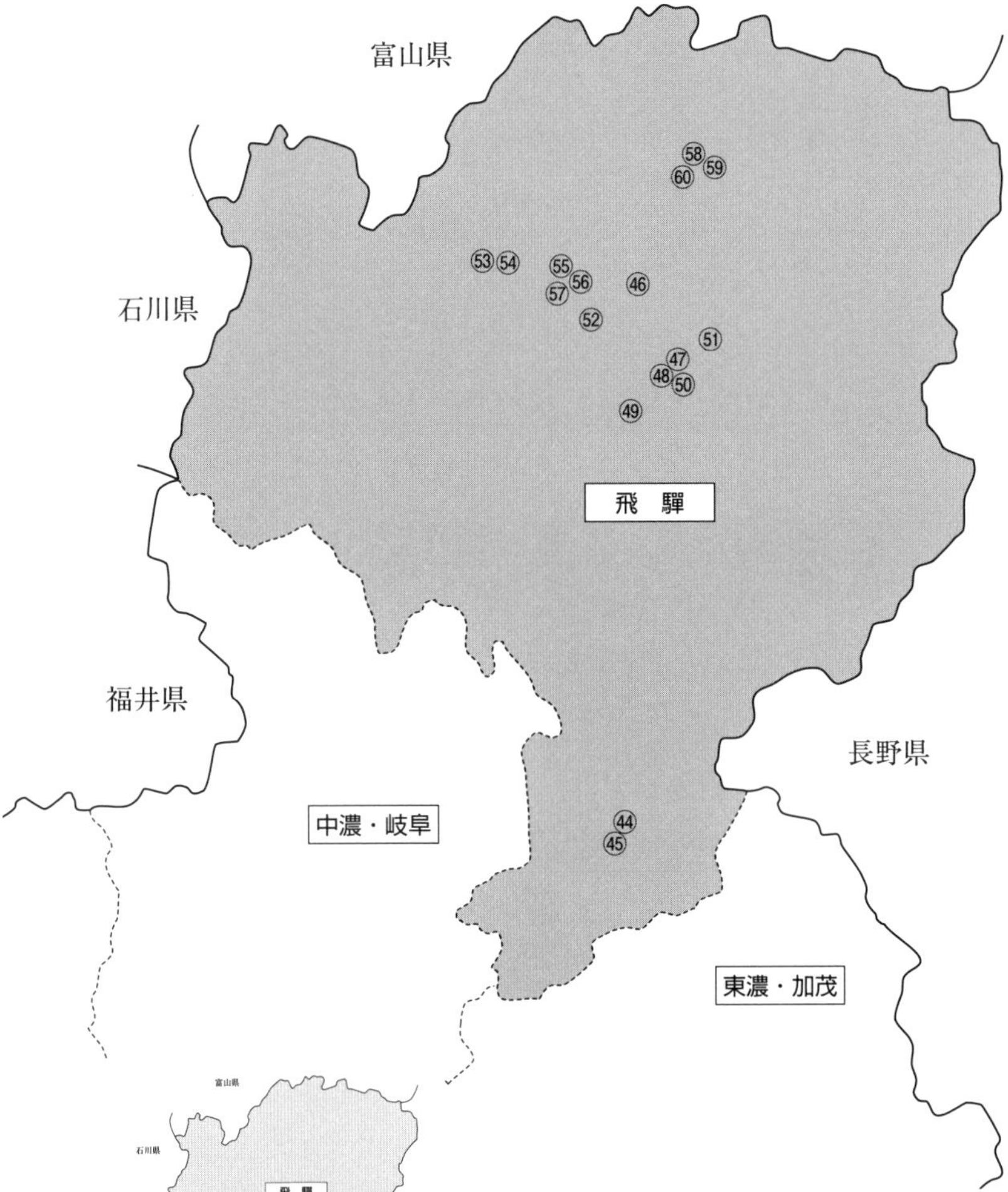

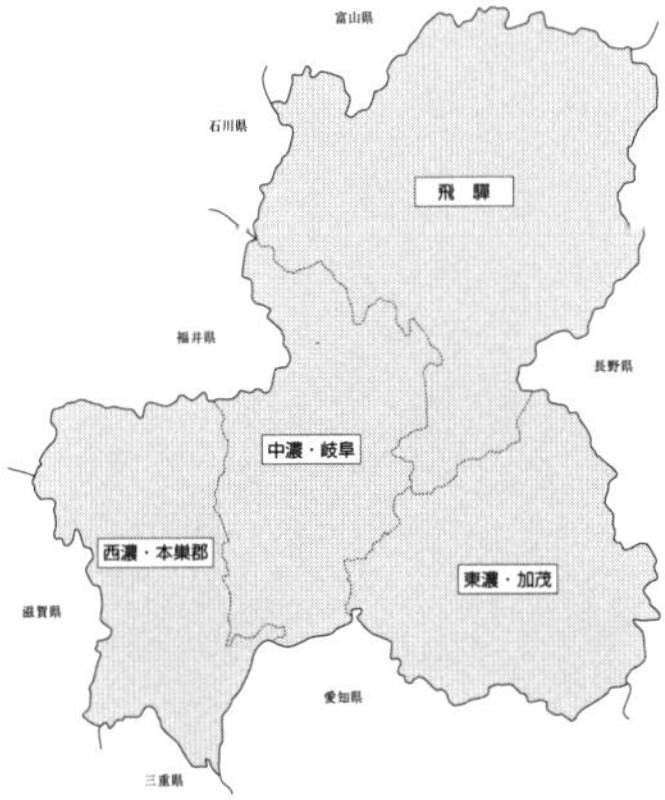

〔飛驒〕
㊹桜洞城
㊺萩原諏訪城
㊻梨打城
㊼三仏寺城
㊽高山陣屋
㊾松倉城
㊿高山城
51尾崎城
52広瀬城
53小鷹利城
54向小島城
55小島城
56増島城
57古川城
58東町城
59高原諏訪城・江馬氏下館
60傘松城

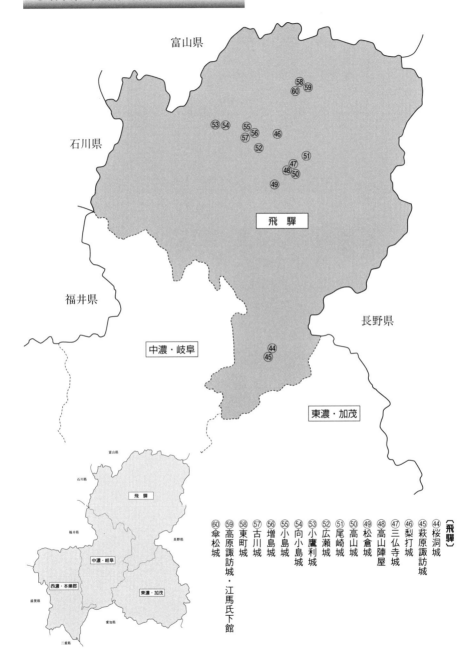

西濃・本巣郡

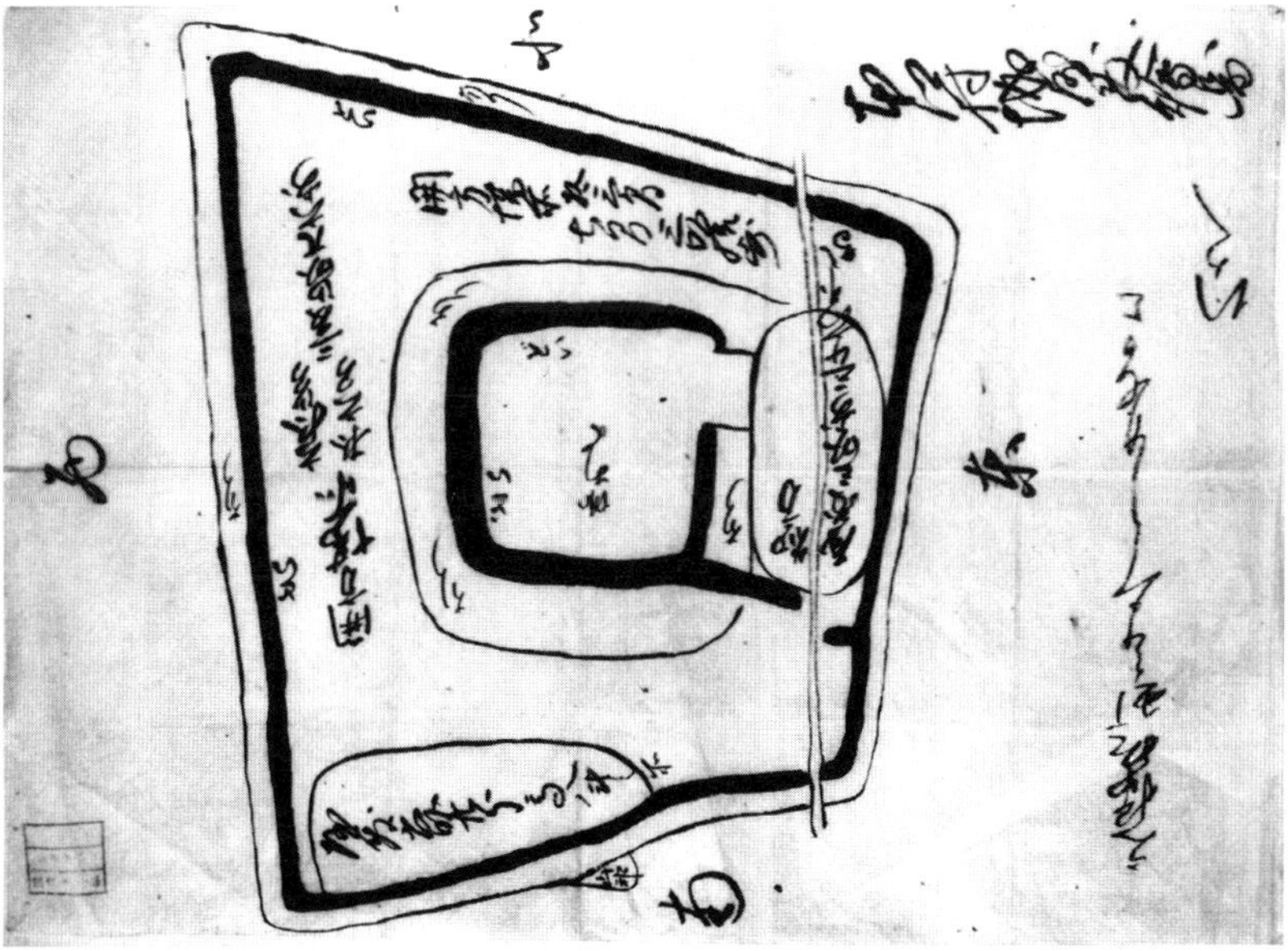

本郷村　城屋敷絵図

●大垣での戦いを想定していた陣城

関《せき》ケ《が》原《はら》合《かっ》戦《せん》陣《じん》跡《あと》群《ぐん》

（毛利秀元陣・安国寺恵瓊陣・長宗我部盛親陣）

〔所在地〕垂井町宮代、大垣市上石津町牧田、垂井町栗原、大垣市上石津町乙坂
〔比　高〕毛利秀元陣跡三七〇メートル、安国寺恵瓊陣跡七〇メートル、長宗我部盛親陣跡二〇〇メートル
〔分　類〕陣城
〔年　代〕慶長五年（一六〇〇）
〔城　主〕毛利秀元・安国寺恵瓊・長宗我部盛親
〔交通アクセス〕ＪＲ東海道本線「垂井駅」下車、徒歩八〇分。

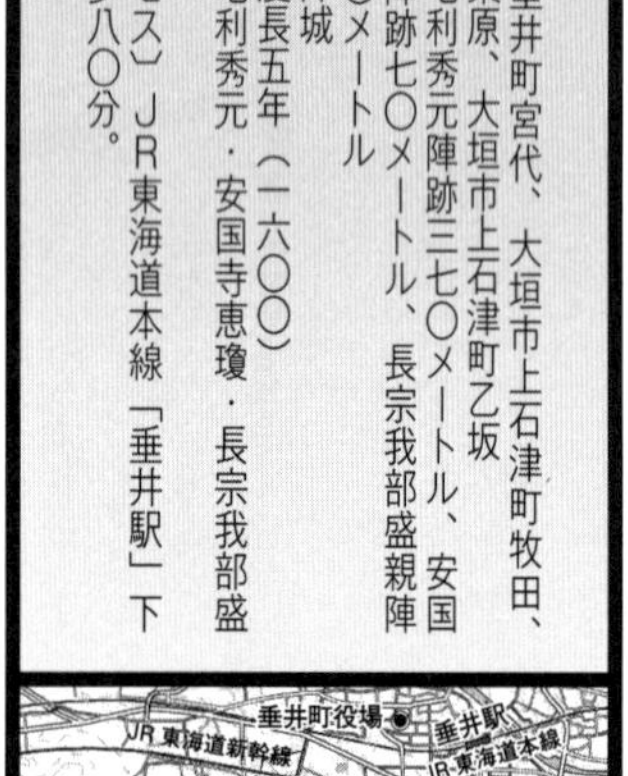

【西軍の陣城】　慶長五年（一六〇〇）九月十五日に繰り広げられた関ヶ原合戦は遭遇戦のように思われているが、石田三成は八月十日に大垣城に入城しており徳川家康軍を迎撃する準備を始めている。その三成の動きに呼応するように西軍に与した諸将たちは軍勢を引き連れて大垣に参陣した。

そうした西軍のなかで注目されるのが九月初旬に伊勢より北上して参陣した毛利秀元《ひでもと》、安国寺恵瓊《あんこくじえけい》、長宗我部盛親《ちょうそかべもりちか》らの陣である。この三者は長期の対峙戦を想定して陣地を構えている。

戦国時代に構えられる陣城《じんじろ》は取出《とりで》、御要害《ごようがい》、付城《つけじろ》と呼ばれるもので戦いにのみ用いられる防御施設である。つまり戦いが終わると用いられなくなる純軍事的施設である。こうした陣城が構築されるのは対峙戦と攻城戦である。陣城の構築という行動からも関ヶ原合戦は単純な遭遇戦ではなく、対峙戦であったことがわかる。

【各陣の構造】　その典型例が毛利秀元陣であろう。構えられた山の名より通称は南宮山《なんぐうさん》城、南宮山砦と呼ばれている。実際に城跡が位置するのは国土地理院による南宮山ではなく、そこから東へ派生する標高四〇四メートルの尾根上に構えられている。陣城らしく極めて小規模な構造ではあるが、曲輪、土《ど》塁《るい》、堀切《ほりきり》によって構えられている。

尾根頂部に構えられた主郭はほぼ方形のプランを有し、北東部に虎口《こぐち》を設けるが、ハイキング道によって破壊されており旧状を保っていない。虎口の東部は方形に突出しており、

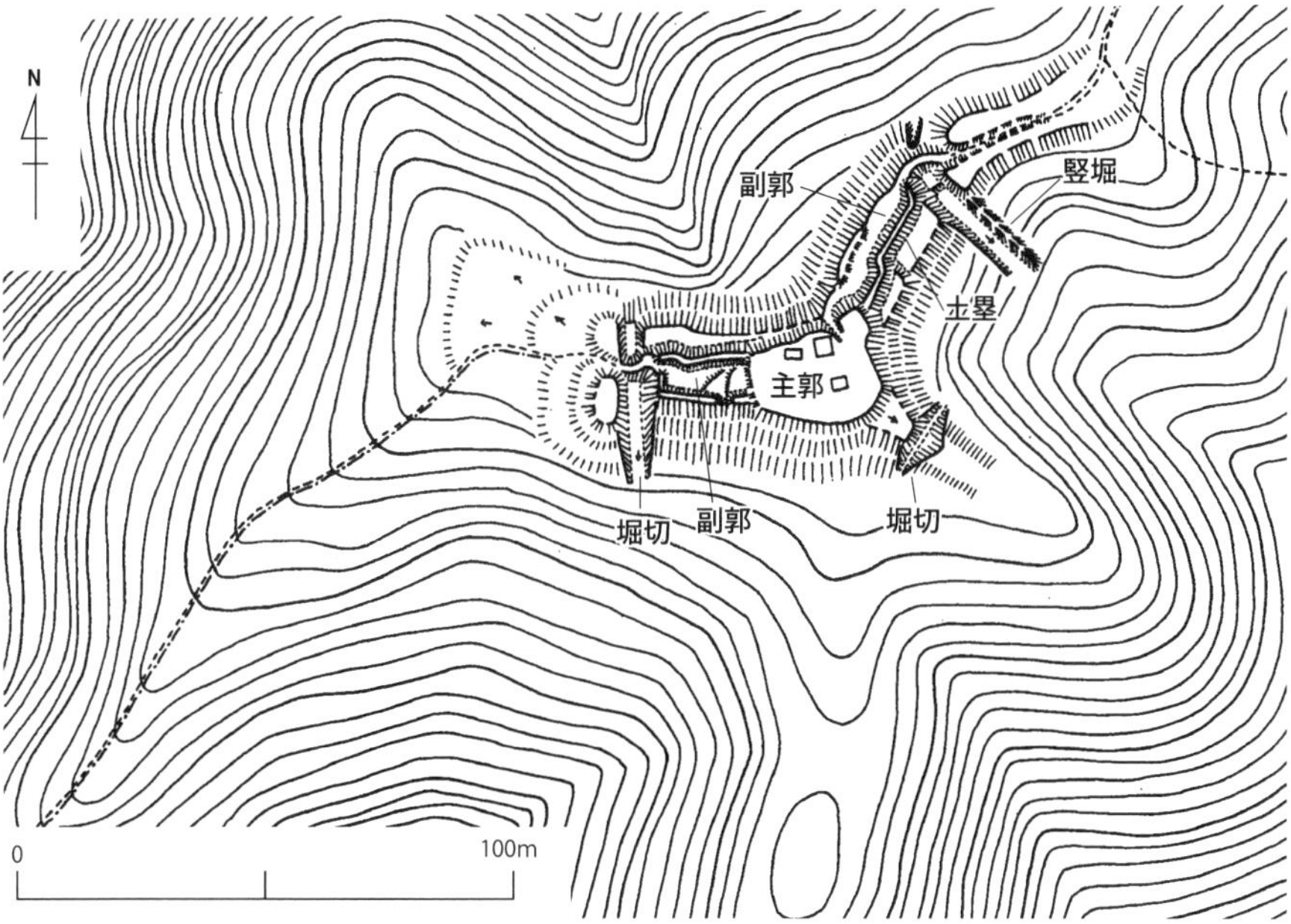

●─毛利秀元陣縄張図（作図：中井均）

櫓台《やぐらだい》であったと思われる。

主郭の北東尾根と西尾根にそれぞれ副郭《ふくかく》を伴っている。北東側の副郭は東側に巨大な土塁を設けている。この土塁はほぼ中央部でL字状に屈曲して横矢が掛けられており、南東側からの敵に対して側面射撃を加えることができるようになっている。また、この副郭の最北東端には尾根を切断する堀切も設けられている。この堀切は南方に向かってのみ竪堀《たてぼり》となって尾根筋斜面部を遮断している。

一方、西側の副郭は周囲を土塁によって囲い込むが、土塁の規模は北東側副郭に比べると低くて幅も狭い。こちらも土塁には屈曲がつけられ横矢をかけている。この土塁は西辺の中央で開口しており虎口が構えられている。また、西側尾根筋に対しては堀切を設けて遮断しているが、中央部には土橋《どばし》が架かり、虎口と連結しており、本来の登城道は西側にもあったと考えられる。

主郭の南東に派生する尾根筋には曲輪は構えられていないものの、尾根を遮断する堀切が一条設けられており、南側からの敵の侵入を遮断している。このように主郭より派生する三本の尾根筋にはすべて堀切を設けており、徹底した防御意識をうかがうことができる。このように毛利秀元陣は小規模ながら曲輪、土塁、堀切、竪堀を備えた山城としての体裁を整えていたことがわかる。

【立地の特徴】　さらにこの毛利秀元陣で注目できるのはその立地である。主戦場となった関ヶ原は陣より北西方向にあたるが、その間には南宮山が聳《そび》えており、まったく望むことができない。主戦場を俯瞰《ふかん》できない陣は考えられず、この秀元陣から西軍は関ヶ原での合戦を想定していなかったことが読み取れる。では毛利秀元陣からはどこを望むことができるのだろうか。陣跡から南東にかけては遮る山塊がなく、素晴らしい眺望を望むことができる。遠く眼下に望めるのは大垣である。大垣城には石田三成が入城しており、その後詰《ごづめ》として南宮山に布陣したことは明白である。

さらに南宮山の陣城の構造に注目すると北東側副郭の土塁や竪堀は明らかに東側、つまり大垣方面に向けられている。主郭南尾根の堀切も同様であり、この陣が東側の大垣を正面として構えられた陣城であったことがわかる。伊勢からやってきた毛利勢は西軍の作戦が大垣籠城であることを承知しており、それを攻める徳川家康の背後に聳える南宮山系に後詰の陣を構えたものと考えられる。

もちろんその規模から毛利勢をすべて収容するような陣城ではなく、大将毛利秀元とその主要な家臣団が入っていたに過ぎない。家老の吉川広家ははるか北山麓、現在の南宮大社の北側に布陣している。ここには陣城の痕跡は認められず、おそらく野陣を張っていただけだったのだろう。多くの毛利の雑兵たちも山麓に布陣していたのだろう。関ヶ原合戦に際しては一兵も関ヶ原には向かっていない。

同様に伊勢からの北上軍である安国寺恵瓊陣は南宮大社の境内地に認められる。南宮山の北山麓の東蛇溜池の東側、標高一一三㍍の尾根頂部にその痕跡が残されている。頂部は自然地形ではあるがなだらかで広く、兵の駐屯地としては最適な場所である。この兵站地《へいたんち》を守るために北側には尾根筋を遮断する堀切が構えられ、南側の尾根筋には西側に向けて竪堀を構えている。

長宗我部盛親陣は栗原に説明板が設置されているが、その背後の栗原山の標高二一四・一㍍付近の山腹に陣跡とみられる遺構が残されている。陣跡は竹中半兵衛閑居の地周辺で数段にわたり平坦地が築かれ、南端には土塁で三方を囲繞した曲輪も認められる。ただ毛利秀元陣のような堀切や中心的な曲輪を設けておらず、その構造は城郭的ではなく、単に布陣するための平坦地を設けたに過ぎない。あるいは伝承されている竹中半兵衛閑居地《かんきょち》をそのまま利用したのかも知れない。ここでも陣には盛親とその重臣のみが陣におり、軍勢は東山麓に小屋掛けしていたものと考えられる。

●—毛利秀元陣の土塁

陣からは東側には眺望が抜群で、やはり大垣を眼下に望むことができる。なお、盛親軍も関ヶ原合戦には参戦できず、ここより土佐へ撤兵している。

このように九月初旬に参戦した諸大名たちはそれぞれの陣地を構築しており、関ヶ原合戦が単純な遭遇戦でなかったことを雄弁に物語ってくれる。さらにその築城は関ヶ原に向けたものではなく、大垣を主戦場と想定していたことも示唆しており大変興味深い。

陣の遺構も非常に良好な状態で残されており、関ヶ原合戦をもっともよく伝える遺跡である。特に毛利秀元陣は築城当初の縄張がほぼ完存しており、ぜひとも訪ねてほしい城跡である。

（中井　均）

【参考文献】岐阜県教育委員会『岐阜県中世城館跡総合調査報告書第一集（西濃地区・本巣郡）』（二〇〇二）

●美濃中山道の徳川将軍家宿泊施設

お茶《ちゃ》屋《や》屋《や》敷《しき》

〈県指定史跡〉

〈所在地〉大垣市赤坂町
〈標　高〉二〇メートル
〈分　類〉お茶屋
〈年　代〉慶長十年（一六〇五）～寛永年間
〈城　主〉高須藩（徳永氏）・幕府直轄・大垣藩（松平氏・戸田氏）
〈交通アクセス〉JR東海道本線「美濃赤坂駅」下車。徒歩五分。

【将軍家の宿泊施設】「お茶屋」は江戸時代初期に、街道沿いに築かれた将軍家専用の宿泊施設で、上洛時などに利用された。美濃・近江の中山道沿いには、赤坂のお茶屋屋敷（大垣市）、柏原御殿《かしわばらごてん》（米原市）、永原御殿《ながはらごてん》（野洲市）などがある。しかし、他の街道沿いのお茶屋も含め、現地を訪れて見学できる遺構などが残るところは少ない。

いっぽう、赤坂のお茶屋屋敷では、土塁や空堀をともなった方形区画が、戦後までほぼ完全な形で残存していた。昭和二十四年（一九四九）には、その西半分が赤坂中学校の敷地として提供されたが、残る東半分は今も空堀《からぼり》や土塁《どるい》を残しており、往事の姿をしのぶことができる。現在は所有者によりボタン園として整備・開放され、五月の開花時期には、多くの来訪者で賑わう赤坂の名所の一つでもある。

お茶屋屋敷は、慶長九年（一六〇四）に高須藩主徳永寿昌《ながまさ》の家臣安部孫兵衛が造営に着手し、「美濃国中の諸大名御手伝」によって、翌十年に完成した。この時、殿舎は岐阜城の御殿を移築したといわれる。その後、当地は寛永五年（一六二八）に幕府領となり、代官岡田将監《しょうげん》の支配のもと「御屋形六十壱軒」とされる建物の多くが取り壊された。寛永十年からは大垣藩松平定綱《さだつな》の所領となり、戸田氏鉄《うじかね》が入部した寛永十二年頃までは御殿と称される建物一棟が残っていたとされる。その後は、幕末まで番人がおかれ管理され、内郭が畑地に、外郭全体が竹藪となっていた。このため、地元ではここを俗に「お茶屋藪《ちゃややぶ》」と呼んでいた。

お茶屋屋敷の将軍家の利用については、徳川家康の慶長十年、同十一年、同十六年、同十九年、二代徳川秀忠の元和元年（一六一五）の宿泊などが記録に残るが、寛永年間頃には利用されなくなり、造営からわずか二〇年余りでその役割を終えている。

【岐阜方面を眺望する立地】　お茶屋屋敷は、東に美江寺《みえじ》宿、西に垂井《たるい》宿をひかえた中山道赤坂宿にある。東西約九〇〇メートルの赤坂宿のほぼ中央で、街道より約一〇〇メートル南に位置し、現在周辺は住宅地となっている。更新世段丘上位面の東縁辺部に占地し、その東は比高差約九メートルの段丘崖となっており、東方約一九キロの岐阜城の位置する金華山《きんかざん》を含んだ岐阜方面を眺望することができる。

●—内郭北辺土塁のお茶屋屋敷への入口

また、お茶屋屋敷の南約二〇〇メートルには、関ヶ原の戦いで家康が、石田三成の入った大垣城と対峙して最初に陣を置いた比高差約三〇メートルの小丘陵「岡山《おかやま》」が位置する。この小山は戦い後に、その勝利を記念して名を「勝山《かちやま》」と改められている。

【現存する土塁と空堀】　延享二年（一七四五）の『赤坂宿《あかさかしゅく》往還地方萬留書《おうかんじかたよろずとめがき》』や、弘化元年（一八四四）の『大垣藩地方雑記《おおがきはんじかたざつき》』などに加えて、昭和二十五年の岐阜県史跡名勝天然記念物調査員阿部栄之助の『実測地形図』によって、かつての遺構範囲等を知ることができる。これらによれば、東西約一二二～一三七メートル・南北約　一八～一二六メートルの方形プランの内郭と、北・西・南辺に屈曲部をもつ方形プランの外郭からなり、その全体は東西約一五五～一七〇メートル・南北約一三七～一六四メートルの規模であった。おおむね、現在のお茶屋屋敷跡に西隣の赤坂中学校敷地と、北隣の正安寺境内南半を加えた範囲である。

現地には内郭北・東・南辺と、外郭南辺の土塁・空堀が残されている。土塁・空堀ともに、それぞれ高さ・深さ数メートルの規模で残存し、特に遺存状態の良好な内郭東辺においては、堀底から土塁上端まで五メートル前後をはかる。また、内郭土塁の北東隅・南東隅部の上面には平坦面が形成される。『実測地形図』の内郭四隅も同様の形状であることから、それぞれに櫓《やぐら》が置かれたと考えられる。同土塁東には、内郭への入口で「大手」と呼ばれる開口部がある。この南側には後世の造成による建物の建つ大きな平坦面があるが、北側には隅部同様の平坦面が形成され、ここにも櫓（櫓門）の存在が想定できる。現在、お茶屋屋敷跡への入口となっている門は内郭北辺土塁にあるが、古記録によれば土塁北辺には裏門が設けられていたという。なお、現状では、お茶屋屋敷にともなう明確な石垣は確認できない。

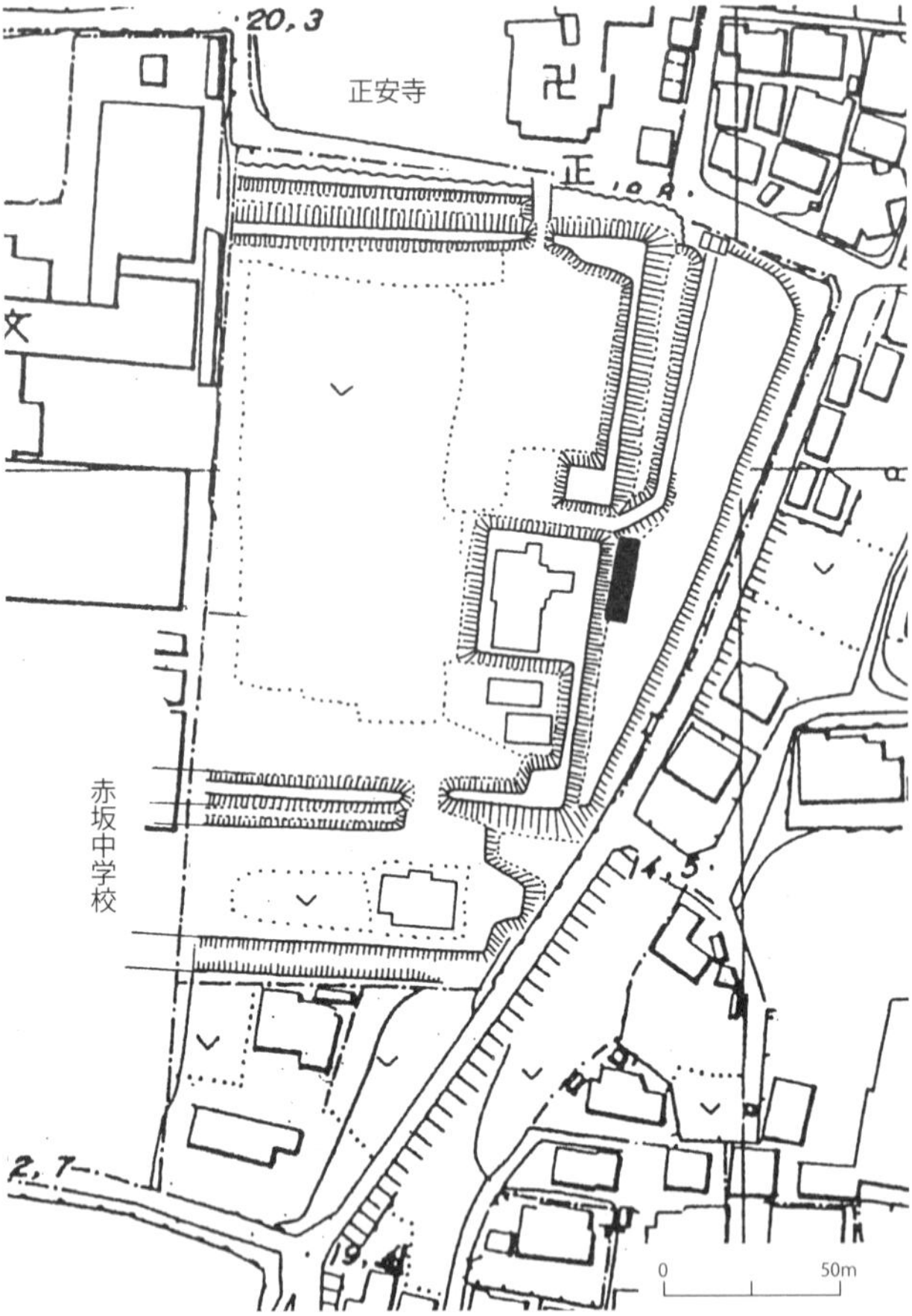

●—「赤坂お茶屋屋敷跡略測図」（作図：中井均）

●—内郭南辺の土塁と空堀

【発掘調査等の成果】 発掘・測量調査は未実施であり、昭和二十五年（一九五〇）の阿部栄之助の『実測地形図』は往事の姿を示す重要な資料となっている。なお、西隣の赤坂中学校グラウンド改修にともなう近年の立会調査では、東半分の現存遺構（土塁・空堀）に連続する堀や、弥生時代中期の遺構（方形周溝墓か）の存在が確認されている。

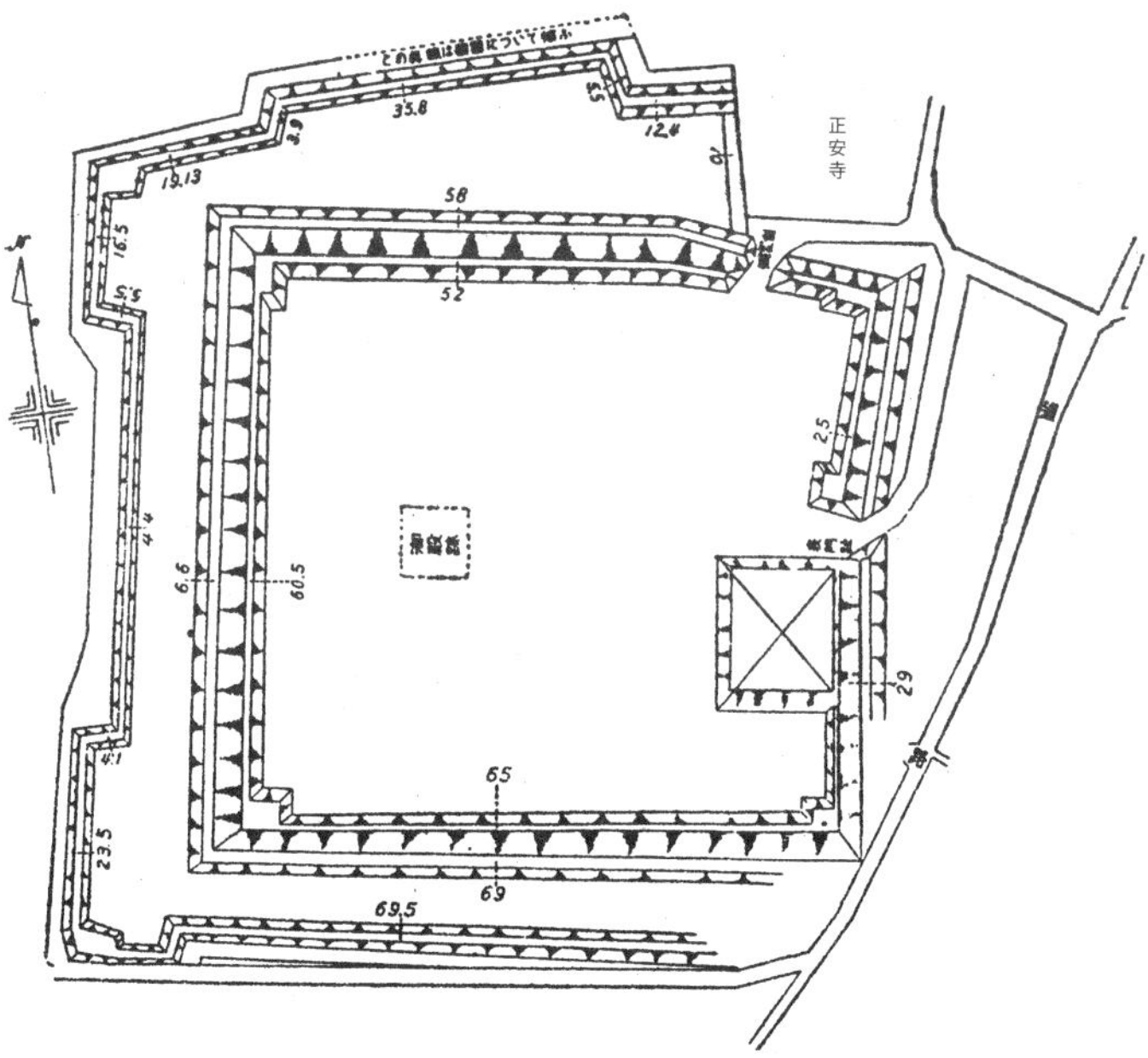

●―「赤坂御茶屋々敷址実測地形図」（作図：阿部栄之助）

【徳川家康戦勝の故地】 このように赤坂のお茶屋屋敷は、段丘崖際に立地し、さらに周囲に土塁・空堀をめぐらせ、内郭四隅には櫓を配し、外郭には横矢のかけられる屈曲部をつくるなど、小規模な城郭ともいうべき構造で、「お茶屋」と称しながらも、徳川将軍家宿泊施設にふさわしい防御機能をもつ施設であった。

関ヶ原の戦い時の家康布陣地の「勝山」への改称にみられるように、お茶屋屋敷の設置も家康戦勝記録との深い関わりが考えられる。また、『信長公記』には岐阜に居した織田信長が、京都方面への出立に際し、たびたび「赤坂に御陣取」した記録があることから「御陣」の地をここに推定する考えもあり、岐阜城からの殿舎移築の伝承とあわせ、近世交通史研究のみならず、城郭研究の視点からも注目される遺跡である。

【参考文献】阿部栄之助『赤坂御茶屋屋敷址』「岐阜県史蹟名勝天然記念物報告書」岐阜県教育委員会（一九五〇）、足利健亮『大垣市遺跡詳細分布調査報告書　解説編』大垣市教育委員会（一九九七）、中井均『お茶屋屋敷跡』「岐阜県中世城館跡総合調査報告書一」岐阜県教育委員会（二〇〇二）

（鈴木　元）

●白亜の城――かなめの所大柿之城

大《お》垣《おがき》城《じょう》

〔大垣市指定史跡〕

〔所在地〕大垣市郭町ほか
〔標　高〕六メートル
〔分　類〕平城
〔年　代〕天文四年（一五三五）～幕末
〔城　主〕宮川氏、織田氏、竹腰氏、氏家氏、池田氏、三好氏、木下氏、加藤氏、一柳氏、羽柴氏、伊藤氏、石川氏、松平氏、岡部氏、戸田氏。
〔交通アクセス〕ＪＲ東海道本線「大垣駅」下車。徒歩七分。

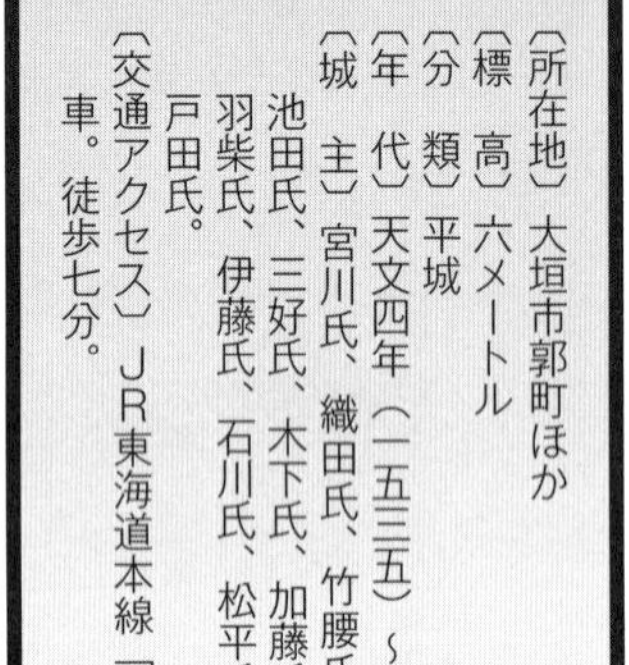

【大井荘に築かれた城】　大垣城は濃尾平野を流れる揖斐《いび》川中流域、東大寺領大井荘《おおいのしょう》（現大垣市）の荘域内に築かれた。通説では、天文四年（一五三五）宮川安定《やすさだ》が、現在の大垣城本丸の地に「僅かなる掻き上げ屋舗」を構えたのが創建とされるが（『大垣城歴代記』）、明応九年（一五〇〇）竹腰彦五郎の創建との説もあり、実態は詳らかでない。大垣城は守護職土岐氏から実質支配を奪取した斎藤道三（利政）が勢力を伸ばす一六世紀の美濃において、交通の要衝に位置する地勢から、斎藤氏・織田氏などの争奪の対象となった。

宮川氏のあと、天文十三年織田信秀の攻撃で落城した大垣城には織田信辰が入城するが、同十七年には斎藤道三の手に落ち竹腰尚光《なおみつ》が城主となった。その後、氏家直元《うじいえなおもと》が城主となり、永禄年間に斎藤龍興《たつおき》の指示で四方に濠をめぐらせ城域を拡張・整備したが、直元は永禄十年（一五六七）に織田信長が美濃に侵攻するとこれにしたがった。天正十年（一五八二）の本能寺の変、同十一年の賤ヶ岳の戦いをへて、豊臣秀吉の支配のもと池田恒興《つねおき》・輝政《てるまさ》が城主となり、同十二年には豊臣一族の三好（豊臣）秀次、木下（豊臣）秀長が短期間に相次いで入城した。同十三年には加藤光泰《みつやす》が秀吉より「かなめの所大柿《おおがき》之城を預ケ」られ入城した。同年九月に一柳直末《ひとつやなぎなおすえ》が城主となったが、十一月の天正地震によって大垣城は焼失した。同十七年には羽柴（豊臣）秀勝が入城し、翌一八年には伊藤祐盛《すけもり》が城主となり、慶長元年（一五九六）に初めて天守を整備した。この天守は、「牛蒡《ごぼう》積ミ」の石垣上に立つ白壁

の三層天守であった。

同五年の関ヶ原の戦いでは、伊藤盛正《もりまさ》は西軍石田三成に大垣城をゆずり、三成は、大垣城北西約四キロの赤坂岡山に陣を構えた徳川家康と対峙した。当初、三成は大垣城で家康を迎え撃つ計画であったが、家康の陽動作戦により関ヶ原が戦場となった。東軍の勝利後も、大垣城では福原長堯《ながたか》らが数日間抗戦を続けたが落城した。この戦い後の同六年に、石川康道が城主となり、同十八年には石川忠総《ただふさ》が、外堀（惣堀《そうぼり》）を構えて城郭を整備・拡張した。元和二年（一六一六）には松平忠良《ただよし》が入城し、同六年には天守の改修を行った。この時に四層天守になったと考えられている。この後、寛永元年（一六二四）に岡部長盛《ながもり》が、寛永十年には松平定綱《さだつな》が城主となり、同十二年には戸田氏鉄《うじかね》が入城した。以後、最後の城主戸田氏共《うじたか》まで戸田家一一代の治世が続き幕末を迎えた。

●—戦後再建の乾櫓（左）と天守

●—石灰岩の天守石垣と明治29年の洪水碑

【大垣城の立地】　大垣城は標高約六メートルの沖積平野の、揖斐川・杭瀬川の形成した扇状地帯と三角洲帯の境界に位置する。本丸は長さ一〜一・五キロ余の東西方向の砂帯上にあり、水門川などの外堀が東西方向に流れる形状は砂帯の影響が大きい。また、家康が大垣城の水攻めを検討したように、低地に築かれた城で、古大垣輪中の中に位置する。明治二十九年（一八九六）の洪水では本丸まで浸水し、天守石垣にはその時の浸水高が刻まれる。

【大垣城の構造】　本丸は天守の位置する上段と、艮櫓《うしとらやぐら》などが位置する下段からなり、上段は標高一〇メートル余りと周囲より高く、南と東に付多門をもつ天守が北西に、二重の巽《たつみ》櫓が南東に位置した。下段には艮櫓、巽三重櫓、乾《いぬい》櫓があり、本丸には天守と四つの櫓が置かれてい

●—東門（旧内柳門）

た。本丸南の二の丸には四基もの三重櫓が四隅に配され御殿が置かれた。本丸と二の丸は廊下橋で結ばれ、両郭の周囲に内堀をめぐらせ、二の丸は東の三の丸・天神丸とつながっていた。本丸・二の丸は、二重の内堀と外堀に囲われていた。城下には東海道と中山道を結ぶ脇街道である美濃路がはしり、本陣・脇本陣が整備され宿場町を形成していた。このような近世大垣城の形態は、織豊期に現本丸・二の丸を中心に成立したものが、拡張・整備を繰り返し完成したものである。

【発掘調査等の成果】 二の丸の南東の太鼓門付近での発掘調査では、一六世紀中頃〜一七世紀初頭の遺構面と溝状遺構（堀）が確認され、瀬戸美濃産の陶器類や箸などの木製品・瓦などが出土している。出土遺物には、嗜好性の高い軟質施釉《せゆう》陶器（茶陶）や、饗応等に供される多法量に分化した土師器《はじき》皿も確認され、京風文化への志向が認められる。

この他に、昭和四十二年の乾櫓建設工事では金箔瓦が出土している。植物意匠（桃か）の鬼瓦で、天正年間の豊臣一族の入城にともなうものの可能性が高く、秀吉の美濃支配における大垣城の位置付けの一端がうかがわれる。

【現存する遺構】 明治期には大部分の建物が撤去されたが、昭和十一年（一九三六）には天守と艮櫓が国宝となり、実測図作成と写真撮影が行われた。しかし、大垣駅前通り周辺を中心に商業地化・市街地化が著しく、堀の埋め立ても進行し、城の北・西を流れる外堀（水門川）を除いて堀はほぼ姿を消した。その後、第二次大戦の空襲により天守・隅櫓が焼失し、戦後の復興時には城郭地割りの多くが姿を消していった。

現在、現地には昭和三十四年再建天守と、後に再建された艮櫓・乾櫓、修景整備で設けられた塀、西門・東門がある。西門は新設で、東門は城下にあった七つの城門（七口門）の一つ柳口門北の内柳門を移築したものである。また、本丸と二の丸をつないだ廊下橋本丸側には鉄《くろがね》門があり、天守南にその痕跡を留めている。

焼失した天守の三層南西の下り棟には、邪鬼を押さえ込んだ鬼面鬼瓦があった。記録写真には「元和六年」の銘が確認でき、松平忠良の天守改修時のものと推定される。この瓦は文政七年（一八二四）『大垣城天守古図』にも「海若《あまのじゃく》」（天邪鬼）と記載され、現天守でも同所に復元された鬼瓦を見ることができる。

【大垣城の石垣】　大垣城は沖積《ちゅうせき》低地に築かれたため、石垣の石材は外部から調達された。石灰岩と硬質の砂岩が利用され、現在も城跡・城下に多く認められる。石灰岩は北西約五キロの金生山《きんしょうざん》産で、切石加工のものと自然面を残すものがある。後者は比較的大型で天守石垣に見られ、不定形であるため石垣に多数の空隙が生じ、「笑い積み」とも称される。また、古生代ペルム期の、貝やウミユリ等の化石を観察することもできる。砂岩は南西約二〇キロの養老山系のもので、名古屋城へも供給された河戸石《こうずいし》と呼称される石材である。なお、東門（旧内柳門）石垣の河戸石には、数種類の刻印を確認することができる。

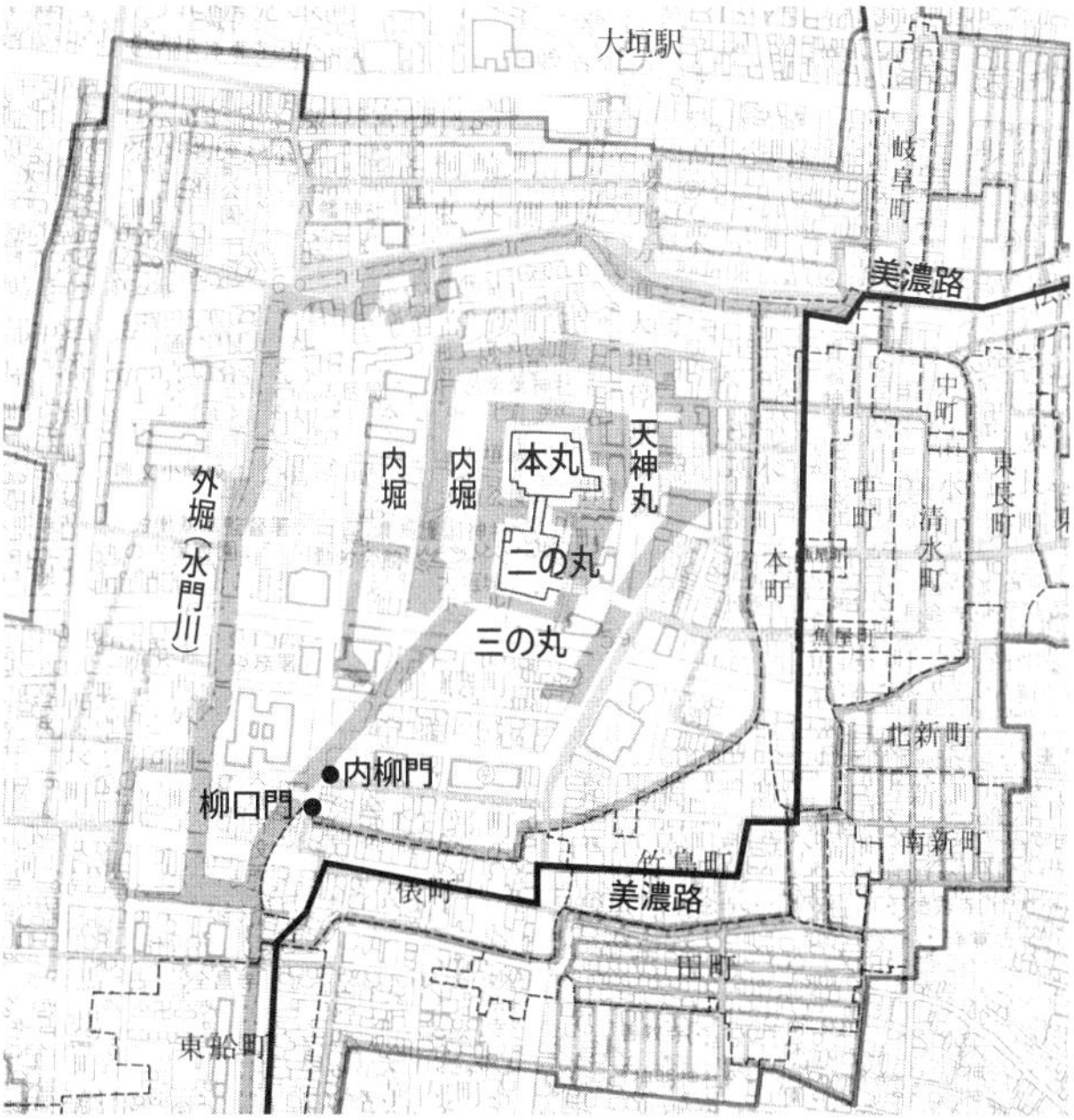

●—18世紀中頃の大垣城・城下町の復元（足利1997）

【外観復元の再建天守】　大垣城は麋城《びじょう》・巨鹿城《きょろくじょう》とも呼ばれ、四層四階の総塗り込め形式の天守が、白い石灰岩の石垣上に建ち、白く輝く白亜の城であった。現在の天守は、昭和二十年の空襲焼失後、昭和三十四年に市民の寄付により、国宝指定時の実測図・写真をもとに建設された鉄筋コンクリート造の外観復元天守である。平成二十二年（二〇一〇）には、屋根・外壁改修工事にともなって瓦・懸魚《げぎょ》意匠などの忠実な再現や再建時付加の飾金具撤去など、史実性を高める取り組みも進められている。

【参考文献】足利健亮「大垣城」『大垣市遺跡詳細分布調査報告書解説編』大垣市教育委員会（一九九七）、清水進『大垣城の歴史』大垣市文化財保護協会（二〇一一）

（鈴木　元）

●信長に能を披露した織豊城郭

曽《そ》根《ね》城《じょう》

〔大垣市指定史跡〕

〔所在地〕大垣市曽根町・神戸町瀬古
〔標　高〕一〇メートル
〔分　類〕平城
〔年　代〕一五世紀後半～慶長五年（一六〇〇）
〔城　主〕稲葉氏（通貞・通則・良通・貞通・典通）、西尾光教
〔交通アクセス〕JR東海道本線「大垣駅」下車。名阪近鉄バス大垣大野線大野バスセンター行で「曽根」下車。東へ徒歩一〇分。

【西美濃三人衆　稲葉一鉄】　曽根城は、戦国期に美濃守護職土岐氏に仕え、その後斎藤氏の家臣となった、大垣城主氏家《うじいえ》直元《なおもと》、北方城主安藤守就《もりなり》と並んで、西美濃三人衆と呼ばれた稲葉良通《よしみち》（一鉄《いってつ》）の居城である。

曽根城の築城年代は明らかではないが、稲葉良通の祖父、通貞《みちさだ》（塩塵《えんじん》）が、土岐成頼《しげより》の妹を娶《めと》り、文亀元年（一五〇一）に六〇〇〇貫文を領して、安八《あんぱち》郡中川荘曽根村に城を構えたとも言われ、良通が城主となった天文十一年（一五四二）から、息子貞通《さだみち》に家督を譲る天正七年（一五七九）までが安定期とされる。良通は永禄年間から、美濃に侵攻した織田信長に仕え、天正十年の本能寺の変後は、城主は良通の孫の典通《のりみち》となるが、同十二年の小牧長久手の戦い後は、良通がふたたび城主となった。同十六年に良通が美濃郡上八幡に移封されると、曽根城には西尾光教《みつのり》が二万石を領して入った。光教は慶長五年（一六〇〇）の関ヶ原の戦いでは東軍に与し、曽根城は、南約四・五キロの石田三成が入城した大垣城の攻撃拠点の一つとなり、戦い後には廃城となった。

なお、『信長公記』には、天正三年七月に織田信長が京から岐阜への帰途に曽根城へ立ち寄り、良道が孫らに能を披露させもてなしたのに対して、信長が貞道の子に刀一振りを与えたとの記述が見える。

【城の立地】　曽根城は、揖斐《いび》川などにより形成された沖積《ちゅうせき》平野の標高約一〇メートルの自然堤防上（埋没微高地上）に位置し、現在の曽根町集落北東の華渓寺《かけいじ》付近が本丸であったとされ

る。西から流れる揖斐川の支流平野《ひらの》井《い》川は、本丸北東で大きく蛇行して南に向きを変え、その右岸には堤（古大垣輪中）が築かれた。絵図から想定される城下町は、平野井川も取りこんだ東西約一キロ・南北約〇・六キロ余で、多くが現在の曽根集落と重なりながら、北・東に隣接する神戸町《ごうどちょう》にまでおよぶ。発掘調査では、奈良～鎌倉時代の遺物が定量的に出土し、築城以前は、古代からの活動が認められる。また、城の南約一・二キロには、近世には中山道となる街道が東西にはしっていた。

●—本丸推定地（華渓寺）の遠景

本丸北に位置する東西九〇メートル・南北一一〇メートルの瀬古ノ池は、明治四年（一八七一）と同二十一年の破堤によってできた切所池《きれしょいけ》（押堀《おっぽり》）で、戦国期には存在していなかった。明治二十一年には、この堤防が八〇間にわたり決壊し、曽根村八五戸のうち五〇戸が流失、死者四四名となる大惨事となり、大垣城のある大垣市街も約三メートルの浸水となる被害を被った。なお、城跡周辺の堤は豊後《ぶんご》守であった西尾光教による築堤のため「豊後堤」とも呼ばれたという。このように、当城周辺は治水対策が必須の地勢であった。

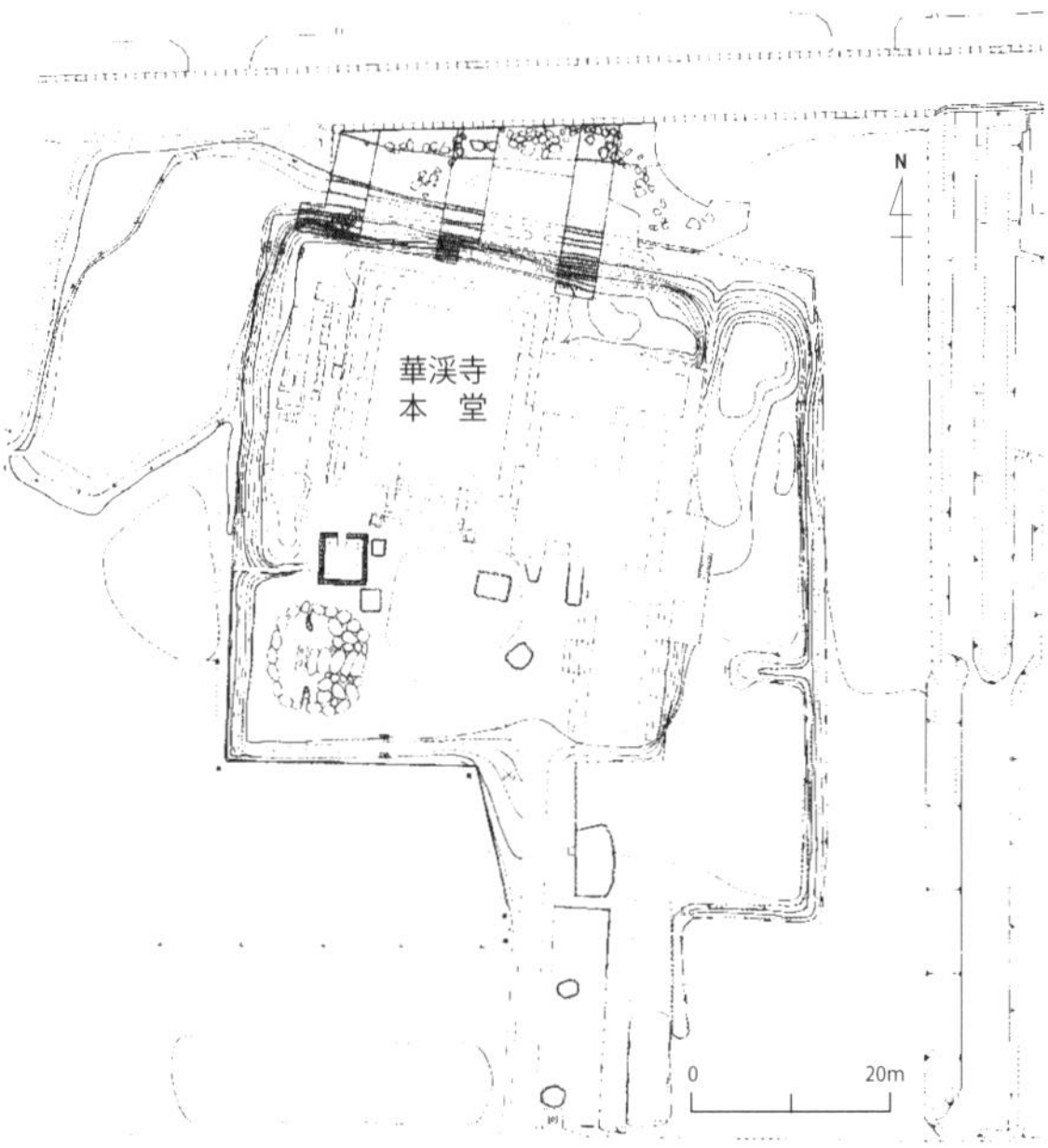

●—本丸推定地（華渓寺）測量図と発掘調査区（大垣市教育委員会 1990）

【現存する遺構】 曽根城は関ヶ原の戦い後に廃城となり、明

●—石列の平面表示

●—瀬古ノ池（押堀）と華渓寺

確な遺構は残されていないが、華渓寺が位置する本丸と推定される場所が、周囲の水田から約二メートル高い四〇～五〇メートル四方の方形を呈し、かつての姿を留めている可能性がある。同寺は稲葉良通が母の菩提寺として本丸東の堤外に建てたものが、享保十九年（一七三四）に移転されたものである。

【城跡絵図と現況】 曽根城については、「安八郡曽根旧城下絵図」（臼杵市図書館蔵）や「濃州曽根古城跡絵図」（華渓寺蔵）などの絵図が知られる。

これらの絵図には、現華渓寺の位置が堀に囲まれた方形区画の本丸として、その東に二の丸が描かれるなど、かつての城郭の構成を知ることができる。現在池（押堀）となっている本丸の北も含めて、主郭の周囲には家臣団屋敷が展開し、さらにその南側と西側に町屋が並び、入り組んだ三叉路や辻が、水路とともに表現されている。また、華渓寺や弁財天などは現在と異なる位置に描かれる。

なお、現地を歩くと、絵図と現在の街並み・地割との整合点を数多く見つけることができるが、絵図が江戸時代に描かれた城跡絵図であることを考慮すれば、ただちにかつての城や城下の様子を留めているとは判断できない。また、絵図には、城下西方に現在も小字《こあざ》として残る「八千町」とされた町屋が描かれるが、同地点での発掘調査では中世前期の集落跡は確認されたものの、城館期の遺構・遺物は確認されておらず、絵図のもつ誇張表現や復古的な性格についても十分考慮する必要がある。

【発掘調査の成果】 城跡および城下町と推定される範囲では、市教育委員会による数次の発掘調査が行われている。華

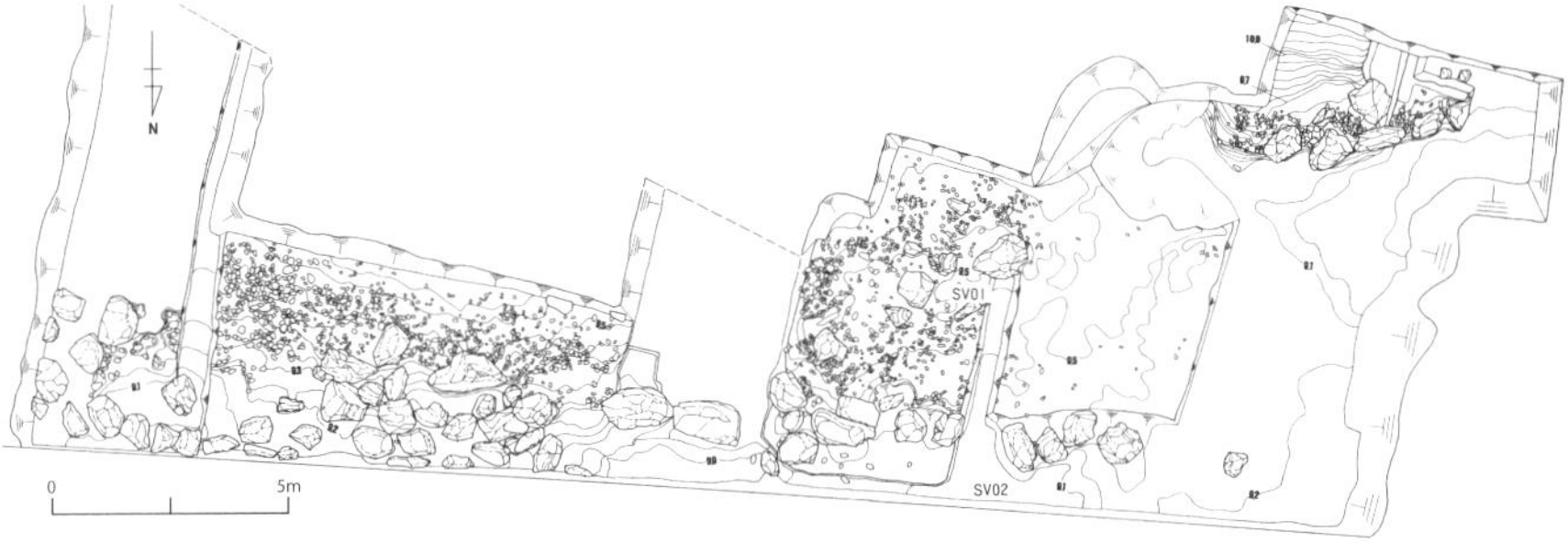

●―華渓寺北に検出された敷石をともなう石列（大垣市教育委員会1990）

渓寺の北側は、一メートル余の石灰岩の大型石材からなる石列が敷石をともなって長さ三五メートルにわたり確認され、石列が本丸推定地を囲むように並ぶことから、主郭の北辺と推定されている。また、石列は共伴陶器類から、稲葉良通の安定期と重なる一六世紀後半のものと推定され、織豊城郭に伴う大型石材を使用した石列と報告されている。なお、この遺構については、華渓寺北の公園敷地内において現地表面に石を配した平面表示がなされている。

　この他に華渓寺東の調査では、二の丸東の区画と推定される溝が確認され、陶磁器などの土器類、漆器・曲物・箸・下駄などの木製品や金属製品などが出土している。また、華渓寺北西の調査でも井戸が確認され、いずれも一五世紀後半から一六世紀中頃のものと考えられている。これらの出土品・遺構は、通貞の築城時期を遡るもので、少なくとも一五世紀後半頃からは当地において一定の活動があったことを示している。なお、現時点では瓦の使用は確認されていない。

　今後、発掘調査によって、城郭の構造、時期、変遷など、その実態が明らかになることが期待される。

【城の現在】　華渓寺の北、家臣屋敷と推定される一帯は、押堀もとりこんだ「曽根城公園」として整備され、芝生広場や天然記念物であるハリヨの生息するハリヨ池、釣りのできる瀬古ノ池、花菖蒲園等があり、市民憩いの場となっている。

　また、曽根は、当地出身の幕末の漢詩人で、勤王の志士であった、梁川星巌《やながわせいがん》が居し、私塾「梨花村草舎《りかそんそうしゃ》」を開いた地でもあり、華渓寺境内には星巌を顕彰する「梁川星巌記念館」が、公園には星巌と妻紅蘭《こうらん》の銅像が建てられている。

【参考文献】　大垣市教育委員会「曽根城跡」（一九九〇）、大垣市教育委員会「曽根城跡・曽根城下町」『大垣市遺跡詳細分布調査報告書　解説編』（一九九七）、大垣市「曽根城跡・城下町」『大垣市史　考古編』（二〇一四）

（鈴木　元）

●長屋門と墓所・石垣の残る近世旗本陣屋

西《にし》高《たか》木《ぎ》家《け》陣《じん》屋《や》

〔国指定史跡〕

〔所在地〕大垣市上石津町宮
〔標　高〕一二八メートル
〔分　類〕旗本陣屋
〔年　代〕慶長六年（一六〇一）～幕末
〔城　主〕高木氏
〔交通アクセス〕ＪＲ東海道本線「関ヶ原駅」下車。名阪近鉄バス関ヶ原時線時行で「宮」下車（約二五分）。陣屋跡隣接の上石津郷土資料館（火曜休館）に駐車場有。

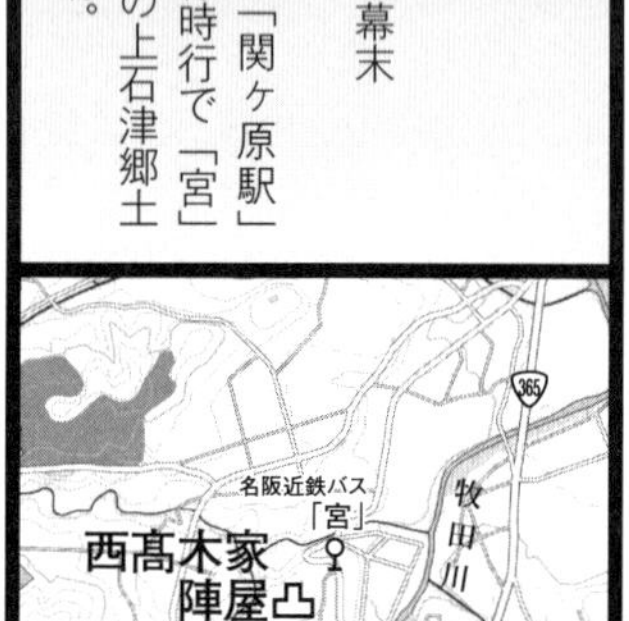

【交代寄合　美濃衆】　西高木家陣屋は、美濃国時《とき》・多良《たら》郷を支配した旗本高木家のうち、西高木家（西家）の陣屋で、現在は長屋門の他、墓所や埋門跡などの石垣を残している。

高木家は戦国期に美濃西部の駒野・今尾（現海津市）付近に勢力を張った土豪で、斎藤道三（利政）をはじめ、織田信長・豊臣秀吉・徳川家康などにしたがった。慶長五年（一六〇〇）の関ヶ原の戦いの功により、同六年に石津郡時・多良（現大垣市上石津町）を拝領し、高木貞利《さだとし》の西家二三〇〇石、高木貞友《さだとも》の東家、高木貞俊《さだとし》の北家が各一〇〇〇石と、三家に分かれてそれぞれ陣屋を構えた。

高木家は三家で石高四三〇〇石の旗本であったが、交代寄合美濃衆として大名並みの格式を許され、知行地に在住しながら江戸屋敷を有し、参勤交代も行った。所領が美濃・近江・伊勢の三国国境付近に位置することから、非常時国境警備の役割があったとされる。また、寛永年間（一六二四～）からは、山間の地に居しながらも「川通《かわどおり》御用《ごよう》」をつとめ、木曽川・長良川・揖斐《いび》川の流れる濃尾平野の河川管理を担った。なお、高木家の支配は幕末まで続き、特に西高木家は、維新後も当地に残って学区取締・郡長・衆議院議員などをつとめた。

この三家および各家臣家に残された文書群は、その規模十数万点で「高木家文書」と総称される。旗本知行地支配の実態を示すとともに、濃尾平野の治水史情報を豊富に含む古文書群であり、名古屋大学により調査研究が進められている。

【陣屋の立地】　三家は、当地を北流する牧田川《まきだがわ》左岸の河岸段丘上で、伊勢（西）街道に沿って陣屋を構えた。方位にちなむ三家の呼称は、街道と各陣屋の位置関係によるもので、西家が標高約一二八メートルの中位段丘東縁辺部に、北家・東家が同約一一八メートルの下位段丘に位置した。いずれも段丘崖に石垣を築いたが、特に西高木家陣屋では段丘縁辺部の地形を利用し、伊勢街道側に向かって埋門《うずみもん》やそれに連なる石垣群が整備された。

なお、高木家入郷以前に当地を支配した関一政の多羅《たら》城をここにあて、その遺構を利用して陣屋を築いたとする説もあるが定かではない。

●―下屋敷から曳き家された長屋門

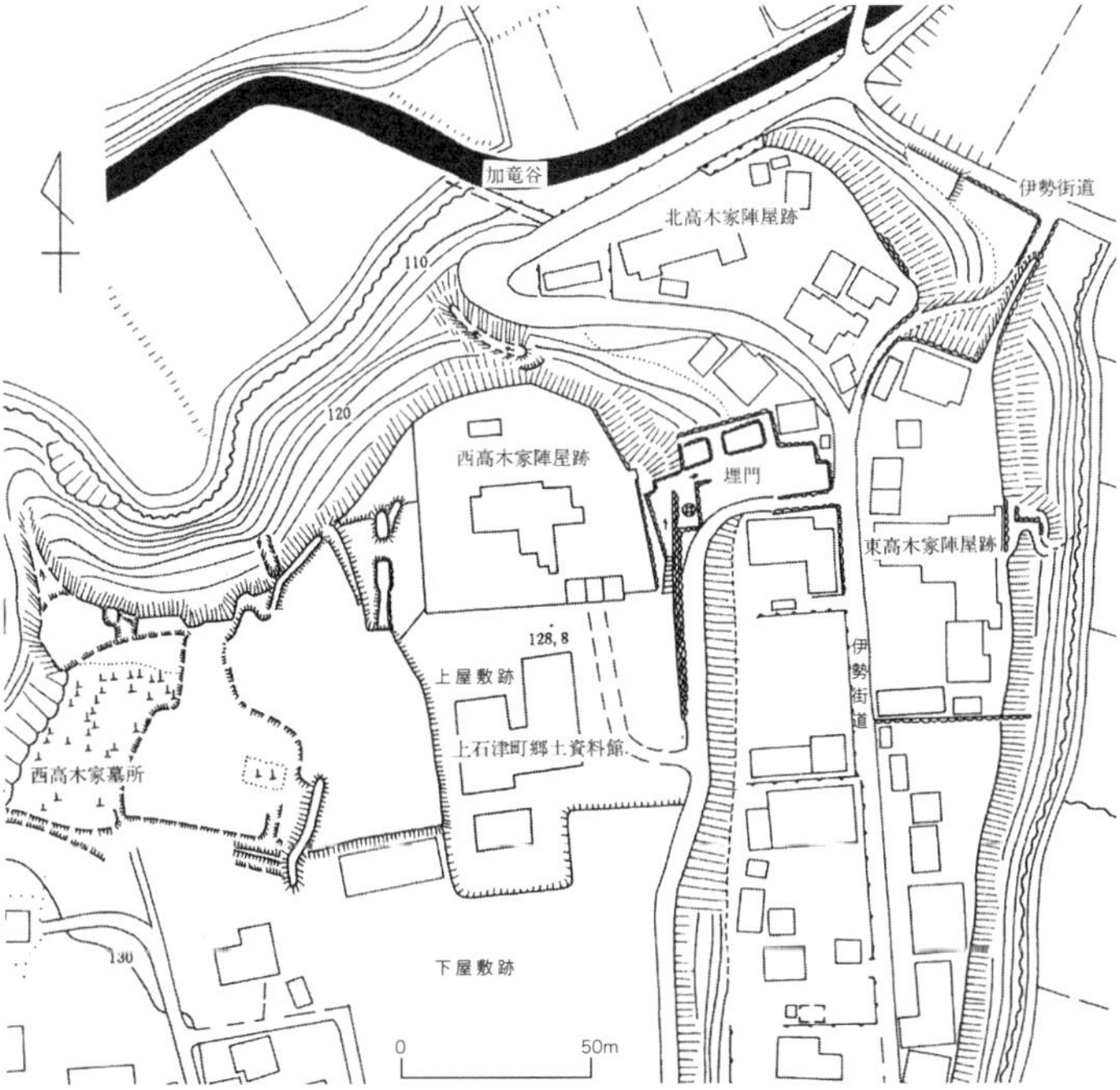

●―「旗本西高木家陣屋跡略測図」（作図：中井均）

【現地に残る建造物】　長屋門と明治建造主屋（非公開）が残る。嘉永五年（一八五二）建造の長屋門はかつての下屋敷北門で、明治期に現主屋南に曳《ひ》き家され、現在は本陣屋跡のランドマーク的存在である。

天保三年（一八三二）に西高木家陣屋は、北高木家

より発生した火災によりほぼ全焼し、同年再建に着手された。現主屋は明治建造のものであるが、式台《しきだい》玄関を有する武家建築の名残を色濃くとどめるもので、天保再建主屋の一部（奥棟）を、曳き家し利用している。

なお、長屋門を含む現主屋から郷土資料館にかけての敷地が上屋敷跡に、資料館南の駐車場利用される敷地が下屋敷跡におおむね相当する。

【西家累代の墓所】　陣屋西方には、西高木家の墓所である西《にし》之岡《のおか》墓所がある。同家墓所は、陣屋北西山腹の岡山墓所と、同家菩提寺である正林寺《しょうりんじ》の三ヵ所に分かれるが、西之岡墓所には当主および家族らの墓石など四三基が残る。明和九年（一七七二）の「宗廟并岡山墓所図」からは、土塁で区画された西家初代高木貞利墓を中心に、順次西方に造部墓活動が展開していったことがわかる。なお、墓所西の比高差約二〇㍍の段丘崖の浸食は、墓所図にも「切岸《きりぎし》」と記載されるもので、見学時には安全に十分留意されたい。

●―西之岡墓所の髙木貞利墓

【近世陣屋の石垣群】　埋門は、伊勢街道がはしる低位段丘から、西高木家陣屋が位置した中位段丘へ上る道の東に位置した。文書には「埋門」と記されるが、実際には瓦葺建物をともなう櫓《やぐら》門形式の門で、石垣の開口部は約三・五㍍（二間）をはかり、櫓は二間×一〇間半規模と推定される。天保の火災で焼失した同門は、入郷時に三家がしばらく「御同居」した場所に位置する「三家御由緒《ごゆいしょ》の門」であり、明治三十五年（一九〇二）には、入郷三〇〇年を記念し、西家・北家の当主・家臣が埋門に集い、「高木三家入郷の碑」を設置し、除幕式が開催されている。

また、埋門石垣には、本陣屋で最大規模となる一㍍超の石材が使用されていることも、同門のシンボリックな性格を反映したものと考えられる。

この埋門にはじまる東段丘崖に沿った石垣群は、街道より西高木家陣屋の上屋敷・下屋敷に上る通路（階段）へと連続し、その視覚的効果は大きかった。寛政年間に当地を訪れた尾張藩士樋口好古《よしふる》はその著書『濃州徇行記《のうしゅうじゅんこうき》』において「館を山の峰に構へ下よりみあげ殆んど城郭に彷彿《ほうふつ》たり」と記している。江戸時代、街道から見る石垣と白壁の建物群は、城

●—入郷碑の建つ埋門石垣

を彷彿させる景観を呈していたのである。

　なお、余談ではあるが、かつて埋門付近には国天然記念物のカヤの古木があった。枯死してしまったが、本来実側に付く渋皮が殻側に付く珍しいシブナシガヤで、高木家でも贈答・献上品として珍重され、水戸藩主徳川光圀《みつくに》公からの同カヤ献上に対する返礼記録も残っている。

【発掘調査の成果】　主屋周辺の発掘調査では、近代以降の建物礎石などと同時に、天保三年の火災痕跡である焼土層や暗渠《あんきょ》などが確認され、旗本陣屋期から近現代に至る各種遺構が良好に保存されていることが確認されている。火災以後の遺構主軸は現存建物と一致するが、それ以前の遺構主軸が北西に約三五度振っていることも判明し、屋敷絵図から想定される建物変遷とも極めて整合的である。また、火災後の一メートル余の造成や、主屋北東段丘崖石垣に被熱痕のある石材を含むことなどから、石垣を設けて小さな谷地形や不陸を造成して、現在みる上屋敷の敷地を確保したことが判明している。

【史跡西高木家陣屋】　本陣屋は建造物や墓所・石垣・地下遺構が存在し、さらに古文書群により旗本の知行地支配や濃尾平野の治水の実態を知ることができる遺跡として、平成二十六年に国史跡の指定を受けている。また、古文書群についても、整理・目録作成の終了した約三万三〇〇〇点が、高い学術的価値を有するとして、令和元年に国の重要文化財指定を受けている。

　なお、隣接する資料館では、高木三家陣屋のジオラマや関連資料の展示によって、高木家や陣屋跡について知ることができる。

【参考文献】　中井均『旗本西高木家陣屋跡』「岐阜県中世城館跡総合調査報告書一」岐阜県教育委員会（二〇〇二）、溝口正人『岐阜県史跡旗本西高木家陣屋跡主屋等建造物調査報告書』大垣市教育委員会（二〇〇九）、石川寛「高木三家と埋御門」『名古屋大学附属図書館研究年報第一三号』（二〇一六）

（鈴木　元）

●西美濃最大の山城

菩提山城《ぼだいさんじょう》・竹中氏陣屋《たけなかしじんや》

〔垂井町指定史跡〕

〔所在地〕垂井町菩提
〔比　高〕三〇〇メートル
〔分　類〕山城
〔年　代〕天文十三年（一五四四）頃～
〔城　主〕竹中重元
〔交通アクセス〕JR東海道本線「垂井駅」下車。垂井町巡回バス（垂井・岩手線）「菩提」下車。菩提山の麓まで徒歩数分。

【菩提山山頂にそびえる】　菩提山に城を構えたのは漆原《うるしはら》に居館を構えていた岩手氏であったとみられる。岩手には岩手弾正居館跡の痕跡が地籍に残っている。おそらくその詰城として築かれたのが菩提山城であったと考えられる。天文十三年（一五四四）に美濃守護土岐頼芸《ときよりなり》が岩手四郎に宛てた書状に、「菩提山城之儀申出之処、即時令入城之由注進候、尤神妙候」とあるのが菩提山城に関わるもっとも古い史料である。

『竹中氏家譜』によると、永禄二年（一五五九）に「為六千貫之主、領岩手四山之外、福田、長松等、同己未《つちのとひつじ》歳築城於同郷菩提山」とあり、竹中重元が岩手氏を攻めた翌年に菩提山城を築いたことが知られる。竹中氏は揖斐郡大御堂城の城主で代々斎藤家に仕えていた。『竹中家雑事記』によると、「重元重治迄は岩手西福村に居住有而、城には屋形《やかた》斗有之、騒動之時城に取登防の心得にいたしたる城也」と記されていることより、竹中氏の居館が西福寺にあり、その詰城が菩提山城であったことがわかる。

城は伊吹山系の東端、美濃と近江の国境にあたる標高四〇一・一メートルの菩提山の山頂に築かれている。その規模は東西約一五〇メートル、南北約三〇〇メートルを測る西濃地方最大の山城である。

【城の構造】　その構造は山頂部を主郭とするが、中央部に喰《くい》違《ちがい》の空堀《からぼり》を構え、曲輪を二分している。南側の空堀はL字状に屈曲させ、喰違う空白地Aに土塁《どるい》を設けて角馬出《かくうまだし》としている。さらにこの角馬出の西外側にも土塁囲いの小曲輪Bを配置して角馬出としており、その構造は重ね馬出として評価できる。また、重ね馬出の外側には一段テラスを設けて虎口《こぐち》受けとするなど、主郭の虎口は極めて厳重に構えられている。なお、喰違う空堀はいずれもが斜面部へは竪堀《たてぼり》となって遮断線としている。特に西側の竪堀は一段低く構えられた腰曲輪⑥の主郭側を巡る横堀となり、その北端では竪堀となって斜面を防御している。このように竪堀と横堀を組み合わせて見事な遮断線を形成しているのも菩提山城の大きな見どころのひとつである。

　主郭の南東に伸びる尾根が登城路と見られ、二本の巨大な堀切《ほりきり》が構えられ、その間には尾根上に小曲輪群が階段状に配置されこの登城道を防御している。登城道は尾根の南側を迂回して主郭の南側に配置されている曲輪③に至る。その虎口は方形に窪んでおり桝形《ますがた》を構えていたようである。

　曲輪③の南端は巨大な堀切㋐によって切断されている。その堀切の外側に曲輪④が配置され、曲輪先端は切岸《きりぎし》直下に堀切と、さらにその外側に巨大な堀切と二重の堀切を設けている。さらにこの二重堀切間の切岸部に竪堀を連続して設け、特に両端の竪堀は巨大で、敵の斜面移動を遮断している。このように南側の尾根筋に対しては極めて防御意識が高く、強固なものにして

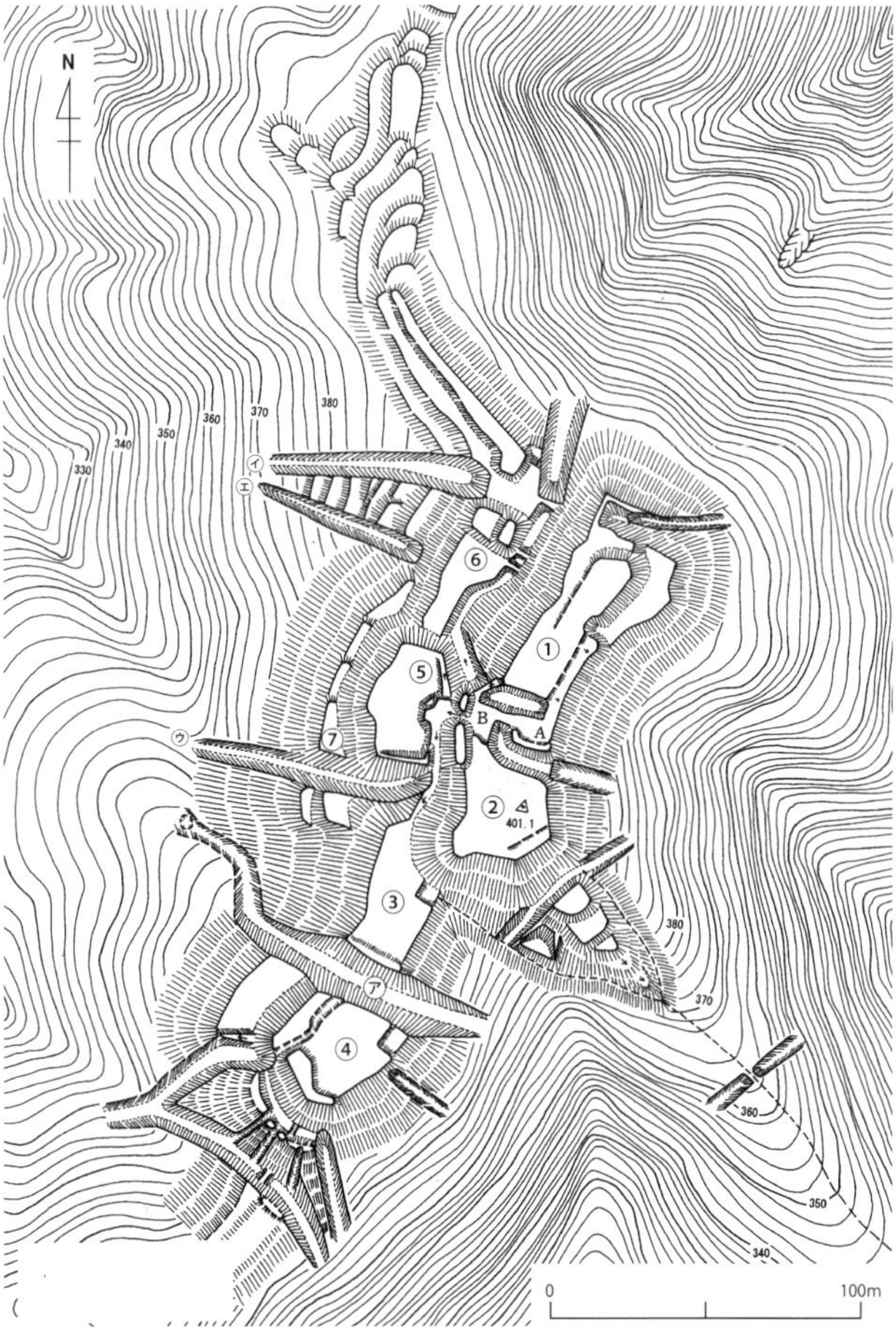

●—菩提山城縄張図（作図：中井均）

●—菩提山城の空堀

いる。また、曲輪④の先端には幅の広い土塁が設けられており、城の先端に構えられた櫓台《やぐらだい》であったと考えられる。

主郭①の北側を観察すると、端部に土塁をL字状に突出させて、竪堀を東側斜面に設けて城域の最前線としている。西側に一段低く配置された曲輪⑥も最北端へ横堀が続き、その北端は竪堀となるとともに、西にも構えられた竪堀がハの字状となり、その間の一画が角馬出状の防御空間となっている。

なお、城域はここで完結せず、北西に伸びる尾根上には長大な土塁とその先端には自然地形に沿って階段状に削平地が続く。しかし中心部に構えられた巧妙な曲輪配置とはまったく異なっており、城にともなう削平であるかは不明である。

このように菩提山城は馬出を構え、横堀をめぐらせ、端部に竪堀を設けて斜面移動を遮断するなど、戦国時代後半の極めて発達した縄張を示しており、竹中重治《しげはる》の頃に築かれたものと考えられる。重治は天正七年（一五七九）に播磨三木で陣没しており、その子重門《しげかど》は菩提山城を廃して山を下り、岩手に館を構えたと伝えられている。

美濃では戦国時代の土豪が慶長五年（一六〇〇）の関ヶ原合戦の戦功により本貫地《ほんがんち》での所領を安堵され、大名とはならなかったものの大身の旗本となる。関ヶ原合戦直後はまだ元和の一国一城令も、武家諸法度も出されておらず、こうした領地を持つ旗本も在地領主として山城を構え、山麓に陣屋を構えていた。たとえば小里氏の小里城と山麓陣屋、妻木氏の妻木城と山麓陣屋、遠山氏の明知城と山麓陣屋などである。このうち小里城、妻木城では石垣すら用いた山城が築かれている。菩提山も同様で菩提山城と山麓に岩手陣屋が構えられたのである。こうした山城は慶長五年に修復されている可能性が高く、菩提山城の巧妙な縄張も慶長五年まで下がる可能性を指摘しておきたい。

●—岩手陣屋櫓門

この菩提山城の東山麓に構えられた竹中氏陣屋は岩手陣屋とも呼ばれ、『竹中家譜』によると、「菩提山之城を下り、岩手作館住居之」とあり、重門が父半兵衛重治の没後に構えたものである。竹中氏は江戸時代には六〇〇〇石（後に分知して五〇〇〇石）の交代寄合の旗本となり、一三代続いて明治維新を迎えた。正徳五年（一七一五）に竹中重栄《しげひで》が記した記録によると、竹中氏陣屋の坪割りは東辺四〇間五尺、北辺三七間半、西辺三六間一尺、南辺四二間二尺、坪数一六三六坪半とある。その正面は東で、間口六間、奥行三間の櫓門が残されている。門の内側には蔀《しとみ》土居《どい》として一文字に石塁が構えられている。陣屋はほぼ方形で周囲には堀が構えられていた。なお、陣屋の周囲には武家屋敷が構えられ、小城下町を形成していた。

現在は陣屋の北半分が残り、南半分は小学校、幼稚園となってしまったものの、交代寄合の陣屋が残されている事例がほとんどないなかで岩手陣屋は実に貴重な遺構である。

【参考文献】岐阜県教育委員会『岐阜県中世城館跡総合調査報告書　第一集（西濃地区・本巣郡）』（二〇〇二）、中井均「菩提山城」『岐阜の山城ベスト五〇を歩く』サンライズ出版（二〇一〇）

（中井　均）

●関ヶ原合戦攻防の鍵の城

松《まつ》尾《お》山《やま》城《じょう》

〔所在地〕関ヶ原町松尾
〔比　高〕一五〇メートル
〔分　類〕山城
〔年　代〕元亀元年（一五七〇）頃〜
〔城　主〕樋口直房ら
〔交通アクセス〕国道二一号「松尾交差点」から南下、約二キロ。

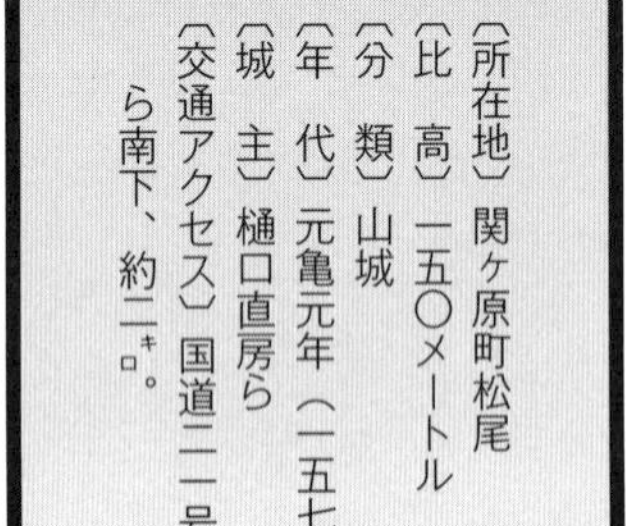

【美濃最大級の山城】　松尾山といえば関ヶ原合戦の際に小早川秀秋が布陣した山として有名であるが、実際には単なる陣というようなものではなく、美濃地方最大級の山城の遺構が残されている。

　狭隘な関ヶ原の南側に位置する松尾山は、近江と美濃の国境に位置しており、当初は境目の城として築かれたようである。「遍照山《へんじょうさん》文庫所蔵文書」に、「永禄《えいろく》之比、信長卿御合戦之節、浅井《あざい》旗下《きか》堀次良《ほりつぐよし》、濃州長亭軒之城ニ樋口三郎兵衛ヲ差置、（略）右長亭軒卜云ハ、不破郡松尾山之事也、古城ノ跡残レリ」とあり、元亀元年（一五七〇）に浅井長政《ながまさ》によって近江坂田郡の堀秀村《ひでむら》の家臣樋口直房《なおふさ》が入れ置かれたと記している。なお、ここに記された長亭軒之城とは秀吉の軍師竹中《たけなか》半兵衛《はんべえ》が堀、樋口氏を調略に向かった城のことである。この調略により堀、樋口氏は信長軍に与することとなり、信長は無傷で近江に進軍できた。一説に長亭軒之城を堀氏の居城である近江坂田郡の鎌刃城に比定する説もある。

　こうして近江に入った信長は不破光治《ふわみつはる》を松尾山城に一時入れ置いたが、光治が府中三人衆として越前に赴くと廃城になったようである。

【関ヶ原合戦での役割】　慶長五年（一六〇〇）八月十日、石田三成は大垣城に入城すると、早速に城主伊藤長門守盛正《もりまさ》に対して松尾山に新城を築くことを命じている。松尾山に位置する城跡に新たな城を築いたわけだが、九月十三日付けで増《まし》田《た》長盛《ながもり》に宛てた書状には松尾山城に中国衆を入れる予定であ

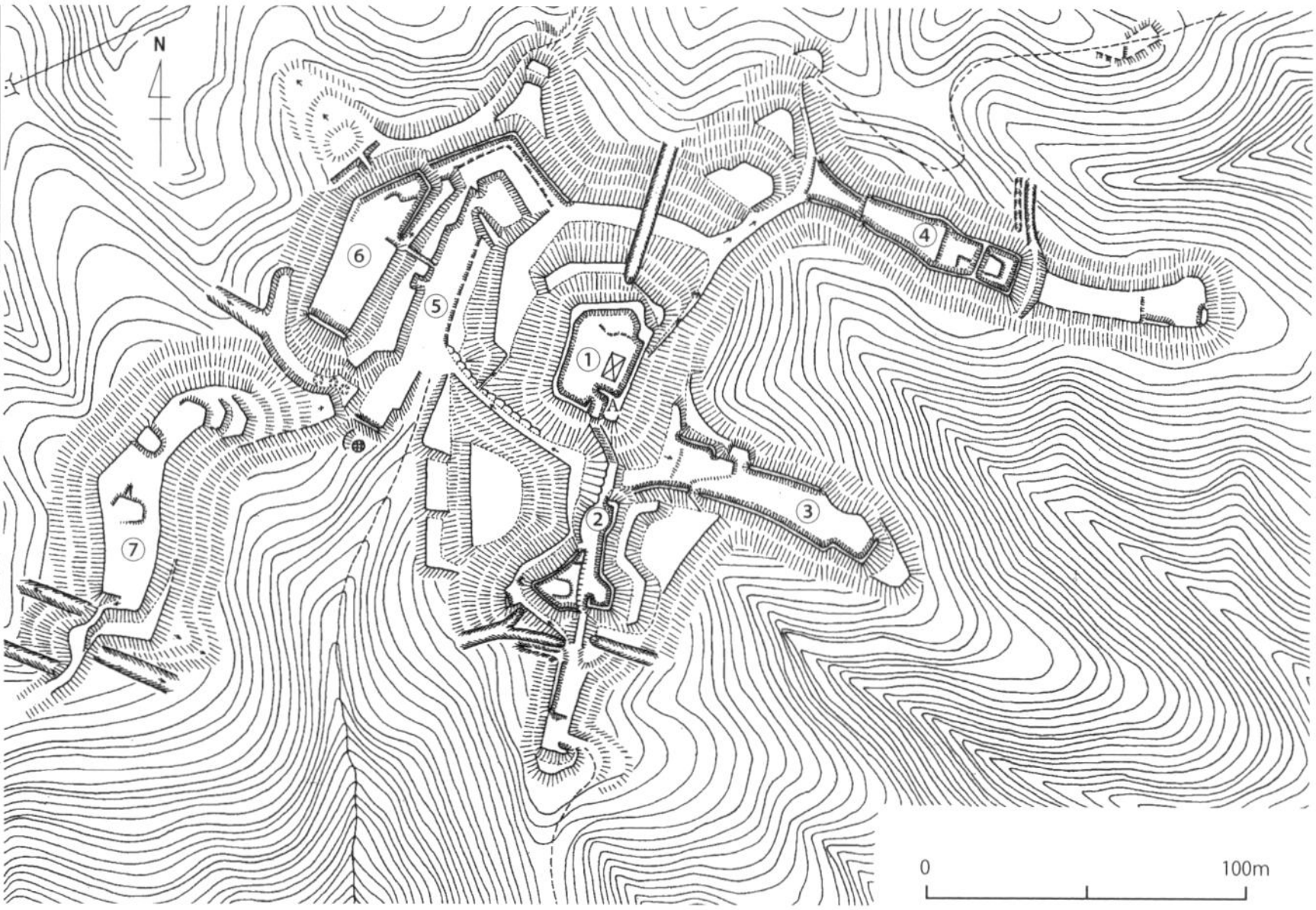

●―松尾山城縄張図（作図：中井均）

ると記している。現在残されている城郭遺構はこの伊藤盛正による築城によるものと見てよい。なお、中国衆とは大坂にいた毛利輝元のことと考えられる。輝元は西軍の総大将であり、その輝元を前線に呼ぶために築いた城であった。

こうした松尾山城の築城や九月上旬に伊勢から北上してきた毛利秀元、安国寺《あんこくじ》恵瓊《えけい》、長宗我部《ちょうそかべ》盛親《もりちか》らの布陣から関ヶ原合戦を見てみると、三成の当初の作戦はあくまでも大垣籠城であり、それを攻める家康軍に対して南宮山《なんぐうさん》から後詰《ごづめ》の西軍がその背後を衝くというものだったのであろう。

大垣市立図書館に所蔵されている「関ヶ原赤坂御陣営諸将陣取図」は享保五年（一七二〇）頃に作成された関ヶ原合戦の布陣図であるが、ここには大垣城、曽根城、長松城、岩手城、勝山御陣とともに松尾山城跡が描かれている。縄張図的に描かれた城跡の姿は現存する遺構とほぼ一致しており、原図作成にあたっては実際に現地に足を運んで、その縄張を描いたことはまちがいない。こうした絵図の作成より江戸時代には松尾山は単なる秀秋の陣所ではなく、山城跡であることを認識していたことがうかがえる。

【小早川秀秋の布陣】 ところで関ヶ原合戦当日、この松尾山には小早川秀秋が布陣しており、それが東軍に寝返り、西軍が敗れた最大の要因といわれている。しかし『寛政重修諸家譜』の「稲葉家譜」には「九月十四日、正成《まさしげ》（稲葉）、諸士と相議し、兵を率いて美濃国におもむき松尾山の新城にいり、その城主伊藤長門守《ながとのかみ》某《なにがし》を追払う」とあり、実は大谷吉《おおたによし》継《つぐ》によって布陣させられたのではなく、秀秋軍による不法占拠であったことがわかる。こうした事実より秀秋の東軍への寝返りは合戦当日に決めたのではなく、当初から東軍に属すことは明白で、西軍の側面を衝くために松尾山へ陣取ったものであった。

【縄張の構造】 その縄張は極めてテクニカルなものであり、戦国時代の土造りの城の到達点を示している。標高二九三メートルの松尾山山頂に構えられた主郭①は四周を土塁《どるい》で囲繞《いじょう》しており、南面に虎口《こぐち》を構えている。虎口は左折れの桝形《ますがた》虎口となり、正面右側の土塁は幅広となり櫓《やぐら》が構えられていたとみられる。この桝形は実に巧妙に構えられており、副郭②から望むと桝形の開口部は登城道に対して西側に少しずらして配置され、正面には櫓台が位置し、進入する敵正面で睨みを利かせる構造となっている。

主郭の周囲をめぐる土塁は東辺で屈曲部が認められ、横矢を効かせているほか、北東隅部では幅広となり、櫓台となっている。さらにこの主郭土塁は城内側に石列が認められる部分があり、本来は腰巻石垣であった可能性が高い。

主郭の南側は急傾斜の切岸《きりぎし》となり、直下に堀切《ほりきり》を設けている。この堀切の前面に副郭が構えられている。副郭も四周を土塁で囲繞しており、前面には堀切が設けられている。その構造は主郭虎口前面に構えられた馬出《うまだし》的曲輪と評価できる。この副郭は南方に向けて構えられており、松尾山城の大手正面は北側の関ヶ原方面ではなく、南山麓の平井側であったことが読み取れる。現在主郭北方は樹木が伐採されており、関ヶ原方面への眺望は抜群であるが、決してその眺望が築城の目的ではなかった。

主郭の東側には二本の尾根が突出しているが、いずれも土塁をめぐらせた曲輪③、④が配置されている。特に北側の尾根筋の曲輪④を取り囲む土塁には折が設けられ横矢を効かせ、尾根先端部には堀切が設けられている。大変興味深いのはこの尾根筋の曲輪群の土塁の城内側が窪んでおり、土塁を築くにあたって土を掻き上げた痕跡と見られ、緊急築城の様子を知ることができる。この二本の尾根筋に構えられた曲輪は南北両尾根からの攻撃に対して睨みを効かせている。

さて、主郭の西側は谷筋を挟んで主郭尾根と平行する尾根が位置しているが、ここにも土塁囲いの曲輪⑥が配置され、西側防御を担っている。この曲輪の周囲は堀切が横堀状に構えられ極めて独立性の高い構造となっている。曲輪の北東隅

●—松尾山城主郭の桝形虎口

部は方形の大きな窪みが認められ、地下倉庫の可能性がある。

この西方曲輪の南端は巨大な堀切で区画し城域を限っているが、さらにその南側にも曲輪⑦が存在する。ただこの曲輪は削平が甘く、これまで見てきた曲輪造成とは明らかに相違している。あるいは伊藤盛正築城以前の松尾山城の遺構の可能性もある。この曲輪の南端に堀切が構えられているが、この堀切は二本の堀切を喰い違わせて交互に竪堀《たてぼり》としており、曲輪造成とともに古いタイプの堀切と見られる。

もちろん両尾根の曲輪群が分断されないように、その間の谷部⑤も城郭に取り入れられており、谷筋を区切るように喰《くい》違《ちが》いの土塁が設けられている。

このように松尾山は単なる陣ではなく、極めて計画的に築城された山城であり、巧妙な縄張が施されていた。その規模や構造は西軍の総大将毛利輝元を迎え入れるにふさわしい山城であった。

【参考文献】岐阜県教育委員会『岐阜県中世城館跡総合調査報告書 第1集（西濃地区・本巣郡）』（二〇〇二）、中井均「松尾山城」『岐阜の山城ベスト五〇を歩く』サンライズ出版（二〇一〇）

（中井　均）

●平地に築かれた国枝氏の拠点

本《ほん》郷《ごう》城《じょう》

〔池田町指定史跡〕

〔所在地〕池田町本郷字北瀬古
〔比　高〕約二メートル
〔分　類〕平城
〔築　城〕一四世紀中頃、慶長五年（一六〇〇）廃城
〔城　主〕土岐頼忠、国枝為助
〔交通アクセス〕養老鉄道「美濃本郷駅」下車、徒歩約二〇分。

【城の歴史】　本郷城は、『揖斐郡志』（大正十五年）によれば土岐《とき》頼忠《よりただ》（応永四年〈一三九七〉没）により築城され、その後当地の豪族国枝為助《くにえだためすけ》が居城とした、とされる。しかし、『揖斐郡志』以前の、近世地誌類等資料では、本郷城と土岐氏の関わりを明確に示すものはなく、土岐氏とこの城との関係については慎重な検討が必要である。なお、頼忠は池田を称して土岐西池田家のはしりとなり、池田山東麓の大字願成寺に自らの菩提寺として禅蔵寺を建立しており、ここに子の頼益とともに墓が祀られている（岐阜県史跡）。禅蔵寺より一キロほど南には、足利尊氏らが一国一寺として建立をすすめた安国寺が存在することからしても、頼忠が重要な使命を帯びて池田に拠ったことは間違いない。頼忠の跡は息子の土岐頼益《よります》が継ぎ、後に本郷を出て萱津《かやつ》（現愛知県あま市甚目寺）に移ったとされる。

一方、国枝氏は応仁～文明元年（一四六七～六九）頃に現神戸町の田村から池田の本郷に移り来たと考えられている。土岐頼益は応永二十一年（一四一四）に没しているので、頼益のあと国枝氏が本郷城に入ったとすると、半世紀以上の空白期間が存在したことになる。国枝氏は、明確な統率者を欠いていた当地域に拠点を求めたのであろうか。

為助は明応四年（一四九五）、船田の乱に関わる戦闘で死亡したが、国枝氏はのちも土岐氏の被官として正助・宗龍・重光・重元・重高と続き、牧田の合戦などにも参戦している。そして、稲葉氏などと姻戚関係を結びながら地盤をかた

めていった。

早世した重高の跡は叔父の政森が継いだが、関ヶ原合戦で西軍に属し敗れ、本郷城は周辺の寺院などとともに焼き払われたと伝えられる。

【戦国期の平城へ】 池田町を南北に縦貫する国道四一七号線の「本郷北」交差点から西へ入ると、県道二五四号線である。二〇〇㍍ほど西進すると、右手に長福寺を示す石柱が見つかるだろう。そこから南に入る細い道を行けば、すぐに「本郷城跡入口→」と書いた看板と、住宅街の中に浮島のように盛り上がった緑地を見つけることができる。

本郷城は、後述するように東西一一六㍍、南北一五〇㍍ほどの平城だが、現在地上に観察できるのは、浮島のようにな

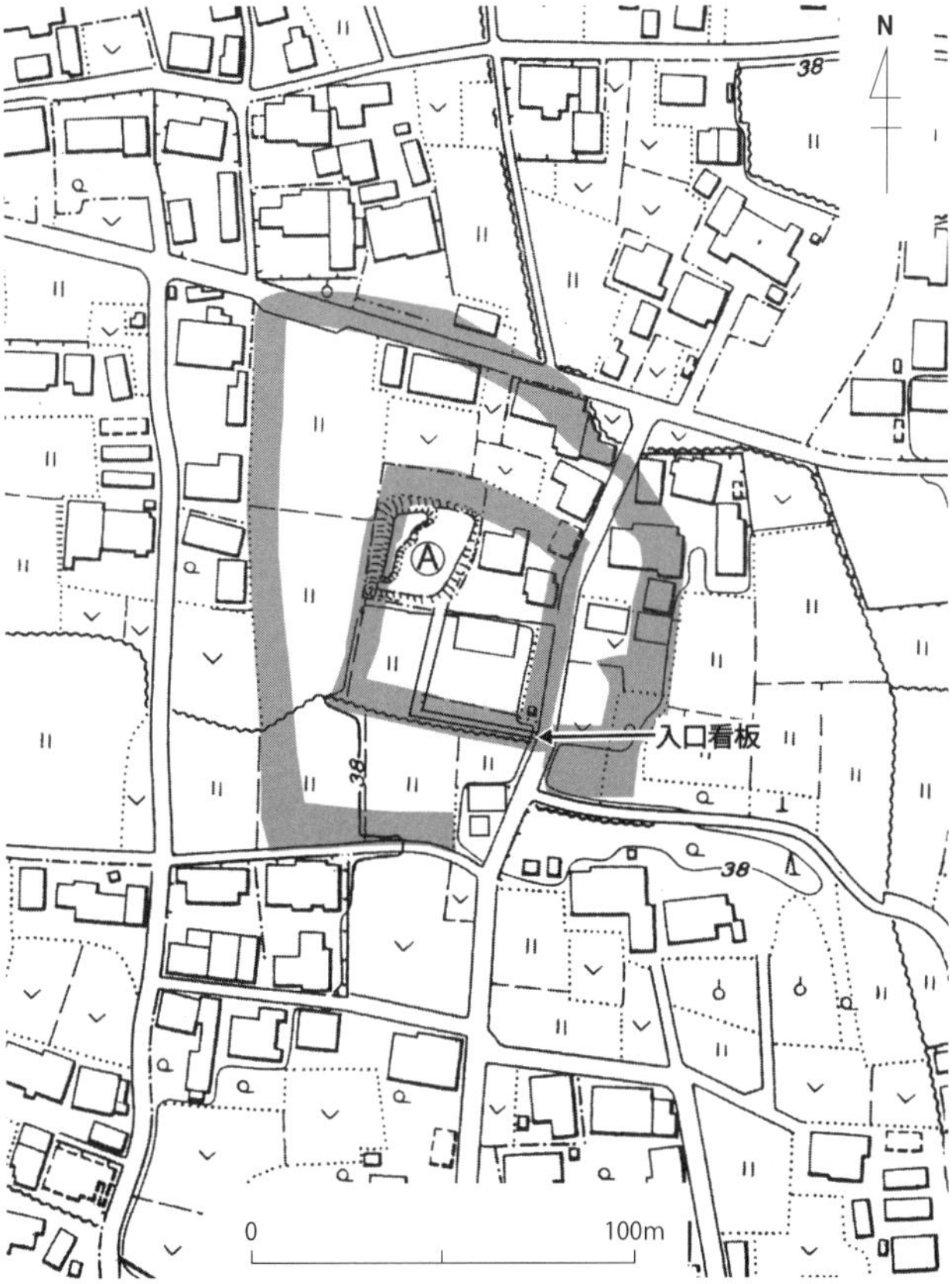

●—本郷城跡概要図（作図：横幕大祐）
※アミかけ部分が明治期字絵図から復元する堀と土塁

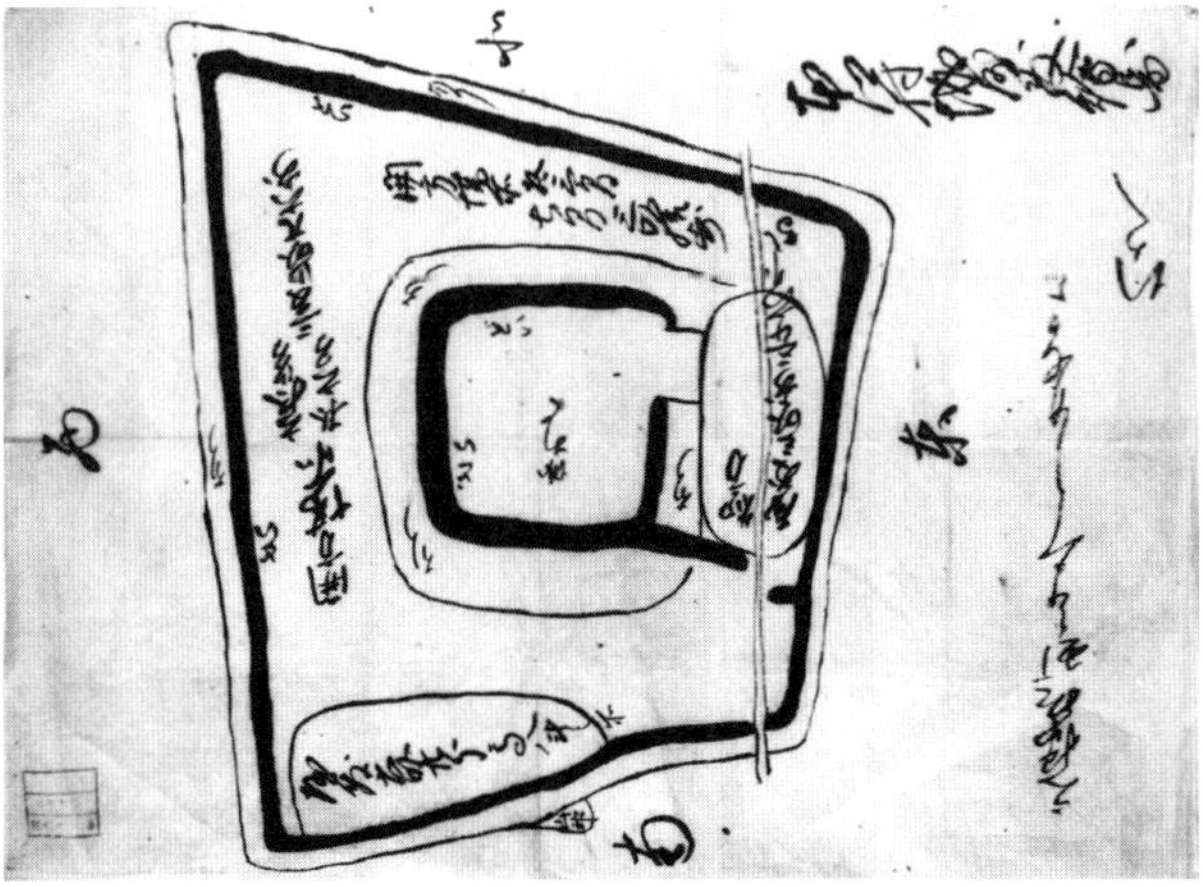

●—元禄10年（1697）本郷村 城屋敷絵図

●—内郭北西の台状部分と石垣

った三〇㍍四方ほどの部分（前頁図中Ⓐ）だけであり、この部分は町の史跡に指定されている。この部分へ行くには、看板から幅約一・五㍍の歩道を鍵の手状に歩くほかない。町中で駐車場なども備えていないので、そのつもりで見学されたい。

【城の構造】　城は揖斐《いび》川および粕川の形成した扇状地上、標高約三七㍍の平地に築かれている。先述のように、現在は城の存在を示す地上遺構は少ないが、江戸期の絵図や明治期字絵図、戦前の記録などから概略が復元できる。

元禄十年に描かれた絵図を見ると、城は中心となる方形の内郭と、それの周囲を同心円状に囲む外郭から構成され、内郭・外郭とも周縁の外側に堀を、内側に土塁《どるい》をめぐらせていることがわかる。『岐阜縣史蹟名勝天然記念物調査報告書第五輯』（一九三六年岐阜県発行）の「本郷城址」の項によれば、外郭東辺における土塁幅は七・二㍍、堀幅は三・六㍍と観察されている。明治期の字絵図を見ると、堀と土塁のあったであろう部分が帯のように内郭と外郭の形をなぞるような形に筆割りされた藪となっており、地表の凹凸が耕作地になるのを妨げていたと思われる。外郭東端の藪の幅は図上で一一㍍なので、この部分の藪は堀と土塁跡を合わせたものとみることができよう。このようにみて計測していくと、内郭は約三六㍍四方、外郭堀の外側ではかる城域は、東西一一六㍍、西辺一四九㍍、東辺六八㍍の不整形な台形を呈していたと復元できる。

元禄十年の絵図には内郭の虎口《こぐち》や、土塁が喰い違いのようになった部分が見られるが、その表現は後世の絵図によってまちまちであり、現在の情報では確定できない。内郭は外郭より二㍍程高く築かれていたが、大正から昭和初期にかけて土取りが進み、現在地上に見えるのは図中Ⓐの部分、内郭の北西約四分の一でしかない。現存する内郭の北西隅には、一辺七・二㍍、内郭からさらに二・七㍍高く築いた台状施設がある。これは石垣を用いて築かれており、周辺からは天正後期以降の所産と考えられる瓦が採取されている。城が関ヶ原合戦で落城したのであれば、瓦は天正後期、合戦前のものであり、石垣で築いた台状施設の上に天守相当の瓦葺き建物が存在していたことの証であろう。なお、台状施設には内郭土塁が接続している。土塁の幅は基底部で現状約七㍍である。

【本郷城の意義】　本郷城に関しては、現在までに二度の発掘調査を実施しており、外郭をめぐる堀の一部などが確認されている。出土する遺物は一五世紀後半から一六世紀前半頃のものがもっとも多いので、国枝氏が池田に移り来た時期を、城がもっとも活発に利用されていた時期と考えることができる。いっぽう、土岐氏が築いたとされる一四世紀頃の遺物は極端に少ない。もっとも、調査は城全体からすれば極めて小規模で限定的であり、今後の調査等による資料増加を待たねばならない。

●—本郷城跡出土瓦

一六世紀中頃以降の遺物も少ないが、瓦や豊臣期に特徴的な犬形土製品が出土しているのは注目しておきたい。これらの存在から、一六世紀後半にも城が機能していたことは間違いない。瓦と同時期の土器等遺物が少ないのは、その頃の本郷城が、当初とは異なる役割を担うようになっていた可能性を示唆するものかもしれない。こちらも、今後の調査事例の増加に期待するところである。

地域の小豪族である国枝氏の拠点に、石垣で築いた台状施設と瓦葺の天守相当の建物が存在していたことは、この城の意義を考えるうえで極めて重要なことである。豊臣期にこの城の領主がどのような役割を期待され、また西美濃地域一帯を俯瞰したときに、この城と同じような扱いを受けた少領主の城は他にあるのかどうか。この城がその仕組みをとく鍵を握っているかもしれない。

【参考文献】　池田町教育委員会『本郷城跡・太郎ヶ城跡発掘調査報告書』（二〇〇三）

（横幕大祐）

●土岐揖斐氏の拠点

揖《い》斐《び》城《じょう》

〈揖斐川町指定史跡〉

〈所在地〉揖斐川町大字三輪字城台山ほか
〈比　高〉約一八〇メートル
〈分　類〉山城
〈築　城〉興国四年（一三四三）、天文十六年（一五四七）廃城
〈城　主〉（土岐）揖斐頼雄・詮頼・友雄・基春・基信・光親
〈交通アクセス〉養老線「揖斐駅」から、揖斐川町コミュニティバス揖斐大野線、揖斐町線等で「揖斐川町」下車、徒歩約五分で登り口。

【揖斐氏とその拠点】　三代目美濃国守護となった土岐《とき》頼康《よりやす》は革手を拠点として、美濃西部の揖斐に弟の頼雄《よりかつ》を、池田に同じく頼忠《よりただ》を配置した。頼康はさらに西の山間に、二人の弟に挟まれる形で小島城を整備し、当地域における土岐氏の基盤を固めた。

頼雄は揖斐氏を名乗り、興国四年（一三四三）に揖斐城を築いたとされる。天授六年（一三八〇）に没し、自らの菩提寺として建立した大興寺（現揖斐川町大字大光寺）に葬られた。城はその後も、代々詮頼・友雄・基春・基信、そして基信のあとは土岐政房の子光親を養子に迎え、約二〇〇年にわたって揖斐氏の拠点として機能し続けたが、天文十六年（一五四七）、斎藤道三に攻められ落城、廃城になったとされる。その後は堀池氏の所領となったが、天正十一年（一五八三）に稲葉一鉄に攻められ退去、一帯は一鉄の子貞通の治めるところとなった。

なお、一鉄は揖斐城から南東約七〇〇ﾒｰﾄﾙの平地、現在の揖斐小学校のあたりに清水城を築いて晩年を過ごし、天正十六年（一五八八）ここで没したとされる。

【城跡への道】　揖斐城のある城台山一帯は、城台山公園として遊歩道が整備されており親しみやすく、ウォーキングをする人も多く見かける。

城の南東下に鎮座する三輪神社境内の案内看板にしたがって登っていくと、一五分ほどで播隆院一心寺に到着する。手前に城台山観音像や「城台山公園」と記された石柱などがあ

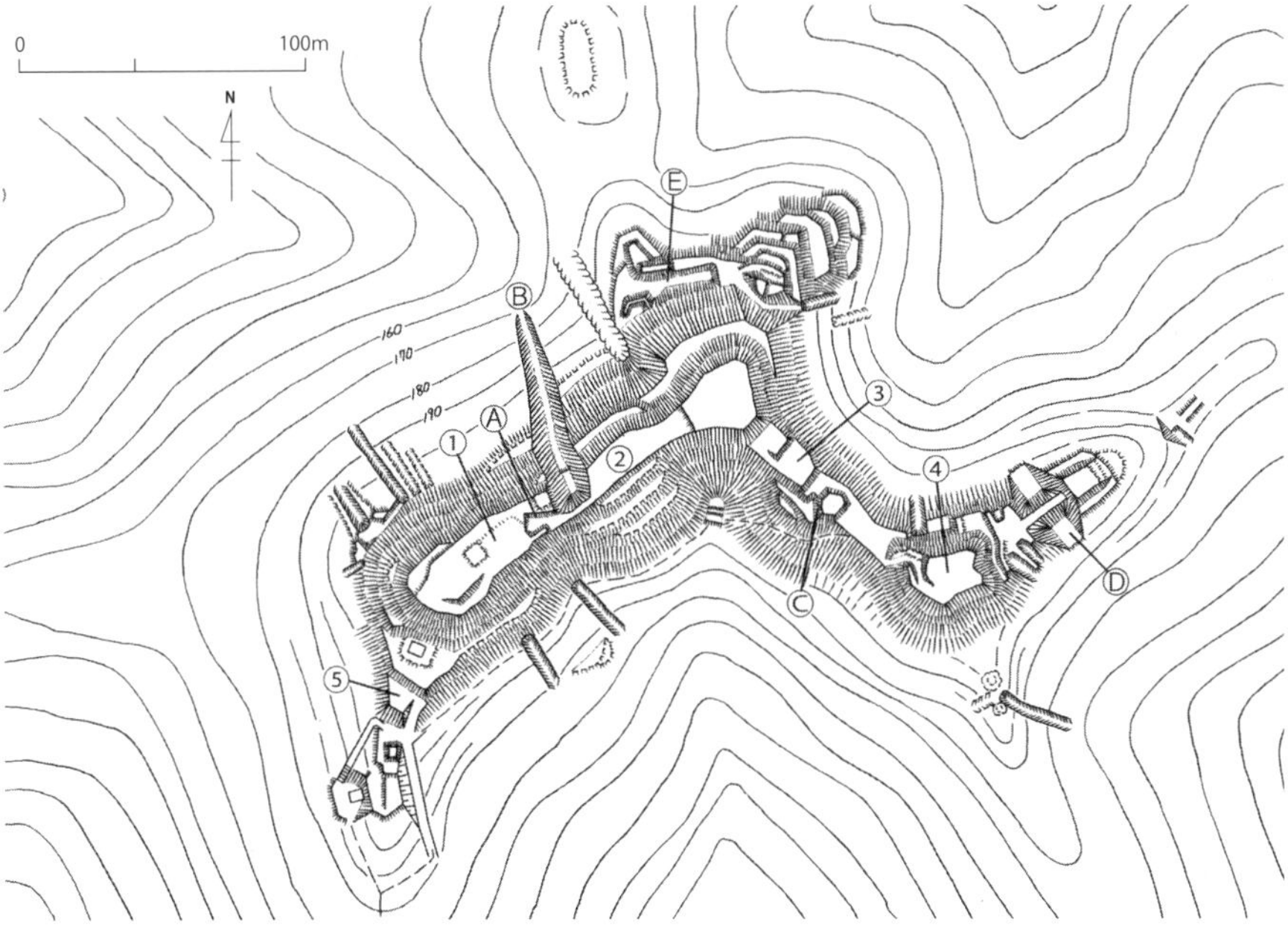

●—揖斐城縄張図（作図：佐伯哲也）

るが、城跡本体へはさらに山を登る必要がある。

寺の西側を抜けて擬木《ぎぼく》で整備された遊歩道をさらに二〇分ほど登ると、井戸は右へ・城跡は直進と案内する小看板があり、このあたりはもう城跡の南端のうちである。直進して登ると⑤の平坦地である。⑤より一段上の平坦地は、一心寺が現在地へ移転する前のお堂があった場所とされ、石垣の基壇とその上に「播隆院一心寺歴代住職墓碑跡」と刻まれた石碑が建っている。周囲には屋根瓦片も散乱している。西側下方には白山神社が鎮座していることもあり、城の南端あたりは後世にさまざま改変を受けていることが推察される。

【城の中心から】 堂跡の先は比高のある立派な切岸《きりぎし》がそびえ、この先が城の中でも特別な空間であることを示している。西側からまわり込んで斜面を上がると、東西六〇《メートル》、南北二〇《メートル》余りの広い平坦地が開ける。城域の最高所に位置し、周囲を切岸や竪堀《たてぼり》で防御している点や、北東端の虎口《こぐち》Ⓐ、その先の堀切《ほりきり》Ⓑの存在からも、この場所が城の主郭部分であると考えられる。中央付近には戦前に岐阜県の史跡に指定された際の石柱が立っている（現在は町指定）。虎口Ⓐは浅く見えるが、岩盤を掘り込んで整形されており、丁寧な造作が感じられる。①から土橋《どばし》を介して②へ渡ると、北へ伸びる尾根と南に折れる尾根に分かれて、それぞれに城郭施設が展

●—中心の曲輪⑥

開する。北は緩斜面を整形して切岸を整え、Ⓔの部分で横堀を設けて遮断している。この切岸と横堀のコンビネーションは美しく、見応えがある。Ⓔの横堀で土橋状になった部分を東へ越えると、輪郭状に整形された曲輪群と竪堀もみることができる。ただし、Ⓔへのルートは遊歩道コースから外れているうえ、切岸斜面はかなりの比高がある。うっかりすると見落としたり迷ったりする恐れがあるので気をつけたい。

次に、南に折れる尾根を行くと③の東方に虎口Ⓒが形成されていて、一段低まっている。虎口の先に突き出た曲輪に降りて西に向かうと、井戸に出ることができる（後述）。

いっぽう、虎口を越して東へ進むと切岸で独立的に高まった曲輪④が現れ、「出丸」「太鼓曲輪」と書かれた看板が立つ。その先は堀切Ⓓで遮断され、中央に土橋が架かる。土橋を渡ると「搦手《からめて》跡」と記された看板があるが、ここが城の東端である。

●—切岸と横堀E

全体を見れば、竪堀群と切岸、横堀で防御された北側と、一部岩盤を露出させるほど山肌を整形して防御とした南側とみることができよう。なお、先述の南側の切岸下方、折れた尾根の中央部には岩盤を円形に掘り込んだ井戸があり、水をたたえている様子が神秘的である。

【大手はどこに】 この城の大手については、北側の尾根を下った先であるという伝承がある。現揖斐川町の通称桂地区と呼ばれる一帯、字千代河戸、中屋敷、北屋敷といった付近が、城主や家臣の屋敷が並ぶ城下として桂千軒と呼ばれたという。また、千代河戸は足利尊氏の叔母、千代野が移り住んだ場所だという伝承もあるが、これら数々の伝承を裏付ける資料はなく、詳細は不明である。

●—揖斐城周辺図

いっぽう、城の南側は頼雄が自らの菩提寺として大興寺を建立しており、堀池氏を駆逐した稲葉《いなば》一鉄《いってつ》は、揖斐城の南麓平地に清水城を築いている。近世に至って、このすぐ西に揖斐陣屋が設けられ、現在の揖斐町の基礎となったことからしても、ある時期から揖斐城の南側が重要な場所となっていったことは考えられるだろう。

いずれにせよ、揖斐城とその城下がどのあたりと結びつきながら変遷していったのかは、今後の研究進展に期するしかない。

この城は全体として残存状態が非常に良好で、公園として整備されているため見晴らしもよく、遊歩道に導かれて歩きやすい。要所に「本丸」「大手門跡」などの表示板があって、目印にも事欠かない。手軽に城跡を実感したい人にはお勧めの山城である。

また、⑤から北へそれる道を降りると約一・三キロで揖斐川町歴史民俗資料館へ行くことができる。資料館には揖斐城や小島城の立体模型や揖斐の歴史に関する資料が展示されているので、少し足を伸ばせば城や揖斐地域の理解を深めることができるだろう。

【参考文献】岐阜県教育委員会『岐阜県中世城館跡総合調査報告書　第一集』(二〇〇二)

(横幕大祐)

●険しい山間を塞ぐ大規模山城

小《お》島《じま》城《じょう》

〈所在地〉揖斐川町春日大字六合字東山ほか
〈比　高〉約一九〇メートル
〈分　類〉山城
〈築　城〉一四世紀中頃、明徳元年（一三九〇）廃城
〈城　主〉土岐頼康、土岐康行
〈交通アクセス〉養老線「揖斐駅」から、揖斐川町コミュニティバス春日線等で「宮ノ下」下車、春日郵便局から徒歩約二〇分。

【城の歴史】 南北朝～室町時代の美濃で威勢を振るったのは土岐《とき》氏である。三代目頼康《よりやす》は、伊勢、尾張、美濃の三国守護となり、一族は隆盛を極めた。

頼康は一四世紀中頃に美濃中央部の革手へ拠点を移すと、西北部の、粕川が平野部へ流れ出る一帯を挟むように、北の揖斐に弟の頼雄《よりかつ》を、南の池田に同じく頼忠《よりただ》を配置した。そして、自身は両者の間を流れる粕川を遡った狭隘な山中に小島城を整備したとされる。

この城は、もっぱら頼康の城として知られるが、それ以前の、『揖斐記』建武四年（一三三七）合戦の「木戸之尾」は小島城のことを指すと考えられており、他にも「池戸」「上狩」「下狩」といった城郭の記述もある。頼康以前から山間の随所に城などの拠点が展開していたことが推察される。ただし、「木戸之尾」と頼康の時代の小島城との関係は明確でなく、他の城郭の所在も不詳である。

頼康はこれに先立つ延元元年（一三三六）、揖斐瑞岩寺《ずいがんじ》を父頼清《よりきよ》の菩提寺として葬儀を行っている。頼康自身の墓も父とともに当寺に祀られており、岐阜県の史跡に指定されている。

頼康の跡を継いだ養子の康行は、明徳元年（一三九〇）足利幕府の命で近江守護京極高秀《たかひで》らに攻撃され、同年小島城は落城、廃城となったとされる。

【城跡中央部へ】 県道五三号線を粕川沿いに西へ遡り、春日郵便局手前から北の脇道を入ると、一キロほどで「小島城跡

●―小島城縄張図（作図：横幕大祐）

東山公園」という看板が目にとまる。看板に導かれて山道を歩くと、ほどなく東屋《あずまや》の立つ平坦地に出る。ここが城域西端の曲輪である。

さらに道を進むと、⑥へ到達する。ここが城域のほぼ中央にあたる部分である。東西二〇〇《メートル》、南北三七〇《メートル》余の範囲に、九〇以上の削平地が展開する、大規模な山城である。⑥はその中でも最大の広さの曲輪であり、城跡の案内解説看板や戦前の岐阜県指定史跡石柱（戦後指定解除）がある。また、主に平成に入ってから、直下の曲輪と共に観音を信仰する場として整備が進んでおり、広大な城域をめぐる際のランドマークとして有効だろう。

【城の構造】　⑥の東には城内を南北に縦貫する通路があり、その両側上下に精美な切岸《きりぎし》の連続を観察できる。通路を南へ降りていくと、やがて尾根を削平した曲輪群となり、南端近くで桝形《ますがた》の虎口《こぐち》Ⓒを見ることができる。その先は現在断崖絶壁となって危険であり、深入りは避けた方がよい。

翻って⑥から北へ、比較的規模の大きく丁寧な造作の曲輪群を三～四段登り越すと、⑤の方へ伸びる細い尾根に曲輪が四つほど連なる様子が観察できる。ただし、周囲は斜面が急峻なので注意が必要である。再び上へ向かう道は城の東際を通り、西側に切岸と幅の狭い帯《おび》曲輪が続いた先に④へとたどり着く。ここから城跡最頂部①までの曲輪群は、南北を切岸で、東西をいくつもの竪堀《たてぼり》で厳重に防御されており、城の枢要部であることが知れる。①は削平が甘いが、②〜④は丁寧に整えられており、特に④の東端には一三×七メートルほどの方形の窪地が設けられており、半地下式の施設でもあったのだろうかと想像が膨らむ。①の背後（北）は幅約一〇メートルの堀切《ほりきり》Ⓐが尾根を断ちきり、中央に架かる土橋《どばし》とあいまって見応えがある。なお、竪堀Ⓑは南へ一六〇メートル余り続き、最初に到着した東屋が立つ曲輪の西を降りている。この曲輪の下方には、曲輪⑦があるが、多数の竪堀で厳重に防御されており、他とは異なる様相を呈している。

●—⑥から上方の切岸群

●—堀切Ⓐと土橋

改めて全体を俯瞰すれば、この城は①を頂点として厳重に守られた区域と、西を長大な竪堀Ⓑ、東を切岸群で防御する中央区域、そして尾根を整形した曲輪の連続で守る東および南の区域で構成された山城であると言えるだろう。

【城に残される謎】 最初に述べたように、諸記録から一四世紀前半には当地域および周辺に城の類が存在したことが推される。一四世紀中頃には土岐頼康の手で整えられ、同末には廃城となっていることになる。しかし、桝形虎口の存在などから戦国期の改修がうかがわれ、城跡のどの部分がいつの時期に整備されたものかは慎重な検討が必要である。

ちなみに、平成四年頃に⑥の下段を信仰施設の関係で整備したおりに遺物が出土しており、その内容は一四世紀と一五世紀後半の二時期あることが指摘されている。戦国期の再利用を示す可能性があるが、文献による裏づけはできず、城の履歴の大半は謎である。

この城がなぜ狭隘な山間に築かれたのかも、謎の一つといえる。春日を越えて近江から京都へ至るルートを押さえたという考えもあり、粕川を下り出た平野部北を頼雄、南を頼忠で押さえ、頼康の小島城を西端として囲むようにした一帯が重視されていた、ということであろうか。

【周辺の遺跡】 ところで、この土岐三兄弟で囲まれた中、揖斐川町白樫に、角之御前《すみのごぜん》という字名がある。『揖斐郡志』によれば、ここには角之御前屋敷という、周囲より一・八メートルほど高い台状の土地があり、春日局の出所地と伝えられているという。台状地は明治頃に削平されたようであるが、地元では白樫に拠点を置いた斎藤利安ら三代の屋敷があったと伝承され、現在では一角が「春日の局生誕地」として整備されている。

昭和五十三年に一帯で圃場整備を行った際、大量の中世遺物が出土し、緊急に発掘調査がなされたという。礎石建物を含む三棟の建物跡が確認されたというが、調査の詳細は報告されていない。出土遺物を検討した小野木学は、遺跡は一二世紀後半以降一五世紀後半まで存続したとし、その構成から「いわゆる格の高い遺跡」であったと推定している（小野木学、一九九六）。

ちなみに、『尊卑分脈』紀氏系図には、治承五年（一一八一）、美濃池田郡司の紀奉光が「小島荘城郭」で平知盛《たいらのとももり》軍と戦い敗死したとあり、一二世紀後半の小島荘域に何らかの軍事拠点が存在した事も推察される。

頼康は文和二年（一三五二）に後光厳天皇を「小島頓宮」へ迎えており、瑞岩寺、小島城、白樫がその候補地にあげられている。また、国ごと一つの安国寺がやや南の現池田町小寺に造営されたことも注意したい。

このように、小島城を最奥とした美濃北西部一帯に対する頼康の関心は極めて高く、この地域が革手を拠点とした美濃国守護に重要視されていたことが察せられる。一二世紀以降小島や白樫に重要な機関があって、それを取り込む形で周囲に土岐氏の拠点を配したことが推察されるが、今後の発掘調査など新たな資料の出現が期待される。

【参考文献】小野木学「角之御前遺跡出土の中世遺物について」（『美濃の考古学』創刊号、一九九六）、岐阜県教育委員会『岐阜県中世城館跡総合調査報告書　第一集』（二〇〇二）

（横幕大祐）

お城アラカルト

関ヶ原合戦の陣城

中井　均

慶長五年（一六〇〇）九月十五日に繰り広げられた関ヶ原合戦はわずか半日で東軍の勝利で幕を閉じた。実際に戦ったのはこの数日前の杭瀬《くいせ》川の戦いと関ヶ原だけのように思われているが、マクロな視点では石田三成の伏見城攻め、西軍の大津城攻め、東軍の上田城攻めなども関ヶ原合戦の範疇で捉えられる。また、ミクロの視点では関ヶ原周辺での両軍の対峙に陣城を構えていた点を見逃すことはできない。九月上旬に伊勢より北上してきた毛利秀元《ひでもと》、安国寺恵瓊《あんこくじえけい》、長宗我部盛親《ちょうそかべもりちか》らの軍勢は南宮山の東尾根と山麓に布陣する。布陣に際して小規模ではあるが城郭を構え、大将の居所とした。これを陣城と呼んでいる。特に毛利秀元陣は入念に築かれており、戦国時代の山城とまったく遜色のない造りとなっている。こうした西軍の陣城からは関ヶ原が見えない。陣城《じんじろ》を構えるのは、そこから何が見えるのかという眺望がもっとも重要な選地となる。西軍の陣城から関ヶ原が見えないということは、陣城構築段階では関ヶ原での会戦を想定していなかったこととなる。では何が見えるのかというと、東方に大垣が一望できるのである。おそらく九月上旬に三成の挙兵に呼応して来た西軍は大垣決戦を想定していたものと考えられる。それは大垣城に籠城する三成軍の後詰《ごづめ》としての布陣だった。

ところで津軽家本『関ヶ原合戦図屛風』などの屛風には笹《ささ》尾《お》山の石田三成陣や天満《てんまん》山の宇喜多秀家《うきたひでいえ》陣、島津義弘《よしひろ》陣などには柵列が描かれており、それなりの陣所のように描かれている。しかし、現地には南宮《なんぐう》山に見られるような人工的な施設は一切認められない。十四日の夜に大垣城を出て、関ヶ原周辺に布陣はしたものの、丘陵地を人工的に加工することなどは出来なかったのである。

ただ、関ヶ原の西側に布陣したのは大谷吉継《おおたによしつぐ》であったが、吉継が関ヶ原に到着したのは九月二日であり、充分に陣城を構える時間はあった。ただ、吉継の陣城が関ヶ原に構えられたのは、ここでの会戦を考えたのではなく、大垣籠城戦で敗れた徳川軍を殲滅《せんめつ》するためのものだったのではないだろうか。今ひとつ関ヶ原を望む地に構えられたのが松尾山城である。ここからは関ヶ原が一望できるが、そのために築かれた陣城ではない。三成の書状に中国衆を入れ置くために松尾の新城を築いたと記している。つまり松尾山城は総大将の毛利輝元《てるもと》の御座所として構えられた陣城であった。その立地も総大将を大垣より離れた最後尾に配するための選地であった。

なお、陣城の構築はこうした西軍のものだけではない。八月二十三、二十四日に赤坂を占領した東軍は、徳川家康の本陣を岡山に築城する。この岡山の陣城を描いた絵図に縄張は井伊兵部少輔《ひょうぶのしょうゆう》直政《なおまさ》と本多《ほんだ》中務大輔《なかつかさたいふ》忠勝《ただかつ》によるものと記されている。現在岡山には大垣市の水道施設が建てられて旧状は不明であるが、絵図では合横矢の掛かる土塁《どるい》や桝形《ますがた》虎口《こぐち》が描かれており、陣城としての体裁を備えている。この陣城を見る限り家康自身も関ヶ原での会戦は考えていなかったようである。

このように関ヶ原周辺に残された両軍の陣城の構造を分析することによって関ヶ原での会戦は当初考えていなかったと言えよう。

お城アラカルト

訴訟のために〝登城〟する人々

石川美咲

永禄三年（一五六〇）十一月、西美濃平野部の上真桑《かみまくわ》領家方（本巣市上真桑）と下真桑地頭《じとう》方（本巣市下真桑）は、糸貫《いとぬき》川の河原で放牧する牛馬が食べる芝草をめぐって相論（訴訟）となった。双方は何度も「御公事場《くじば》」へ出頭し、斎藤義龍《よしたつ》の宿老衆である斎藤六人衆へそれぞれの権利を主張した。結局この相論は、牛馬に札を付けて河原への入場数を制限、管理することで解決をみた。

では、「御公事場」とはいったいどこであったのか。それは在地側が六人衆へ対面している点から、斎藤氏の本城稲葉山城（岐阜市）であったと考えられる。つまり、稲葉山城は地域社会から訴訟のため出頭する場、すなわち「法廷」として認識されていたのである。

次の事例からも、同様の機能がうかがえる。永禄三年十二月、斎藤義龍は別伝宗亀を開祖とする井口城下の伝灯寺《でんとう》（現在は廃寺、岐阜市早田）を美濃国内の臨済宗妙心寺派寺院の本寺にしようとしたところ、国内の妙心寺派寺院の住持たちは、尾張へ出奔することでこれに反発した。翌四年二月、住持たちは別伝が厳重に処分されたと認識し、帰国の礼謝のため「登城」を申し入れた。ところが、実際に登城した住持たちは斎藤氏から出奔という手段に出た責任を追及されるに至り、さらに事態はこじれていった。とはいえ、同年五月に義龍が没したことで、この相論は下火となり収束に向かった。

これらの二つの事例から、斎藤義龍の時代においては、問題を抱え、争う当事者たちが、その解決を図るべく申し開きに出頭する場としても、稲葉山城は機能していたことがうかがえる。そうした際、稲葉山城へ出向くことを、当時の美濃の人々は「登城」と表現したのであった。この時期、稲葉山城には、軍事的要塞としての機能だけでなく、「政庁」としての機能も備わったといえよう。

◆中濃・岐阜

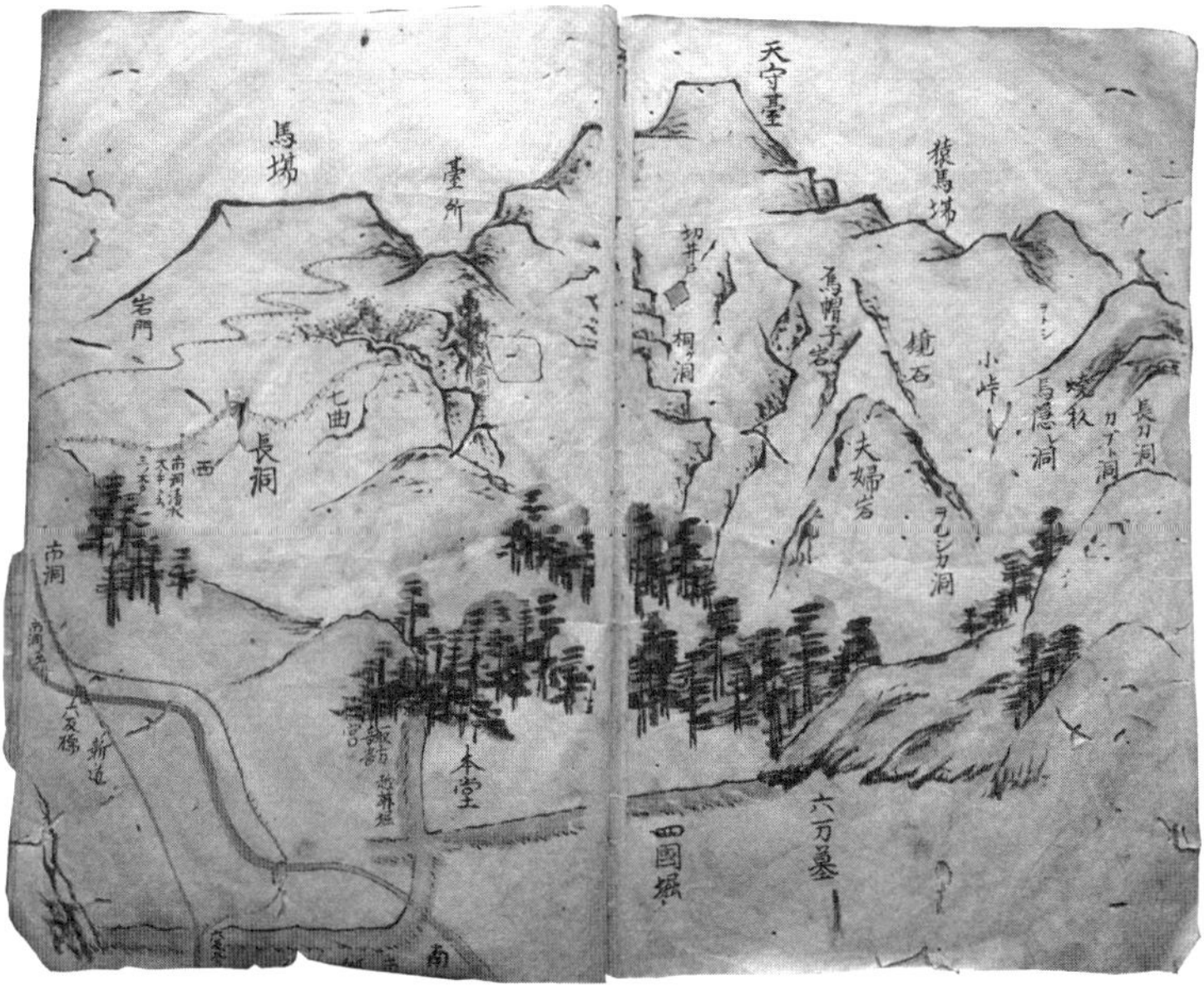

大桑城・城下町絵図（個人所有）

●総構を持つ近世初頭の豊臣系城郭

黒《くろ》野《の》城《じょう》

〔岐阜市指定史跡〕

〔所在地〕岐阜市黒野
〔標　高〕一四メートル
〔分　類〕平城
〔年　代〕文禄三年（一五九四）〜慶長十五年（一六一〇）
〔城　主〕加藤貞泰
〔交通アクセス〕JR東海道本線「岐阜駅」から、バスで「黒野城跡前」下車。徒歩五分。

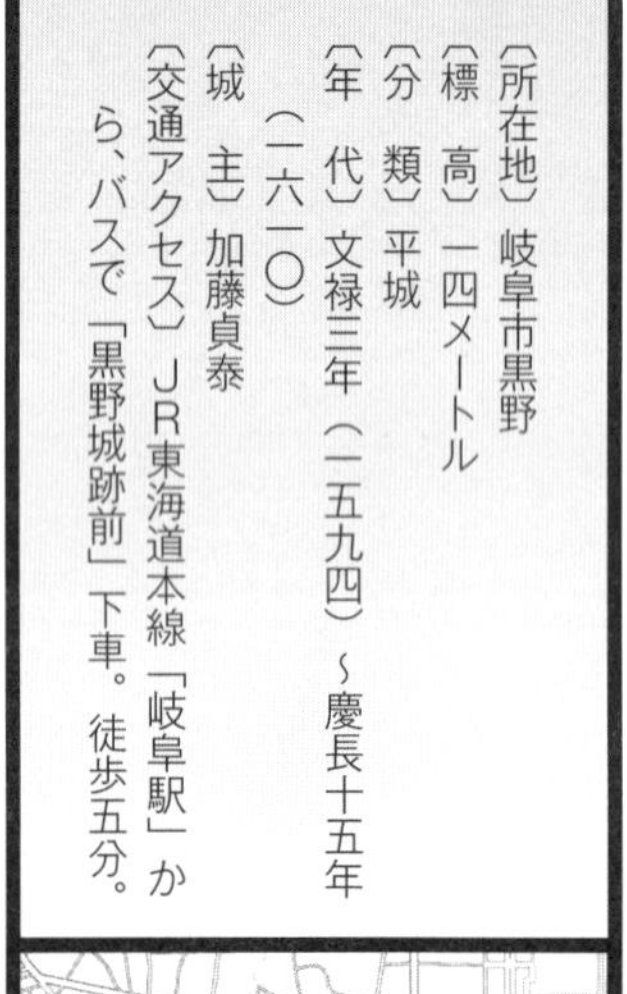

【織豊期から近世を生き抜く】 黒野城は、濃尾平野北縁部、岐阜城の北西約六キロの黒野台地南端に立地する平城である。黒野城主加藤貞泰《さだやす》やその父光泰は橋詰《はしづめ》（岐阜市端詰町）で生まれた。光泰は秀吉に仕え、本能寺の変後大垣城主となるが、失言により失脚。その後復活して天正十八年（一五九〇）の小田原の陣後、甲斐二四万石を与えられるがまもなく文禄・慶長の役に出陣し現地で病死する。文禄三年（一五九四）、息子貞泰は美濃国黒野四万石へ転封、黒野城を築く。慶長五年（一六〇〇）、関ケ原の戦いでは貞泰は西軍に就き犬山城へ入るが、東軍・徳川家康と内応して犬山城を無血開城させ、九月十五日の合戦当日は黒田長政らとともに戦った（異伝有）。戦後も黒野を安堵され、検地や楽市政策を行うとともに、長良川に尉殿堤《じょうどのつつみ》（岐阜市史跡）を築き始めるも、慶長十五年（一六一〇）に伯耆米子《ほうきよなご》へ六万石で転封。黒野城の歴史はわずか一六年で幕を下ろした。

【本丸虎口から石垣と瓦を発見】 「黒野城下家中屋敷図」によれば、本丸の周囲に二の丸および一族の屋敷が分布。さらに外側には家臣の屋敷地が配置され、その外周に堀と土塁《どるい》からなる総構《そうがまえ》（東西約〇・八キロ、南北約〇・五キロ、一部残存）がめぐる。なお、過去に総構内で八〇数件の試掘・立会調査を実施してきたが、城下町関係の遺構・遺物はみつかっていない。

本丸（黒野公園）は周囲を堀と土塁で囲まれた東西一四五メートル、南北一四三メートルほどの方形プランで、南西部が外桝形《そとますがた》の虎《こ》口《ぐち》となる。南辺の土塁は一度崩され戦後復元された。土塁北西角と虎口で発掘調査を行い、虎口部で南北方向の土塁とその西側を画す砂岩製石垣基礎を確認した。付近から瓦や土器・陶磁器が少数出土し、一六世紀前葉頃の遺物が含まれることから築城以前に本丸付近に何らかの施設が存在したとみられる。

【参考文献】『平成二八年度岐阜市市内遺跡発掘調査報告書』（岐阜市教委・（公財）岐阜市教育文化振興事業団、二〇一八）

（内堀信雄）

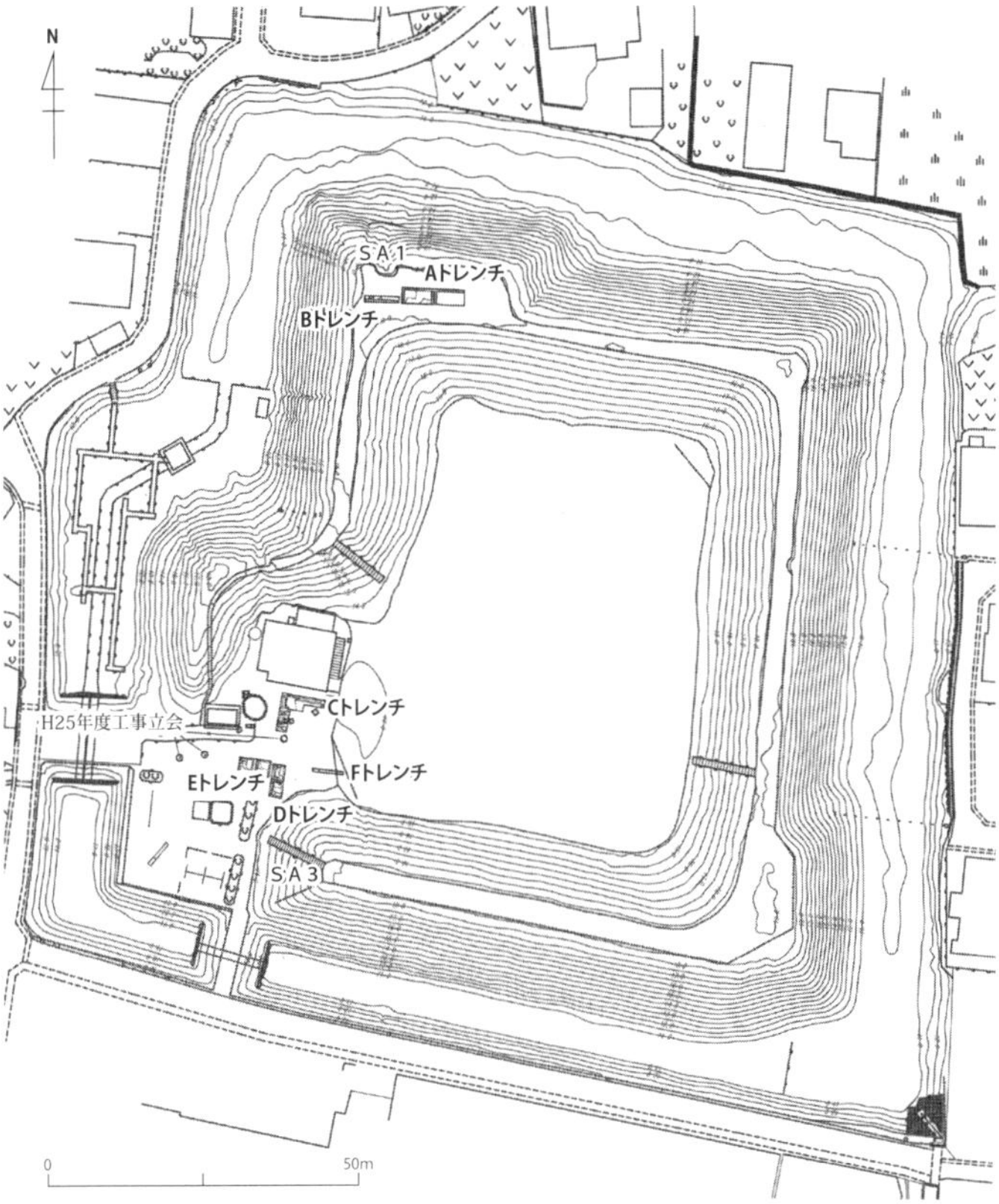

●—本丸測量図（岐阜市教育委員会他 2018）

●—発掘で出土した石垣（南から）

●信長、天下布武の本拠

岐《ぎ》阜《ふ》城《じょう》

〔国指定史跡〕

〔所在地〕岐阜市天守閣ほか
〔比　高〕約三〇〇メートル
〔分　類〕山城
〔年　代〕大永五年（一五二五）頃〜慶長五年（一六〇〇）
〔城　主〕長井氏、後斎藤氏（道三・義龍・龍興）、織田氏（信長・信忠・信孝・秀信）、池田氏（元助・輝政）、豊臣秀勝
〔交通アクセス〕ＪＲ東海道本線「岐阜駅」または名鉄名古屋本線「名鉄岐阜駅」下車。バスで「岐阜公園歴史博物館前」下車。ロープウェイで山頂駅着。徒歩の場合約一時間。

【歴史を動かした合戦の舞台】　岐阜城は美濃山地と濃尾平野の境界にそびえるチャートという硬い岩でできた金華山《きんかざん》（標高三二九メートル）に立地する山城である。北麓を木曽三川の一つ長良川が南流して伊勢湾に通じる。この地は中世を通じて長良川舟運や東山道などの流通往来の結節点であった。

金華山は古代・中世を通じて伊奈波《いなば》神社の信仰の山であった。城は鎌倉時代の建仁年間に二階堂氏により築かれたと伝わるが詳細はわからない。大永五年（一五二五）、長井長弘・長井新左衛門尉が立て籠もった「稲場（葉）山ノ城」が文献上の初出である。天文八年（一五三九）頃、斎藤道三により本格的に城と町が整備された。道三はその後天文十九年（一五五〇）頃守護土岐《とき》頼芸を追放して美濃国の実権を掌握するが、弘治二年（一五五六）、長良川の戦いで息子の義龍《よしたつ》に討たれる。

永禄十年（一五六七）、尾張の織田信長は稲葉山城を攻略。城主龍興《たつおき》を追放して居城を小牧山から移すとともに、城と町の名を岐阜と改める。信長は天正三年（一五七五）、家督と美濃・尾張を嫡男信忠に譲り、翌年安土へ移る。天正十年（一五八二）六月二日、本能寺の変で信長・信忠横死の後、岐阜城は、天正十一年（一五八三）の賤ヶ岳の戦い、天正十二年（一五八四）の小牧・長久手の戦い、そして慶長五年（一六〇〇）の関ヶ原の戦いという著名な合戦において重要な役割を演じた。この間、城主は織田信孝《のぶたか》、池田元助、池田輝政、豊臣秀勝、織田秀信と矢継ぎ早に交替する。織田秀

●—金華山全景（西から）

信は関ヶ原の戦いに際して西軍に味方するも前哨戦（岐阜城の戦い）に敗れて落城。城の歴史に終止符を打った。江戸時代には尾張藩領の御山、明治維新後には新政府の管理へと移り今日に至っている。

【本格的石垣がめぐる山上の城】 中井均は岐阜城の構造について、「居館と詰城という二元的構造」であると指摘している（中井二〇〇三）。

山上城郭部には、「天守台」曲輪と「上台所」・「下台所」曲輪などが配される。二つの頂の間の鞍部は高さ三メートルほどの二段の石垣で護岸された長さ五〇メートルほどの通路になっている。通路東斜面石垣は近年樹木が伐採されて壮大な姿が見えるようになった。「天守台」曲輪の北西斜面には「稲葉城趾之図」によれば三段の石垣が築かれていた（一部現存）。「天守台」曲輪を南東に一段下ったところに岐阜城資料館が建つ曲輪があり、南側斜面に複数段の石垣が残る。このように「天守台」「上・下台所」曲輪を中心とした一帯には、信長以降の改修によると考えられる本格的な石垣が集中して認められ、城郭中枢部を成している。

「天守台」曲輪から北へ下っためい想の小径（水手道）と鼻高ハイキングコースの分岐点に虎口《こぐち》「裏門」の巨石列と石垣が一部残る。一方、「下台所」南端には巨石を積み上げ

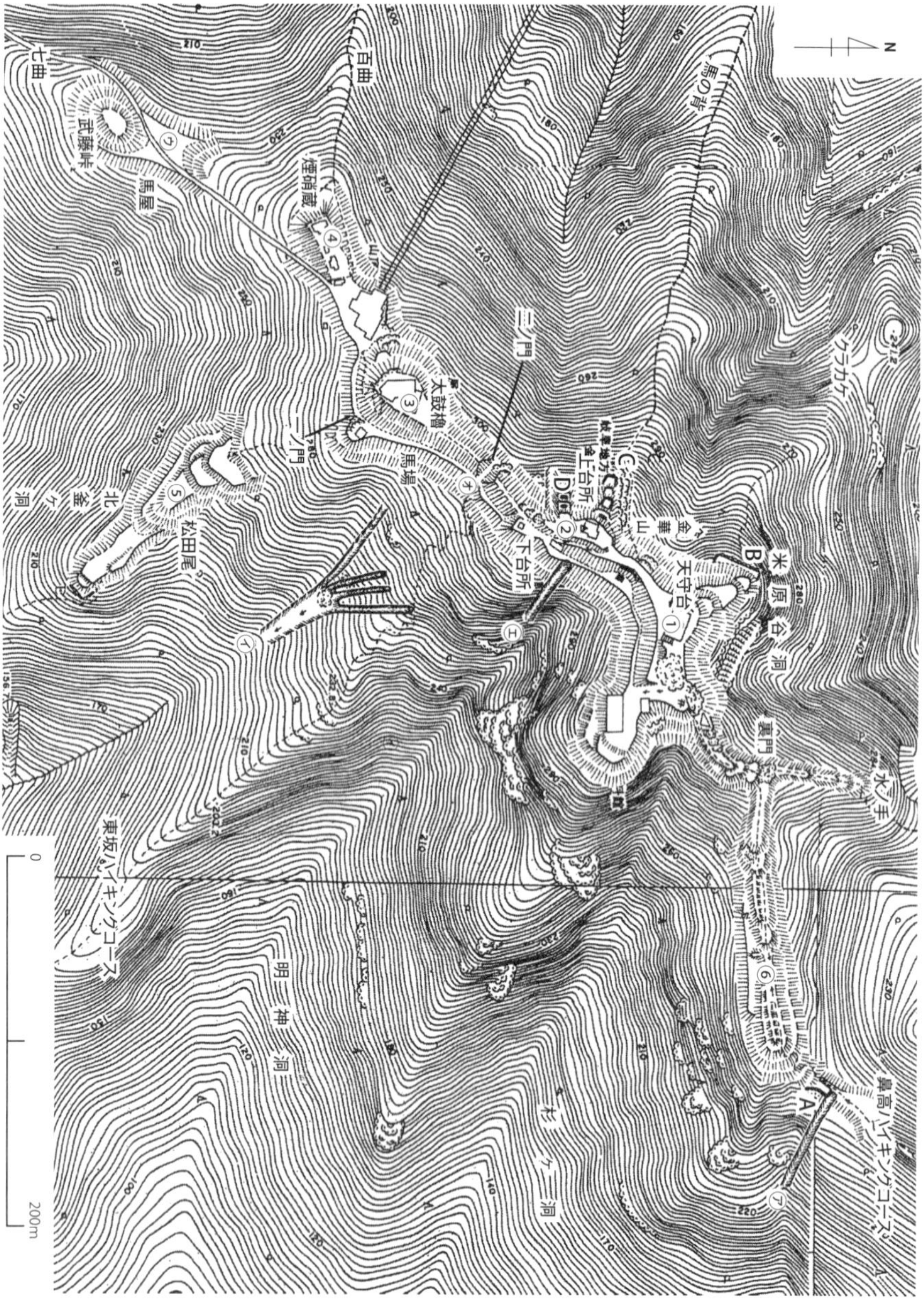

●—岐阜城縄張図（作図：中井均）

た内桝形《うちますがた》虎口「二ノ門」が残る。「二ノ門」を南下した通路「馬場」の先に巨石列と石垣からなる虎口「一ノ門」、その西上に「太鼓櫓《やぐら》」曲輪（展望レストラン）がある。「一ノ門」下方にロープウェイの山上駅がある。ここは七曲り登山道（大手道）と百曲り登山道の合流地点で、尾根先端に「煙硝《えんしょう》蔵《ぐら》」曲輪（リス村）が所在する。山上駅から七曲り登山道を少し下ると「馬屋」と「武藤峠」（頂部）の二つの曲輪がある。「武藤峠」は慶長五年の岐阜城の戦いの激戦地「武藤つふら」の候補地（異説有）。山上部の外周には、「松田尾」曲輪群など後斎藤期と考えられる石積を残す曲輪がいくつか分布する。

●—復興天守周辺（南から）

平成三十年度、「二ノ門」虎口の南斜面で石垣の確認等を目的として、発掘調査を実施した。その結果、一部露出していた石垣の続きを確認し、岩盤を基礎に築かれていることや、間詰《まづめ》石（石材の隙間に詰める小石）が多用されること、裏込《うらご》め礫の状況から絵図に描かれるコーナーが実在することがわかった。出土遺物には飾り瓦、小形軒平瓦や鉄製鏃《やじり》などがある。瓦は、上方「下台所」曲輪に存在した建物に伴うとみられる。

【信長の迎賓館・山麓居館】　山麓居館部は西麓岐阜公園内の平地および上方の槻《けやき》谷両側斜面段々地形に立地する。この内、上方の段々地形部には美術館やロープウェイ山麓駅が建てられているが、継続的な発掘調査によって居館の実態がわかってきた。

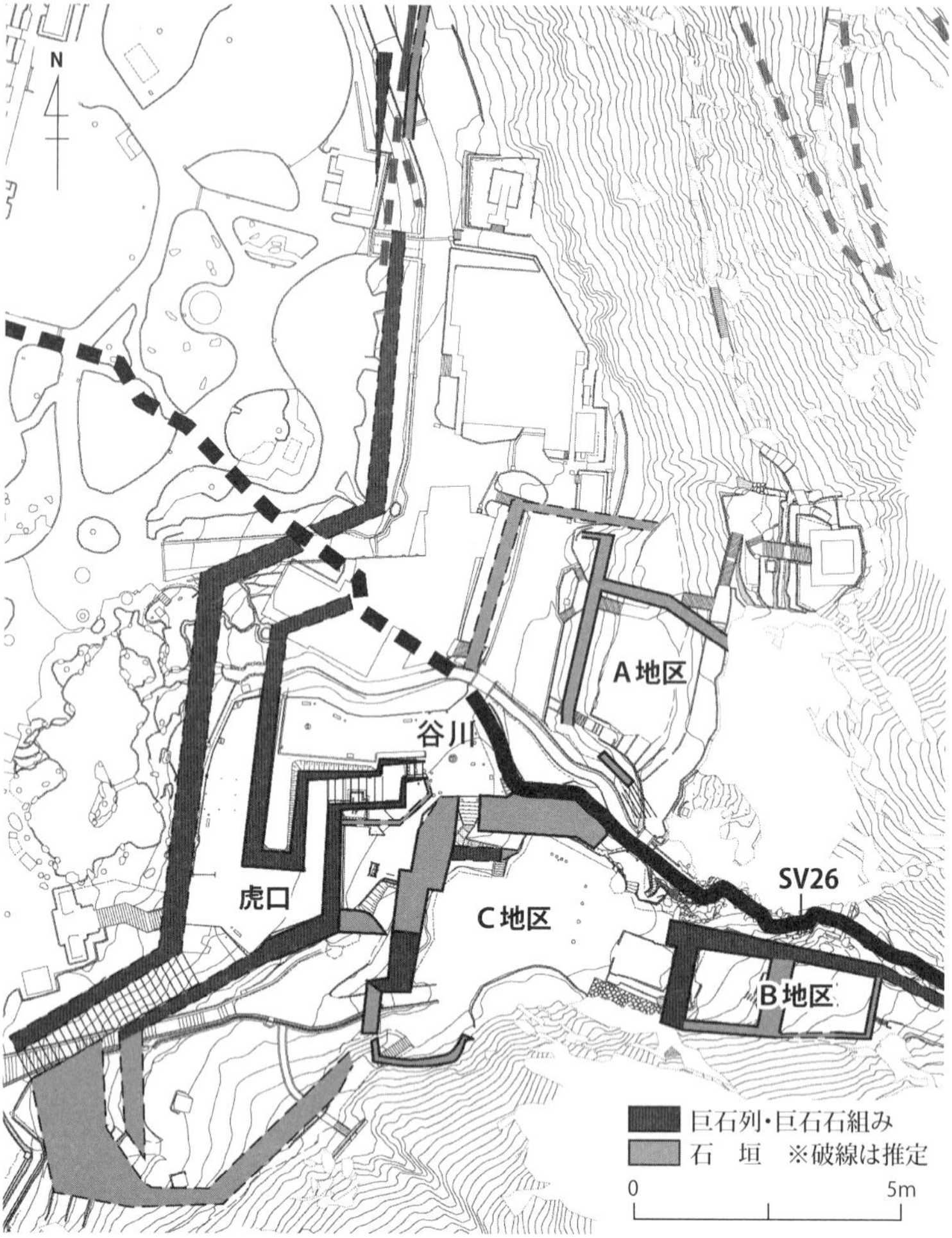

●—山麓居館模式図（作図：恩田裕之）

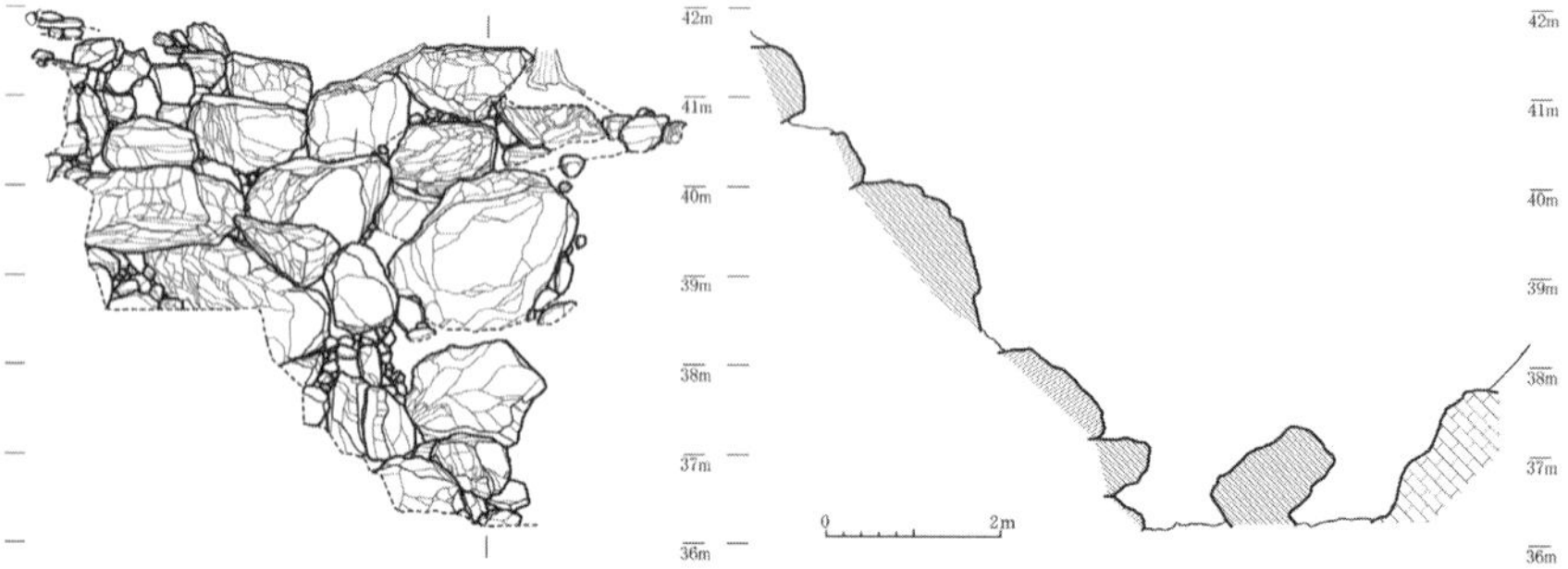

●—山麓居館谷川巨石石組 SV26

発掘成果によると居館は高低差のある三つの部分から構成されている。最下段は巨石列で区画された出入口（虎口）部。中段は入口部を上ったところに位置する二つの主たる曲輪（A地区、C地区）とその間を流れる谷川下流部分。上段はC地区上方に位置する三段の小平地（B地区）と谷川上流部である。中段のC地区には金箔棟板瓦建物が存在するとともに、東〜南裾部に複数の庭園があった。A地区には二〇㍍四方の池が存在し、背後の岩盤（高さ三五㍍）から二筋の滝を落としていた。橋台部や礎石が見つかったことから、A地区とC地区は橋で接続されていたことが判明した。谷川の護岸は、橋より下流は通常の石垣、上流では巨石を含む石組みで渓流の景色を造形している。上段には蔵状建物や白砂を敷き詰めた池などが見つかっている。これらの発掘成果は永禄十二年に岐阜を訪れたポルトガル人宣教師ルイス・フロイスの記録とも概ね整合し、いわば信長の迎賓館といえよう。

【新たな発見】　平成二十九〜三十年度の分布調査で二つの発見があった。まず、山麓居館から丸山を挟んだ北側の谷「赤川洞（赤ヶ洞）」で複数の曲輪や谷川を護岸する巨石石組みが発見された。谷の下方はえん堤工事等の影響を受けており、上方のみが残ったと思われるが、その構造は山麓居館上段と酷似する。この地は、最後の岐阜城主織田秀信の「別業の跡」と近世地誌に記される場所であり、遺構の実在が初めて確かめられた。

次に、金華山中腹の北西斜面で長辺二・七㍍の特大の石材を含む大形石垣で護岸された複数の曲輪が発見された。大形石垣は山上部と山麓居館部にしか見られないとの従来の理解を覆すものであった。中腹曲輪については、大形石垣で護岸された曲輪と岩山（磐座《いわくら》か）がセットとなる構造が復興天守の建つ曲輪と酷似することから、信長に次ぐ重要人物（嫡男信忠か）の居所の可能性を考えている。中井均は、従来の山上と山麓居館に加え、この中腹曲輪と赤川洞「居館」という二元的構造が存在し、「二つの城郭」が金華山に築かれたと指摘している（第一二回信長学フォーラム講演）。

【参考文献】　中井均「岐阜城」『岐阜県中世城館跡総合調査報告書2』（岐阜県教委、二〇〇三）

（内堀信雄）

●守護所から家康ゆかりの近世城郭へ

加《か》納《のう》城《じょう》

〔国指定史跡〕

〔所在地〕岐阜市加納丸之内ほか
〔比　高〕一〇メートル
〔分　類〕平城
〔年　代〕（中世）文安二年（一四四五）頃〜永正六年（一五〇九）頃〔近世〕慶長七年（一六〇二）〜明治五年（一八七二）
〔城　主〕（中世）斎藤氏（利永・妙椿・妙純）〔近世〕奥平氏、大久保氏、戸田氏、安藤氏、永井氏
〔交通アクセス〕JR東海道本線「岐阜駅」下車、南東へ徒歩約三〇分。バスの場合「加納中学校前」下車、徒歩五分。

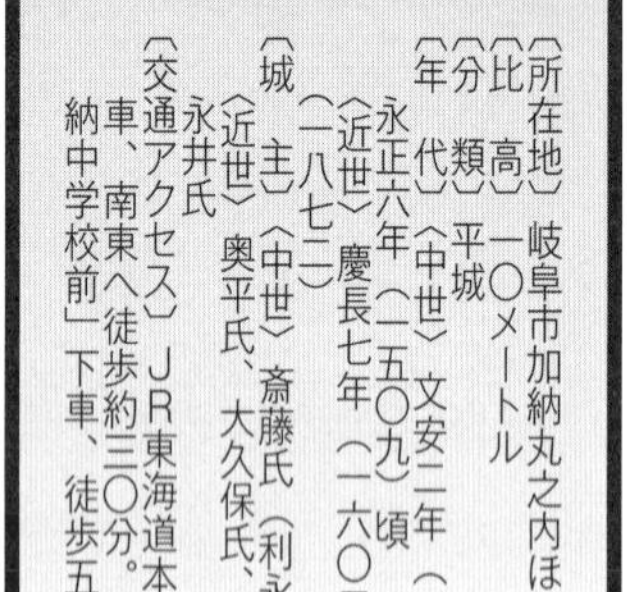

【二度築かれた城】　加納城は長良川扇状地《せんじょうち》南東端に立地し、城の北に清水川、東側を荒田川が流れる。近世中山道が城の北を東西に通り、街道沿いに宿駅・加納宿が形成された。尾張から御鮨《おすし》（尾張・岐阜）街道が延びて中山道に接続。五〇〇メートルほど西行して中山道と分岐、北の岐阜町へと延びる。

　加納城本丸には中世加納城、近世加納城と二時期の城が重複する。中世加納城は、禅宗寺院正法寺《しょうぼうじ》の北に文安二年（一四四五）守護代斎藤利永によって築かれたと伝えられる。城主は斎藤（持是院）妙椿《みょうちん》、妙椿養子の妙純《みょうじゅん》と続く。文明五年（一四七三）この地を訪問した一条兼良《かねよし》は妙純の館（中世加納城）で接待を受ける。館内には妙椿の居庵があり、山居の風をまねた後園などがあった（「ふじ河の記」）。文明九年（一四七七）、応仁の乱終結後、守護土岐成頼《ときしげより》は将軍弟足利義視《よしみ》をともなって美濃に下向する。この頃には守護館革手城や義視御座所が築かれ、守護所「革手・加納」の景観が形成された。明応四年（一四九五）、守護家の跡目争いを契機に船田合戦が勃発。翌明応五年の城田寺《きだいじ》の合戦をへて妙純の覇権が固まりかけるが、直後の明応の敗戦で失脚。永正六年（一五〇九）頃には守護所が長良川北岸の福光に移転、中世加納城も機能を停止したとみられる。

　徳川家康は慶長五年（一六〇〇）関ヶ原の戦いに勝利した直後、娘婿の奥平信昌《おくだいらのぶまさ》を加納藩主一〇万石に据え、新たに近世加納城築城を命じた。慶長七年（一六〇二）に普請が始まるが、築城当初の目的は西国大名に対する押さえの役割が

●―本丸全景（南から）

あったとされる。築城に際しては岐阜城の石や建物を移したと伝えられる。奥平氏は三代で断絶、その後城主は大久保氏、戸田氏、安藤氏、永井氏と交替して明治維新を迎える。

【「加納城型」は徳川ブランド】　絵図に描かれた近世加納城の構造は、地籍図ともほぼ対応し、現地での旧状推定も可能である。北を清水川、東と南を荒田川、西を長刀《なぎなた》堀で画した内部に、本丸を中心に二の丸、厩《うまや》曲輪、三の丸が各々水堀で隔てられつつ橋で接続される。三の丸の北西部には馬出《うまだし》が設けられ、中山道に面した大手門まで直線道で接続。本丸の南には馬出機能を備えた大藪《おおやぶ》曲輪が存在した。本丸は国史跡に指定され、東西一一〇メートル、南北一六〇メートルの方形プランの東に出《で》桝形《ますがた》が取りつき凸形を呈する。この出桝形が本丸正門で、ここから二の丸へと橋がかかっていた。本丸周囲は外側をチャート製石垣で護岸した土塁と堀をめぐらす（堀は現在埋没）。本丸北西部に「天守台」があったが、建物が実在したかどうかは不明である。この部分の石垣は他の場所より石材の規模が大きい。本丸の北・南・東三ヵ所に虎口《こぐち》が設けられ、土塁上のほぼ全周に多聞櫓《たもんやぐら》が、天守台を除く三ヵ所には隅《すみ》櫓が存在する。なお、現存絵図の本丸内部には何も描かれてない。二の丸は藩主の御殿空間で、本丸と同じく外周に土塁や石垣がめぐり、隅櫓が四ヵ所にあった。東北隅櫓は岐阜城天守を移したと伝えられ、享保十三年（一七二八）に焼失した際の図面が現存する。現在は北側が気象台や民地、その南が加納公園のテニスコート、グラウンドとして利用されている。遺構としては、北辺にチャート製の石垣が残る。三の丸は役所があったとされる場所で、小学校の敷地となっている。北側に一部土塁と砂岩製の石垣（矢穴、刻印有）が残る。

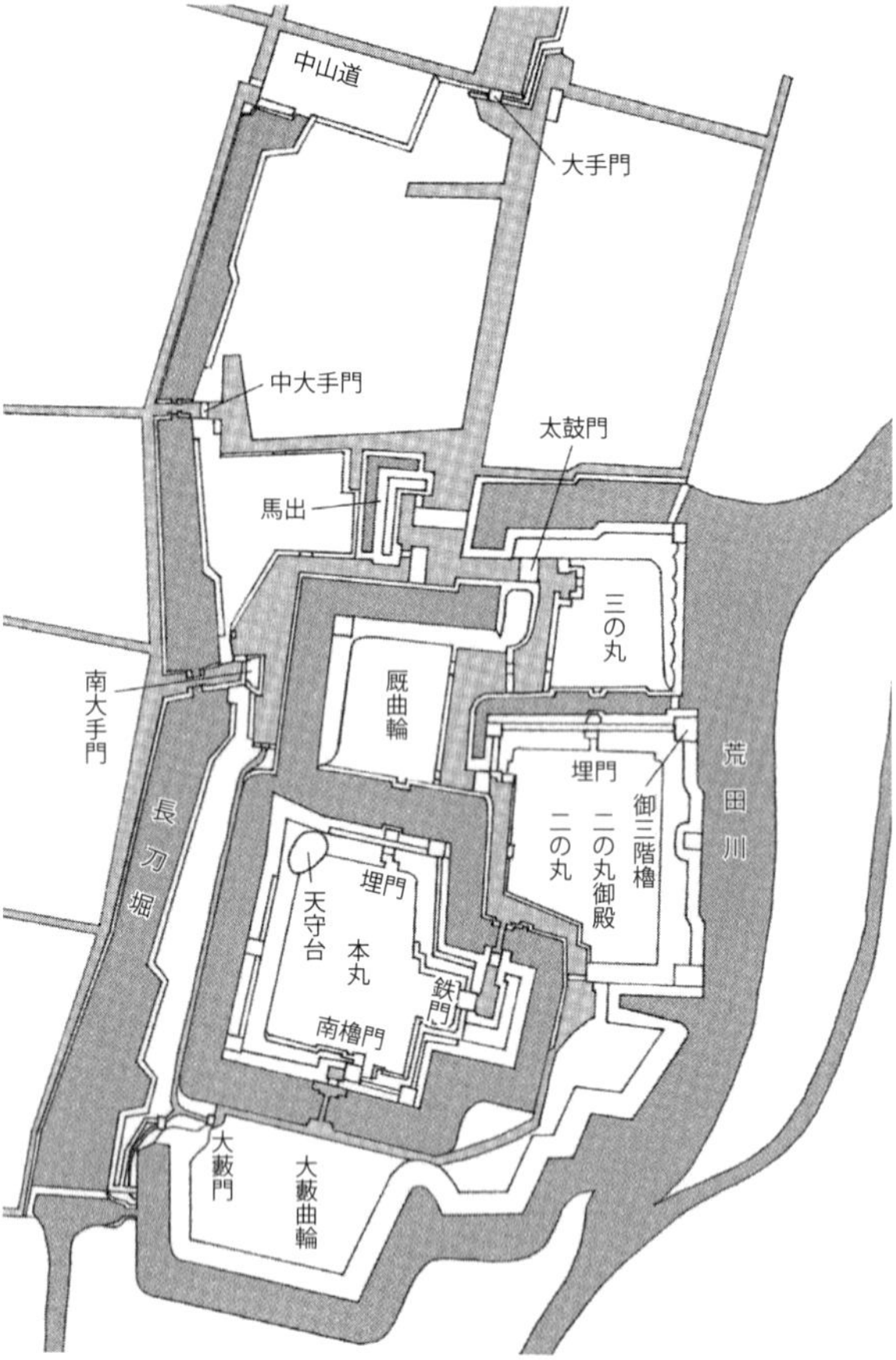

●縄張図

中井均は加納城本丸の凸形の平面形を徳川幕府の築城の特徴として評価し、「加納城型」と命名した。また、築城当初から「将軍宿泊施設」としても機能していたのではないかと推定している（中井二〇〇四）。

【地下からよみがえる中世加納】　本丸を中心に多くの発掘調査が行われ、近世加納城やその下層に位置する中世加納城の様子がわかってきた。本丸東側の出桝形の発掘では、櫓門の礎石や門に接続する砂岩製の石垣が見つかった。出桝形北側の堀では基盤砂礫層の堀底を畝《うね》状に掘り残した障子堀が見つかり、過去の調査成果からみて本丸周囲はすべて障子堀であった可能性が高まった。本丸南門の発掘では根石など内桝形の痕跡を確認するとともに、攪乱《かくらん》部分の断面観察の結果、中世加納城の土塁が見つかり、近世加納城が中世加納城を利用して築いていることが確認できた。出土遺物は一五世紀中頃の年代観を示し、築城時期の伝承を裏付けた。南門南土橋《どばし》部出土遺物の分析により、本丸は一七世紀初頭のみ使われその

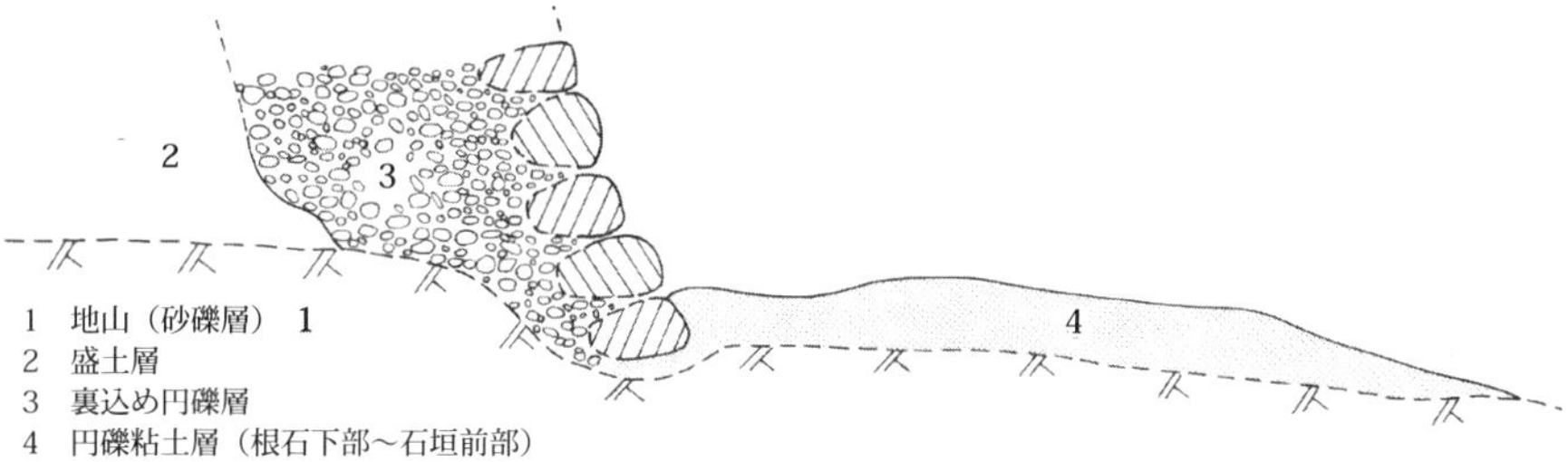

●—石垣構造模式図（作図：内堀信雄）

●—二の丸池状遺構

後まったく機能しなかった可能性が高まった。これは近世絵図で本丸内に御殿等が描かれないことと整合するとともに、中井均の将軍宿泊所説を補強するものであろう。

　本丸、二の丸の発掘調査により石垣の構築方法がある程度判明した（上図）。基盤の砂礫層をカットし、根石据え付け部分を溝状に掘り込んだ後、円礫を充填した粘土を根石敷設部に敷き詰め、それを基礎にしつつ根石を敷設するとともに根石前面も同じ粘土で覆う。根石の背後は盛土を行った後、裏《うら》込《ご》め礫を入れつつ石垣を築いていく。根石前面を土で覆うという技法は黒野城の石垣でも認められる。

　二の丸の発掘では御殿に関係する礎石建物、井戸等が断片的に見つかっているが、漆喰《しっくい》で塗り固めた池状遺構三基の発見が特筆される。いずれも長方形を呈し、底には扇形や円形、瓢箪《ひょうたん》形の窪みが見られた。また下層からは屋敷地を区画する溝や内部の礎石建物、掘立柱建物が見つかったが、これらは中世加納城周囲に存在した家臣団屋敷地の一部である可能性が高い。同様の区画溝は三の丸の発掘調査でも見つかっており、屋敷地が二の丸から三の丸にかけての広範囲に広がっていたと推察される。二の丸南辺部では、中世の土塁を基礎に近世二の丸土塁が構築されていることがわかった。このことから二の丸にも土塁を備えた施設が存在したことがわかる。

（内堀信雄）

【参考文献】中井均「加納城にみる近世城郭の構造」『奥平信昌と加納城』（岐阜新聞社、二〇〇四）

●川と道を望む山城

長《なが》山《やま》城《じょう》

〔岐阜市指定史跡〕

〔所在地〕岐阜市芥見、大洞緑山
〔比　高〕約二七〇メートル
〔分　類〕山城
〔年　代〕一五世紀後半頃
〔城　主〕土岐元頼
〔交通アクセス〕JR東海道本線「岐阜駅」または名鉄名古屋本線「名鉄岐阜駅」下車、バスで「東芥見」下車。リフレ芥見まで徒歩一五分。山頂まで約四〇分。

【色濃く残る土岐氏の伝承】　長山城は、岐阜市北東部各務原市との市境にある権現山《ごんげんやま》の西方尾根続きの山上に立地する。長山城から長良川にかけての一帯は関市など内陸部へ通じる街道および長良川舟運で栄えた交通の要衝であり、文明五年（一四七三）、一条兼良《かねよし》が訪ねた芥見《あくたみ》荘内の拠点集落とみられる芥見長山遺跡をはじめ多くの遺跡が残されている。

　長山城の歴史は判然としないが、美濃守護土岐政房《ときまさふさ》の弟元《もと》頼《より》（長山四郎）を城主とする伝承がある。土岐元頼は守護家跡目争いを契機とする明応五年（一四九六）の船田合戦（城田寺合戦）に敗れ自刃した。北麓の古刹《こさつ》願成寺《がんじょうじ》は、衰微していたものを元頼あるいは家臣が修復したという。また、芥見長山遺跡内の白髭《しらひげ》神社は元頼崇敬の社であるなど元頼関連伝承は周辺寺社にも残る。土岐琴川《きんせん》は、土岐元頼と山県市中洞の豪族の娘との間に生まれたのが明智光秀である等の伝説を記す（『稿本美濃誌』）。

【古相を留める城】　権現山から尾根続きの山上に城郭遺構が分布している。芳野《よしの》神社が所在する山頂が主郭、その南に副《ふく》郭《かく》が連なり、両郭間には堀切《ほりきり》が掘られる。堀切は中央部が掘り残されて土橋《どばし》となり、東側と西側はやや食い違う。副郭の南側にも中央部を掘り残す堀切が存在。副郭南端堀切際《きわ》には帯状の高まり（土塁の痕跡）がある。主郭と副郭の東側一段下がった斜面に帯曲輪がめぐらされている。主郭・副郭下方斜面には石積井戸を持つ曲輪が存在している。主郭から北西尾根の自然地形を下ったところにも曲輪が設けられ、その西

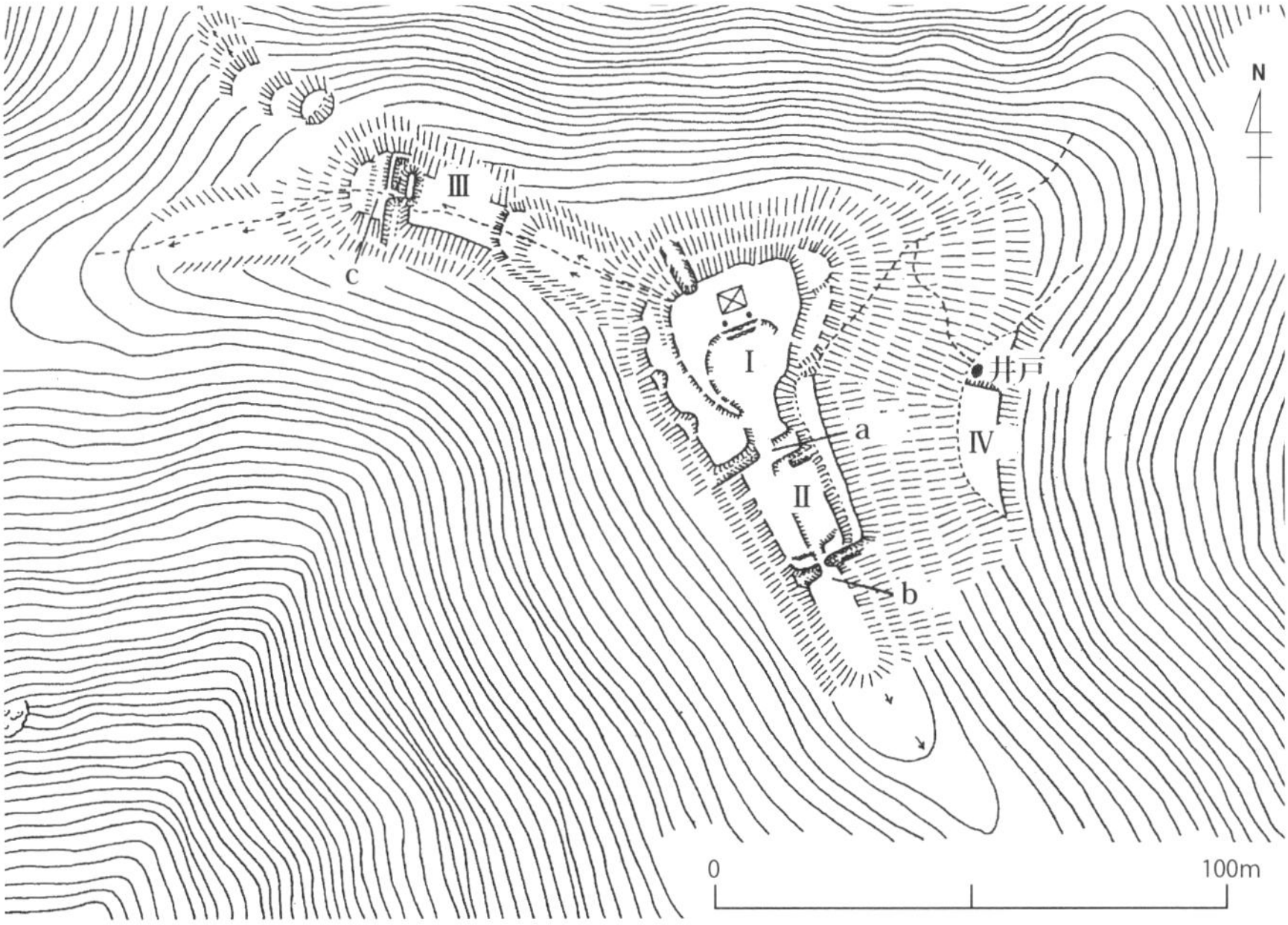

●—長山城縄張図（作図：中井均）

●—長山城遠景（西から）

端には土塁が残る。曲輪を下った部分には中央部を掘り残した直線状の堀切が掘られ、その下で道は二方向に分岐するが、本来の登城ルートは日輪寺《にちりんじ》跡（高天原ニュータウン）へ向う北西方向とみられる。中井均氏は城の年代を一五世紀後半と推定している。

（内堀信雄）

【参考文献】中井均「船田合戦長山城跡考」『岐阜県城館研究会報二』（一九九八）、中井均「長山城跡」『岐阜県中世城館跡総合調査報告書二』（二〇〇三）、『芥見郷土誌』（一九六一）

●近世の風を伝える旗本徳山陣屋公園

徳《とく》山《やま》氏《し》更《さら》木《き》陣《じん》屋《や》

〔所在地〕各務原市那加西市場町
〔比　高〕不明
〔分　類〕近世旗本陣屋
〔年　代〕築城不明（一七世紀初頭）
〔城　主〕初代：徳山五兵衛則秀　以後廃止まで徳山氏
〔交通アクセス〕ＪＲ高山本線「那加駅」下車、徒歩二五分。または名鉄各務原線「新那加駅」下車、徒歩二五分。岐阜バス「サニーハイツ花みずき前」下車、徒歩五分。

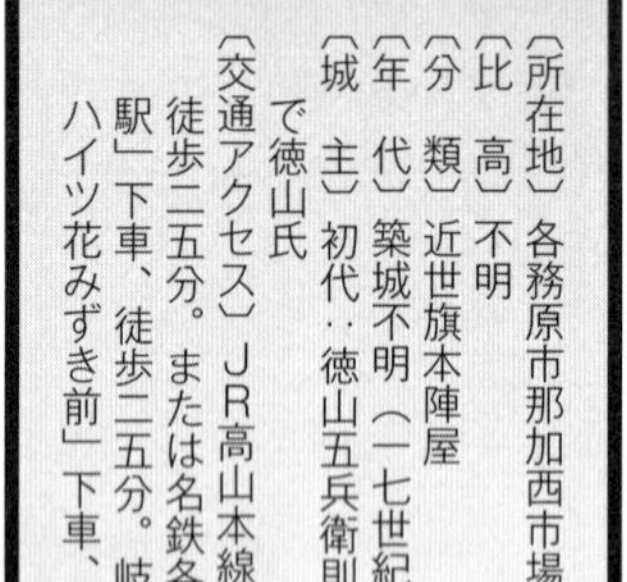

【境川と佐良木郷】　徳山氏の陣屋の名称にも使用されている「更木《さらき》」という地名は、今日ではほとんど使われることはなくなったが、現在の各務原市北西部、旧各務郡内を東西に流れる旧境川沿いに点在する西市場・桐野・北洞・前野・山後・長塚・新加納の各集落が、中世以来「佐良木郷《さらきごう》」と呼ばれたことに由来する古い地名である。陣屋が置かれた西市場村（現各務原市那加西市場町）は、佐良木郷のほぼ中央、旧境川の右岸微高地に位置しており、明確な記録はないものの、その地名が示すように古来より交通の便に恵まれた物資の集散地であり、佐良木郷の中心集落であったことが推測される。さらにさかのぼれば、佐良木郷の各集落では古墳群、弥生～古代集落跡などが多数確認されており、中世以前より人々の営みがみられる村々である。なお、近世以降「更木」と表記されることが多いため、通常更木陣屋として表記される。

【中興の祖徳山五兵衛則秀】　元来徳山氏とは、美濃国西濃北部（旧大野郡・池田郡）徳山郷を本拠地とする在地の豪族であり、その系譜は南北朝時代にまで辿ることができる。

一六世紀後半、旗本徳山家の祖となった徳山五兵衛則秀《のりひで》は、当時の徳山家では庶流であったものの織田家の家臣として天正四年（一五七六）加賀国御幸塚《みゆきづか》城攻略に手柄を立てた後、天正八年（一五八〇）松任《まっとう》城主として四万石の領地を得るなど、一族では著しい出世を遂げている。その後、主君柴田勝家の没落とともに不遇の時代を過ごしたが、徳川家康に

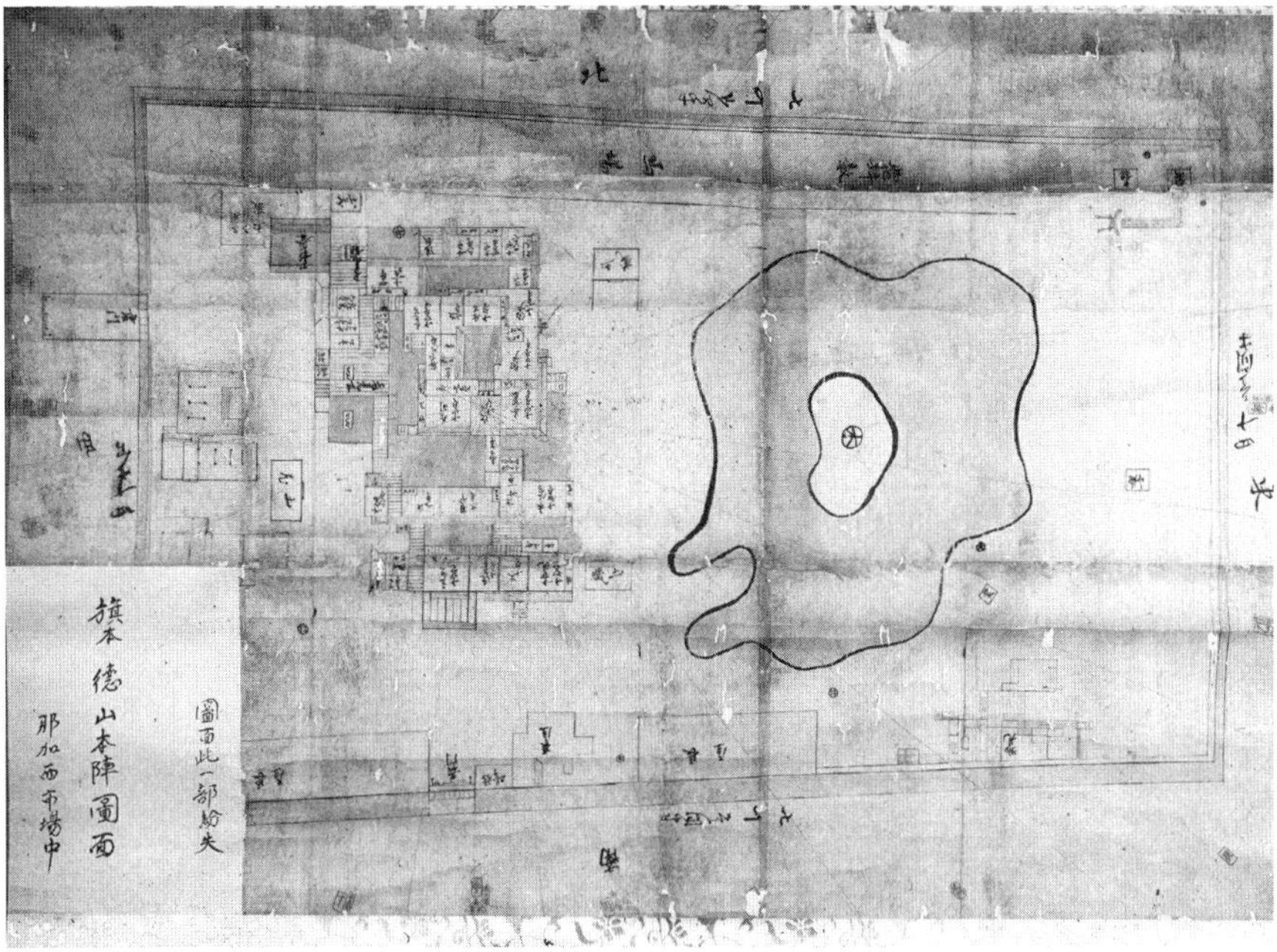

●—更木陣屋絵図（各務原市教育委員会所蔵）

仕官がかなった則秀は、関ヶ原の合戦後、将軍家直参《じきさん》の旗本として一族の本拠地である徳山郷および各務郡に五〇〇〇石の知行地《ちぎょうち》を得、更木郷西市場村に陣屋を構えるに至った。なお、徳山氏は、中世まではトコノヤマと称したが、近世以降はトクヤマに改称したと伝えられる。現在は一般的にトクヤマと呼びならわされるため旧読みは使用していない。

二代目に当たる徳山五兵衛直政の知行地は、各務郡大島・熊田・島崎・野口・西市場・山後の各村（いずれも現在の各務原市）と大野郡徳山・能郷・山手・櫨原・塚、池田郡志津原・池田・戸入・門入の各村（いずれも現在の揖斐《いび》川町）であったが二〇〇〇石を後見であった姉婿の徳山九蔵英行に分地、自身は三〇〇〇石に加え慶長十四年（一六〇九）の検地で改出された二四三石を加えた三、二四三石とされる（「慶長美濃国郷帳」）。その後四代目徳山五兵衛重俊が、父重政より家督を継ぐ際に、重俊の弟徳山左衛門重次に五〇〇石を分知、以後明治維新まで、徳山氏の知行地は、更木陣屋とともに大きな変動はなく継続した。

しかし幕末期に江戸幕府の要職にあった徳山氏は、旧体制側にしたがう道を選ぶ。明治維新を迎えた後は知行地を奉還、経済的基盤を失った徳山氏は、ついには陣屋のあった各務郡西市場村に帰農移住を申請し、西市場村の村民として

●―現在も残る土塁と稲荷

●―発掘調査出土遺物
（各務原市教育委員会所蔵）

近代を迎えることになった。

【更木陣屋絵図と発掘調査】　徳山氏更木陣屋は、すでに当時の建物や門などは残されていないものの、幸い近世の絵図が残されており、現在でもその詳細な様子を知ることができる（「更木陣屋絵図」各務原市指定文化財）。絵図の描かれた時代は定かでないが、恐らく近世後期のものと推定される。絵図によれば、陣屋全体で東西七〇間半～七一間半（約一二八～一三〇メートル）、南北四〇間半～四七間半（約七四～八六メートル）の規模があり、北側に馬場、主に西側に陣屋建物、東側に池が配され、長屋や物見が並ぶ南側に表門、陣屋建物の西側に裏門が配されている。

建物の内部は役所を兼ねた屋敷といった趣であり、主に南側に公務に使用された書院や使者の間など、北側の奥に台所や使用人の部屋などが設けられ、陣屋役人の公務と生活の空間が区別されて使用されていたようである。

現在「旗本徳山陣屋公園」として整備・公開されている陣屋の跡地は、整備に先立ち平成十二年（二〇〇〇）に発掘調査が行われている。現在でも陣屋敷地の北東隅を区画する土塁、並びに絵図にも描かれている稲荷が、民家を挟んだ公園北東部の畑に沿って残されており、発掘調査にあたっては具体的な陣屋の位置を推定する大きな手掛かりとなった。

発掘調査では、陣屋敷地を区画していた溝、土蔵跡、厠《かわや》跡などの遺構が確認されたほか、徳山家の家紋が施文された軒瓦、壁掛けの花瓶など、かつての陣屋を偲ばせる遺物も数多く出土している。

土塁と稲荷の位置が現在も当時と同じであるとすると、絵図から推定して、現在の公園東アプローチより北付近が池、公園北に隣接する民家から公園中心部付近が陣屋建物の場所であると思われる。今日では敷地の南を区画する堀や道などはみられないが、発掘調査によって陣屋が機能していた一八

～一九世紀の遺物を多くともなった東西に延びる溝（ＳＤ1）が現在の公園中央部やや南寄りで確認されており、そのあたりが陣屋の南端であったと推定される。

【旗本徳山陣屋公園】　発掘調査と数年にわたる公園整備を経て、平成十五年（二〇〇三）夏、「旗本徳山陣屋公園」がオープンした。公園は、元々公有地で遊休地であった土地を活用したもので、絵図と比較すると、現在の「旗本徳山陣屋公園」は実際の陣屋敷地よりも若干南西に寄っているが、ほぼ当時の場所で整備されているとみてよい。

●―陣屋公園門

公園の整備に当たっては、「更木陣屋絵図」にもとづく陣屋建物の間取りを本来の約二分の一の大きさに縮小しウッドデッキと植栽で再現、さらに各部屋の名称を刻んだ石製のプレートが置かれている。併せて敷地内の池も再現されているが、建物とともに本来はもう少し大きく、また北寄りに位置していたものと思われる。

東側の道路から公園アプローチをへて至る公園入口には、陣屋風の門と築地塀を設けているが、本来は表門が敷地の南側、裏門が西側にあるため事実とは異なる。また、絵図によれば南側の門は長屋をともなっていたようである。一方、公園入口の井戸は発掘調査が行われたもので（ＳＥ2）、公園整備にあたって地上の井戸枠とともに復元保存されたものである。その他、武家屋敷を模した東屋やトイレなど、随所に江戸時代の意匠を持つ施設が設けられている。

旗本徳山陣屋公園は、平成十八年（二〇〇六）に国土交通省が選定する「日本の歴史公園一〇〇選」に選ばれている。近隣の地域住民が憩う都市公園であるとともに、一〇〇選の中では比較的小規模ながら旗本陣屋の跡地を活用した歴史公園として、遠方から訪れる来園者も多い公園である。

【参考文献】「各務原市史　通史編　近世・近代・現代」（各務原市、一九八七）、各務原市歴史民俗資料館編集「資料館だより　第八号」（一九九二）、各務原市教育委員会「徳山更木陣屋発掘調査報告書　範囲確認調査」（二〇〇四）

（戸崎憲一）

●土岐氏が初めて築いた本格的な山城

大《おお》桑《が》城《じょう》

〈所在地〉山県市高富町大桑市洞
〈比　高〉三〇〇メートル
〈分　類〉山城
〈年　代〉一六世紀初頭（廃城は天文二十年か）
〈城　主〉土岐大桑氏・土岐頼武・土岐頼充・土岐頼芸
〈交通アクセス〉ＪＲ「岐阜駅」から岐阜バス板取線・岐北線「岐北病院前」、山県市ハーバス大桑線に乗換「椿野」下車、徒歩三〇分。

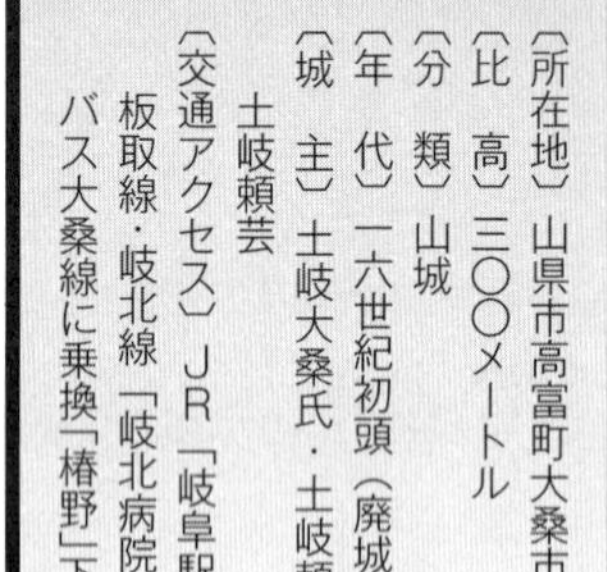

【天文年間の二度の合戦から廃城へ】　大桑城は、標高四〇七・五メートルの古城山に築かれ、守護所として使われた山城である。南麓には城下町も展開した。後述する「四国堀」と呼ばれる惣構《そうがまえ》から、城と城下町を画す構造物があったと推定される伝承地名「内堀」まで、南北に延びる約一・五キロ谷の中がその中心である。道の両側には、土岐氏とその一族・家臣団の屋敷地跡を思わせる方形の区画と伝承地名が多数残る。

前の守護所枝広から北へわずか一二、三キロほどの距離に大桑は位置するが、周辺を取り巻く交通環境は、枝広《えだひろ》や井口《いのくち》とはだいぶ様相が異なっていた。つまり、大桑は、美濃から越前方面を目指す際の起点であり、永正十四年（一五一七）および大永五年（一五二五）の内乱の過程で、越前との連絡を重視する守護方（土岐《とき》頼武《よりたけ》派）が大桑を守護所として選択したと考えられる。

天文四年（一五三五）七月、長良川の洪水によって守護所枝広が流失した（『厳助大僧正記』）。この混乱に乗じるかのように、同年八月から九月にかけて斎藤道三は土岐次郎（頼武の嫡子頼充《よりみつ》〈頼純《よりずみ》とも〉か）・朝倉氏・六角氏との間で合戦となった（『稲葉文書』）。この戦乱をへて、守護所機能は枝広から大桑へ完全移行したといえよう。

天文十二年（一五四三）、大桑で大規模な合戦があり、その「戦死骨」を集めると「六万」におよんだという（『仁岫宗寿語録』）。翌十三年には、朝倉氏・織田氏が土岐頼充を擁して美濃に侵攻し、道三との間でふたたび合戦となったが、

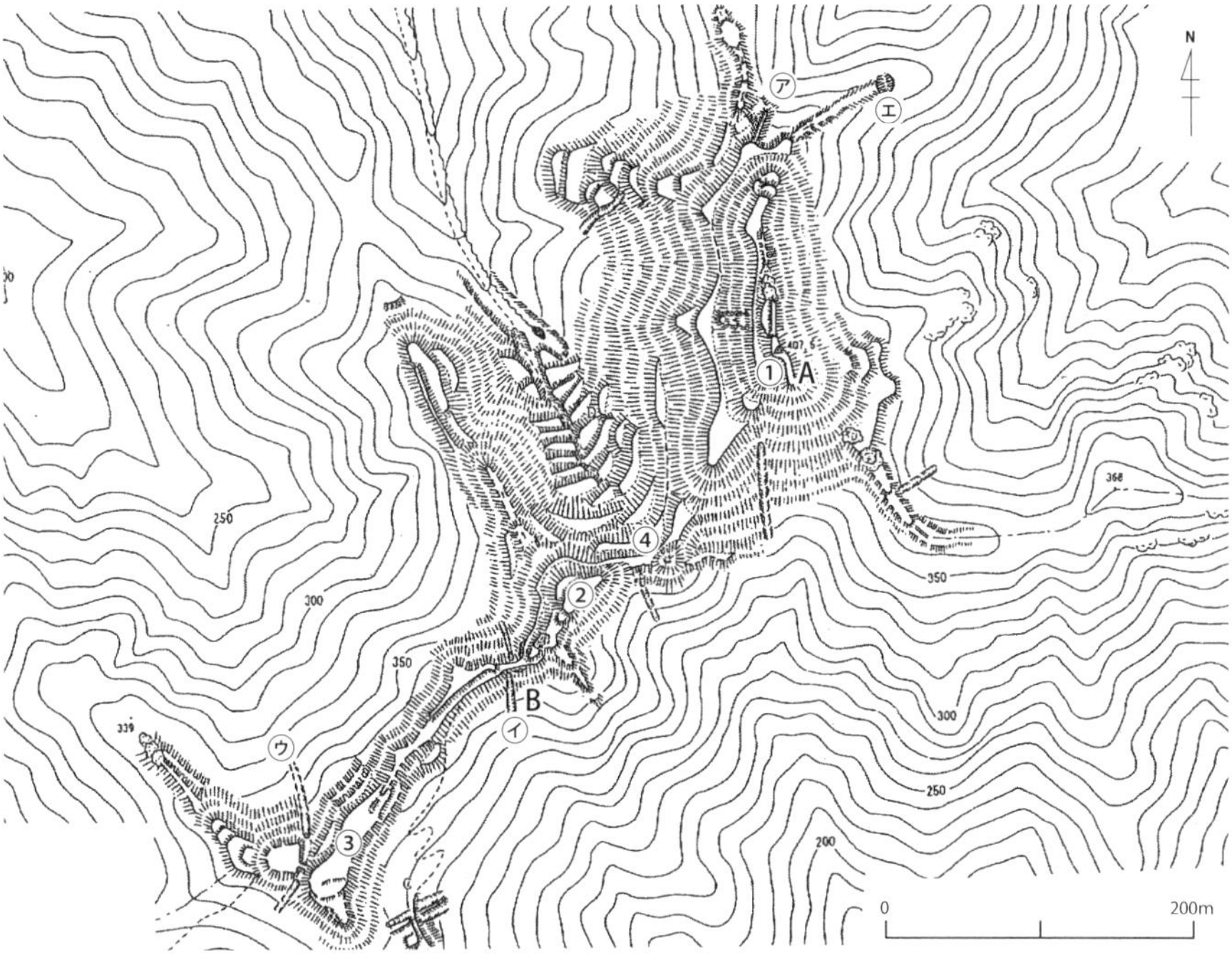

●—大桑城縄張図（作図：中井均）

道三はこの戦いに勝利した（『徳川黎明会所蔵文書』）。これを機に美濃国の政治・経済の中心は、大桑から道三の拠点である井口（稲葉山城と城下町、岐阜市）へ移行していったとみられる。近世初期成立の『中島両以記文』によれば、戦後処理として道三が大桑にて国中の「仕置《しおき》」を行い「諸侍《しょざむらい》」の礼を受けたという。さらに同書では、その後道三が井口城下町に大桑の町人達を引っ越しさせ、新たに「町立《まちだて》」を行ったという。現在の岐阜市内には「上大久和町・中大桑町・下大桑町」の町名が残る。

天文十六年には前年に道三との和睦により帰国を果たした頼充が没し、同二十年までに頼芸《よりのり》も国外に追放された（『近衛文書』）。頼芸は、妹の六角定頼室を頼り、近江六角氏のもとへと逃れた（『春日匠氏所蔵文書』）。その後、頼芸が守護として帰国することはなかった。こうして斎藤道三が名実ともに美濃国主となり、戦国城下町井口が成立したのと同時に、守護所としての大桑および土岐氏の本城大桑城の歴史は幕を閉じたのである。

【四国堀・越前堀等にみる越前の影響】大桑城山麓の城下町には「四国堀」、「越前堀」と呼ばれる土塁《どるい》・堀が残り、谷を構成する尾根と併せて「惣構」をなしている。こうした谷を巨大な土塁と堀で仕切る発想は、一乗谷《いちじょうだに》の上《かみ》・下城戸《しもきど》に酷似している。地元の古老への聞き取り調査や近世の地誌等には越前勢の加勢伝承がみられるが、確かな史料で堀の普請に朝倉氏が直接的に関与した徴証を裏付けることはできない。

城下町の外縁部にあたる斧田地区の十五社神社には、「天文九庚子《かのえね》年／奉土岐氏神」の銘をもつ笏谷石《しゃくだにいし》製狛犬が伝来する。笏谷石は一乗谷にほど近い足羽山周辺（福井市）で採掘される石材（凝灰岩の一種）である。赤澤徳明は、笏谷石は戦国期には越前国外では朝倉氏と深いつながりのある限られた地域でしか流通していなかったと指摘している。そして、一乗谷朝倉氏三代当主貞景の娘で、土岐頼武の室が大桑にいたことはほぼ確実視されている（『仁岫宗寿語録』）。

朝倉氏による大桑の普請への関与をうかがわせる決定的な史料は見出せないが、当該期の土岐氏にとって朝倉氏は同盟関係にあり、強く政治的影響をおよぼす存在であったことは確かである。

【登城口から山頂へのアクセス】　近世の地誌に「市洞の大手」とみえ（『美濃雑事記』）、市洞地区の谷がもっとも奥まった山際には伝承地名「大手」が残り、本来はこの付近が大手であったと思われる。残念ながらその北側の斜面は、平成初期のゴルフ場建設によって改変を受けており、現在はここから城へ登ることはできない。反対の椿野地区側の谷筋を北上してゆくと、途中に老人ホームが左手にみえてくる。さらに七〇〇《メートル》ほど進むと、登城口脇の駐車場に行き当たる。そこから山頂までは徒歩約一時間である。

登城開始から約四五分で、最初の遺構（土塁と竪堀《たてぼり》）に至る。この場所の石垣は大桑城最大級の石を用いており、横幅一《メートル》、高さ四〇《センチ》前後の野面《のづら》積であり、斎藤氏段階の稲葉山城（後の岐阜城、岐阜市）の石垣の規模と大差ない。そのまま尾根筋を進むと、一五分程度で山頂（主郭①）に至る。山頂には昭和六十三年に地元の有志によって建設された模造天守が立つ。主郭の手前、④の帯曲輪から北西へ谷を降りてゆくと、斜面の両側に棚田《たなだ》状の曲輪群が現れる。

【棚田状曲輪群】　大桑城の端から端までの延長は約七〇〇《メートル》で、尾根上と尾根北側に大小約九〇余りの曲輪が分布する。北東部、武儀《むぎ》川に合流する谷筋の両側には、棚田状に二〇余りの曲輪が集中し、連なっている。これらの曲輪では、一五世紀末から一六世紀前半の大窯製品・かわらけ等の国産陶器や、貿易陶磁器が多数表面採取されている。尾根上の曲輪では、これほどまでに多様な遺物は採取できない。内堀信雄は、棚田状曲輪群採集遺物について、暦年代の下限を一五四〇年代（前半頃）と想定している。またこの曲輪群では複数の礎石《そせき》が地表面に露出しており、塀を思わせる曲輪の縁辺部

●—棚田状曲輪群（下段から南西を撮影）

に等間隔に並ぶ礎石列も確認できる。したがって、この曲輪群は居住空間であったと考えられる。さらに曲輪と曲輪の間の切岸《きりぎし》は石垣によって護岸されている。現在は切岸の大部分は土砂に埋もれているが、中井均は築城当時はすべての切岸が石垣で築かれていた可能性を指摘している。

この棚田状曲輪群のある谷筋は、城下町のある南麓を向かず、武芸谷方面を向くことから、築城当初は武芸谷側が大手であったとする説もある。さらに複数の研究者が、当該曲輪群について、近江六角氏の本城観音寺城の曲輪配置との近似を指摘している。中井均は大桑城の構造を「稜線部を巨大な自然の土塁と見立てて、その内側に居住空間としての曲輪群を階段状に配したものであった」と説く。棚田状曲輪群にのみ注目すれば、観音寺城との近似の指摘には頷けるが、居住空間を稜線上の曲輪で防御する全体構造については、一乗谷城の千畳敷《せんじょうじき》と「一の丸」等の稜線上の曲輪との関係に近いように思う。

歴史的にみて、土岐氏と朝倉氏と六角氏が密接に関わりあう時期に大桑城が営まれたことは間違いない。しかし、大名間の政治的、軍事的関係性が城郭のあり方にいかに投影されるのか（されない場合ももちろんあり得る）、今後さらなる検証が必要である。

【参考文献】内堀信雄「考古資料から見た16世紀代の美濃(1)—大桑城採集遺物を中心として—」楢崎彰一先生古希記念論文集刊行会編『楢崎彰一先生古希記念論文集』（真陽社、一九九八）、『大桑城下町遺跡』（高富町教育委員会、二〇〇一）

（石川美咲）

●中濃地域最大の山城

小《お》野《の》城《じょう》

〔所在地〕関市西神野、美濃市樋ケ洞
〔比　高〕約二七〇メートル
〔分　類〕山城
〔年　代〕一六世紀前半
〔城　主〕斎藤氏
〔交通アクセス〕関シティバス「西神野」下車、徒歩三〇分で登城口。

【中濃地域最大の山城】　小野城は関市西神野と美濃市樋ケ洞《といがほら》にまたがる標高四二三メートルの本城山にある。山頂を中心に東西約六〇〇メートル、南北約三〇〇メートルの範囲にわたって遺構が広がり、中濃地域最大の山城である。本城山の南側には上有知《こうずち》と飛西街道を結ぶ道が通る。

『武儀《むぎ》郡古蹟名勝誌』には城主斎藤八郎左衛門尉利直《としなお》が、深く不動明王に帰依し、夢のお告げによって小野峯に伽藍《がらん》を再建したと書かれている。本城山の北東の谷には、白滝があり、そこには不動明王を祀る白滝不動がある。また、南側の斜面には神滝があり、神滝不動が祀られている。このように小野城がある本城山は古くから信仰の山であったといえる。

【歴　史】　『新撰美濃志』には、城主を斎藤八郎左衛門宗久とし、里人の伝えとして天文二十三年（一五五四）に廃城としている。また、貞享三年（一六八六）に起こった上有知村と西神野村の杤木洞山の境をめぐる争いの際の文書によれば西神野村地頭斎藤宗祐が居城を構え、城が破壊されてから貞享三年まで、一五九年経過したと述べられている。小野城が廃城となったのが、大永七年（一五二七）となる。近代の記録にはなるが、大正六年の『武儀郡古蹟名勝誌』には、天文の頃に斎藤八郎左衛門尉利直が小野城を築き、天文二十三年（一五五四）に上有知城主佐藤氏によって亡ぼされたと書かれている。

江戸時代から近代に書かれた文献資料では諸説書かれており、史実の一致をみることはできないが、美濃守護代一族斎

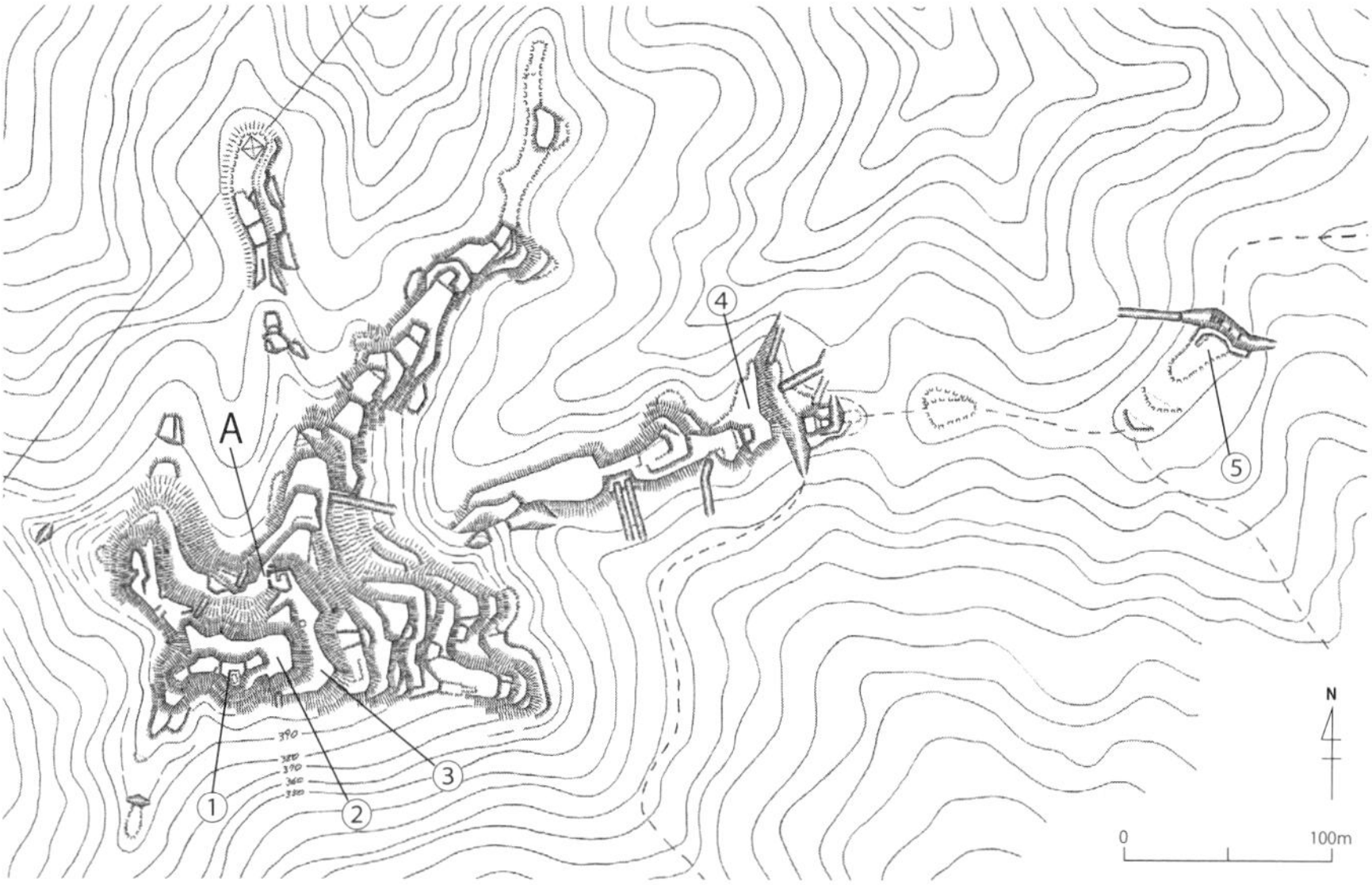

●—小野城縄張図（作図：佐伯哲也に一部加筆）

●—石垣Ａと虎口

●—麓から望む小野城

藤氏の居城で、主に天文年間に機能していた山城であると考えられる。

【城の遺構】　小野城へは関市富野にある上八神薬師堂の脇から入っていく登山道がわかりやすい。地元の人たちによって登山道が整備され、道標も立てられている。比高差は約二七〇メートルで、山頂までは約五〇～六〇分かかる。

遺構は北側、東側の斜面地、派生する尾根上に曲輪や竪堀《たてぼり》、堀切《ほりきり》などが多く築かれる。

山頂部には曲輪①があり、北側と東側は曲輪②が築かれる。曲輪①には岩盤が露出しており平坦面は少ない。このことを考えると曲輪②に城の中心的な建物があったと想定される。曲輪①の南側と西側は崖となり、曲輪は築かれないが、崖の下から東側と南東側へ延びる細い尾根には堀切を設けて尾根を遮断し、防御性を高めている。

石垣Aは虎口《こぐち》にともなう石垣である。石垣は露出した岩盤を利用したもので、幅約一五メートル、高さ約一メートルとなる。周辺に石垣と同じような大きさの石材が認められることから石垣は今よりも高いものであったと想定される。この虎口から入ると曲輪③となり、井戸跡がある。

東側の急斜面には曲輪が連続して築かれる。この曲輪群は切岸を用い、一段の比高差が他の曲輪に比べて大きい。また、この斜面の南東端には石垣が造られている。この石垣は岩盤を削った上に造られており、急峻な岩盤の上に石垣があり、麓からは強固な防御施設と見えたのであろう。

東側の曲輪群の下からは大仏山、日竜峯寺《にちりゅうぶじ》へと続く尾根が派生する。この尾根にも曲輪が築かれるが、地形に制約され細長い曲輪が連続する。隣接して竪堀が二ヵ所、東へ約三五メートルのところにも竪堀が一ヵ所、築かれる。尾根の先端には曲輪④が築かれている。この曲輪は北側に張り出すよう築かれている。尾根の先には堀切と竪堀を備え、城の東端を堅牢な防御施設としていたと考えられる。また、この曲輪④より、東へ約一五〇メートルのところに曲輪⑤があり、出丸と考えられる。曲輪の東端には土塁があり、その外側には堀切、堀切から続く竪堀が設けられる。また、堀底には堀内障壁を確認することができる。

北東側へ派生する痩せた尾根上にも連続して曲輪が築かれ、二ヵ所に竪堀を築く。曲輪の比高差は低いが、尾根の両側および先端は急斜面となり、自然地形を生かした防御施設となっている。

【小野城からみる中世美濃】 小野城の歴史に関しては残っている資料も少なく不明な点が多いが、美濃守護代一族斎藤氏の居城と考えられる。急峻な崖など自然地形を最大限に活かし、多くの曲輪を設け、堀切・竪堀を効率よく配置する中濃地域最大の山城である。

山頂の曲輪①からは南側に視野が開け、東に木曽川流域の可児市今渡周辺、南には美濃加茂市や富加町、西には関市中心部、その奥には金華山を望み、「加茂野」全域を見渡すことができる立地であることがわかる。この展望こそが中世美濃の世界観を表しているのであろう。

【参考文献】 高田徹「小野城」『岐阜県中世城館総合調査報告書第二集』（岐阜県教育委員会、二〇〇三年）

（森島一貴）

●郡上と飛騨を結ぶ交通の要所にそびえ立つ山城

大《おお》洞《ぼら》城《じょう》

〔所在地〕関市富之保
〔比　高〕約一二〇メートル
〔分　類〕山城
〔年　代〕一六世紀中頃か
〔城　主〕一柳氏・稲葉氏
〔交通アクセス〕岐阜バス関上之保線「一柳」下車、徒歩一〇分で登城口。

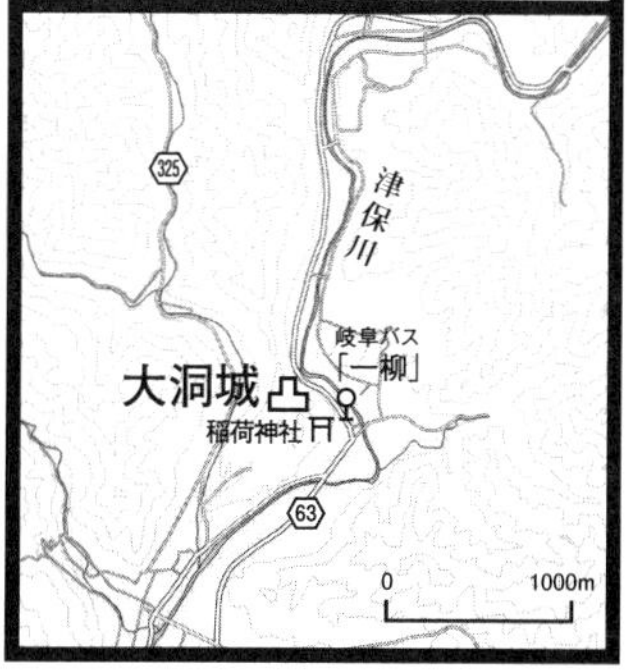

【交通の結節点】　大洞城は一柳《ひとつやなぎ》城とも呼ばれている山城である。城は関市富之保に所在し、津保《つぼ》川と武儀倉《むぎくら》川が合流する地点の北にそびえる標高二六〇メートルの山頂に築かれている。

山の西側には飛騨西街道（津保街道）が通り、武儀倉川沿いを上流へ行くと郡上八幡《ぐじょうはちまん》へとつながる。飛騨西街道と郡上八幡を結ぶ交通の結節点となっている。山頂からは北・東・南側を曲折して流れる津保川、北西側には武儀倉川を望むことができ、街道筋の見通しのいい場所に立地している。また、津保川と武儀倉川は堀の役割を果たし、地形を活かした天然の要塞であったといえる。

【歴　史】　大洞城の築城時期は不明であるが、織田信長の美濃国平定後、一柳直末が入城し、城を改修したと言われている。天正十五年（一五八七）に、豊臣秀吉は遠藤慶隆の領地を没収し、加茂郡白川の小原・犬地に転封させた。郡上八幡城へは曽根城から稲葉右京亮貞通が入封し、郡上郡に加え武儀郡北部も領地として編入された。大洞城は飛西街道から郡上八幡に至る重要な場所であることから嫡子典通を居城させ、城を改修させた。慶長五年（一六〇〇）の関ケ原の合戦後、稲葉氏は豊後臼杵《ぶんごうすき》五万六〇〇〇石の城主として転封し、郡上八幡城へ遠藤氏が入ることになったが、領地は郡上郡に限られ、大洞城は廃城となった。

【山頂の遺構】　県道六三号線沿いのスーパーマーケットの脇にある細い道を入ると稲荷神社がある。稲荷神社境内の西から山頂へ登る道がある。比高差は約一二〇メートルで、山頂まで二

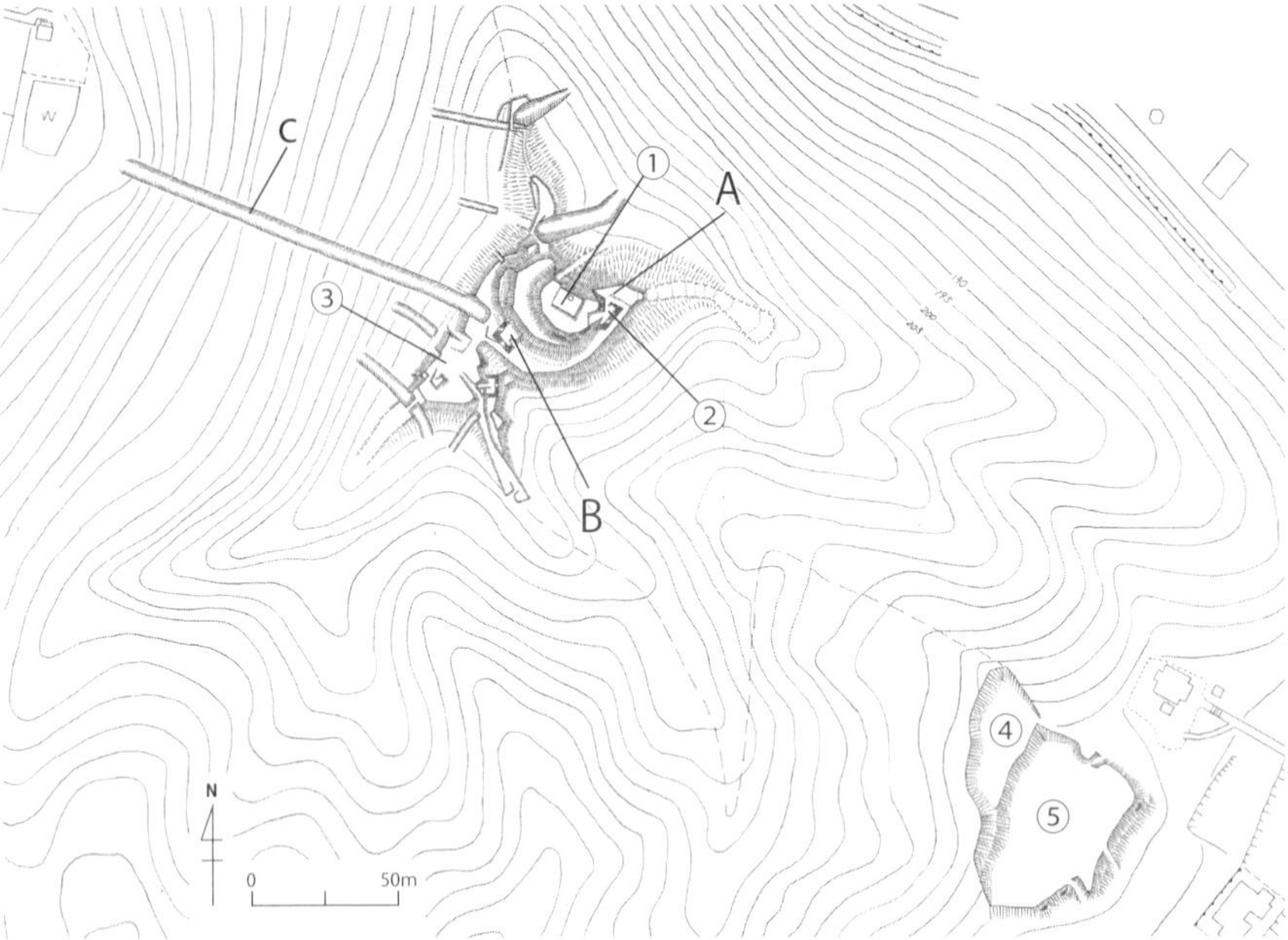

●—大洞城縄張図（作図：佐伯哲也）

●—櫓台の石垣

○分程で行くことができるが、途中、道は険しくなっている。

主郭①は山頂にあり、祠《ほこら》が祀られている。広さは東西約四五㍍、南北約一五㍍である。祠がある部分が一段高くなっており、ここに主となる建物が建っていた可能性がある。主郭の北西側は急斜面で、東側に虎口《こぐち》Aを設け、南側には一部石垣が残っている。主郭の西側の帯状の曲輪でも石材の散乱がみられることから、北西側の斜面地以外は石垣がめぐらせていたと考えられる。虎口Aの両側には高さ約二㍍の石垣がある。主郭と虎口Aを繋ぐ曲輪②にも石垣を確認することができる。

主郭の南西側には櫓台《やぐらだい》Bがある。大きさは一辺約六㍍で、西・東・南側を石垣がめぐる。石垣の高さは約一・五㍍である。櫓台の南東隅には高さ約一・二㍍の石を立てて使い、隅石としている。櫓台の北東側には麓まで続く巨大な竪堀《たてぼり》Cがある。北側の緩斜面の尾根にも曲輪が築かれているが、両側の斜面に竪堀を配している。竪堀Cを中心に西側斜面に竪堀を四本築き、防御性を高めている。

残念ではあるが、南西側にあった曲輪③は林道ができたことにより壊されており、確認することはできない。

【山麓の城館】 遺構は山頂部だけでなく、南西山麓でも確認することができる。稲荷神社の南東側にある平坦面である。曲輪④は東西約一八〇メートル、南北約三〇〇メートル、下段の曲輪⑤は東西約四〇〇メートル、南北約六〇〇メートルの大きさである。曲輪⑤の西側では石材の散乱がみられ、石垣があったと考えられる。この曲輪④⑤では瓦などの散布は認められないが、山麓部の居館があったと想定される。城主は山麓の居館に住み、山頂は戦いに備えた城であったと思われる。

●—南側から大洞城を望む

大洞城は山麓の城館から南東側に延びる緩やかな尾根をあがる道が大手道であったと考えられる。今はなくなっているが、南西側の虎口から入り、曲輪③、土橋《どばし》状の尾根を渡り、櫓台の南を通り、東へ回り込んで主郭へ入るのが山頂と山麓を繋ぐ登城道であったと考えられる。

山頂の城は東西約一二〇メートル、南北約一五〇メートルと小規模であるが、竪堀、堀切《ほりきり》を効率的に配し、防御性を高めた城といえる。大洞城は何度かの改修をへて、現在の姿になったと考えられるため、山頂の遺構、麓の居館がどのような変遷を辿ってきたのかは今後の課題であるが、山頂からの見通しがよく、飛騨西街道と郡上八幡を結ぶ交通の結節点に立地するため、重要な位置を占める城であったのであろう。

【参考文献】高田徹「大洞城」『岐阜県中世城館総合調査報告書第二集』（岐阜県教育委員会、二〇〇三年）、『上之保村誌』（上之保村 一九七六年）、『武儀町史』（武儀町教育委員会、一九九二年）

（森島一貴）

●断崖絶壁にそびえる佐藤氏の居城

鉈《なた》尾《お》山《やま》城《じょう》

〈所在地〉美濃市曽代
〈比　高〉約三一七メートル
〈分　類〉山城
〈年　代〉一六世紀中頃
〈城　主〉佐藤氏
〈交通アクセス〉長良川鉄道「梅山駅」下車、徒歩三〇分で登山口。

【鉈尾山城の立地】 鉈尾山城は上有知《こうずち》城とも呼ばれている山城である。城は美濃市曽代《そだい》に所在し、美濃市運動公園の東にそびえる標高四三七㍍の古城山頂にある。山頂からは南方向に小倉山、東方向に小野城がある本城山、日竜峯寺《にちりゅうぶじ》がある高澤山、西方向には高賀山が見渡せ、郡上街道と上有知から飛西街道へ抜ける道を望むことができる。

【佐藤氏の城】 『清泰寺由緒書《せいたいじゆいしょがき》』には鉈尾山城は佐藤氏三代の居城であったことが書かれている。

初代城主は佐藤六左衛門尉で、永禄六年（一五六三）に死去している。二代目の佐藤六左衛門秀方は『信長公記』にも記述がみられ、織田信長の下で転戦し、戦功をあげている。本能寺の変後は、秀吉方で戦功を収めたため、鉈尾山城を安堵され、武儀郡の大半を領有した。文禄二年（一五九三）に隠居し、小倉山城下の南、以安寺山麓に隠居所を構え、翌年に死去した。その後は三代目の佐藤才次郎方政が後を継いだが、慶長五年（一六〇〇）の関ヶ原の合戦で西軍に属したため改易され、鉈尾山城は廃城となった。廃城後、古城山は尾張藩の御用林となり、現在は国有林となっている。

【天然の要塞】 『上有知旧事記』には「南北十八間、東西二十一間、四方に釣かべの御やらい（矢来）に御構えなされ、鉈《なた》一丁で何千騎にても防せぎ申す」とあり、釣壁の縄を鉈一丁で切り落とせば、断崖に壁を落とし、何千騎でも防ぐことができたと書かれている。また、山の名前は七尾山がなまってできたと書かれている。鉈尾山と呼ばれるようになったのはこれが理由であるとしている。

古城山は南北に尾根が延び、東側と西側は急斜面となっており、自然地形を利用し、防御性の高い山城となっている。

【山頂に広がる遺構】　鉈尾山城には毛鹿洞池《けじかぼらいけ》側からと美濃市体育館から登る二つが主なルートとなる。比高差は約三二〇メートルで、どちらも五〇〜六〇分くらいで山頂まで行くことができる。登山道は整備され、案内板もあるので比較的登りやすく、山頂には東屋《あずまや》が建てられている。

城の大きさは南北約二四〇メートル、東西約一一〇メートルと自然地形に制約され南北に細長い城になっている。主郭①は山頂にあり、大きさは東西約二〇メートル、南北約三〇メートルとなる。所々に岩盤が露出している。登山道の整備によって改変は受けているが、虎口《こぐち》は南側に想定でき、緩やかな斜面で下の曲輪と繋がっていたと思われる。東側には一部、石垣が残っている。また、周辺には石材の散乱が認められることから主郭①の東側

●—小倉山展望台から鉈尾山城を望む

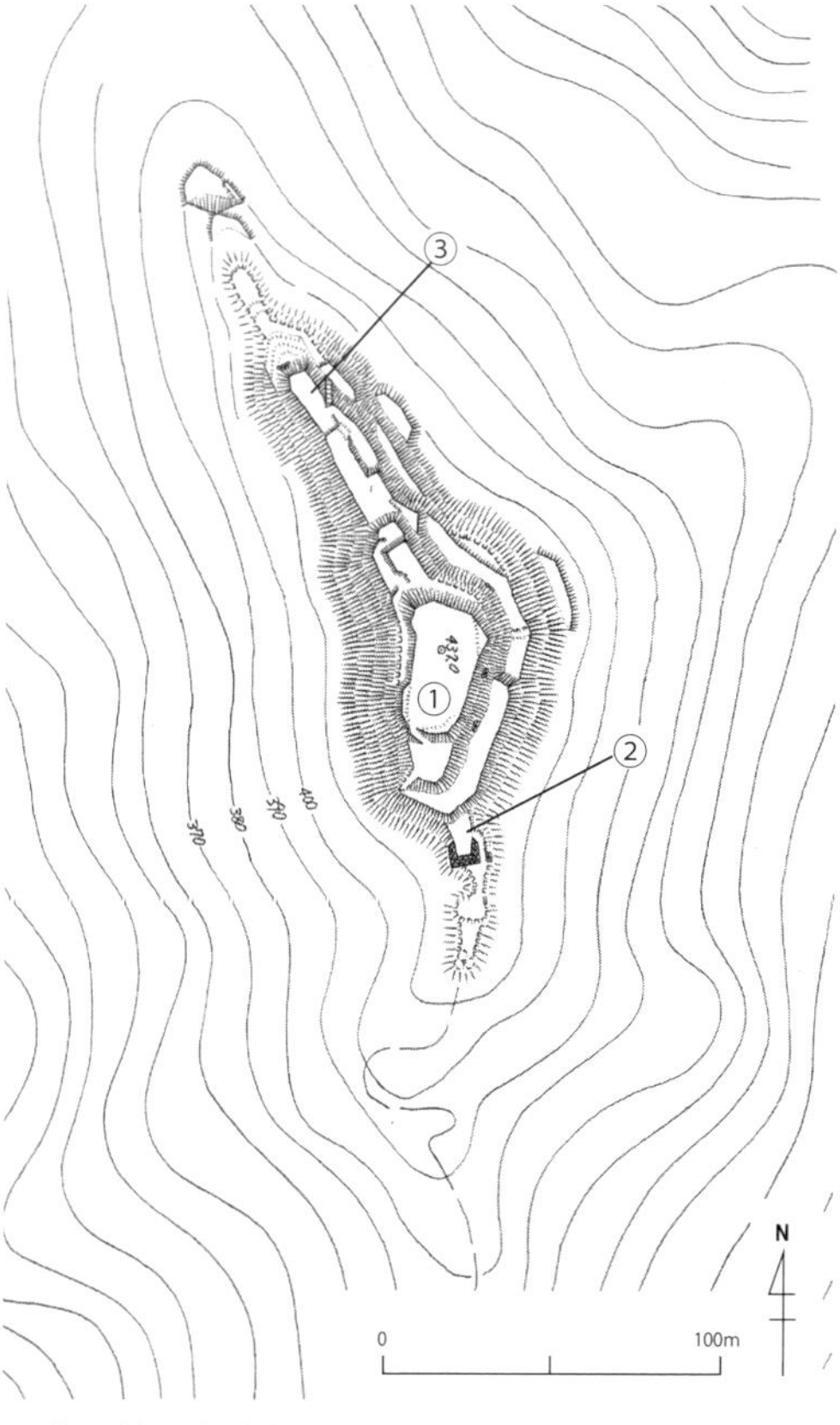

●—鉈尾山城縄張図（作図：佐伯哲也）

●—南側の曲輪の石垣

には石垣が築かれていたと考えられる。

曲輪は主郭の東側、南側、北側に配置されている。西側は断崖絶壁で、曲輪は築かれていない。東側は帯状に曲輪が二段、造られる。曲輪より下は急斜面となるため、切岸ではなく自然地形と考えられる。

南・北側は細い長い尾根に沿って曲輪が展開する。南側の曲輪②には城内でもっとも残りがいい石垣がある。曲輪の北側以外に石垣がめぐるが、特に南側の残りがよく、長さ約八メートル、高さ約二メートルとなる。裏込めがあり、算木積《さんぎづみ》を意識して石を積んでいるように見える。曲輪の東側に道が通り、主郭へと繋がる。この曲輪が大手口であったと考えられ、大手道は南の尾根であったと推測される。

北側も地形の制約を受けるため、細長い曲輪が築かれる。曲輪③には石垣を確認することができる。下段の曲輪にも石材が散乱していることから東側にも石垣があったと考えられる。

鉈尾山城は、堀切《ほりきり》や竪堀《たてぼり》などを設けず、西側は自然の断崖絶壁、東側は石垣によって防御施設を整えた城であったのであろう。

【鉈尾山城と城下町】『清泰寺由緒書』によると、初代佐藤六左衛門尉は「古市場」に隠居所を、二代秀方は小倉山城下町南の以安寺《いあんじ》（現清泰寺）山麓に隠居所を構えたという。三代方政は天正期に「古町」にあった屋敷を小倉山北の「渕ノ上」に移し、曽代、檀、口野々等には家臣団屋敷地があり、町屋敷を殿町等に移したと書かれており、新しい町を整備しようとしていたことがわかる。小倉山の西側にある善光寺と善光寺の北側にある平坦面が、方政が屋敷を移した「渕ノ上」であるのではないかという指摘もある。

鉈尾山城は険しい古城山の上に城を築き、自然地形を活かした城郭である。城主佐藤氏は上有知周辺に住み、鉈尾山城は戦いに備えた城であったといえる。

【参考文献】横山佳雄「佐藤三代の検証と小倉山城・鉈尾山城の評価」『岐阜史学』一〇一（岐阜史学会、二〇〇五）、高田徹「鉈尾山城」『岐阜県中世城館総合調査報告書第二集』（岐阜県教育委員会、二〇〇三）

（森島一貴）

●上有知金森氏の居城

小倉山城《おぐらやまじょう》

〔美濃市指定史跡〕

〔所在地〕美濃市泉町
〔比　高〕約二〇メートル
〔分　類〕平山城
〔年　代〕慶長六年（一六〇一）
〔城　主〕金森長近
〔交通アクセス〕長良川鉄道「梅山駅」下車、徒歩一五分。

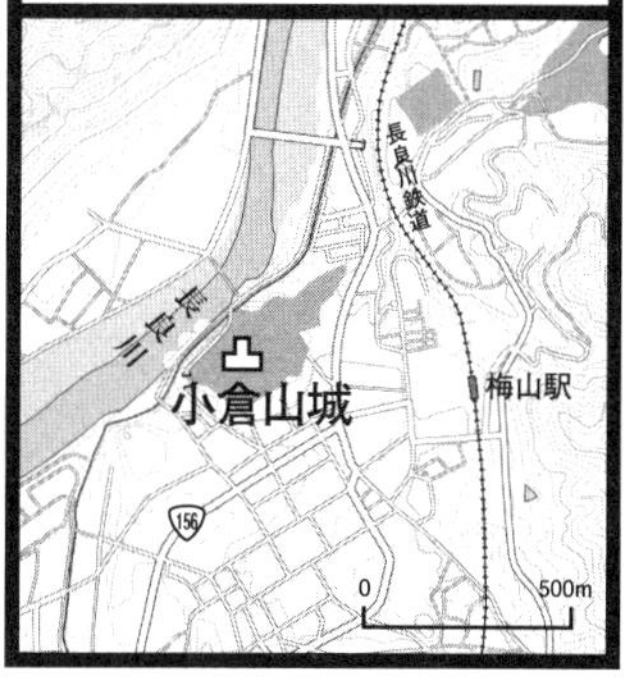

【金森氏の城】　小倉山城は、織田信長、豊臣秀吉に仕えた金《かな》森長近《もりながちか》が、現在の美濃市泉町に築いた城館である。

慶長五年（一六〇〇）の関ヶ原の合戦において、飛騨高山城主であった金森長近は東軍に味方し、飛騨国の三万八〇〇〇石の安堵《あんど》に加え、美濃国上有知・関、摂津国金田の二万三〇〇〇石の加増を受けた。慶長六年（一六〇一）、長近は高山城を養子可重《よししげ》にゆずり、美濃国上有知《こうずち》に隠居城である小倉山城を築き、入城した。小倉山は、かつて尾崎丸山と呼ばれていたが、長近が入城した際に京都嵯峨野の名勝にちなんで小倉山に改称したと言われている。

慶長十三年（一六〇八）に長近が死去すると実子である長光が小倉山城主となるが、慶長十六年（一六一一）にわずか六歳で死去したため領地は幕府直轄領となり、小倉山城は廃城となった。その後、元和元年（一六一五）より尾張藩の領地となり、天明三年（一七八三）には上有知に尾張藩上有知代官所が小倉山城跡に設置され、尾張藩領の武儀郡支配の拠点となった。

【記録からみる小倉山城】　築城当時の様子がわかる資料としては、蓬左文庫が所蔵している『濃州尾倉山古城之図』がある。上有知代官所が築かれる以前の曲輪の状況を図示していると思われる。絵図には八つの石垣をもつ平坦面が描かれており、南山麓に城館が広がっていたことがわかる。また、他には揖斐《いび》川町松林寺が所蔵している梵鐘《ぼんしょう》がある。この梵鐘はかつて小倉山城にあり、城を破却するときに美濃郡代であ

●—小倉城遠景

●—曲輪①の石垣と模擬櫓

った岡田将監《しょうげん》が自領の揖斐郡に持っていったものである。鐘には「奉鋳鐘、濃州武芸郡小倉庄館置之。慶長十乙巳季九月十三日、金森兵部卿法印素玄」と銘があり、小倉山城は「小倉庄館」と呼ばれ、軍事性が高い城郭ではなく、「居館」が造られたと考えられる。

【山腹に築かれた城】小倉山は標高一五三メートルの独立状の小山である。山の山頂にある展望台からは長良川と上有知の城下町、東には鉈尾山城を望むことができる。北側と西側に長良川、北側は急峻な岩盤となっている。また、山の南側には現在は暗渠《あんきょ》となっているが、長之瀬川が流れ、自然地形を利用した堀となっていたと考えられる。

　小倉山城は明治時代になると城内に小学校が設置され、明治四十年には小倉公園となった。現在は山頂に展望台が設けられ、その工事にともなう道路が敷設されている。このように小倉山は何度も改変を受けているため、築城当初の様子は余りとどめていない。

　現在、築城時のものと考えられる遺構は小倉山南山麓で確認することができる。模擬《もぎ》櫓《やぐら》がある曲輪が主郭と考えられる。明治時代に滝や池が作られ、その後、模擬櫓と土塀も造られた。主郭の大きさは東西約七〇メートル、南北約四〇メートルである。南側には高さ約五メートル、中央で屈折している部分をもつ石垣があり、西側でも一部、石垣を確認することができる。模擬櫓の脇には下の曲輪へ行く石階段がある。

　主郭下の曲輪の大きさは東西約一〇〇メートル、南北約三〇メートルで、現在は駐車場になっている。南側には高さ約三メートルの石垣が、二段に分けて積まれている。本来は一段で積まれていたが、明治二十四年の地震で崩壊し、今の形になったという。主郭の東側にある平坦面も曲輪であるが、石垣等は認められない。この曲輪の東側には幅約四メートル、深さ約二メートルの竪堀《たてぼり》がある。『上有知旧事記』に「御城構ハ北ハ小倉山之内ニ堀切之跡アリ」と書かれている竪堀であると考えられ、ここが城の東端になったと思われる。

●—濃州尾倉山古城之図に描かれる小倉山城跡（名古屋市蓬左文庫所蔵）

【小倉山城と城下町上有知】長近は長良川の左岸の氾濫原《はんらんげん》（美濃市下渡あたり）にあった町を慶長十一年（一六〇六）に小倉山城の南東側の台地の上に移し、城下町として整備を行った。城下町は東西方向の二筋の大通りである一番町通りと二番町通りを上横町、七軒町、魚屋町、下横町の四つの横町でつないだ目の字型の町割りとなり、東西二五〇間（約四五〇メートル）、南北七〇間（約一二六メートル）となる。今でも町割りに使われた石積みがみられ、城下町の面影を残している。

長近は城下町に岐阜街道、美濃紙の生産地へ通じる牧谷街道、郡上《ぐじょう》街道、金森家本領飛驒へと通じる飛西街道（津保街道）、関街道の六つの街道が通るように整備した。また、上有知湊を開港し、水運の拠点としての整備も行い、城下町上有知は陸と川の交通の要衝となっていった。

慶長十六年（一六一一）に幕府領となり小倉山城は廃城となったため、城下町上有知としての機能は六年ほどであった。しかし、その後も町人の町として栄え、今に至っている。現在は「うだつ」の上がる町並みとして重要伝統的建造物群保存地区の選定を受け、大切に守られている。

初代城主金森長近は小倉山城と城下町上有知の整備を行った。城と城下町を一体のものとしてめぐることにより、近世初頭の上有知の雰囲気を体感することができるだろう。

【参考文献】高田徹「小倉山城跡」岐阜県教育委員会『岐阜県中世城館総合調査報告書　第二集』（二〇〇三年）

（森島一貴）

●中世の山城から近世城郭へ

八《はち》幡《まん》城《じょう》

〔県指定史跡〕

〔所在地〕郡上市八幡町柳町
〔比　高〕一二〇メートル
〔分　類〕山城
〔年　代〕一六世紀半ば～明治三年
〔城　主〕遠藤氏、稲葉氏、井上氏、金森氏、青山氏
〔交通アクセス〕長良川鉄道「郡上八幡駅」下車、徒歩四〇分。

【八幡城の位置と概要】　八幡城のある通称城山は、北側のみ尾根が連なり部落に通じているが、八幡町を東西に流れる吉田川と北町の西方を流れる小駄良《こだら》川の合流点を見下ろす要害の地に位置している。また、城下からは郡内各地をへて、飛騨や越前へ通じる街道が交差する要衝地でもあった。

八幡城は、桜の丸や天守台などがある標高三五〇メートルの山頂部分と、近世以降の本丸や二の丸のある山麓部分から構成される。戦国時代後半から始まる山頂の中世山城から、山麓の近世平山城へと主郭を移していく経緯が明らかな城郭遺構である。実は八幡城と一般的に呼ばれるようになったのはおおむね近代以降で、近世以前の史料には「郡上城」や「積翠《せきすい》城」などの名称が記されている。

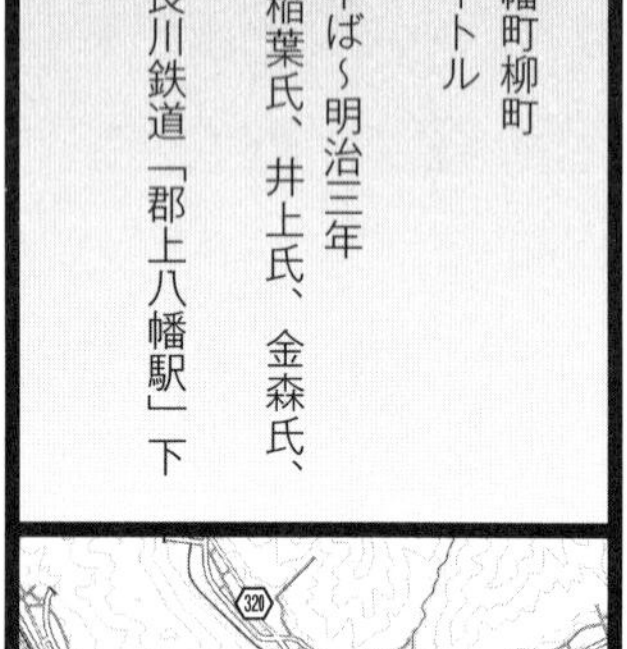

【八幡城の始まり】　永禄二年（一五五九）、郡上の支配をめぐり中世郡上を治めた東《とう》氏と、その一族である遠藤氏との間で、赤谷《あかだに》山城の戦いが起こった。発端は同年八月一日に八朔《はっさく》の祝として赤谷山城に呼び寄せた遠藤胤縁《たねより》を、東常堯《つねたか》が家臣に射殺させたことから、弟の遠藤盛数《もりかず》が弔い合戦と称して兵を集め、吉田川の対岸の牛首山《うしくびやま》（八幡山）に陣を築いたのが八幡城の始まりとされる。この戦いに勝った遠藤氏が東氏に代わって郡上を治める一大勢力となり、盛数は山頂にあった八幡社をふもとに移し、城を築くことにした。その後、天正十六年（一五八八）に盛数の子の慶隆《よしたか》が、秀吉によって小原《おばら》（現加茂郡白川町）に転封されると、代わって秀吉の家臣稲葉貞通《さだみち》が郡上に入った。貞通は、八幡城の大改修を行い、近世

●—八幡城全景

城郭の基礎を築いた。

　慶長五年（一六〇〇）関ヶ原の戦いが始まると、貞通は西軍に属して犬山城に入り、家康の西上に備えたが、東軍に属した遠藤慶隆は家康から八幡城攻めの許可を得ると、九月一日金森可重《かなもりありしげ》とともに攻め入った。その後、郡上へ取って返した貞通との激戦となった（郡上八幡城の合戦）が、九月四日和議が成立した。関ヶ原の戦いの後、稲葉貞通は豊後国臼杵に転封され、慶隆は同年十一月に城を受け取り、慶長六年（一六〇一）から同八年まで八幡城の修築を行った。ふたたび郡上郡二万六七〇〇石の領主に復帰した慶隆は、初代郡上藩主となった。

【天守部分の遺構概要】　山頂部分は、南北に続く尾根に堀切《ほりきり》を設け、その先に天守台等を築いて城域の中心としている。近世城郭としては小規模で、虎口《こぐち》もほとんどが平入りで、地形に応じて曲輪と石垣を廻らしており、縄張はさほど複雑ではない。天守台Ⅰを中央に置き、北に松の丸Ⅱ、南に桜の丸Ⅲを配している。松の丸の西側に高低差を利用した虎口Aがあり、その北側から一段下がって、松の丸の北側から天守台、桜の丸の東側を囲む腰《こし》曲輪がある。桜の丸南側にも一段低い腰曲輪がある。この二つの腰曲輪の下（山の東側と南側）は、麓まで急峻な地形が続く。そして比較的傾斜が緩やかな天守の南西側には三段の曲輪を廻らしている。また、その下の谷筋には、崩落を防ぐ土止めの石垣が一部残っている。

　天守台を中心とした山頂部分は総石垣によりつくられ、上部は模擬天守建築時と昭和五十年代後半の石垣改修により積み直しが行われているが、基礎部分はおおむね従来の姿を留めている。平成十七年に行った石垣の現況調査において、近世以前の石垣は稲葉氏の慶長期、遠藤常友の寛文期、そして江戸後期に大別できた。石積は、野面《のづら》乱積がほとんどで、打ち込み接ぎ乱積もあるが精度は低く、一見野面積と大差はない。なお、天守台の北東側に曲輪を構成していない石積が一

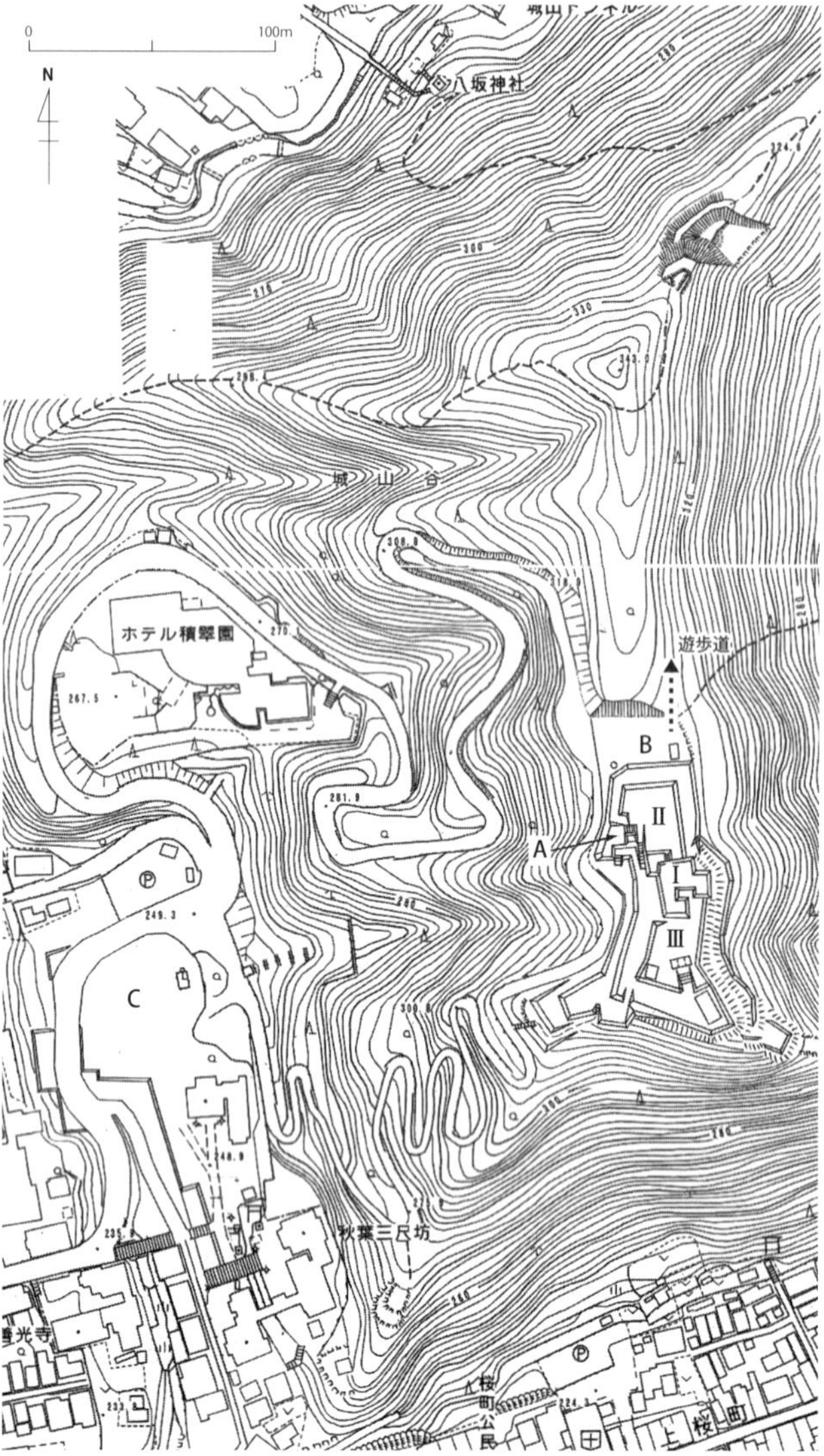

●—八幡城縄張図（作図：佐伯哲也）

ヵ所あり、勾配が緩く算木積《さんぎづみ》も未完成であることから、稲葉氏が郡上へ来た早々に作られた天正期と分類されたが、今後の検討を要する。なお、築城当時の石材は、城山の北西を流れる初音谷川がある天王洞の奥に石切場があり、北尾根側に道を開いて運んだと伝わる。

【中世段階の北尾根の遺構】 山頂の総石垣の曲輪の北側Bは、現在駐車場となっているが、本来は幅約二〇《メートル》の堀切で、慶長五年の八幡城合戦図（臼杵市蔵）にもはっきりと描かれている。この時は、北尾根の先の滝山に、遠藤氏に加勢した金森可重が陣を構え攻め入っており、北尾根と城を分断し敵の侵入を防いだ。現在は駐車場の東脇から北尾根へ抜ける遊歩道が整備されている。進んでいくと、堀切《ほりきり》や、切岸《きりぎし》を作り出して土橋《どばし》で連絡している痕跡が残っている。昭和初期には、まだはっきりとした堀切地形が残っていたそうだが、植林の際にかなり埋まってしまったという。土橋を抜けた先で、北西の麓にある八坂神社から伸びる登山路と交わる所は、近世の絵図では冠木門《かぶきもん》が描かれており、この城の北の外郭部にあたると考えられる。

●—慶長期以前と思われる石垣

●—北尾根の遺構

現在の八幡城および城下町の地割は、初めて城主格と認められた三代目藩主遠藤常友《つねとも》による、寛文七年（一六六七）に行った城修築と城下町整備によるところが大きい。寛文年間の城下絵図から現在に通じる地割が整えられたことが読み取れるが、山頂部は天守台としか描かれておらず、その頃すでに天守が存在していなかった可能性もある。

八幡城は遠藤氏、井上氏、金森氏、青山氏と受け継がれ、明治三年（一八七〇）に城郭の取り払いが始まるまで、郡上藩主の城であり続けた。現在麓の本丸跡Cは公園や神社となり、二の丸跡・三の丸跡には寺社や住宅、道路などが建設されて往時の姿を留めていない。

対して山頂部分は、昭和八年（一九三三）に、当時国宝であった大垣城の天守をモデルとし、木造模擬天守と隅櫓《すみやぐら》などが建てられた。昭和三十年に県史跡となり、平成二十四年には石垣と天守が国の重要伝統的建造物群保存地区の特定物件に含まれた。とくに近年は霧に浮かぶ城のポスターをきっかけに来訪者が年間一五万人に達して、城下町郡上八幡を象徴する観光スポットとなっている。

【参考文献】『郡上八幡町史』通史編　上巻（八幡町、一九六〇）、『岐阜県中世城館跡総合調査報告書』第二集　石川浩治「八幡城跡」（岐阜県教育委員会、二〇〇三）、高橋教雄『新八幡城ものがたり』（郡上市、二〇一〇）、岐阜県史跡八幡城跡石垣現況調査報告書（郡上市、二〇〇五）

（岩井彩乃）

●竪堀を巡らした山城と中世武将の館庭園

篠《しの》脇《わき》城《じょう》・東《とう》氏《し》館《やかた》

〔国指定史跡・国名勝〕

〔所在地〕郡上市大和町牧
〔比　高〕一四〇メートル
〔分　類〕山城
〔年　代〕一四世紀初め〜一六世紀半ば
〔城　主〕東氏
〔交通アクセス〕長良川鉄道「徳永駅」下車、徒歩二〇分。

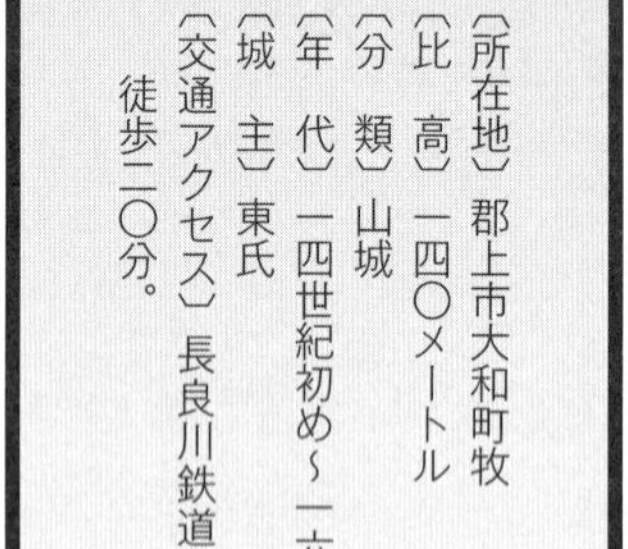

【歌道に秀でた千葉氏の一族】　篠脇城およびその城主である東《とう》氏の館は、郡上市のほぼ中央にある大和町牧地区にある。東氏は、鎌倉幕府の有力御家人千葉氏の一族で、下総国香取郡東荘《とうのしょう》を治めた際に東氏を名乗るようになった。承久三年（一二二一）に、東胤行《たねゆき》が戦功により美濃国郡上郡山田荘を加領され、まずは阿千葉《あちば》城（現在の大和町と白鳥町境）に入った。その後、正和元年（一三一二）四代氏村《うじむら》の時に、約五キロ南東の志《し》の脇《わき》山に篠脇城を築き本拠を移した。この地域は長良川の支流栗巣《くるす》川のほとりにあり、各方面へ街道が通じる交通の要衝の地であった。以後東氏は二三〇年間ここを本拠とした。山麓の館の出土品も、一三世紀に遡るものは少なく、一四世紀のものが圧倒的に多いことから、この時期に拠点を変えたことは確かと思われる。

東氏は、初代胤行が藤原定家の子為家から歌道を学ぶなど二条派（中世の歌道の流派）との関わりが深く、代々の当主らが勅撰和歌集に合計七二首の歌を残す和歌の名門であった。中でも九代常縁《つねより》は、連歌師宗祇《そうぎ》に古今和歌集の奥義を伝える方法を確立した「古今伝授の祖」として知られている。

【斎藤氏と朝倉氏の襲来】　篠脇城は二度有力者の侵攻を受けた。応仁二年（一四六八）、美濃国守護代斎藤妙椿《みょうちん》の急襲を受け、占拠された。『鎌倉大草紙』によると、城主氏数《うじかず》の弟常縁と妙椿は以前より歌道の友であったことから、常縁が落城の悲しみを詠んだ和歌を妙椿へ贈るといったやりとりが行

われたのち、戦うことなく翌年に東氏に本領が還された。司馬遼太郎は、著書『街道をゆく』の中で「常縁は古今の中で最も高い原稿料を受け取ったことになる」と記している。

●―東氏館跡から篠脇城をのぞむ

天文十年（一五四一）八月には、越前朝倉義景が攻め入ってきた。朝倉勢がまず陣取った白鳥町長滝に残る『荘厳講執《そうごんこうしつ》事帳《じちょう》』には、「城堅固なるによって責め候ども、ことごとく切り崩され九月二十三日越前へ追い越し候なり」とあり、この時は総出で城を守りきった。しかし、城下の被害は甚大であったことなどから、東常慶《つねよし》は、翌年に赤谷山《あかだに》（八幡町島谷）に拠点を移し、篠脇城は廃城となった。

【臼の目掘の城】　篠脇城のある志の脇山は、北に栗巣川、東西と南側には洞があり、ほぼ独立した山である。これまで城跡の本格的な発掘調査は、行われたことはないが、山頂の曲輪の周囲に三二本の竪堀《たてぼり》がめぐらされた畝状《うねじょう》竪堀群の山城として知られている。地元ではそれを「臼の目掘」と呼んでいる。

北に位置する山麓の登り口から、九十九折《つづら》の登山道を登って行くと、巨大な竪堀が目に入ってくる。その脇を登り進むと歩道の分岐が現れ、向かって左は旧大手道と記された看板がある。そちらを進むと山頂の曲輪から伸びる幾筋もの竪堀があり、その裾あたりを歩くことになるが、現在落枝や倒木が多く、旧大手から曲輪内部へは入りにくい。そこで先の分岐を整備された右側の道を歩いて行くと、大手道の反対側の斜面にも巨大な竪堀群が現れ、トタン板の断面のような凹凸地形の底面に容易に近づくことができる。竪堀の深さは二～三メートルほどあり、底幅は二メートル、上幅七～八メートルある。長さは一〇～四〇メートルのものが多いが、山麓近くまで続くものが二本ある。現在は、底面に土砂や落葉が堆積し、畝の頂部も樹木が繁茂し丸くなってしまったが、築城当時は底面からＶ字状に切り立っていたに違いない。畝の中に入れば敵は視界が遮られ、上から矢を射かけ投石をすれば、先の朝倉氏来襲の記録の通り、かなりの防御機能を発揮したと考えられる。

　曲輪は三段で構成され、本丸にあたる最上段Ａは東西約四〇メートル、南北二〇～三〇メートルの平地が広がっており、その四メートル下の北東側に二の丸Ｂ、さらにそれを囲むように腰曲輪Ｃがあり、切岸《きりぎし》で区画されている。本丸の南側には櫓台《やぐらだい》Ｄがあり、その直下には堀切《ほりきり》Ｅが入れられ、さらに南側には高低差のある土塁と堀切を二本設けている。南の河辺《かべ》井寺洞まで尾根になっていることから、南西側斜面には互い違いになるような竪堀Ｆをさらに伸ばすなど、守りを厳重にした意図がうかがえる。なお、現在残る遺構は、東氏が去った後に何者かによって改修を受けているとの指摘もある。

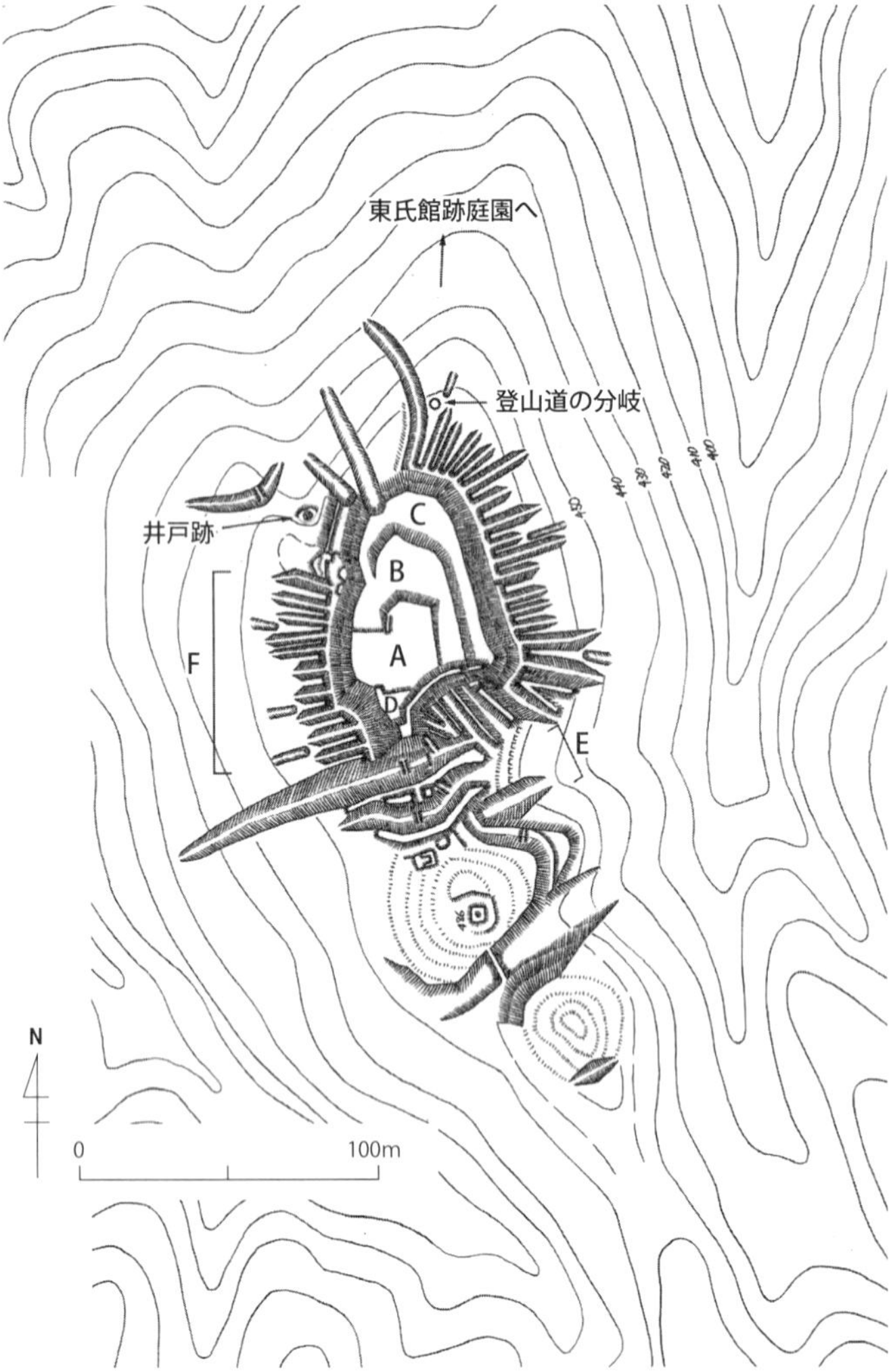

●—篠脇城縄張図（作図：佐伯哲也）

【不明だった館の発見】　山上にある篠脇城は古くより知られ、早々に県史跡となっていたが、館については昭和五十四年のほ場整備工事の際に発見されるまで、その存在は分からないままだった。翌年から四年間発掘調査が行われ、一メートル下から池汀部《ちてい》（庭園の池の周囲）の石組がほとんど破壊されることなく残る庭園遺構が発見された。石組は正面（主殿）から見ると鶴島、東側から見ると亀島に見える中島で、東に延びる長方形の流れの中に建物跡があり見る向きによって様相が異なる。この優雅な池泉庭園は、高い造園技術をもった者によって築造されたことが想定される。また、一四～一五世紀にかけての青磁、白磁、天目《てんもく》などの貿易陶磁の出土点数が多く、瓦質土器、京都系土師器の出土例も近隣では珍しい。遺構や出土品からは、東氏の文化水準の高さがうかがえる。

●―本丸西側の竪堀群

　そして、年代不詳であるが、牧地区内の古文書から「篠脇城略図」が発見されている。城と館の位置を唯一物語る資料で、城下の東西に土居を持ち、その中央に門口、東の土居外部に矢場、西の土居外部に馬場が描かれ、おおむね検出された遺構の位置と一致している。残念ながら主たる建物跡については、戦火による焼失や建て替え、近世以後の水田工事による地層のかく乱を受けており、一部の建物跡や溝等が検出されたものの、主殿の全容は確認できていない。

　東氏館は例の少ない中世武将の館庭園として、昭和六十二年（一九八七）に国の名勝に指定された。その後東常縁の文化的功績から、「古今伝授の里フィールドミュージアム」と称し、庭園や城をはじめとする周辺の史跡、自然環境などの歴史文化遺産と、出土品や東家資料を展示した資料館等を併設した野外博物館として、一帯が整備されている。

【参考文献】『大和村史』通史編　上巻（大和村、一九八四）、『東氏館跡発掘調査報告書』（郡上郡大和村教育委員会、一九八四）、『東氏館跡発掘調査報告書Ⅱ』（大和町教育委員会、一九八九）、『ヴィジュアル日本庭園鑑賞事典』東氏館跡庭園（東京堂出版、二〇〇〇）

（岩井彩乃）

岐阜城（稲葉山城）の戦い

内堀信雄

岐阜城をめぐる二つの合戦を紹介する。まず、永禄十年（一五六七）八月の信長軍による稲葉山城攻略戦。『信長公記』によれば、八月一日「美濃三人衆」が信長の味方に付く。西美濃方面からの城救援（後詰《ごづめ》）の恐れが無くなった信長は即座に侵攻を開始する。城攻めは「瑞龍寺山」を攻略することから始まり、町を焼き払って「生《はだ》か城」にし、城の「四方に鹿《しし》垣《がき》」を張りめぐらして籠城に追い込み、八月十五日に落城。城主斎藤龍興《たつおき》は「降参」して伊勢長島へ逃亡した。町を囲む惣構《そうがまえ》については記述が見られず、おそらく存在していなかった。岐阜城山麓居館や岐阜城下町遺跡の発掘調査では永禄十年の美濃攻めにともなう焼土層が見つかっていて、『信長公記』の記述を裏付けている。

次に、慶長五年（一六〇〇）八月二十三日の関ヶ原合戦前哨戦。前日の「米野《こめの》（新加納）の戦い」等に勝利した東軍（福島正則・池田輝政ら）は、一次史料や「太田和泉守記」によれば、出城《でじろ》「瑞龍寺のつぶら」（「瑞龍寺山」）を攻撃するとともに城と町が一体化した「岐阜惣構」を破り、大手（正面）「七曲口」と搦手《からめて》（背面）「達目口」の二ルートで本城を攻撃した。七曲登城路の坂上にある「武藤つぶら」では激戦となり、木造《こつくり》左《さ》衛門佐《えもんのすけ》の活躍で複数回にわたって東軍が押し戻された（「木造長忠（具康）感状写」「太田和泉守記」等）。

その後、大手・搦手の部隊が合流して「大手門」を攻撃する。岐阜城攻めに参戦した池田輝政《てるまさ》家臣・那須半兵衛《なすはんべえ》の書上によれば、「本丸」に入るところに「大手門」と「門脇の塀」があり、福島正則隊が先手衆となり、池田家では半兵衛ら四名が塀に取り付いて攻めた（『岡山藩家中諸士家譜五音寄2』）。この大手門は平成三十年度発掘地点直上、近世絵図で「二ノ門」と呼ばれた場所である可能性が高い。なお、池田家家臣団の武功録である『五音寄《ごいんよせ》』には現在通説となっている池田隊の水の手口攻めの記録がない。大手門を破って「本丸」に攻め込み、「天主」あるいは「中納言秀信卿屋形」に籠る城主織田秀信《ひでのぶ》を降伏させた。大垣城に拠る西軍・石田三成らは岐阜城救援（後詰）に向かうものの合渡川の戦いで黒田長政《ながまさ》らの軍に敗退、西美濃赤坂まで攻め込まれている。両合戦は、最初に瑞龍寺山（出丸《でまる》）や町が攻撃されていること、後詰の成否が落城につながったことなどに共通点がみられる。

東濃・加茂

美濃金山城二の丸西面石垣（可児市提供）

●守護大名土岐一族、久々利氏の地方の拠点

久《く》々《く》利《り》城《じょう》

〈所在地〉可児市久々利
〈比　高〉五〇メートル
〈分　類〉平山城
〈年　代〉一五世紀～一六世紀後半
〈城　主〉久々利氏（土岐三河守）
〈交通アクセス〉名鉄広見線「明智駅」下車、徒歩約一時間。または、東海環状自動車道可児御嵩ＩＣから約一〇分。

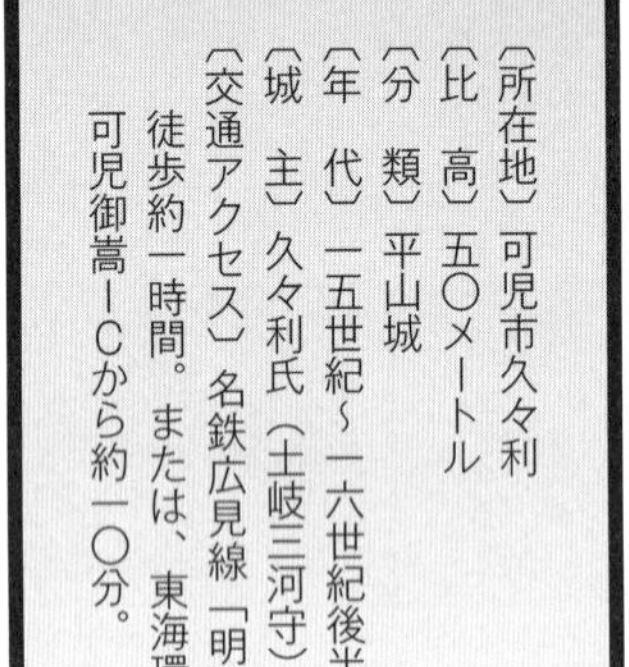

【久々利氏と久々利城の概要】　久々利城の築城年代は定かではないが、室町時代には守護大名土岐氏の一族で幕府奉公衆の久々利氏の本拠であった。伝承では初代康貞《やすさだ》から代々土岐《とき》三河守・悪五郎を襲名したとされている（『金山記全集大成』）。諸資料に久々利氏の存在は確かめられるが、室町幕府の各御番帳に継続的に久々利氏が登場することから、基本的には奉公衆として在京していたと考えられる。

天正十一年（一五八三）には、久々利頼興《よりおき》が美濃金山城主森長可《ながよし》に討たれ、久々利城は落城した。その後、森氏は家臣林長兵衛を城に置いたと言われている。

久々利は可児郡から土岐郡へ抜ける道筋にあり、近世中山道と名古屋から土岐郡へ抜ける下街道の中間地点に位置する。近世には尾張藩重臣千村氏《ちむらし》が本拠として陣屋を構えたことからも、濃尾平野の北東端、かつ陸上交通支配において久々利が重要な地であることがわかる。

【久々利城の構造】　久々利城は東側の尾根と西側の尾根という二つの尾根をまたいだ城で、東側の尾根は曲輪を階段状にした城郭部分、西側の尾根は方形に区画した居館部分となっている。

麓の可児郷土歴史館は、近世千村氏の上屋敷跡に建っており、県道を挟んで城の入口があり、少し上ると虎口《こぐち》となる。両側を土塁《どるい》で規制された通路の正面には土塁が設置されており、直進できなくさせる喰違《くいちがい》虎口（Ａ）となっており、さらに外側を土塁で四角く囲むことによって虎口全体（Ⅸ）が

●—久々利城跡縄張図（作図：中井均）（『可児市史』第１巻より転載）

桝形《ますがた》になっている。その規模は大きいが、二の丸（Ⅷ）の切岸《きりぎし》から全体が見渡せるようになっている。三の丸の切岸は、虎口のクランクに合わせて横矢をかけている。

三の丸から見上げると、この城の特徴である段築状に設けられた曲輪がある。本丸（Ⅳ）と伝えられる曲輪へ向かう際、通路右側には谷状地形の部分に二段の曲輪（Ⅴ、Ⅵ）があり、それより上部の曲輪（Ⅲ）と本丸が土橋《どばし》でつながっている。本丸と伝えられる曲輪は、下の曲輪全体を見渡せるだけではなく、南東方向を見ると旧街道を見ることができることから、本来の

●—曲輪Ⅲから Ⅳ方向

本丸はⅢの曲輪で、Ⅳの曲輪は本丸を守るべく全体を監視する機能を有した曲輪であった可能性がある。

Ⅲの曲輪の北側、標高一九〇メートルの頂部に設けられている曲輪は幅一〇メートルもなく、北側は巨大な切岸《きりぎし》を設けていることから、本丸である曲輪Ⅲを防御する施設と考えられる。頂部の曲輪から北側へ進むと堀切《ほりきり》が二本設けられている。最北部の曲輪の北側には、巨大な堀切を設けて完全に尾根筋を遮断している。北側の曲輪と二本の堀切を合わせて考えると、北側からの侵入に対する強い意識を持っていたことがわかる。

西側には、頂部に巨大な堀切を付随した曲輪（Ⅹ）を設けている。周りに曲輪がないことから、監視機能を有する施設であった可能性が高い。その曲輪から下に方形の曲輪らしき平坦面が二面存在するが、動線が明確でなく、植生も異なる。機能的な側面から区画を意識して土塁や段を設けたようで、居館施設的性格を強く感じさせる。しかしその下の曲輪的な平坦面は城郭にともなった土塁とは見られないことから、近世以後の畑地開墾などが行われたことが考えられ、表面観察のみでは遺構として評価できないなど、十分注意が必要である。

東西の曲輪群をつなぐ曲輪（Ⅱ）の周辺は竪堀《たてぼり》などを設けているが、北側も含めて遺構としては不明な点が多い。特に西側の居館と思われる遺構への動線上の尾根には堀切が設けられているものの、東側の曲輪群の様相とは大きく異なる。

いくつかの遺構で不明な点はあるが、久々利城のような複合城郭は近辺になく、その大規模な土木作業量からみても領主権力の強さを示している。しかし東側尾根の内側の曲輪配置は単調であるのに対し、外側には横矢や桝形虎口、横堀などが徐々に導入されて改修されたことは確実である。久々利城を評価するうえでは、このことも十分に考慮しなくてはならない。

ただ、久々利氏のように守護大名の一族であり、奉公衆である一族の居城が守護領国支配においてどのような機能を果たしたのか、それにともない築城された場所や規模などを考えると興味深い城である。

【近世の久々利】 慶長六年（一六〇一）の関ヶ原の戦いにおける木曽谷平定の恩賞として、徳川家康から木曽衆に可児・土岐・恵那郡に一万六〇〇〇石余りを与えられた。可児郡のうち久々利村は、千村平右衛門（四〇〇石）と山村甚兵衛（四〇〇石）の相給とされた。千村氏は、尾張徳川家付属の家臣として可児・恵那・土岐郡のうちに四、四〇〇石を領有し、徳川幕府から信濃国伊那郡の一一ヵ村を預けられるとともに、遠江国船明村（静岡県天竜市）の榑木《くれき》支配役を命ぜられ、名古屋や江戸に屋敷を持ち、飯田（長野県飯田市）の荒町役所と船明村の榑木改番所を管轄した。その千村氏が本拠として屋敷を構えたのが久々利村であり、久々利城跡の麓にあった。久々利氏が構えた屋敷を再利用したものと考えられている。一七世紀に入って久々利城が利用されたかどうかは不明であり、詳細な調査を俟たなければならない。

【久々利城の整備】 五年以上前に、久々利城を訪れた方の多くは、現在の久々利城を見て驚く。それはうっそうとした竹林が広がり、遺構どころか眺望さえ確保できなかった状況が数年で一変したからである。行政の取り組みだけで伐採が行われたのではなく、久々利には「城守隊」という地元住民で組織された団体があり、継続的な整備活動が行われている。城の一部の地権者である企業も参画して、地元住民と企業、行政が城跡整備に連携して取り組む好事例として注目されている。

【参考文献】『可児市史』第一巻通史編考古・文化財編（二〇〇五）

（長沼　毅）

●小牧・長久手の戦いの改修遺構が残る城

大《おお》森《もり》城《じょう》

〔可児市指定史跡〕

〔所在地〕可児市大森
〔比　高〕二〇メートル
〔分　類〕平山城
〔年　代〕一五世紀～一六世紀後半
〔城　主〕奥村氏
〔交通アクセス〕JR太多線「下切駅」下車、徒歩約二五分。または、東海環状自動車道可児御嵩ICから約二〇分。

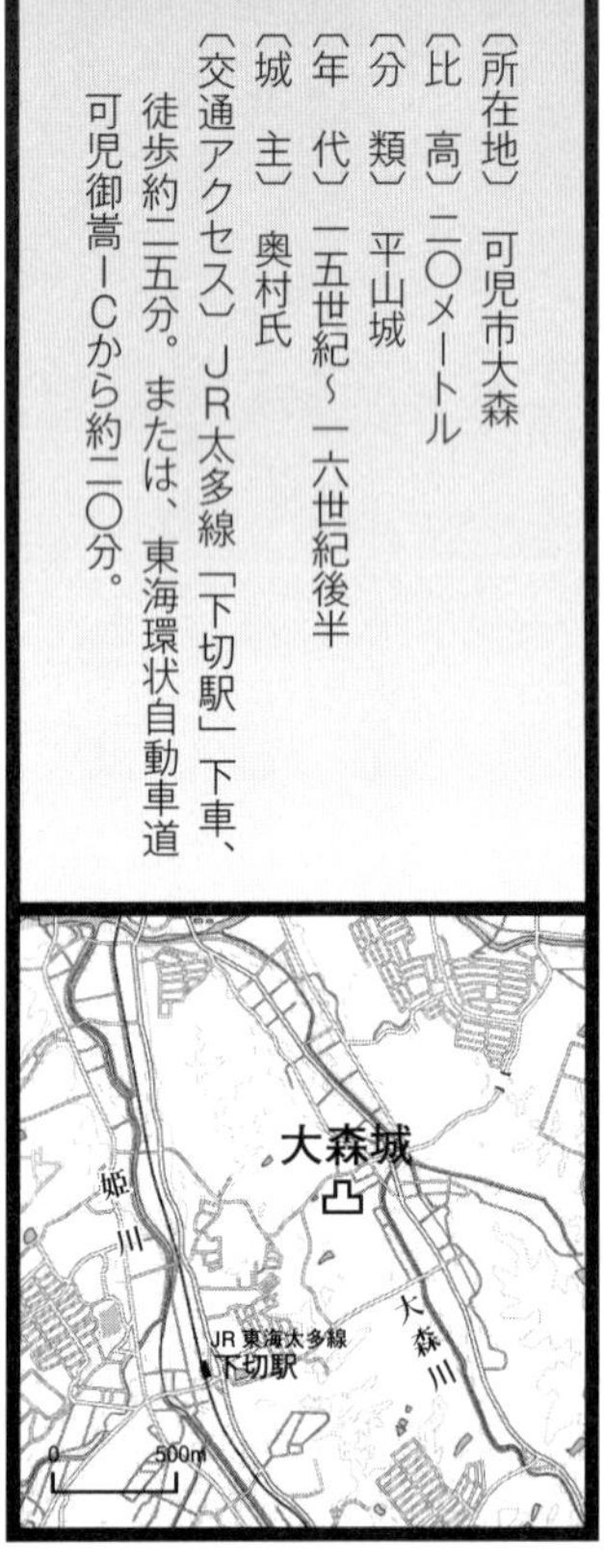

【大森城周辺の歴史・地理】　久々利城主、土岐久々利氏の家臣で土豪奥村元信《もとのぶ》の子元広《もとひろ》が築城し、天正十年（一五八二）に美濃金山城主森長可《ながよし》に攻められ、落城したと伝えられているが、築城時期や奥村氏の詳細については不明である。

　大森川が形成した洞に張り出した丘陵の先端に築かれている。後述するが、大森川を挟んだ吹ケ洞《ふきがほら》という場所に城が存在する。これについても不明な点が多いが、遺構としてはこの大森城と時代的に近い特徴を有している。この二つの城は、美濃金山城が北側を東西に流れる木曽川を背にして防御するいっぽう、南側に大森城をはじめとしたいくつもの城を配置していることから、ある時期に美濃金山城の支城としての役割を担ったものと考えられる。周辺の城跡と比較しながら遺構を見ると、より一層、深い楽しみ方ができる。

【大森城の遺構】　大森神社背後の山にあり、神社の参道から東を回りながら登ると虎口《こぐち》Cが見える。桝形《ますがた》状で、かつ高低差を活かした構造となっており、登って振り返ると作為の意図が非常にわかりやすい。

　曲輪Ⅱには東側を除く三面に土塁《どるい》が築かれている。その南側に主郭と考えられる曲輪Ⅰがある。井戸跡が残っているが、整地面が弱い印象である。曲輪Ⅱに比べて低いながらもこの曲輪にも三方に土塁をめぐらせている。注目すべきは、曲輪ⅡからⅠの間に方形の曲輪が設けられていることである。この曲輪は直下にめぐらした横堀を一望することができるだけではなく、曲輪Ⅰの馬出《うまだし》的な機能を果たしていた。曲輪Ⅰの南側の虎口《こぐち》から土橋《どばし》を渡ると曲輪Ⅲに至るが、南と西側に巨大な土塁が設けられている。

山上に並んだ三つの曲輪のうち、曲輪Ⅰに設けられた土塁に比べて曲輪ⅡとⅢに設けられた土塁は大きいことから、主郭を防御するためのものであったことがわかる。とりわけ曲輪Ⅲの南側の土塁は巨大で、これは南側への防御意識が特に高かったことをうかがわせるものである。

そしてこの三つの曲輪の東側全体を巡るように巨大な横堀がめぐっている。さらに横堀に沿うように土塁が築かれ、土塁の東側は切岸《きりぎし》をなしている。この東側への意識は、麓を南北に通る道を意識したものであろう。

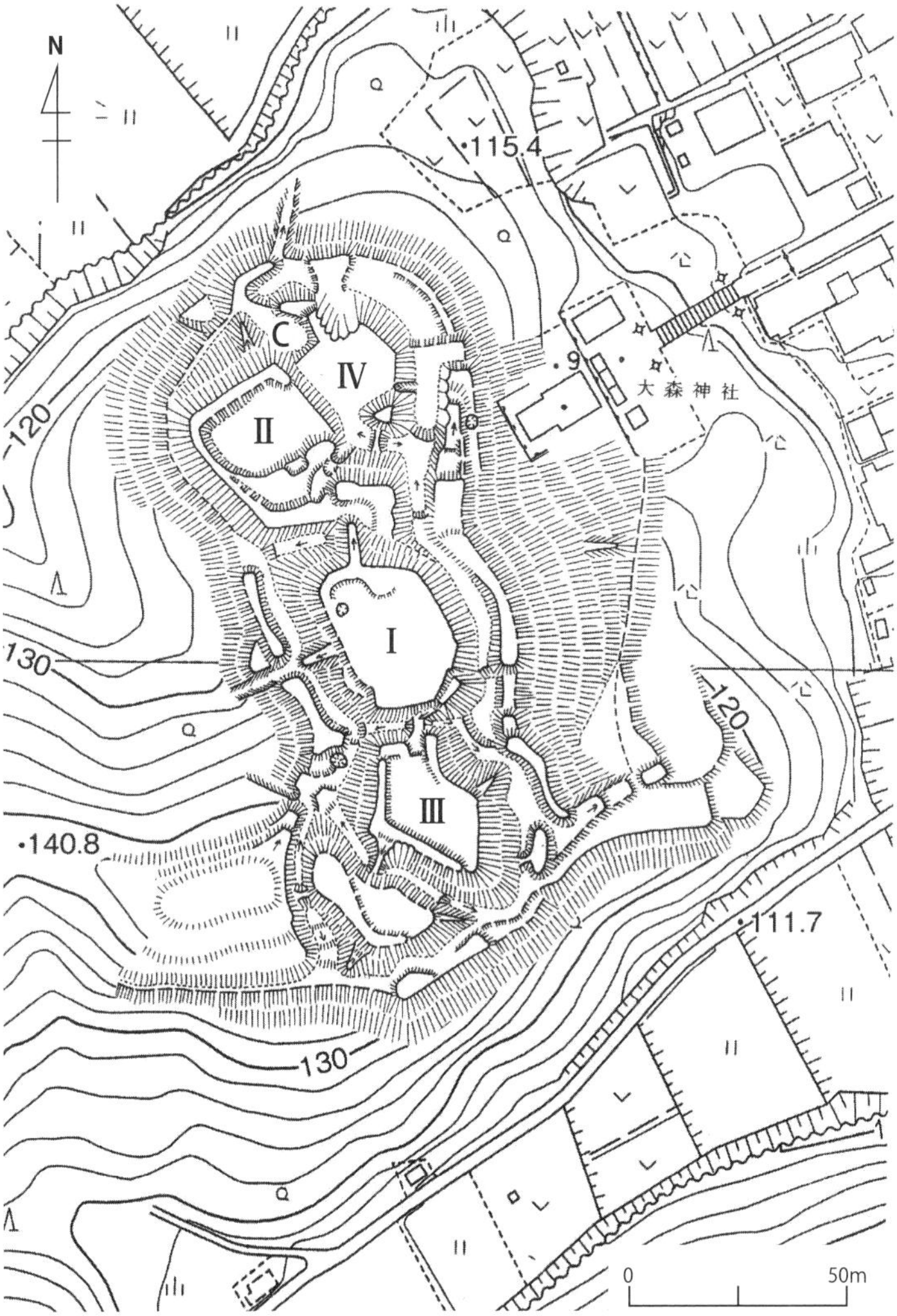

● 大森城縄張図（作図：中井均）（『可児市史』第１巻より転載）

巨大な横堀の底を歩くとクランクする場所や遮断性を意識したような狭い場所、そして山上の曲輪の高低差に合わせていると思われるような通路の高低差が設定されている。特に横堀を歩くと曲輪Ⅰの直下から北側に向かうと曲輪ⅡとⅠの間の角馬出的な曲輪が見上げる位置にあり、その曲

●—虎口（縄張図Cの北側付近）

●—大森城横堀

輪の直下はスロープ状に低くなっていて切岸の高さを明確にしている。

桝形虎口や横堀といった複雑な構造は、在地土豪の奥村氏によって築けるものではなく、天正十年以降に美濃金山城主森長可によってもたらされた築城技術であると考えられる。つまり遺構的に見た場合、奥村氏によって築かれた大森城が、ある時期に森氏の築城技術の導入によって美濃金山城の支城として整備されたといえるのである。これは周辺に存在する、今城やそのほかの周辺の城でも確認される。

改修の具体的な時期と理由については、天正十二年（一五八四）、小牧に陣を構えた織田・徳川勢と犬山に陣を構えた羽柴勢が対峙した際、美濃金山城主森長可が羽柴方に属しており、徳川勢に備えて美濃金山城の南側を防御する支城として改修・整備したものと考えられる。

【吹ヶ洞砦】 このことを考える際、注目したいのは大森城から大森川をはさんだ反対側の丘陵に築かれた吹ヶ洞砦である。その丘陵は「城の段」と呼ばれる場所で、地元では大森

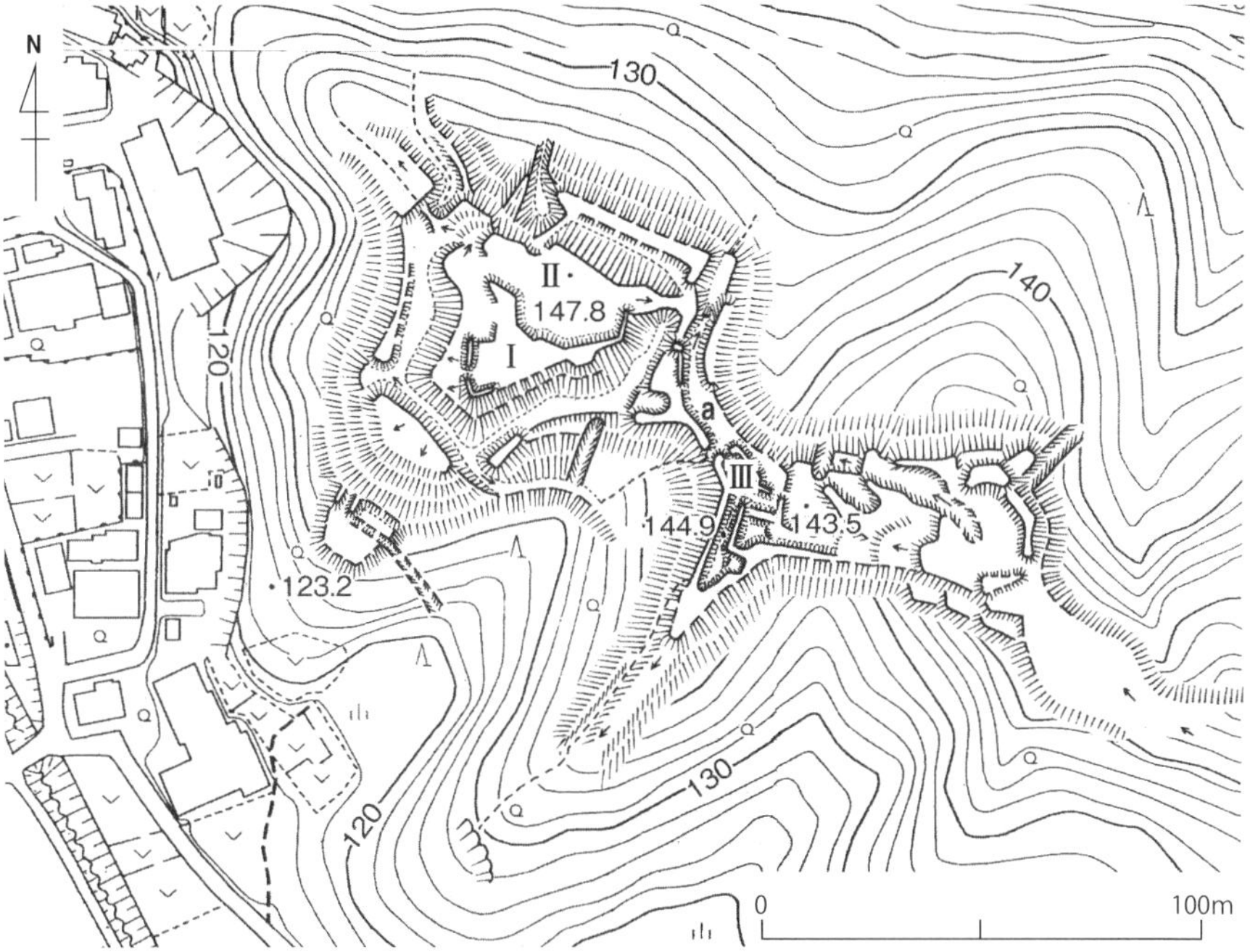

●—吹ヶ洞砦縄張図（作図：中井均）（『可児市史』第１巻より転載）

城主奥村元広《もとひろ》の第二の城と伝えられている。

曲輪Ⅱの周囲は急な切岸を設け、主郭と考えられる曲輪Ⅰの西側には土塁を設けている。東側は曲輪Ⅱの東側を限る土塁となって、しかも横矢がかかるように折れもつけられている。そして横堀もめぐっているなど、複雑な構造は戦国時代後半の発達した城郭を示していて、かつ大森城と同時期のものであることはほぼ間違いない。ただ整地面が弱く、一部には未整備の部分も見られることから、臨時的な城であることと、または未完成で終わった城であることが想定できる。大森城との位置関係や遺構から、この城が森氏によって大森城とセットで築かれたものか、もしくは大森城を攻めるために築かれたものかは不明であるが、大森城の横堀などの複雑な構造がもたらされた状況を考える上では、興味深い城である。

（長沼　毅）

【参考文献】『可児市史』第一巻通史編考古・文化財編（二〇〇五）

●コンパクトながら技能的な縄張を用いた山城

今《いま》　城《じょう》

〔所在地〕可児市今
〔比　高〕二〇メートル
〔分　類〕平山城
〔年　代〕一五世紀～一六世紀後半
〔城　主〕小池氏
〔交通アクセス〕ＪＲ太多線「下切駅」下車、徒歩約三〇分。または、中央自動車道多治見ＩＣから約一五分。

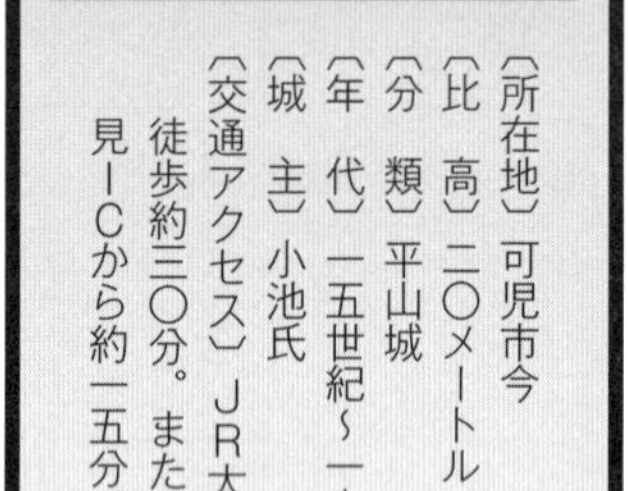

【立地と街道】　天文年間（一五三二～一五五五）頃に小池刑部家継《いえつぐ》が築いたと伝えられているが、その詳細は資料的制約により明らかにすることはできない。地元の伝承によれば、小池氏は美濃金山城に森長可が入城した後、今城を退去して帰農したとも伝えられている。

今城が築かれた丘陵は、名古屋から中山道大井宿（恵那市）へつながる下街道の北側に位置する。その丘陵は集落の背後にあることから、もともとは集落の土豪である小池氏の詰城《つめじろ》として築かれたと考えられるが、天正十年（一五八二）以後、森長可《ながよし》の影響下に入ったことにより、街道に近く、美濃金山城の防御において利用価値のある立地であったことから改修されて使用されたものと考えられる。これについては歴史的背景のみならず遺構の状況などを合わせて考察してみたい。

【城跡の遺構】　現在の今城に入る道は、元の虎口《こぐち》ではなく地元に残された近世後期の絵図にもとづき、登城路が整備されている。

整備された道を北東方向にまっすぐ向かうと、左手に桝形《ますがた》虎口が見える。西側をL字状の土塁《どるい》で区画しており、城全体から考えると規模的には大きな桝形虎口である。この虎口の上段の曲輪Ⅲには数基の五輪塔があり、小池氏のものと伝えられる。もともとこの丘陵は愛宕山と言われ、曲輪Ⅰには愛宕社が祀られていたが、地元住民の話によればこの石塔はそこにあったものらしい。

現在の通路は曲輪ⅠとⅡの間の堀切に設定され、土橋《どばし》につ

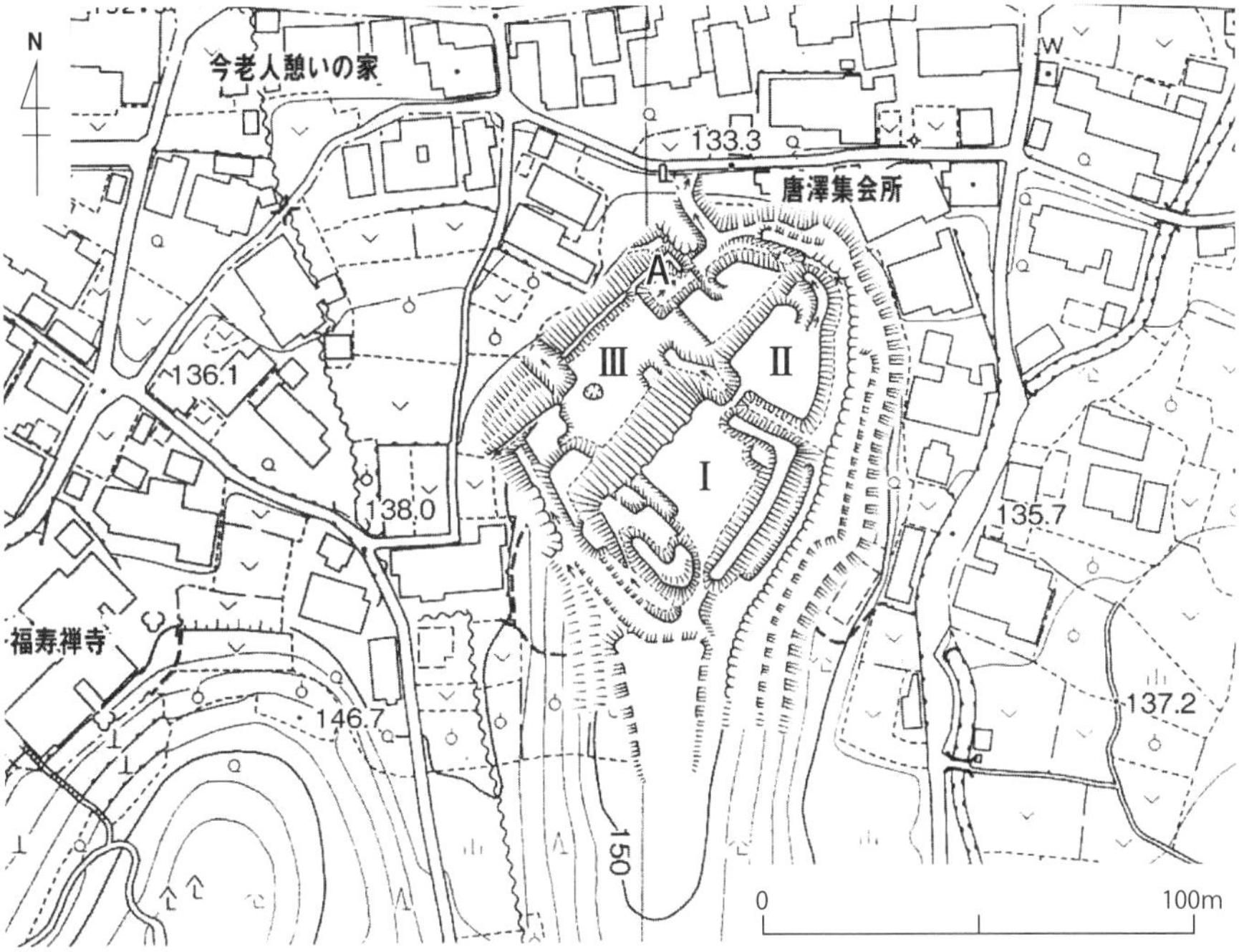

●—今城縄張図（作図：中井均）（『可児市史第１巻』より転載）

●—今城虎口

●—今城井戸

ながっている。曲輪Ⅰには北と東、南に土塁がめぐっている。西側は曲輪Ⅲとの間に切岸《きりぎし》が良好に残っているが、土塁は削平された可能性が高い。曲輪Ⅰの南側には喰違《くいちがい》虎口が残っているが、その先の通路は後世の改変を受けている。

【今城の改修】　今城の規模から考えると、もとは村の城として築かれたと考えられるが、遺構に見られる城の構造は複雑な様相を呈しており、単なる村の城としての構造ではない。まずは、桝形虎口である。城の規模に比して大きな規模の虎口であり、その設置場所も下街道から北上して城の東側を通る道から曲輪Ⅱに守られる位置にある。また曲輪Ⅰの良好な残りの土塁の中でも、東側に配された土塁がひときわ高く築かれている。これも東側の道に対する防御意識の表れであろう。さらにこの東側と南側の喰違虎口の南側は横堀がめぐっている。

このような技巧的な構造は、美濃金山城主の森氏が持ち込んだものと考えられるが、資料的な制約から時期の特定には至らない。ただ東側を通る道への意識、すなわち下街道からの道への意識は、城の南側を通る下街道の軍事的緊張がもたらしたものであり、その状況が生じたのは小牧長久手の戦いの際に徳川勢が下街道を上がってきた時期のみであろう。

天正十二年（一五八四）、小牧に陣を構えた織田・徳川勢と犬山に陣を構えた羽柴勢が対峙した際、美濃金山城主森長可は羽柴方に属しており、徳川勢の進行に備えて支城として今城を整備したものと考えられる。城の構造としては、今城と同じく美濃金山城の南側に位置している大森城と類似している。小牧長久手の戦いにおける支城の改修を知る上で重要な城である。

【参考文献】『可児市史』第一巻通史編考古・文化財編（二〇〇五）

（長沼　毅）

●東美濃支配の拠点となった山城

美《み》濃《の》金《かね》山《やま》城《じょう》

〔国指定史跡〕

〔所在地〕可児市兼山
〔比　高〕約一八〇メートル
〔分　類〕山城
〔年　代〕天文六年（一五三七）
〔城　主〕斎藤妙春、長井道利、森可成、長可、乱丸、忠政
〔交通アクセス〕名鉄広見線「明智駅」下車、YAOバス「城戸坂」下車、徒歩約一五分。または、東海環状自動車道「可児御嵩IC」から約一〇分。

【歴史的概要】　美濃金山城が存在する可児市兼山字古城山《こじょうさん》は、木曽山や飛騨の山々から伐り出される木材の輸送路として早くから利用された木曽川中流左岸に位置し、城の南側には近世中山道が通る。

美濃金山城の歴史は、天文六年（一五三七）に斎藤大納言妙春によって烏峰城という名で築城されたことにより始まる。

斎藤大納言は、明応五年（一四九六）に戦死した斎藤利国《としくに》（持是院妙純）の嫡子である斎藤利親《としちか》が「大納言」と称すること、持是院家の菩提寺である善恵寺と斎藤大納言の画像を所蔵する浄音寺が同じ浄土宗であることなどから、持是院家を継承した人物、具体的には利隆《としたか》が死去した後に持是院家を継承した人物といわれている。

天文十七年、その斎藤大納言は兼山の南側に本拠を持つ久々利《くくり》氏（土岐悪五郎）に謀殺され、その久々利氏が烏峰城周辺をおさえ、城番として土岐重郎右衛門を置いたとされる。しかし、永禄八年（一五六五）四月十三日付の顔戸八幡神社棟札《むなふだ》に長井隼人佐（道利）が明知荘代官職を有していたことが記されていることから、長井道利が烏峰城主になったとし、長井が周辺の領主とともに武田と同盟関係にあったことがわかっている。

周知の通り織田信長は、永禄四年に稲葉山城の斎藤義龍《よしたつ》が急死したことを受けて美濃に出陣したが、以後苦戦し、同六年に拠点を清須城から小牧山に移して美濃攻略を本格化させ

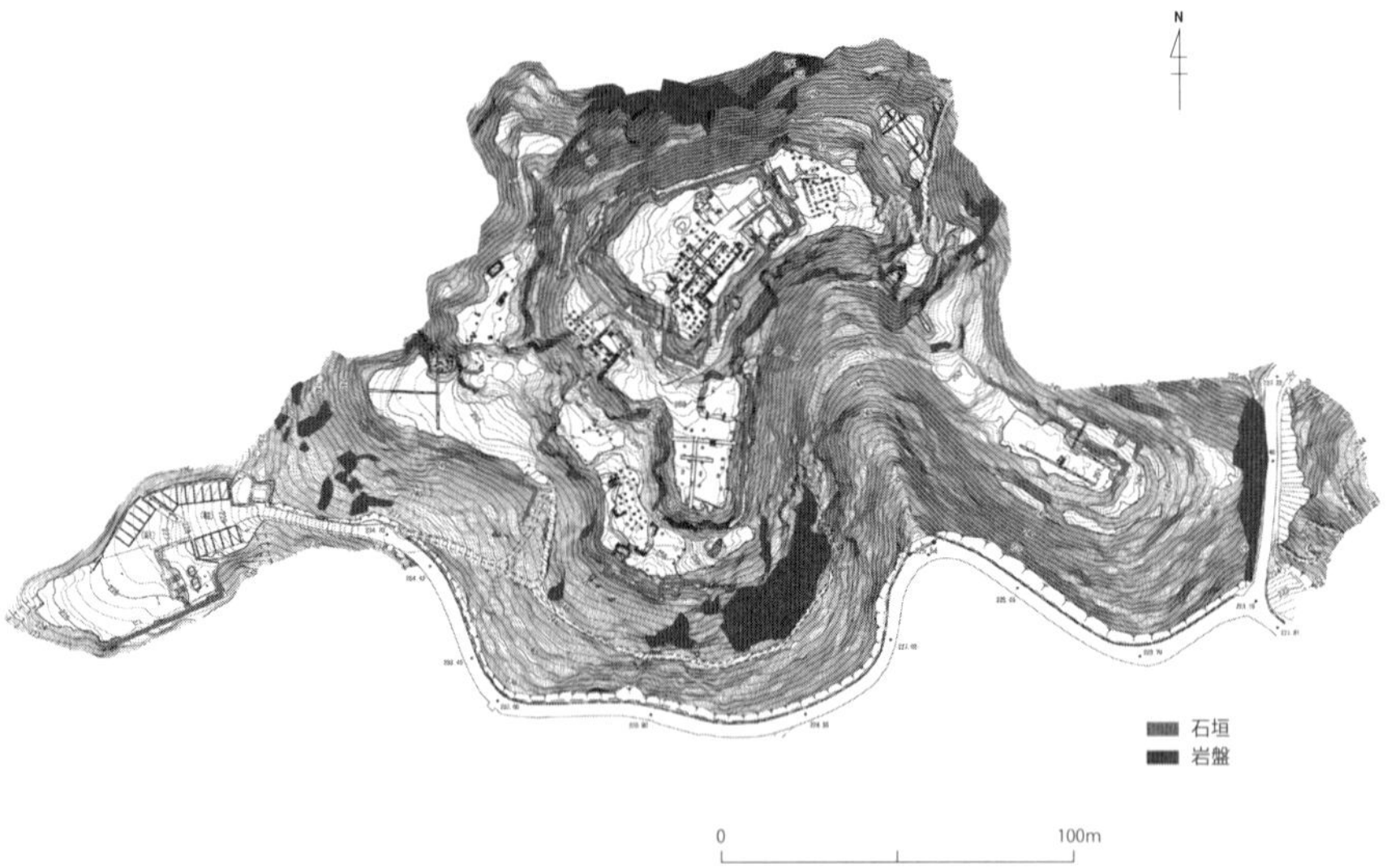

●—美濃金山城主郭部分山上部分地形測量図

た。翌年八月には、美濃の斎藤龍興と結んでいた犬山城主織田信清《のぶきよ》を攻略し、その際に烏峰城も含めいくつかの城主が降参したとされる。

織田信長は中濃平定戦の後、猿啄城を家臣の河尻秀隆《ひでたか》に与え、烏峰城を森可成《よしなり》に与えた。森可成は入城に際し烏峰城を金山城に改称したという。

森可成は、信長による永禄十年九月六日の稲葉山城落城後、坂井政尚とともに武儀・加茂郡方面の行政官として活躍するが、元亀元年（一五七〇）における宇佐山城の戦いで斃れた。可成の死後、長可・忠政と森家が城主となった。

天正十二年三月に森長可が記した遺言状には、「此城ハかなめにて候間、たしかなるものを、秀吉様よりおかせられ候へと御申之事」とあり、美濃金山城が羽柴勢にとって公的なものであり、〝かなめ〟の城であるという認識からも、東美濃支配におけるこの城の重要性がうかがわれる。

【城の遺構】　出丸《でまる》駐車場から本丸を目指して登って行く際、見落としがちなのが出丸南面の石垣である。この石垣の角等は平成十六年に積み直されているが、南面の石垣の下から数段のほとんどは城が機能していた時期のままの状態である。

三の丸と呼ばれる曲輪の入り口には門の礎石と伝わる石があり、そこを過ぎると右手に石垣がある。この城の石垣は野《の》面積《づらづみ》であり、角は算木積《さんぎづみ》を採用していることに加え、天端と角が崩されていることが特徴である。これは城が破却されたことを示す痕跡で、最小限の労力で一部を壊すことで石垣の機能、具体的には天端まで建物を建てることを不可能にするだけではなく、壊した痕跡を残すことによって、この城は落とされているということを示す意図があった。

●—金山城主郭

　現在のルートは城跡の南側から登っているが、本来は町から登城路が設定されていたと思われ、城の虎口《こぐち》も城の北側にあったと考えられる。その虎口が三の丸にある「水の手」と伝わっている場所で、そこから少し下ったところに水汲み場があったという。現在は山が荒れてその痕跡を確認することはできないが、本来は虎口であったと伝わる。三の丸から見て右側に石垣が設けられていたと思われるが、見どころは左側にある垂直に削られた岩盤で、当時の土木工事技術を知ることができる貴重な遺構である。

　二の丸、南腰《みなみこし》曲輪へ進む坂を上ると桝形《ますがた》虎口に到着する。門の礎石と考えられるものがあり、積み直しの痕跡は見られるが、桝形に囲われた虎口空間は特徴的な場所である。

　東腰曲輪へ進むと建物の礎石が残っており、本丸側を見上げると自然岩盤の両側に石垣がある。天端と角の石は崩されているが、本丸の高さを目安に石垣の元の高さを想像することができる。

　その石垣の下には巨石で方形に区画した場所がある。地元では井戸跡と伝わっているが、詳細な調査を行っていないため不明である。過去の調査では、巨石で区画された内側から、石垣が崩された際の石や建物の屋根に用いられた瓦などが見つかっている。

　東腰曲輪から本丸の虎口へ入ると、正面に石垣が残っており、その石垣に沿って礎石が残っている。そこに柱が立っていたと考えられるが、上の面から出た建物を支えるための柱であったと想定されるが、その全容は明らかとなっていない。

本丸に立つと礎石がたくさん確認できる。これは平成十八年度に行われた発掘調査により確認されたもので、一時期に四棟ほどの建物があったことが想定されている。それぞれに規模が異なり、御殿や櫓《やぐら》が存在したと考えられている。平成二十九年度には未調査であった本丸北東部の烏龍神社跡地の発掘調査を実施した。結果、内側に面をそろえた、二段ほどの石が積まれた石垣を確認できた。このことから、この場所に半地下式の建物が存在した可能性がでてきた。遺構が確認された。

地元では天守が存在した場所と伝えられているが、礎石などが確認されておらず、どのような建物があったのか詳細は不明である。今後の調査に期待したい。

【美濃金山城跡の特質】 美濃金山城は、慶長五年（一六〇〇）の関ヶ原の戦い後に廃城となるが、それ以降は遺構が良好な状態で保存された。平成十八年度以降に行われている可児市教育委員会の発掘調査によって以下のようなことが明らかとなった。

多くの曲輪が、急峻な崖のある北側をのぞく各方向に設けられており、そのほとんどの曲輪で建物礎石が確認された。なかでも主郭には多くの礎石が確認され、櫓や御殿をうかがわせる複数の建物が存在したことが判明し、建て替えの可能性も考えられる状況が確認された。

そして主郭の全方向と各曲輪の一部に石垣が設けられていることも確認された。動線上および周辺からの視覚を考慮した石垣の配置が行われていることも特質の一つである。

また、主郭と虎口周辺から瓦が出土し、一部の建物の屋根には瓦葺きが採用されていたことが判明した。

これらのことから、美濃金山城は礎石建物と瓦、石垣が関連性を持って城を構成している、いわゆる織豊系城郭として位置付けられる。そのほかの特徴としては、遺構の保全状態が良好であり、破城の痕跡や壁として利用するために自然岩盤を削った痕跡が残されている。

これらの遺構は、訪れる人に見える状態を維持している。これは地元住民による継続的な整備活動のおかげである。現在はその住民によって設置された解説板もある。行政による整備事業は今後も注目されるが、官民一体となった城跡の保護活動にも注目していきたい城跡である。

【参考文献】 可児市教育委員会『金山城跡発掘調査報告書』（二〇一三）

（長沼　毅）

●斎藤持是院家の拠点に構えられた方二町の方形館

顔《ごう》戸《ど》城《じょう》

〈所在地〉御嵩町顔戸
〈比　高〉中山道から九メートル
〈分　類〉平城
〈年　代〉築城は一五世紀後半
〈城　主〉斎藤妙椿・妙純
〈交通アクセス〉名鉄広見線「顔戸駅」下車、徒歩一〇分。

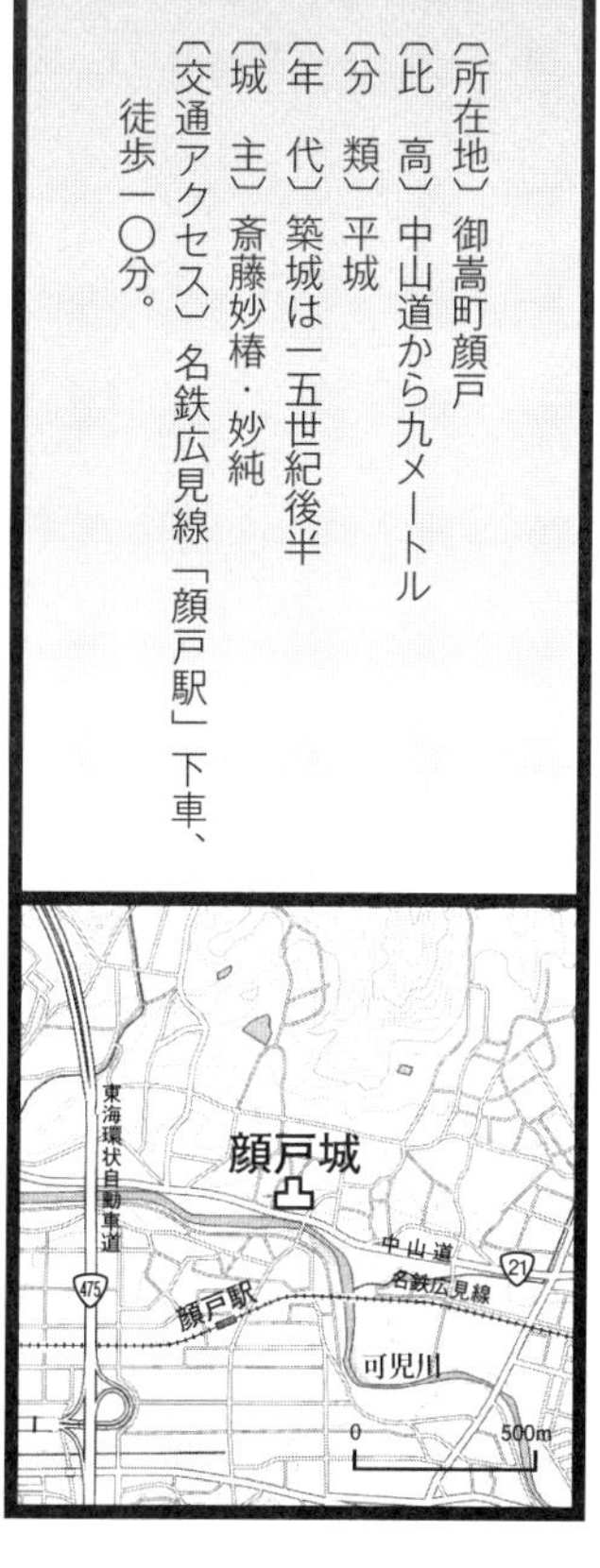

【石清水八幡宮領明知荘】石清水八幡宮領可児《かに》郡明知荘《あけちのしょう》は、近世に明知八郷と呼ばれた村々がその荘域で、瀬田の丘陵を底辺とする直角三角形のような形をしている。中央を可児川が東西に流れ、主要な集落は南の瀬田の丘陵の麓に展開していた。柿田《かきだ》遺跡（東海環状自動車道可児御嵩インターチェンジ周辺）では大規模な発掘調査が行われており、屋敷地や水田跡、水制遺構（堰や護岸施設）などが検出されている。

荘域の北端、荘園を一望にする尾根に顔戸八幡神社がある。顔戸城はその前面の河岸段丘崖上にあり、直下には中山道が通っている。延享二年（一七四五）六月顔戸村寺社等届（『御嵩町史史料編』）には「構屋敷是ハ先年一張泰念（妙椿《みょうちん》）と申武士屋敷跡と申伝候《もうしつたえそうろう》」と斎藤妙椿の屋敷跡と伝承されている。

【斎藤妙椿・妙純父子の本拠地】妙椿は、美濃守護代斎藤利永《としなが》の弟で応永十八年（一四一一）生まれ、幼少のときに善恵寺（加茂郡八百津町）へ入寺した。法名は一超大年、持是院妙椿と号した。

美濃守護土岐家の家宰《かさい》として絶大な権力を振るい、美濃だけでなく周辺の諸国にも大きな影響力を有していた人物である。守護土岐成頼《ときしげより》が西軍として参戦した応仁の乱では「東西運不ハ可依持是院進退云々」（『大乗院寺社雑事記』文明六年四月十九日条）といわれ、その終息に際しては、幕府に帰参しないまま足利義視《よしみ》父子を美濃に迎え扶持《ふち》した。翌年七月に義視と成頼は将軍義政と和睦したが、妙椿は、幕命に背いて隣

●―上空から見た顔戸城（御嵩町教育委員会提供）

国の織田敏定《としさだ》を攻めるなど、幕府と対立を続けた。

妙椿が斎藤家の実権を握ったのは、兄利永が寛正元年（一四六〇）に亡くなり若年の甥利藤《としふじ》を後見するようになってからと言われているが、前年三月九日付の顔戸八幡宮棟札には「地頭御代官妙椿上人」とあり、利永存命中から斎藤家の家政に関わり、可児郡明知荘を所領としていたと推定される。文明十一年（一四七九）二月、妙椿は「アケチ」（『大乗院寺社雑事記』）に隠居し、翌年二月に腫物《はれもの》を患い示寂《じじゃく》し、養子利国《としくに》がその地位を継承した。

幕府はこの機に、扶持していた守護代斎藤利藤を美濃に入部させ利国を攻撃した（文明美濃の乱）。この合戦に勝利した利国は、ただちに出家して持是院妙純《みょうじゅん》を称し、土岐家家宰として妙椿以上の権勢を振るうようになる。

その後も幕府との関係は改善せず、長享元年（一四八七）九月に始まった将軍足利義尚《よしひさ》の近江親征では美濃も越前とともに攻撃目標とされた。この事態に、成頼と妙純は守護所革手（岐阜市）を引き払い可児郡に退いた。

興福寺大乗院の尋尊《じんそん》は、妙純の使者から革手近郊の鏈屋（岐阜市）に住む妹是心院了高の消息を聞き「持是院陣所ハこひ（美濃加茂市古井）、川手より八里東也、是心院殿御在所ハかう堂（顔戸）、八里計、こひとの間ハ三里計、土岐殿陣ハほうみ（可児市広見か）、木曽川をへたつ」（『大乗院寺社雑事記』長享元年十一月二十四日条）と記している。革手からの退去先が顔戸であり、成頼と妙純はその前衛となる木曽川渡河点の両岸に陣を敷いて幕府軍を迎え撃つ態勢を整えていたことが判明する。

革手には足利義視父子とその近習や複数の公家が居住していた。彼らが守護勢が退去した後の革手に留まったとは考えにくく、了高と同様に顔戸に移ったとみられる。

このように考えられるなら、顔戸の巨大な方形館は、妙椿の隠居所を母体として、義視父子の御座所あるいは守護成頼の居館とするため、それにふさわしい規模に整備されたものである可能性が高い。

●—顔戸城全景（南から）

●—南東コーナーの横堀（御嵩町教育委員会提供）

長享二年以降の顔戸城の状況は不明である。天文年間の可児郡には、烏峰城（可児市金山城）に斎藤大納言妙春がいた。その官途や法名から持是院家の家督と推察される。それまでの顔戸城から山城の烏峰城へ本拠を移したものと推察され、この時点で顔戸城は歴史的役割を終えたといえよう。

【革手と類似する空間構造】　顔戸城は、可児川の形成した比高九《メートル》の河岸段丘上に立地する方形館である。現状は、堀と土塁《どるい》部分は竹藪となり、内部は民家や畑地となっている。小字名「構《かまえ》」の範囲は城域と一致する。

形状は地形に制約されて台形状を呈

し、東辺一一〇メートル、西辺一八〇メートル、南辺二一〇メートル、北辺一五〇メートルを測る。南辺は段丘崖を利用し、他の三辺は幅約一〇メートル、深さ約二・五メートル、底の幅約三・五メートルの箱堀で囲む。このうち、東辺の堀は南端で南辺の斜面に回り込み、四〇メートルほど西に延びて落ちている。堀の内側には幅約八メートル、高さ約四メートルの土塁がめぐるが、北辺の一部、南辺中程から西辺の南三分の一ほどは削平されて遺存していない。虎口《こぐち》は土橋《どばし》のある北辺中央と南辺中央の二ヵ所が想定できる。

館の内部には、南北の虎口を結ぶ道によって画された南北六〇メートル、東西四五メートルの方形区画があり、これは明治二十一年の地籍図によっても確認できる。方形区画の北には道沿いに南北に土塁が遺存している。

館の周囲の景観復元については、小野木学による地籍図の分析があり、西側に一辺約一〇〇メートルの方形区画一ヵ所、東側に一辺約五〇メートル方形区画三ヵ所を検出した。また、北の字「花塚」に墓域を想定している。

館の北東一五〇メートルには顔戸八幡神社があるが、この周辺にも方形区画が認められる。字《あざ》「菩提樹」「大門東」「神宮前」などの地名があり、別当寺である蓮華院（恵観寺）を含む広い境内地が想定される。神社正面から南に参道が延びるが、前述の東側の方形区画はこの参道沿いにある。顔戸城とその周辺の区画は、先行する八幡神社に接するとともに、その地割の規制を受けながら立地しており、守護所革手と類似する空間構造が想定される。

【巨大な方形館が完存する希有な事例】 室町時代の武家は家格に応じて大小の方形館を構えたが、その規模は奉公衆や守護代クラスで方一町（約一〇〇メートル）である。顔戸城のような方二町級の館の当主は守護クラスに限られ、その分布は必然的に守護所やこれに準じる場に限られる。そしてこうした場の多くは現代でも地域の中核的な都市となって市街化が進んでおり、往時をうかがうことは難しい。

東海地方で、このような平地の巨大方形館が地表面観察ができる状態でほぼ完存している例はほかにない。往時を体感することのできるきわめて重要かつ稀有な遺跡であり、保存活用を強く望みたい。

【参考文献】 小野木学「美濃の中世集落再考」『第一二回東海考古学フォーラム岐阜大会「守護所・戦国城下町を考える」第一分冊シンポジウム資料集』（守護所シンポジウム@岐阜研究会、二〇〇四）、小野木学「中世の景観復元」（『柿田遺跡』岐阜県教育文化財団文化財保護センター、二〇〇五）、三宅唯美「戦国期美濃国の守護権力と守護所の変遷」『守護所と戦国城下町』（高志書院、二〇〇六）

（三宅唯美）

●森長可との戦に敗れた中世城館

上《かみ》恵《え》土《ど》城《じょう》

〔所在地〕御嵩町上恵土
〔比　高〕一メートル程度
〔分　類〕城館
〔年　代〕一六世紀前半～天正一〇年（一五八二）
〔城　主〕長谷川五郎右衛門
〔交通アクセス〕名鉄広見線「明智駅」下車、徒歩二〇分。

【荘戸城】　上恵土城の所在する地は、中世の荘園「荘戸《えど》荘」に上恵土城は所在している。応仁二年（一四六八）荘戸上郷より美濃国守護所である革手城の堀を掘削する使役に人夫を徴用した記録が残っている。

八《や》百《お》津《つ》町にある大仙寺の東陽英朝の語録をおさめた「少《しょう》林《りん》無《む》孔笛《くてき》」には、明応から文亀年間（一五世紀末ごろ）に可児郡「荘戸城」にて奮戦し戦死した僧である極玄周玄の葬儀にて東陽英朝が導師をつとめたと、その時の追悼文（下火）が記録されている。一六世紀中頃からは「上恵土城」と呼ばれ、天正十年（一五八二）頃の城主は長谷川五郎右衛門であった。

【金山城との攻防戦】　天正十年（一五八二）六月に本能寺の変が起こる。信濃攻略を任されていた金山城（可児市）の森長可《ながよし》は、急遽美濃へ帰国して城の守りを固めた。かねてから森氏に不満を抱いていた大森城（可児市）の奥村又八郎は、上恵土城の長谷川五郎右衛門と手を組んで金山城を攻めるよう謀った。両軍勢が幟《はた》をかざして馬具を集めているとの情報を聞きつけた森長可は、先手攻撃を仕掛ける。森の軍勢は大森城を攻略し、上恵土城へ押し寄せる。長谷川氏は門を固めて高所へ登り、押し寄せる森氏の軍勢に弓矢で応戦した。しかし押し寄せる大勢に堪えきれず、城主である長谷川五郎右衛門は自害、味方が館に火をつけて上恵土城は落城した。わずか二日間の攻防戦であった（『金山記』）。

【城館推定地と現地に残った土塁】　上恵土城は木曽川と飛騨

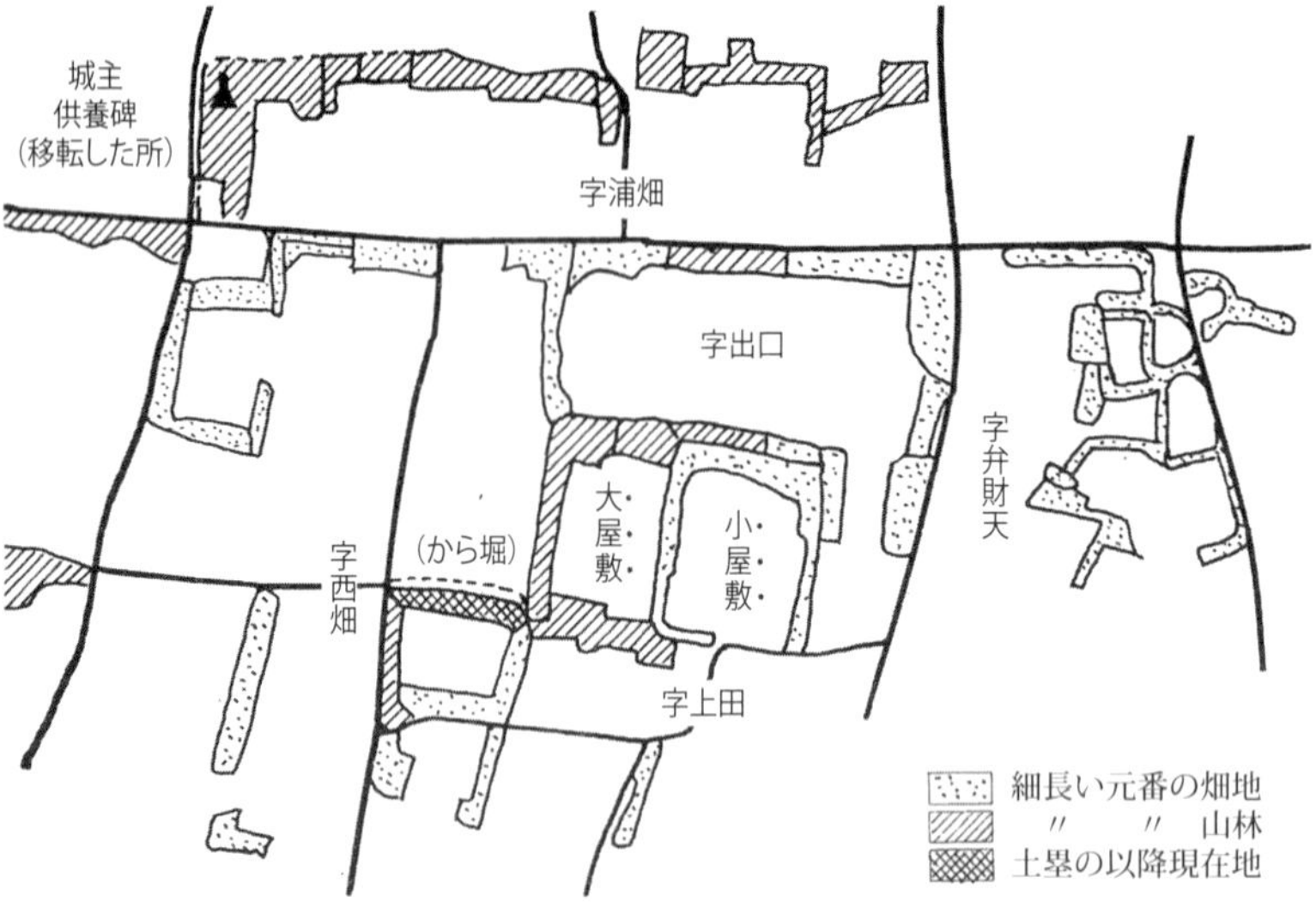

●—上恵土城の遺構（『御嵩町史』）

●—発掘調査風景（東から）（「上恵土城・浦畑遺跡」より）

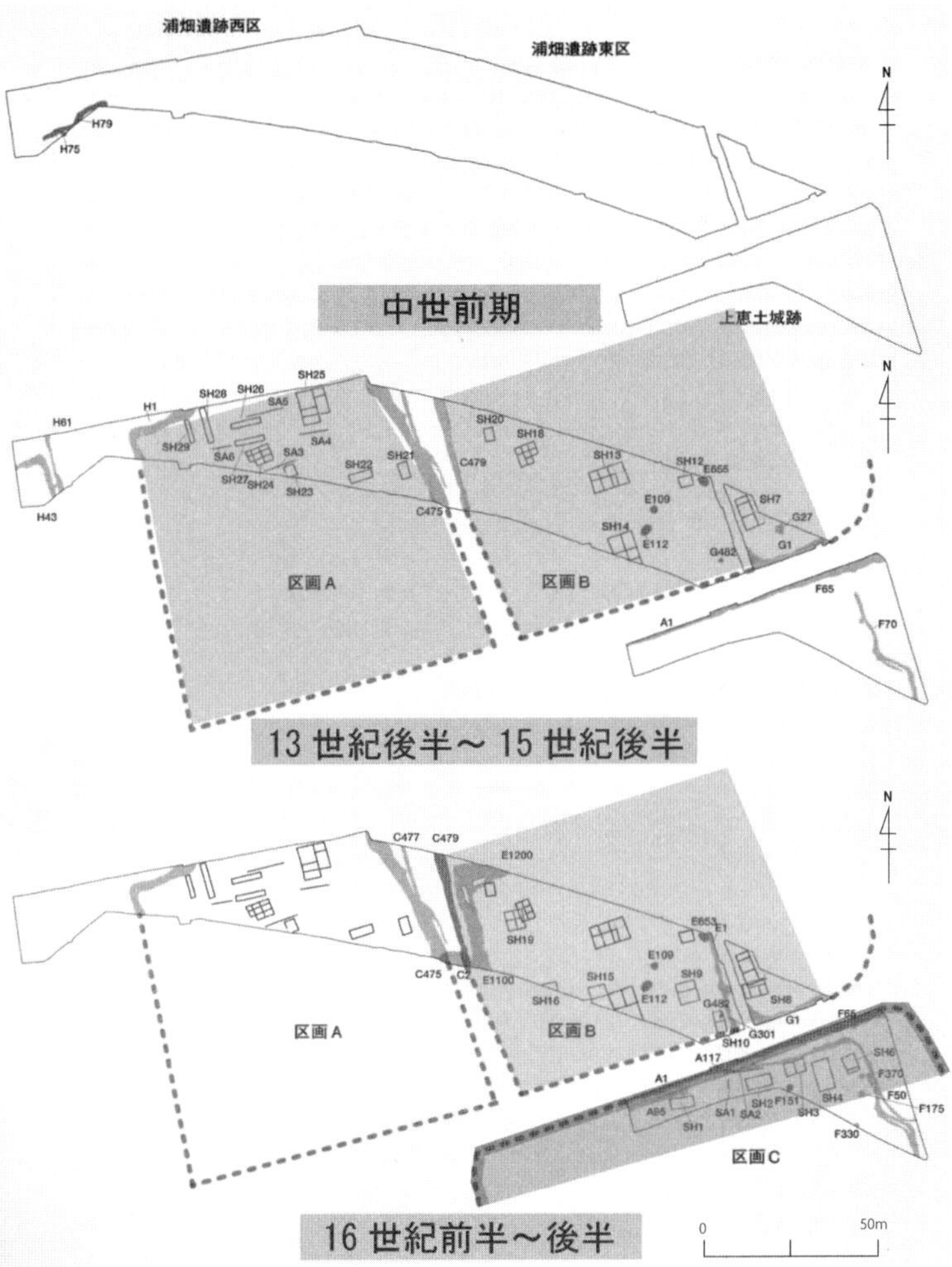

●—上恵土城・浦畑遺跡の遺構変遷（「上恵土城・浦畑遺跡」を一部改変）

川の合流点から南東二キロの河岸段丘上に位置する。北を木曽川に、南を可児川が流れ、城館の北には近世中山道が横切っている。『伏見町誌』によれば、上恵土城とされる場所は俗称「大屋敷」、隣接する場所が「小屋敷」と呼ばれており、土塁と堀が残存していた。地籍図においても細長い地割に囲まれた明瞭な方形の区割が複数認められている。北側の字「出口」や字「浦畑」においても同様であり、いくつかの土塁や堀に画された方形区画から構成される平地の城館と推定されている。城館の北側には浦畑地区については浦畑《うらはた》屋敷城館呼称地とされ、上恵土城にともなう中世集落の区画溝などの遺構と推定されていた。

【発掘調査による成果】　平成十三年度から十五年度にかけて御嵩町教育委員会及び岐阜県文化財保護センターによって発掘調査が実施され、城館が機能していた一五世紀末から一六世紀にかけての掘建柱建物跡や溝、井戸などが検出された。発掘調査が実施されたのは字「浦畑」から字「出口」北東隅の辺りである。字「出口」部分の調査地では、土塁《どるい》の基底部を検出し、それが東西の細長い地割りと一致した。このことから、上恵土城が土塁に囲まれた一辺一〇〇メートル四方の城館であり、「大屋敷」「小屋敷」が城館中心部と推定できることが判明した。

【屋敷地の変遷と城館の成立】 次に発掘調査によって想定される屋敷地と城館の変遷をみていこう。屋敷地の初源は一一世紀後半から一三世紀頃のようである。そして一五世紀後半頃にかけては複数の建物が並び建ち、それらが溝で区画され始める。約八〇メートル四方の大きな区割りが東西に二つ認められる。区画溝で囲まれた東西の大きな区割りは、一六世紀前半に東側の区割りへと集約され、東側の区画が若干拡張されるとともに上恵土城が築城されたようである。上恵土城の築城と周辺の集落の動向がリンクしていると想定され、非常に興味深い。青磁などの中国陶器やかわらけ、古銭、鉄砲玉などが出土している。また、戦国期の道路跡と考えられる溝で挟まれた堅く締まった面が、後に中山道となる道の方へ南北に延びていることが分かった。これは幹線街道から城館へ引き入れる道の存在が想定される。

美濃においては一五世紀に入ると集落遺跡の数が増加するとともに、溝で区画された集落が各地に出現する。この現象は、この時期に集村化が進んだことを物語っており、こうした集落動向の中から一六世紀に入って地域の拠点となる城館や町場が誕生すると考えられる。上恵土城もこのような中世集落の動向と深く関わりながら地域の拠点、そして武家政権の拠点として成立していった可能性が高い。上恵土城跡の発掘調査成果から分かる屋敷地の変遷は、まさに美濃における中世集落の動向と城館の形成を考えるうえで非常に重要な事例である。

【近世の上恵土】 金山城との攻防戦に敗れ廃城となったことが記録ではわかるが、城館周辺には一七世紀以降も建物跡が発見されており、集落は存続した。一七世紀末には区画溝をともなった集落が認められ、現在の集落の原型となっていくようである。発掘調査では「長谷川氏」と墨書された近世の陶器が出土している。城主の末裔や親近者が落城後もこの地に住んでいたのだろうか。今は土塁の一部と、長谷川五郎左衛門の供養塔がひっそりと往事を伝えるのみである。

【参考文献】 御嵩町『御嵩町史 通史編上』(一九九二)、伏見町誌編纂委員会『伏見町誌』(一九五六)、㈶岐阜県文化財保護センター『上恵土城跡・浦畑遺跡』(二〇〇六)

(島田崇正)

●稲葉氏五代による織豊期の平城

和《わ》知《ち》城《じょう》

〔八百津町指定史跡〕

〔所在地〕八百津町野上
〔比　高〕約五メートル
〔分　類〕平城
〔年　代〕天正十八年（一五九〇）～延宝四年（一六七六）
〔城　主〕稲葉方通・知通・正通・良通・屋通
〔交通アクセス〕JR太多線「可児駅」または「美濃太田駅」から東濃鉄道バス八百津線で「和知」下車、徒歩五分。駐車場有

【稲葉氏の転封】　和知城は、天正十八年（一五九〇）に西保城（安八郡神戸町）から稲葉方通《まさみち》が転封され、築城された。稲葉方通は稲葉一鉄の四男として生まれ、はじめ織田信長に仕えた。慶長五年（一六〇〇）関ヶ原の合戦では東軍に属し、現在の和知・野上・上牧野・細目・久田美など現在の八百津町を中心に四四三〇石を安堵された。

【稲葉氏五代城主】　元和三年（一六一七）以後は尾張徳川藩主義直《よしなお》付けとなり、方通の死後は知通・正通・良通と続いたが、良通の嗣子のないまま他界し、知通の外孫である屋通が跡を継いだが、延宝四年（一六七六）に屋通が若くして亡くなると、ついに稲葉氏に嗣子《しし》なく五代に渡り続いた和知城の領地は尾張藩に没収され、城は廃城となった。

八百津《やおつ》町に残る稲葉方通に関連する事績としては、毎年四月に行われている岐阜県重要無形文化財の「久田見《くたみ》祭り」がある。天正十八年に稲葉方通がこの地を領有した時にはじまったと伝わっている。また城跡が所在する野上にある正伝寺は、暦応二年（一三三九）夢窓疎石《むそうそせき》の開基した米山寺を、稲葉方通が父稲葉一鉄《いってつ》の一三年忌に現地に移転し、正伝寺と改めたとされている。町内には稲葉家の家紋「隅切《すみき》り三《さん》」を瓦につけた寺院が多くある。また、方通が正伝寺と大仙寺にお灯明の油を取るために椿を植えたとの言い伝えがあり、正伝寺の参道両側には今も古木が残り、椿大門と呼ばれている。

【木曽川との関係】　和知城は加茂郡八百津町野上の木曽川右岸の段丘、飛騨川との合流点から約七キロ上流に立地している

平城である。森氏の居城である金山城が和知城の対岸のわずか二キロほど下流にある。木曽川が大きく蛇行する部分で川に面している点が立地上の特徴であり、立地から木曽川の河川流通を意識していることは推測できる。城下に川湊をもつ森

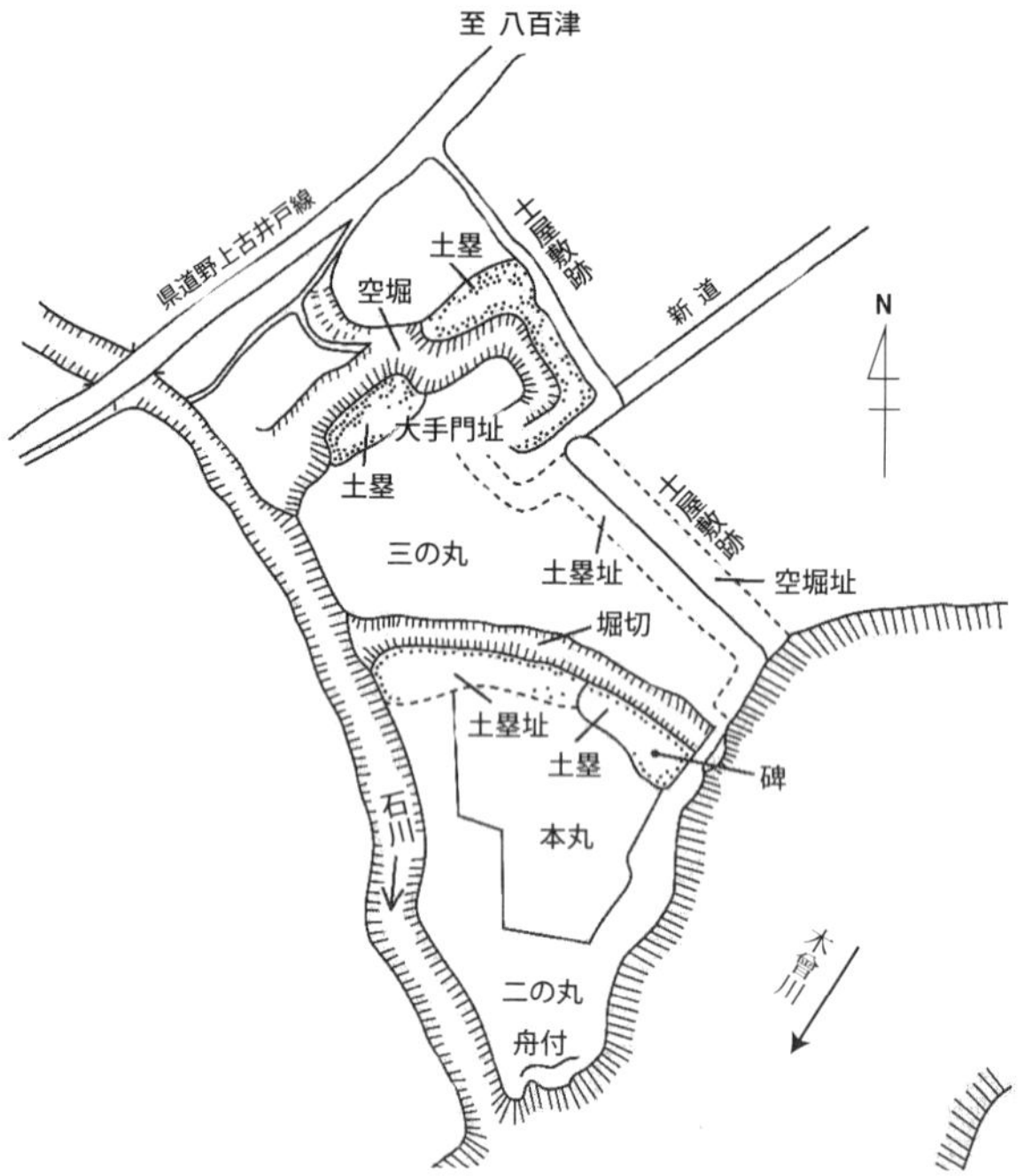

●―周辺図（現地に設置されている看板より）

氏の金山城の衰退時期と和知城の築城時期はほぼ重なる。下流の金山城との関係が城の成立と無関係ではないと思われる。野上の丘陵地から流れ出た石川は山間の耕地を潤しながら木曽川と合流するが、この合流点が半島形に突き出ている。この部分の地形を利用して城が築かれているようだ。城の南側は木曽川が削った二〇メートル以上の断崖となり、西側は深い渓流に挟まれた要害である。

【発掘調査の成果】 現在は、城の俗称である稲葉城であることから「稲葉城公園」として整備されて、展望台や遊具などが置かれ憩いの場として利用されている。主郭の広さは東西約六〇メートル、南北約八〇メートルの規模で、平成二年に主郭の一部で実施された発掘調査では掘立柱《ほったてばしら》建物、礎石建物、溝、柵列、井戸などが検出されている。礎石建物、長屋状の建物跡が検出されている。現在、井戸が復元されて見学することができる。

【主郭を区画する空堀と土塁】 主郭の北側には、幅約一〇メートル、深さ約七メートルの空堀《からぼり》が掘られており、その南側（主郭側）に幅約一〇メートル、高さ一・五メートルの土塁《どるい》が築かれている。この城

跡の一番のみどころである。空堀には橋が架けられているが、往事も同じように木橋が架けられていたのだろう。土塁には現在は四角く整形された石垣が二〜三段積み上げられており、その様子が復元されている。

【厩屋伝承地と北側土塁】　空堀の北側にも土塁や堀で区画された平場があり、現在は三〇台ほど駐車できる広い駐車場やトイレが設けられている。この駐車場部分は厩屋《うまや》、その周辺が土屋敷という伝承もあるようだ。さて、平場の北側が大手門と伝わっているようであり、現在は集会場とゲートボール広場になっている。この集会場の裏手に城域の北を区画した土塁の一部が残存している。見落とされないように注意されたい。この土塁の北側にも深い空堀が掘られている。この空堀の対岸あたりは「牢屋敷」と伝承されている。

【参考文献】高田徹「和知城跡」岐阜県教育委員会『岐阜県中世城館跡総合調査報告書』第三集（二〇〇四）

（島田崇正）

●—土塁

●—堀

●国境警固の城

猿《さる》啄《ばみ》城《じょう》

〔坂祝町指定史跡〕

〔所在地〕坂祝町勝山
〔比　高〕約二〇〇メートル
〔分　類〕山城
〔年　代〕一五世紀〜一六世紀前半
〔城　主〕西村氏、田原氏、多治見修理
〔交通アクセス〕ＪＲ高山本線「坂祝駅」下車、徒歩三〇分。

【二度の謀反と城主交替】　猿啄城の起源については、関市の「龍泰寺《りゅうたいじ》文書（住職肝銘記無極由緒之事）」に応永十四年（一四〇七）に西村豊前守善政という人物が「猿喰城」の城主であったとある。猿啄は古くは猿喰の表記であったのかもしれない。嘉吉元年（一四四一）正月、城主の西村豊前守善政が木曽川対岸の栗栖《くりす》（犬山市）に建立した大泉寺での催事の最中、その留守を突いて田原左衛門頼吉が猿喰城を攻め、滅ぼしたとされる。西村豊前守善政は自害、その首は龍泰寺門前に葬られ、首塚と伝わる碑が今も残る。それから約一〇〇年が過ぎ、天文十六年（一五四七）に田原氏も同じように大泉寺での催事中、多治見修理によって城を奪われ追放されたとされる。

【国境警固の城】　永禄八年（一五六五）織田信長の美濃攻略において猿啄城が登場する。『信長公記』首巻によれば木曽川を越えて美濃国へ侵攻した信長は、鵜沼（各務原《かかみがはら》市）にある「伊木山」に陣を置き、同じく鵜沼《うぬま》にある宇留摩城を落とし、その勢いのまま木曽川上流にある猿啄城へと攻め込んだ。ところで、同資料には「美濃国御敵宇留摩の城・猿はみの城とて、押並二ヶ所、犬山の川向いに是あり」（『信長公記』）とある。木曽川は尾張と美濃の国境である。並んで築かれた二つの城は、美濃側にとっては国境を警固するという重い役割が付されていたのではないだろうか。猿啄城の歴史的意義を考える上で見落としてはいけない点である。

【織田信長の猿啄城攻略】　さて次に、『信長公記』から信長による猿啄城攻めの様子を辿ってみよう。まず、猿啄城よりも高所に「大ぼて山」と呼ばれる場所があった。そこへ丹羽長秀が攻め上り兵を配備した。天理大学付属天理図書館所蔵の『信長記一』には、この場所に信長も陣取ったとある。敵方である信長の中枢部隊に、城よりも高所を取られるという状況は、かなり危機的状況であるが、それに加えさらに「水の手」をも奪われたとある。これにより上下から攻められる状況になり、これでは持ちこたえることができないと判断したのか、猿啄方の多治見氏は退散した。「大ぼて山」は現在その地名を伝えていないため詳細を特定できないが、城よりも高所である箇所は、西尾根上にいくつか連なっている。これらのいずれかを指しているのだろう。尾根はさらに西へ延びており、すでに信長の支配圏であった鵜沼（各務原市）からは、この尾根を通って猿啄城へ至ることができる。これがおおよその侵攻経路とみてよいだろう。

　次に城の下方にあった「水の手」の場所であるが、城跡のある丘陵の南西斜面から木曽川へ取り付く周辺までを含んだ

●―古城山（猿啄城遠景）

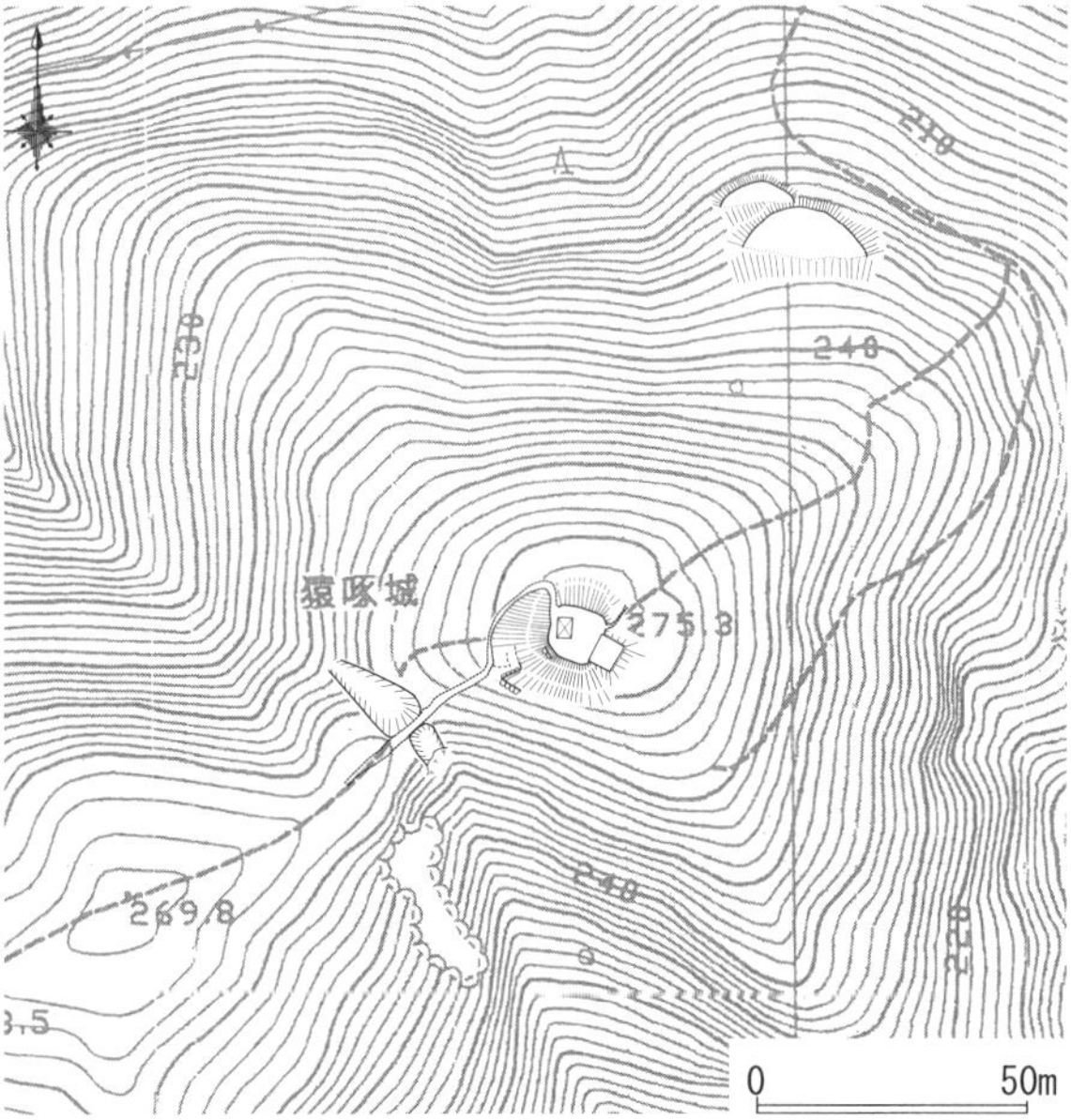

●―猿啄城概要図（内堀信雄・島田崇正・森島一貴実測）

場所に水ノ手という字名《あざ》が今も残っている。水の手とは「木曽川側」を指すと考えるのが妥当であろう。信長方はどこかで軍勢を二分し、一方を城より高い西の山側から、もう一方を南西眼下の川側から攻め立てて猿啄城を圧迫したのだろう。敵地であるにも関わらず、地形を十分に把握しそれを活かした入念な戦略を用意した点に驚きを覚えるとともに、この地を切り取ることへの信長の並々ならぬ意気込みが読み取れる。

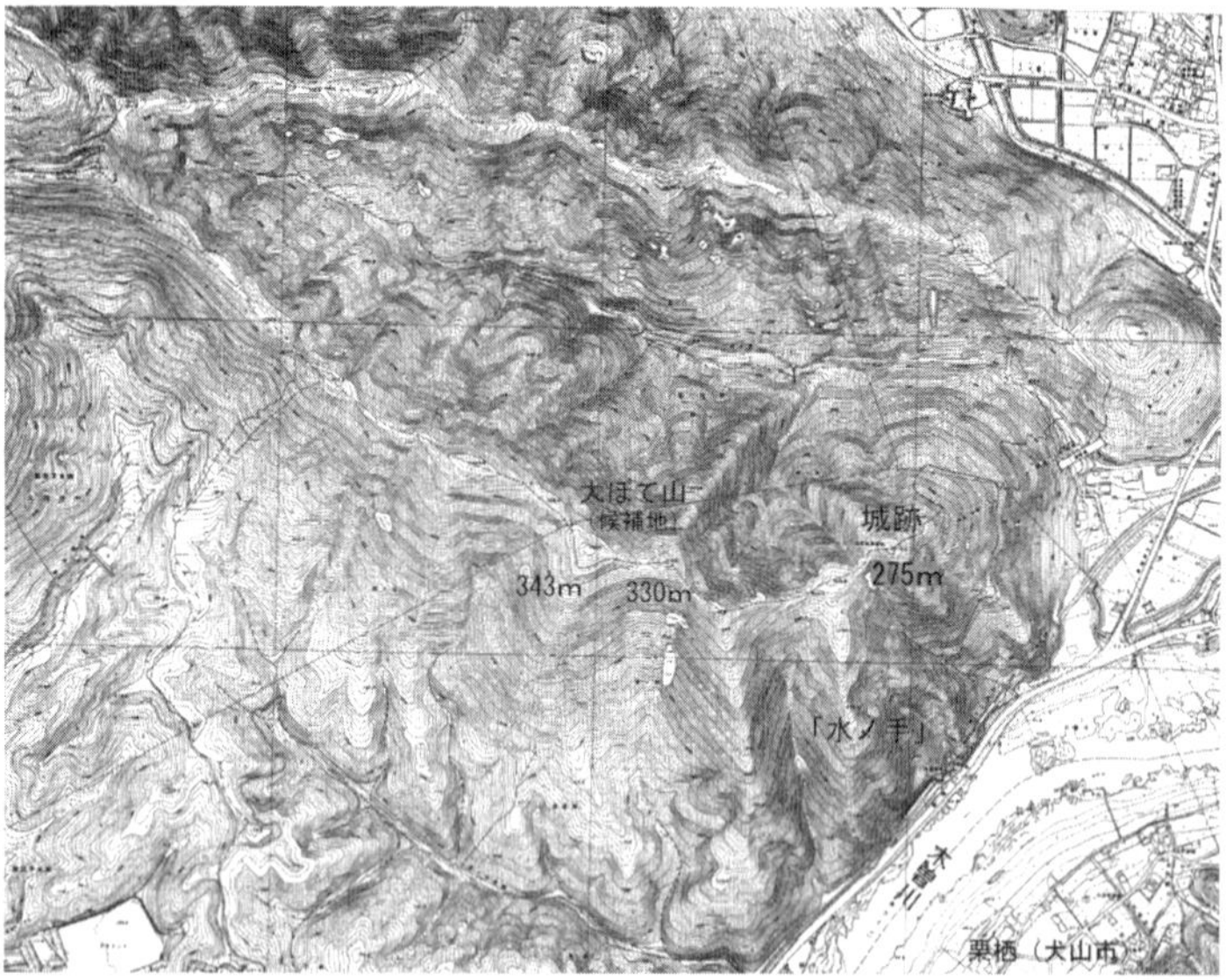

●―水の手・大ぼて山の推定位置

●―美濃加茂市・可児市をのぞむ

【合戦のその後】 信長方についた加治田城（富加町）を包囲するため美濃斎藤方によって築かれた「堂洞」取手に岸勘解由《かげゆ》とともに「多治見一党」が配備された。猿啄城の多治見氏の一部あるいは残党が合流したのだろう。そして永禄八年（一五六五）九月の信長による堂洞攻めに至り落城する堂洞城とともに命運をともにしたのだろう。多治見氏は歴史の表舞台から消える。猿啄城の落城後、信長はこの地を「勝山」と改め、家臣の河尻秀隆を城主とした

（『南北山城軍記』）。坂祝町酒倉には河尻秀隆創建と伝わる長蔵寺が佇む。その後、天正三年（一五七五）に秀隆は岩村城主となるが、この頃に猿啄城は廃城になったと推測される。

【城の立地と遺構】　猿啄城は、「城山」と呼ばれる急峻な山上に立地し、直下を木曽川が東から西へ、川沿いに近世中山道が、現在は国道二一号が走っている。木曽川を少し下ると近代まで利用された栗栖の渡しがあり、愛知県の犬山市と美濃加茂方面とを結ぶ交通路となり、城山の東側で加茂野台地や富加、さらにその奥美濃山間地へつながる道が分岐している。現在は山頂の主郭に櫓《やぐら》風の展望台が建っており健康作りと憩いの場となっている。主郭の南西法面の上部と下部に小型のチャートを利用した石垣が築かれている。山頂からは木曽川の流れや、南西は犬山や各務原方面、そして小牧山まで見渡すことができる。主郭からやや北側に下ると広い曲輪が、主郭から南西へと進むと幅約八《メートル》の堀切《ほりきり》がある。城郭遺構は小規模であるが、石垣部分については、稜線上の導線から直接上がることを妨げて折れ曲がらせるような構造となっており、虎口の可能性も考えられる。今後は、この部分の構造の解明が城跡の評価に関する課題となるだろう。

　さらに山麓東側には南を木曽川に東を迫間川に囲まれた字「内町」があり城主屋敷があったと伝わっている。地籍図による地割り調査から、城主居館と家臣団屋敷が存在した可能性が指摘されているが、今後はどの段階の館群と想定できるかの検討が課題である。

【河川交通の要衝としての猿啄】　さて、城下の「水の手」について少し踏み込んで考えてみると、岐阜城などの事例から川湊あるいは渡河点などを指す場合が考えられる。字水ノ手の木曽川付近には、近代の船着き場があり岡田式渡船で対岸の栗栖と結ばれていた。近世にはやや上流に「勝山湊」があり中山道が隣接することもあって物資集積の拠点として機能している。今後の資料の増加や検討を待ちたいが、戦国期にも近世勝山湊の原型のような川湊が存在した可能性を想定できるかもしれない。山上の城と山麓の居館及び集落、そして川湊などの経済拠点掌握と国境警固などさまざまな歴史的意義を猿啄城に見いだすことができるかもしれない。

【参考文献】山内正明「猿啄城の歴史と織田信長の東美濃攻略での攻防」『夕雲の城外伝　猿啄の春』資料編（美濃加茂市・富加町・坂祝町　二〇一八）、高田徹「猿啄城跡・猿啄城居館跡」岐阜県教育委員会『岐阜県中世城館跡総合調査報告書』第三集（二〇〇四）、坂祝町教育委員会『猿啄城史』（二〇〇四）

（島田崇正）

●東美濃の拠点山城と城下町

加治田城《かじたじょう》

〈所在地〉富加町加治田
〈比　高〉約一七〇メートル
〈分　類〉山城
〈年　代〉一六世紀前半
〈城　主〉佐藤紀伊守忠能・斎藤新五・斎藤利堯
〈交通アクセス〉長良川鉄道「富加駅」下車、徒歩六〇分。または、東海環状自動車道「富加関IC」から車で五分。

【加治田城、織田信長に内応】　加治田城は、近接する堂洞城とともに織田信長の美濃攻略の足掛かりとなった重要な城であり、その経緯は『信長公記』や近世軍記物『堂洞軍記』『南北山城軍記』などに詳しく記載されている。近世軍記物によれば、信長の動きを警戒した関城の長井隼人、堂洞城の岸勘解由《かげゆ》信周《のぶちか》、加治田城の佐藤紀伊守忠能《ただよし》の三武将は三城の盟約を結んだ。しかしこの時すでに加治田城主の佐藤は密かに信長と通じ、敵対する隣国の侵攻に際しても加勢した。信長の使者として岸勘解由の説得にやって来た金森五郎八（長近）の前で跡取りに手をかける場面や、佐藤家から岸家へ嫁いでいた「娘」の悲しい最期などさまざまな悲劇的逸話が記録されている。この嫁いだ「娘」については、地域の口伝にて「八重緑」という名が伝わっていたのだが、近年発見された『堂洞軍鑑記』（松井屋酒造場資料館所蔵）にその名が記載されていることが判明し、伝承と近世軍記物の記録が一致した。軍記物は三城盟約の経緯や、主君斎藤家への忠義を貫いた岸と、時勢を察し生き抜いた佐藤の対照的な生き様を軸に様々なエピソードを絡めながら鮮やかに描いている。

【『信長公記』に残る加治田城の動き】　一方『信長公記』はやや客観的な状況を伝える。伊木山（各務原市）に陣を置いた信長により、美濃の宇留摩（鵜沼）城と猿啄城が攻め落とされ、これに危機感を覚えた美濃斎藤方である長井隼人が加治田城から二五町（約二・七キロ）隔てた堂洞に「取出」を築き、岸勘解由と多治見一党を配備したとする。堂洞城の築城

●—加治田城下町復元イラスト（作図：香川元太郎）

が加治田方を牽制することを目的としたと伝えており、この点は近世軍記物との間の大きな違いである。加治田城が信長への内応する様子も『信長公記』は伝えており、それによると佐藤紀伊守と嫡男の右近右衛門が「良沢」という家臣を信長に遣わし内応の意を伝えた。その時の信長の喜び様を「御祝着斜めならず」と伝え、兵糧を蓄えておけと黄金五〇枚を遣わしたとある。信長が東美濃地域からの内応者をいかに望んでいたかがうかがえる記述である。そして長井隼人により包囲された加治田勢の救援を名目に、信長勢が永禄八年（一五六五）九月二十八日に堂洞に攻め込んだ。

●—加治田城遠景（南西から）

これが信長の中濃侵攻あるいは東美濃攻略と称される一連の攻防戦の最大決戦となり、それに勝利した信長はその二年後には稲葉山城を落とし美濃を手中に収めた。この攻防戦は、美濃斎藤方であった加治田城が信長に内応することで初めて成立する戦略であり、ある意味で非常に際どい作戦を信長は着実に遂行したといえる。はかどらない美濃攻略を決着させようという信長の意気込みを感じる。そして加治田城が担った歴史的役割の大きさは、合戦後の信長の躍進が物語っているといえる。

近世軍記物によれば翌日に美濃方の急襲が加治田におよび衣丸《きぬまる》（現在の絹丸）にて合戦となり、加治田城主嫡男である佐藤右近右衛門が討ち死にした。その後、永禄十年（一五六七）に信長の馬廻衆であった斎藤新五が佐藤家の養子となる形で城主を継ぎ、佐藤紀伊守は伊深（美濃加茂市伊深町）に隠居したとされる。

【加治田城の遺構】　加治田城跡は古城山と呼ばれる丘陵の頂上部に位置する。現在の公民館東側からまっすぐに登り主郭東側に至る登城道が追手道と想定されるが、傾斜がきつく現在は荒れているためお薦めはできない。城下の街道を東へ進んだ白華山清水寺山門前から登るルートには案内看板や見学道もある。見学道は古城山の北側の谷をまわり込んで城の西の尾根に出る。稜線を東へ進むと堀切《ほりきり》状の鞍部があり、それを越えると城域となる。主郭周辺には腰曲輪や帯曲輪がめぐり南東斜面には人頭大チャート礫を使用した石垣が露呈している。主郭東側には石垣で築かれた技巧的な虎口《こぐち》が認められる。長辺一メートルほどの非常に大きなチャート角礫を横位に使用している。現在は一段のみが露呈している状況であるが、丘陵傾斜と石材の傾きが一致せず、石材は比較的水平を保っており、土砂で一部の石垣が埋没している可能性がある。石垣は複数段積まれていたのだろう。もっとも高い位置にある西端の石材が最上段、東端のものが最下段とすれば三段積みの可能性も想定できる。また、主郭石垣と虎口石垣では使用する石材

●—加治田城虎口石垣（南より）

の大きさ、積み方が異なっており、城郭研究者の高田徹氏が指摘するようにいずれかの段階で虎口部分を改修した可能性が高い。斎藤新五段階あるいは天正十年本能寺変後の森長可《ながよし》による支配段階、このいずれかが有力であろう。虎口を東へ下ると四本の竪堀《たてぼり》とそれを結ぶ帯曲輪などが連続しながら密に分布している。小規模ながら非常にまとまった技巧的な城郭である。

【城下町の構造】 古城山の山下には加治田の町が広がり、山裾を流れる川浦川は、東で丘陵に迫りながら、まるで堀のように町の南辺を区画している。城下を東西に横切る街道は、美濃と飛騨さらにはその先の北陸を結ぶ街道であり、近世には宿場町として発展した。こうした交通の要衝としての機能は記録の上では永禄七年（一五六四）まで遡る（「永禄六年北国下り遺足帳」）。『信長公記』においても「山下の町」と記載されており、山上の詰城《つめじろ》と山下の町場という景観が戦国期加治田の基本景観として復元できる。

さて、『信長公記』には堂洞落城後、信長が佐藤紀伊守と右近右衛門の「両所」へ立ち寄り、右近右衛門の所へ宿泊したとある。このことから城下には城主居館と家臣館が存在した可能性が想定できる。城主の居館伝承地は古城山山裾の字「上之屋敷」にある。追手道入口に位置し、現在の公民館敷地がそれである。さらにここから山沿いに西へ二〇〇㍍ほど離れた場所には加治田城主佐藤紀伊守が建立した菩提寺「龍福寺」がある。当寺の山門南東には「龍澤屋敷」あるいは「良沢屋敷」と呼ばれた「堀」を有する屋敷地があったことが文書資料の分析から明らかになっている。龍澤・良沢は同一人物であり、『信長公記』で信長へ内応の意を伝える使者として登場した有力家臣のことを指すと考えられる。さらに地籍図と近世絵図による検討からも、山際には約一〇〇㍍四方の城主居館と、一〇〇㍍未満の居館の存在が確認されており、この場所からは青磁碗片やかわらけなどが採取されている。こうした分析から、南側の街道沿いには「町場」が、北の山際には東から「城主居館」「家臣館」「菩提寺」が並び立つ政治空間が存在するという戦国期城下町の景観を復元することができる。

【参考文献】小島道裕「中世後期の旅と消費―『永禄六年北国下り遺足帳』の支出と場」（『国立歴史民俗博物館研究報告第一一三集』二〇〇四）、島田崇正「戦国期加治田城下に存在する二つの館」（『美濃の考古学 八号』二〇〇五）、美濃加茂市・富加町・坂祝町『織田信長の東美濃攻略歴史マンガ　夕雲の城』（二〇〇四）

（島田崇正）

●東濃地方唯一の東軍方の城

妻木城《つまぎじょう》・士屋敷《さむらいやしき》

〔県指定史跡〕

〔所在地〕土岐市妻木町
〔比　高〕約一七〇メートル
〔分　類〕山城
〔年　代〕一五世紀中期～後期
〔城　主〕土岐明智氏、妻木氏
〔交通アクセス〕JR中央本線「多治見駅」前から東鉄バス妻木線で「妻木上郷」下車、徒歩一〇分で麓（士屋敷）の看板へ。主要郭部（妻木城）へはさらに徒歩約二〇分。

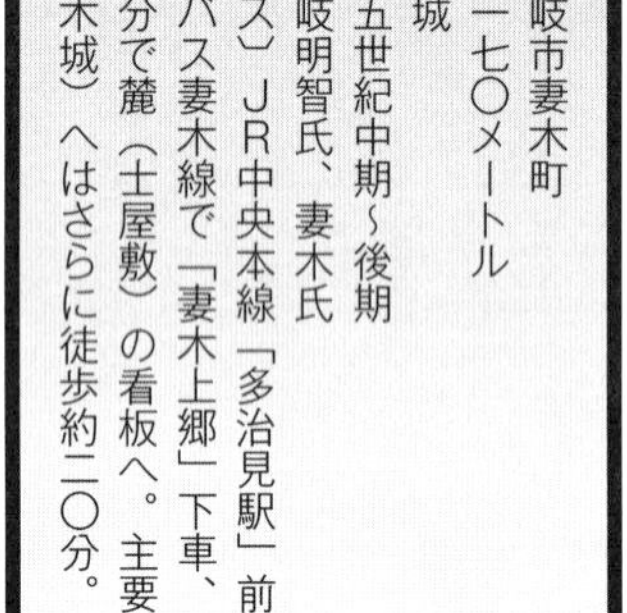

【断層崖にそびえ立つ山城】　妻木城は土岐市南部の妻木町に位置し、通称城山と呼ばれる標高約四〇四メートル、比高差約一七〇メートルの山地に立地している。この山地は笠原断層によってできたもので、これより南は約四〇〇～七〇〇メートルの高さで三河高原に続いている。城の東側は、土岐《とき》川に注ぐ支流である妻木川が南北に流れ、沖積地や河岸段丘を形成している。また城の麓の段丘面および丘陵傾斜地には、城主や家臣の屋敷地が広がっている。

【山上に広がる郭群と山麓の屋敷地】　城跡の縄張は、東西約二三〇メートル、南北約二四〇メートルの広範囲に広がっている。最頂部に位置するⅠ郭とⅡ郭が主郭部で、Ⅰ、Ⅱ郭の北側にはそれぞれ虎口《こぐち》が設けられ、主郭部の南北および西側には各郭が展開している。郭の周囲には堀（堀切《ほりきり》、横堀、竪堀《たてぼり》）が入れられ、これらの堀は主郭部および隣接する郭（Ⅲ～Ⅵ）を連続して取り囲んでいるため、堀の外に位置する郭（Ⅶ～ⅩⅢ郭）とは明瞭な区分がされている。また、堀に付随する形で土塁《どるい》も設けられており、特に井戸跡と呼ばれる地点の南に位置する土塁の規模は高さ約七メートルを測る。いっぽう山麓部の縄張は、近代に描かれた絵図によると山際のもっとも奥まった空間には領主の館跡である「御殿跡」が位置し、それより北側には家臣の屋敷地が広がっている。御殿跡の内部は高さ一～二メートル前後の石垣で区画され、「御座敷《おざしき》」「桝形《ますがた》」と呼ばれる郭が造られている。

【城主の変遷（土岐明智氏から妻木氏へ）】　築城に関する史料

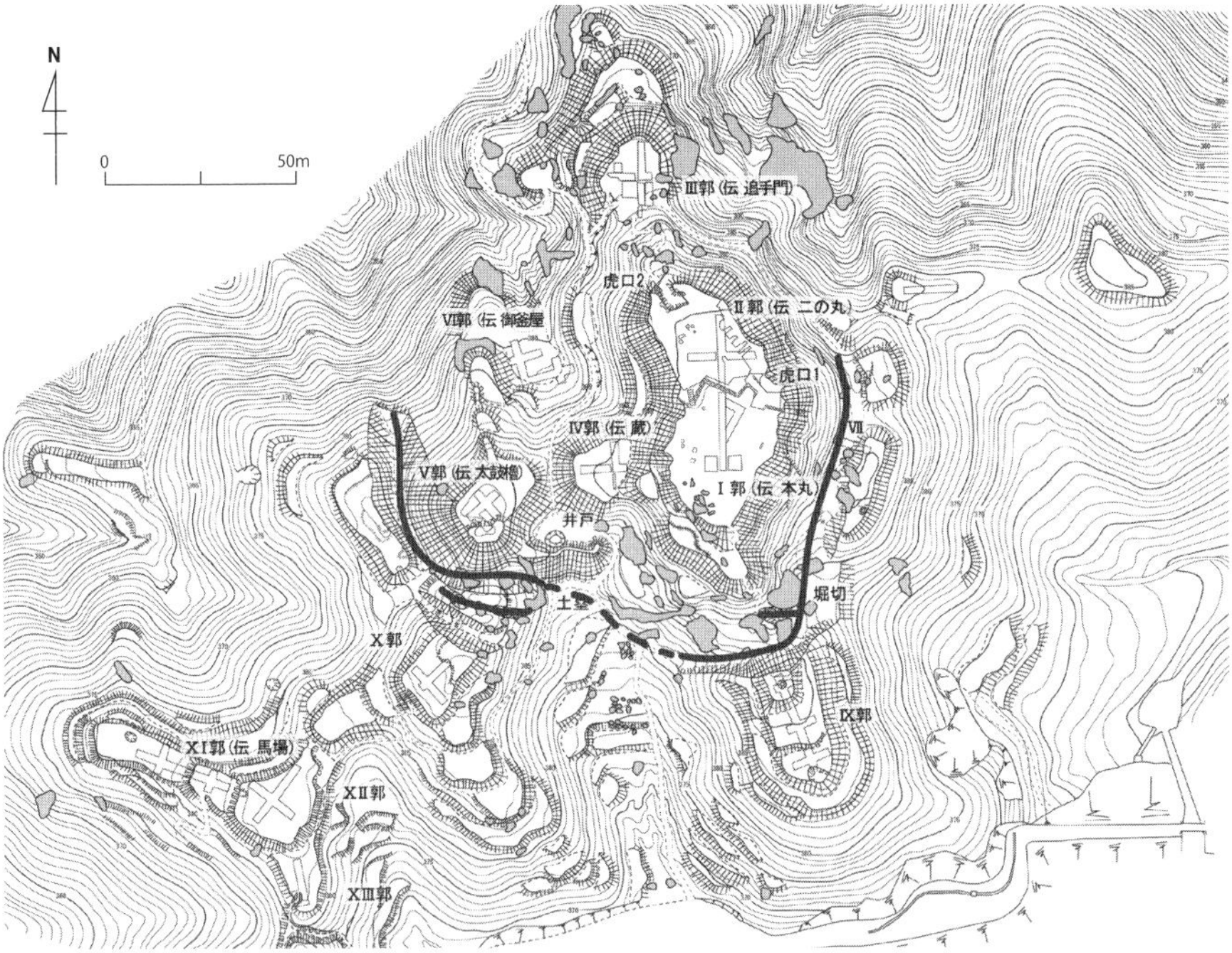

●―妻木城縄張図（土岐市教育委員会作成，参考文献より転載。一部加筆）

がないため明確な時期は不明であるが、暦応二年（一三三九）に土岐彦九郎頼重《よりしげ》（土岐明智氏の祖）が祖父の美濃国守護であった土岐頼貞《よりさだ》から妻木郷（岐阜県土岐市妻木町他）・多芸《たきの》荘《しょう》内多芸嶋榛木（岐阜県大垣市、養老郡）地頭職《じとうしき》を安堵されているため、この時期頃に築かれたのではないかと考えられる。土岐明智氏はその後代々妻木郷を中心に治め、長禄三年（一四五九）～寛正六年（一四六五）の史料には室町幕府の直轄軍である奉公衆として記載されている。

その後城主は、土岐明智氏から妻木氏へ移行したことが『寛政重修諸家譜　妻木』（以後家譜とする）の「伯王《はくおう》―某（兵部大輔）―某（中務）―某（藤右衛門廣忠）―妻木貞徳《さだのり》（傳兵衛、傳入）」記載からうかがうことができる。貞徳以前は不明瞭であるが、藤右衛門廣忠については永禄二年（一五五九）の妻木村八幡神社棟札《むなふだ》に記載があるためこの時期妻木城の城主であった可能性は極めて高い。

しかし、天正七年（一五七九）の史料には明智藤右衛門入道が定光寺《じょうこう》（愛知県瀬戸市）に米一二俵を寄進、家譜には「天正十年（一五八二）明智光秀滅亡のとき、光秀が伯父たる《ママ》により、六月十八日近江国坂本西鏡寺にをいて自殺す。年六十九。」と記載があるため、土岐明智氏なのか妻木氏なのかは現状では判然としない。また貞徳への交代の時期につい

●—土屋敷地形測量図（土岐市教育委員会作成，参考文献より転載。一部加筆）

ては、東濃地方において織田氏と武田氏の攻防が激化する天正元年（一五七三）頃で、信長の馬回り衆であった貞徳が武田方への防備として派遣されたのではないかと考えられる。

天正十年（一五八二）本能寺の変で信長が死去すると川中島（長野県長野市）にいた森長可《ながよし》は急いで旧領であった金山（岐阜県可児市）に戻り、東濃一円を攻略しその支配下に治めた。妻木氏も周辺の諸将同様森氏にしたがい、その際貞徳の三男重吉が人質として出されている。

慶長五年（一六〇〇）関ヶ原の合戦の直前、東軍方の森忠《ただ》政《まさ》が信州の川中島に転封となり、その代わりに西軍方の田丸直昌、河尻秀長が岩村城（岐阜県恵那市）と苗木城（岐阜県中津川市）にそれぞれ入城した。東濃地方唯一の東軍方に属した妻木氏は、田丸勢を撃破し、高山城（土岐市土岐津町）、鶴ヶ城（瑞浪市土岐町）も次々と攻略した。

合戦後、頼忠は七五〇〇石（土岐郡内八ヶ村）を治める城主となり、その後妻木氏は頼利《よりとし》、頼次《よりつぐ》と続いたが、万治元年（一六五八）頼次が急死したため跡継ぎがなかったこともあり妻木氏は断絶した。

●—御殿跡の石段

●—妻木城跡の虎口２

【発掘調査の成果】　妻木城では主郭部を含め主立った郭において調査を行い、一三〜一八世紀にわたる陶磁器や礎石建物および掘立《ほったて》柱建物が多数確認された。妻木城が機能し始めるのは、遺物が一定量出土する一五世紀中期〜後期頃と考えられるが、この時期にともなう遺構は確認されていない。

明確な遺構が確認されるようになるのは一五

世紀後期頃で主郭部の掘立柱建物がこの時期に相当する。その後一六世紀中期〜一七世紀初頭にかけて礎石建物が建てられるようになるが、いずれも堀切《ほりきり》の内側の郭からしか見つかっていない。堀切が造られた時期は、出土遺物から一六世紀中期〜後期頃で、一六世紀末頃（関ヶ原の合戦に備えてか）に大きく改修したものと考えられる。

また、礎石建物は検出層位および出土遺物から①一六世紀中期〜後期、②一六世紀末、③一七世紀初頭の三時期に区分することができる。③期は主郭部と虎口《こぐち》（Ⅱ郭北側）でのみ確認され、特にⅡ郭からは多聞櫓《たもんやぐら》、御殿《ごてん》風の建物、虎口からは石垣と門（薬医門《やくいもん》あるいは櫓門）が検出されている。なお主郭部に現存する石垣の大部分は後世の積み直しであるが本時期に築かれたと考えられる。③期以降は出土遺物がごくわずかで遺構も確認されていない。

麓の士《さむらい》屋敷においては、御殿跡および家臣の屋敷地の調査を行い、部分的ではあるが掘立《ほったて》柱建物、礎石建物が確認された。御殿跡で検出された礎石建物は茶室であったと推定される。また現存する石垣や石段は一七世紀初頭以降に整備されたと考えられる。出土遺物の時期は一三〜一八世紀後期で、一七世紀初頭以降の遺物が一定量含まれていたため、妻木城廃城後は士屋敷が生活のメインの場として利用され、断絶以降も屋敷地が使われていたことが明らかとなっている。

【城の見所と周辺の史跡及び施設】 主郭部周囲の堀切を普請《ふしん》するには、妻木城が立地する山地の基盤層である花崗岩の巨石が行く手を阻んだようで、堀の位置をややずらしたり、くさび跡が残る巨石があるなど、土木工事の大変さを物語る貴重な資料となっている。また、井戸跡南に位置する土塁《どるい》についても下から見上げると巨大な壁を思わせるほどの高さまで積み上げている。城周辺には、土岐明智彦九郎頼重が文和三年（一三五四）頃創建したとされる崇禅寺や文安元年（一四四四）以前の創建とされる八幡神社が現在まで残っている。寺社以外にも一四〜一九世紀の窯跡が多数見つかっており、特に御殿跡の約七〇メートル東方には城主の御用窯である御殿窯（一七世紀初頭）が残存し、城と館を含めて一体に考察することができる重要な遺構である。

妻木城および士屋敷の出土遺物は主に土岐市美濃陶磁歴史館で、妻木氏に関する資料は土岐市立妻木公民館で見ることができる。

（中嶌　茂）

【参考文献】中嶌茂・高田徹・黒田正直『妻木城—妻木城跡・士屋敷跡発掘調査報告書—』（岐阜県土岐市教育委員会他、二〇〇二）

●織田信長、東濃支配の拠点

鶴《つる》ヶ《が》城《じょう》〔県指定史跡〕

〔所在地〕瑞浪市土岐町鶴城
〔比　高〕約八〇メートル
〔分　類〕山城
〔年　代〕一六世紀後半
〔城　主〕伝・土岐氏、延友氏、関氏、林氏、福岡氏
〔交通アクセス〕ＪＲ中央本線「瑞浪駅」下車、徒歩四〇分。

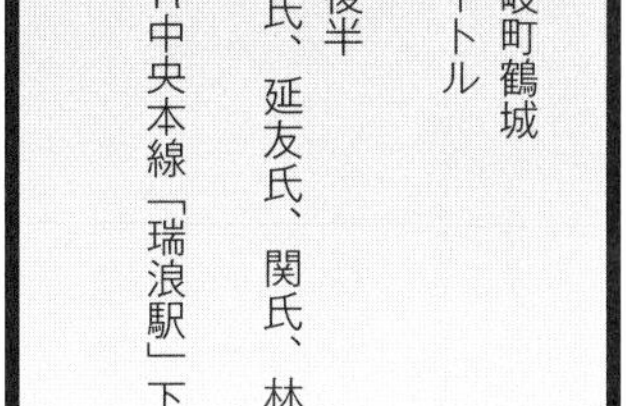

【鶴ヶ城という名称】　本城の名称は城（丘陵）の地形に由来するが、これは江戸時代中期以降の史料で確認されるもので、戦国時代以前は他の名称で諸史料に記されている。

その一つに瑞浪市日吉町の開元院《かいげんいん》（土岐頼元《よりもと》開基）が所蔵する「月泉性印頂相図《げっせんしょういんちんそうず》」がある。本図に記された文明八年（一四七六）の賛には「土岐城主頼元公」の文字があり、不詳ながら、この土岐城が本城を指す可能性もある。

また、永禄八年（一五六五）頃の武田信玄書状には、当地の地名＝旧・土岐郡神篦《こうの》村にちなんで「神篦城」、『信長公記』には「高野城」と記されている。恐らく廃城により古くからの名称が失われ、地形に由来する名称が付されたのであろう。

【武田勢と織田勢の狭間で】　本城の築城時期は明らかでないが、平安時代末頃に当地に土着した土岐光衡《みつひら》（土岐氏の始祖とされる）によって築かれたと言われる。国府之《こうの》城、土岐城とも呼ばれ、築城後は土岐頼遠や頼兼など、代々土岐一族が城主であったと伝えられているが、城として多くの史料に記されるのは、前述したように一六世紀後半のことである。

この一六世紀後半という時期は東美濃においても激動の時代であった。すなわち、弘治元年（一五五五）には岩村（恵那市）の遠山景前が甲斐の武田氏と通じたことで、東美濃の諸氏は武田氏にしたがうようになったが、織田信長が永禄八年（一五六五）に東美濃攻略を本格化させると、当地は両勢力が直接対峙する地域となったのである。

【織田信長の東濃支配の拠点】　この両勢力の最初の衝突は本城付近で発生した。『信長公記』には高野口（神篦口）で両軍が交戦した旨の記載があり、永禄八年（一五六五）のことと考えられている。さらに同書には、天正二年（一五七四）に武田軍が恵那郡南部に侵攻して明知城を包囲した際、織田信長が小里城とともに本城の普請《ふしん》（工事）を命じて河尻秀隆《ひでたか》を定番としたこと、さらに天正十年（一五八二）には甲斐に向かう信忠、信長が当地へ宿泊したことが記されている。

この頃の城主については不詳な点も多かったが、延友氏であることが知られるようになった。この延友氏については、本城山麓の諏訪神社の棟札《むなふだ》などから土岐一族と理解されることもあったが、近年は遠山岩村氏に関連する一族とされている。恐らく、永禄年間の前半に甲斐の武田氏を後ろ盾とする遠山岩村氏の勢力が土岐郡に延びて本城を属城とするに至り、配下の延友氏を城主として送り込んだものであろう。

同棟札の記載から、延友氏としての初代城主は延友信光、次いで弟とみられる延友佐渡守が出名する。延友佐渡守は、元亀三年（一五七二）までには城主となり、遠山岩村氏から離れて織田氏に直属するようになっていたようである。

その後、天正元年（一五七三）に織田信忠が尾張・美濃の支配権と家臣団の委譲を受け始めると信忠の直臣となり、翌年の武田軍の侵攻に際しては、対武田軍の最前線となった当城で、河尻秀隆とともにその対応を担ったのである。

【本能寺の変後の鶴ヶ城と延友氏】　天正十年（一五八二）の本能寺の変後、織田信孝の美濃領有が決定すると東美濃の諸氏は信孝にしたがったが、東美濃を実質的に支配したのは信濃から金山（可児市兼山）に戻った森長可《ながよし》であった。

長可は羽柴秀吉・織田信雄と通じていたことから次第に信孝と不和になり、十二月には秀吉が近江・美濃へと侵攻して、岐阜城の信孝を降伏させているが、この侵攻にあたり秀吉は佐渡守の子、半左衛門に出陣を求めている。また、翌年四月の賤ヶ岳《しずがたけ》合戦でも佐渡守は秀吉方として出陣している。

しかし、その後何らかの理由で延友氏は本城を離れて徳川家康の下に退去したようで、天正十二年（一五八四）の小牧・長久手合戦では徳川軍の一員として参戦している。この合戦では秀吉方の長可が戦死したが、領地は弟の森忠政が継承し、諸城には森方の武将が配されたため、延友氏が本城に戻ることはなかった。『丹羽氏聞書』によれば、延友氏の退去後は関十郎右衛門が城主となったが長久手で討ち死にし、関庄左衛門が跡を継ぐも苗木に移ったため、森長可の伯父である林新右衛門が城主となり、その後は子の林長兵衛が跡を継いだとしている。また、慶長五年（一六〇〇）に忠政が信州

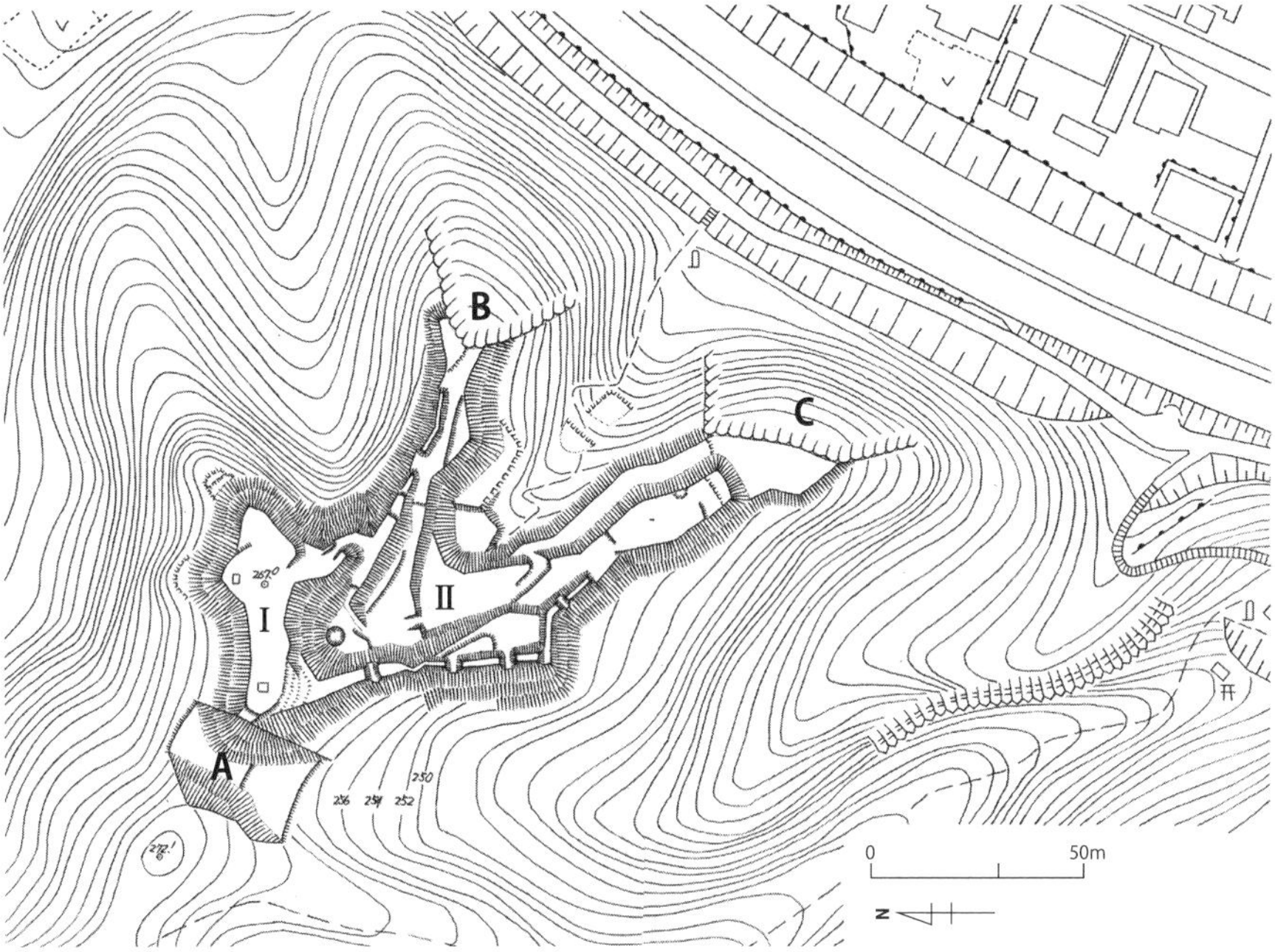

●―鶴ヶ城縄張図（作図：佐伯哲也）

川中島へ移封し、替わって田丸直昌が岩村城に入ると、本城にはその妹聟《いもとむこ》の福岡長左衛門らが入城したようである。

【関ヶ原東濃合戦】　慶長五年八月末、東美濃で関ヶ原合戦の前哨戦（関ヶ原東濃合戦）が勃発した。岩村城の田丸直昌が三成方（西軍）についたことから、本城も三成方に属して参戦した。『小里家譜』によれば、本城は東軍の小里氏などの攻撃を受けて落城し、一時的に小里光親が入城したとされる。その後、東美濃の城には旧領を回復した諸氏が配されたが、本城はまもなく廃城を迎えたようである。その後、城下には岩村藩の陣屋が設置されて土岐郡支配の拠点となり、陣屋は明治維新まで存続したが、この陣屋の位置は旧城主の居館跡と伝えられ、城下町は下街道の宿場としても発展した。

【城の構造】　鶴ヶ城の遺構は山頂とその周囲の尾根上に確認でき、山頂の主郭（曲輪Ⅰ）は「千畳敷《せんじょうじき》」と呼ばれている。千畳敷は東西約四五㍍、南北約二〇㍍を測り、山麓との比高差はさほど大きくないが、恵那方面（北東）～瑞浪方面（南西）を一望できる。また、その背後を幅約二〇㍍という大堀《おおほり》切《きり》（A）で遮断している。

　主郭から南東に伸びるふたつの尾根は「東出丸《でまる》」「西出丸」と呼ばれ、通路部の曲輪の一部には土塁《どるい》を、比較的幅の広い端部には急峻な切岸《きりぎし》を設けている。この切岸は砂岩の岩盤を垂直に削り出しており、登坂を困難たらしめている。この東出丸と西出丸が大きく張り出す姿は、まさに鶴が羽を広げたように見えたと思われるが、この両出丸は昭和四十八年の中央道建設の際に削り取られ（B・C）、現在は両翼をもがれた状態となっているのは誠に残念である。この工事にともない実施された発掘調査では多くの柱穴などが検出され、出土遺物はその多くが一六世紀後半に属するものであった。

●—鶴ヶ城頂上から恵那方面を望む

また、この両出丸に挟まれた谷には「大手道」と呼ばれる登城道が通じており、その上部の曲輪Ⅱは「御殿」と呼ばれている。この御殿の中央には旗立石とみられる石が残されているが、手水鉢《ちょうずばち》として使用された可能性もあろう。その上段には「葵の井戸」と呼ばれる井戸跡も確認できる。

これらの縄張のすべてが天正年間の普請によるものかは判然としないが、全体的に曲輪の区画が明確でなく、両出丸の切岸や堀切が防御の基本と推測されることなどから、本城の基本的なプランは織豊期以前に成立していた可能性が高く、戦国期山城の姿を良好な状態で残していると言えよう。

なお、城下には「中町」「高屋」「町裏」などの字名（地名）が残り、また明治期の地籍図では短冊形地割を確認することができることから、詳細な時期については明らかでないものの、近世の宿場町として機能する以前にも城下町としてある程度の発達をとげたことを推測させる。

【参考文献】高田徹「鶴ヶ城跡」（『岐阜県中世城館跡総合調査報告書』岐阜県教育委員会、二〇〇四）、三宅唯美「神篦城主延友氏関係文書の紹介とその動向」（『瑞浪市歴史資料集（五）』瑞浪市陶磁資料館、二〇一三）

（砂田普司）

●織田・武田軍の最前線から近世陣屋へ

小《お》里《り》城《じょう》〔県指定史跡〕

〔所在地〕瑞浪市稲津町小里
〔比　高〕約一八〇メートル
〔分　類〕山城
〔年　代〕一六世紀～元和九年（一六二三）
〔城　主〕小里氏
〔交通アクセス〕ＪＲ中央本線「瑞浪駅」から、東鉄バス明智線「山の田」下車、徒歩五分。

【土岐氏の庶流・小里氏】　平安時代末頃、美濃国土岐《とき》郡に土着した美濃源氏は土岐を称した。その始祖は光衡《みつひら》といわれ、一日市場《ひといちば》（瑞浪市土岐町）に館を構えたと伝えられる。

鎌倉時代末期には一族が周辺に拡がり、このうち小里（瑞浪市稲津町小里）に土着した国定が小里（尾里）氏の始祖といわれているが、その存在を示す文物の一つに木造菅公像（菅原道真像）がある。本像は小里氏菩提寺の興徳寺所蔵で、奉納年＝延文二年（一三五七）の年号と願主＝源頼幸《よりゆき》の名が記されている。主要な土岐氏系図にはこの人物を挙げないが『龍ヶ崎市史』中世史料編に掲載されている土岐系図には国朝（国定の誤記か）の子に能登守頼幸の名が見えることから、本像は小里頼幸が奉納したものと考えられる。また、他の史料から室町時代の小里氏は幕府奉公衆（将軍直属の軍団）としても活動したとみられるが、情報は断片的である。

【武田勢と織田勢の狭間で】『小里家譜』には、天文元年（一五三二）頃に小里光忠が当地一帯を領有した旨の記載があり、この時に本城が築城された可能性もあるが、城として史料に記されるのは一六世紀後半のことである。

この一六世紀後半という時期は東美濃においても激動の時代であった。すなわち、弘治元年（一五五五）には岩村（恵那市）の遠山景前が甲斐の武田氏と通じたことで、小里氏を含む東美濃の諸氏は武田氏にしたがうようになったが、織田信長が永禄八年（一五六五）に東美濃攻略を本格化させると、当地は両勢力が直接対峙する地域となったのである。

そして、この両勢力の最初の衝突は現・瑞浪市土岐町で発生した。『信長公記』には高野口（神篦口《こうの》）で両軍が交戦した旨の記載があり、同書には年次は記載されていないが、永禄八年（一五六五）のこととされており、この頃から小里氏は信長にしたがうこととなる。

元亀三年（一五七二）には光忠の子・光次が家督を継ぐが、この年武田軍が西上の動きを本格化させ、十一月には秋山虎繁を総大将とする武田勢が岩村城を攻略した。直後の十二月には光次や明知の遠山景行《かげゆき》ら織田方諸将が岩村城の奪還を試みるも失敗に終わる（上村合戦）。光次はこの合戦で命を落とし、家督は子の光久が継いだようである。

さらに『信長公記』には、天正二年（一五七四）に武田軍が恵那郡南部に侵攻して明知城を包囲した際に、織田信長が高野城（神篦城＝鶴ヶ城）とともに本城の普請《ふしん》（工事）を命じて池田恒興を番手としたことが記されている。本城は鶴ヶ城とともに武田軍に対する最前線基地という重要な役割を担うようになったのである。

【本能寺の変後の小里城と小里氏】　天正十年（一五八二）の本能寺の変により、光久は二条城（旧二条城）の信忠のもとで戦死し、家督は叔父の光明が継いだ。その後の清須会議によって織田信孝の美濃領有が決定し、光明は信孝にしたがったが、東美濃を実質的に支配したのは信濃から金山（可児市兼山）に戻った森長可《ながよし》であった。長可は羽柴秀吉・織田信雄と通じていたことから次第に信孝と不和になり、翌年（一五八三）信孝が自刃に追い込まれると、後ろ盾を失った光明は、子の光直とともに本城を離れて徳川家康のもとに退去した。また、天正十二年（一五八四）小牧・長久手合戦では、徳川方として参戦した光直が戦死するという不幸に見舞われた。

【関ヶ原東濃合戦】　慶長五年（一六〇〇）八月末、東美濃で関ヶ原合戦の前哨戦（関ヶ原東濃合戦）が勃発した。光明と孫の光親は東軍に属して出陣し、本城の奪還に成功するとともに、明知城や鶴ヶ城を落城させるなどの戦功を挙げた。

合戦終了後、戦功が認められた光親は、土岐郡内九ヵ村、恵那郡内二ヵ村の三五八〇石の旧領を回復した。本城を居城とする上級旗本としての地位を獲得したのである。

本城山麓部の「御殿場跡」は、江戸時代に小里氏の陣屋・居館が築かれたと伝えられる場所で、『濃州小里記』には、詳細な時期は記されていないが、光親が内室を迎えるにあたって石垣と広間を築いたことが記されている。その後、元和七年（一六二一）には光親が没して子の光重が家督を継いだが、光重が元和九年（一六二三）に嫡子のないまま没すると幕府から断家を命じられ、まもなく本城は廃城を迎えた。

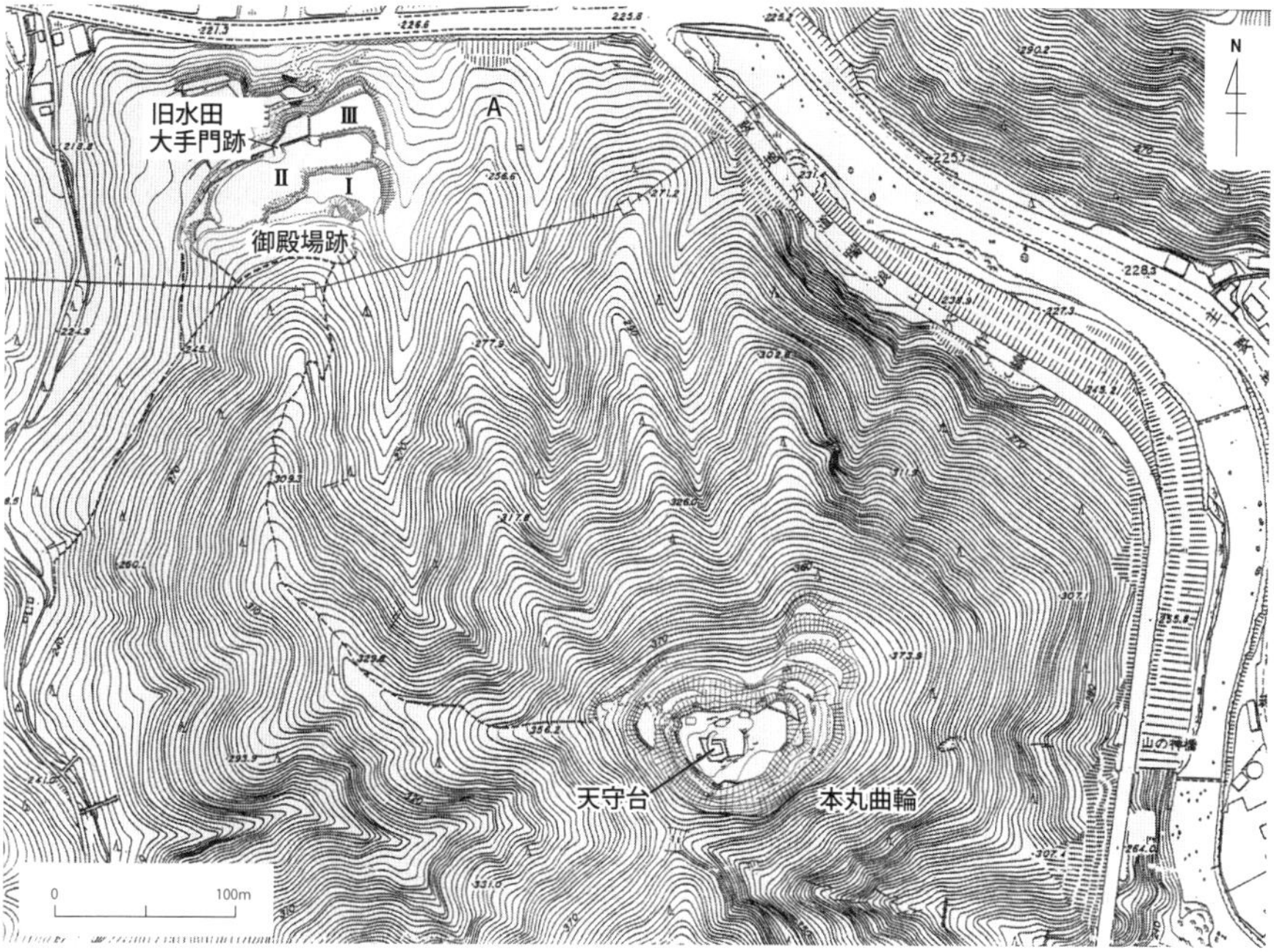

●—小里城縄張図（瑞浪市教育委員会提供）

【城の構造】　本城は小里盆地南端の城山と呼ばれる丘陵に立地することから小里城山城とも呼ばれる。現在山林となっているが、地元有志の活動などによって遺構は確認しやすく、山頂の「本丸曲輪」と山麓の「御殿場跡」に主要な遺構を見ることができる。

山頂の本丸曲輪には「天守台」・「桝形《ますがた》」などと呼ばれる不等辺多角形を呈する石積が確認でき、この石積はかつて安土城天主台との類似性が指摘されたが、過去に改変を受けており、本来の形態や構造は不明である。また、この石積を有する主郭の周囲には小規模な曲輪や腰曲輪が確認でき、部分的に高さ二メートルほどの石垣をめぐらせているが、その大部分は崩落が激しい。石積の周囲には矢穴の穿たれた石材が散乱し、これらを天正二年の普請にともなうものとする見解もあるが、慶長年間の普請にともなう可能性が高いであろう。

いっぽう、山麓の御殿場跡は三段の曲輪からなり、曲輪Ⅱの北側には両側に高さ二メートルほどの石垣をめぐらせる虎口《こぐち》が確認できる。この虎口は「大手門跡」と呼ばれ、石材は主として自然石を使用した野面《のづら》積であるが、隅石《すみいし》には矢穴を穿った割石を使用し、その北側（下段）の曲輪Ⅲとを併せて桝形状虎口となっている。石垣は向かって右（西）側には近年の修復が認められ崩落が激しいが、左（東）側には慶長年間のものと思われる石垣がほぼ原形をとどめている。

また、御殿場跡では平成十三～十七年度に発掘調査等が実施されて礎石建物などが確認されている。遺物の多くは一七世紀前葉に比定できることから、これらの遺構は旧領回復後の慶長五年から元和九年頃まで使用されたものとみられる。

●―小里城 御殿場跡（曲輪Ⅱ）礎石建物・石組水路（瑞浪市教育委員会提供）

さらに曲輪Ⅱの一部では、礎石建物などが確認された遺構面の下層から掘立《ほったて》柱建物の柱穴が検出された。この柱穴にともなう遺物は一六世紀後葉に属することから、この下層遺構が天正二年の普請にともなう可能性が高く、慶長～元和年間の礎石建物や石垣などは、天正年間の遺構を埋め立てる形で築いたものと考えられる。加えて、曲輪Ⅱ北側の旧水田もかつて曲輪であったことが容易に想像でき、江戸時代の城絵図では、この旧水田の北側斜面全面に石垣を描いている（一部残存）。

このように小里城は、本丸曲輪については石積の築造時期や当初の形態など未だ不明な点が多いが、御殿場跡については近世初頭の陣屋構造を良好に遺す事例と評価できよう。

なお、小里城麓の平坦地には「町」の字名（地名）が残ることから小里氏の家臣団屋敷が存在したことが推測でき、また近年には御殿場跡東側の尾根部分（A）でも曲輪の存在が確認されている。さらに、小里川対岸（北側）の河岸段丘にも「馬場」などの字名が残ることから、この区域までが本城の領域であったことが推測される。

【参考文献】砂田普司・岸田徹・酒井英男『小里城山城跡―御殿場跡発掘調査報告書―』（瑞浪市教育委員会、二〇〇五）（砂田普司）

●岩村城と武田領国を繋ぐ要の砦

前田砦《ぜんだとりで》・城山砦《じょうやまとりで》

〔所在地〕恵那市上矢作町本郷・同漆原
〔比　高〕前田砦六〇メートル、城山砦九〇メートル
〔分　類〕山城
〔年　代〕一五六〇～七〇年代か
〔城　主〕不明
〔交通アクセス〕ＪＲ中央本線恵那駅前から。前田砦：恵那市自主運行バス上矢作線「中島」下車。すぐ近くの大船神社参道（表示あり）が登城口。城山砦：同バス「越沢口」下車。上村川対岸の国道二五七号城山トンネル上が城山で麓まで徒歩五分。

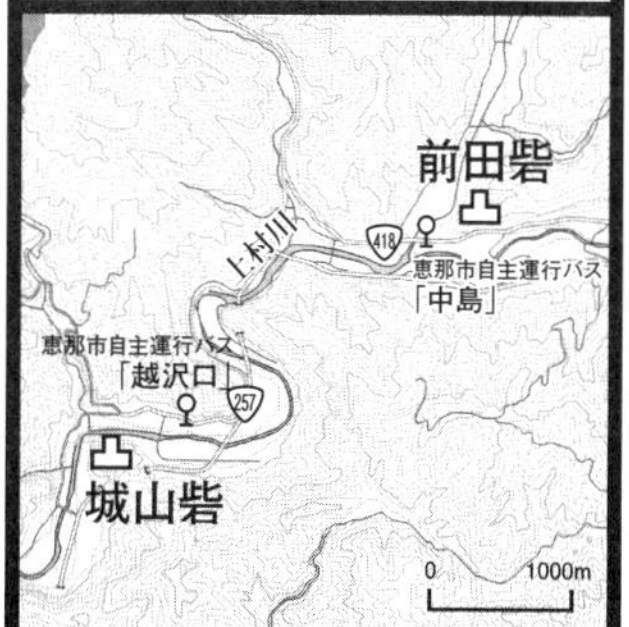

【東美濃と伊那を結ぶ交通の要衝】　前田砦のある上村《かんむら》（恵那市上矢作町）は、岩村城後背の水晶《すいしょう》山・木ノ実峠《きのみとうげ》の南麓、上村川沿いに展開する集落で、岩村城から直線距離で約八キロを測る。中心部の上村宿は中馬《ちゅうま》道（名古屋―明知―根羽―飯田）および秋葉道《あきばみち》（大井―岩村―武節―鳳来寺―浜松）の交わる宿駅で、信濃や東三河・遠江との往来には必ず通らなければならない交通の要衝だった。

『天文二年信州下向記』（一五三三）に「上村地頭久志原」とあり、遠山串原《とおやまくしはら》氏が領主であった。ところが天文二十三年（一五五四）十二月武田信玄は、下伊那知久氏攻略の恩賞として同じ下伊那の下条氏に「知久平の内で濃州《のうしゅう》上村之郷のように所務を給付する」と通知しており（『戦国遺文武田氏編』四二四号）、これより以前に上村が武田領となり、下条氏が知行していることが分かる。経緯は不明であるが、文意からは知久領侵攻と並行もしくは先行して遠山領が攻撃の対象となり、その論功行賞であると推定される。

このころ、岩村衆を率いる遠山景前《かげさき》は信玄に従属したが、その過程で居城の岩村城に隣接する上村を割譲し、武田領と直接接することとなったのである。この後、弘治二年（一五五六）に最後の当主景任《かげとう》が跡を継いだ。景任は織田信秀の妹を室に迎えていたが、弟の直廉《なおかど》とともに一貫して武田軍団の一員として行動している。

【上村合戦―美濃の三方原合戦】　上村合戦は、元亀三年（一五七二）十二月二十八日に織田方の東美濃国衆と武田方との

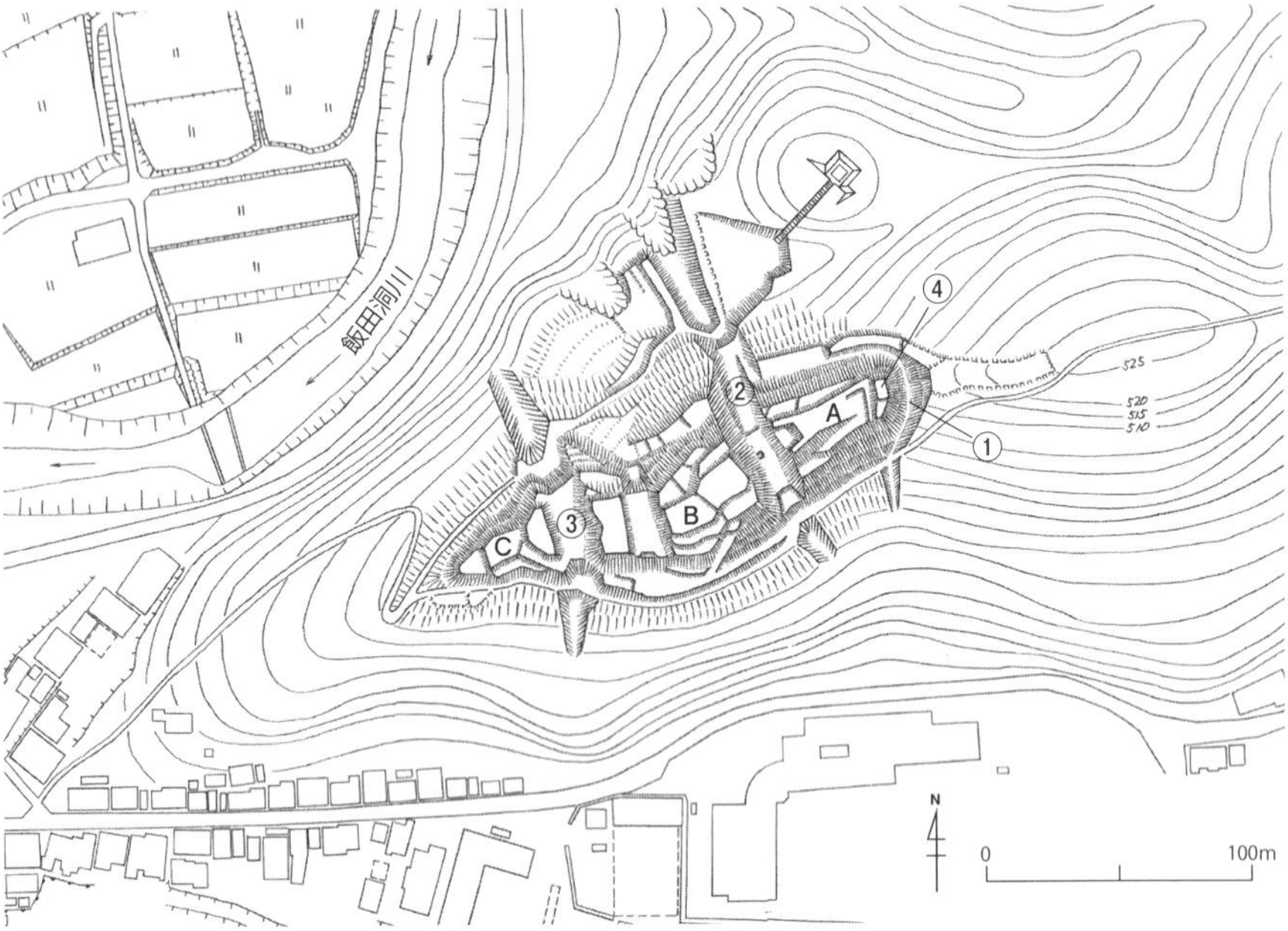

●―前田砦縄張図（作図：佐伯哲也）

●―前田砦　堀切②

間で戦われたとされる合戦である。一次史料では確認できないが、『明知家譜』に景行が主将として戦死、『小里《おり》家譜』に光次が先陣となり下村で戦死、武田側では『依田《よだ》記』に依田信守が三方原合戦と同時に搦《からめ》手《て》の大将として美濃に攻め入り上村で五〇〇〇の敵に七〇〇人で勝利し大将明智宗叔《そうしゅく》を討ち取ったとあり、合戦があったことは事実とみてよいだろう。

この年、岩村衆を率いる景任・直廉兄弟が相次いで病死し、当主不在となった。二人の外戚である織田信長は家督継承に介入し、四男の御坊丸を景任の後継者にすえ、十月までには岩村衆を織田方に寝返らせることに成功した。ところが十一月になると岩村城は単独で武田方に復帰した。岩村城は敵対する織田領の中に孤立し、木ノ実峠から上村に至る道だけが武田領と結ぶ唯一の補給路となっていた。

以上の状況から、上村合戦は、信長が信玄と対峙する徳川家康を支援するため、東美濃の国衆に美濃国唯一の武田の拠点となった岩村城を攻撃させたが敗北した戦いと考えることができる。現地の伝承などを勘案すると、織田方は明知と岩村・上村との間の峰山および大馬渡峠を越えて侵攻し、補給路である上村を占領、もしくは橋頭堡《きょうとうほ》を築いて木ノ実峠を封鎖しようとしたのだろう。そして、前田砦、城山砦に拠る武田方と上村川を挟んで合戦となったが敗北し、主将の景行は撤退中に峰山の山中で討死したのである。

小さな戦いであるが、武田にとっては岩村城の維持を確実にした重要な合戦であった。

【東美濃最大の堀切を構える前田砦】　前田砦は上村川と飯田洞川の合流点の丘陵先端部に立地する。南麓を中馬道が通り、近世の上村宿は飯田洞川の対岸にある。また、丘陵の尾根は、平安時代から続く山岳寺院大船寺（現大船神社）の参道ともなっている。

城域は東西二〇〇メートル以上におよび、背後は堀切《ほりきり》①で画し、堀切の直上には櫓台《やぐらだい》④がある。内部は、堀切②③によって三つの曲輪ABCに区画される。いずれの曲輪も複数の平坦地から構成されている。

①は両端が曲輪に沿って回り込み横堀となり、南は先端が竪堀《たてぼり》となっている。

特筆されるのは②③である。どちらも幅約二〇メートル、深さ約八メートルの箱堀で、両端は竪堀となって南北の斜面に落ちている。竪堀も合わせた延長は②一五〇メートル以上、③一一〇メートル以上で、尾根を完全に分断している。このような規模の大きな堀切・竪堀は、東美濃では他に類例がなく、城そのものも有数の規模である。

「岩村近辺城主覚」（寛永十六年・一六三九成立）には「上村原弾正と中仁被居候、月瀬村ニ原党之元祖也」とある。原氏は下条領である月瀬村（根羽村）の土豪である。

【馬出が特徴の城山砦】　城山砦（漆原城）は、上村の南の漆原地区にある。城山《じょうやま》と呼ばれる小高い山の山頂にあり、山麓は北から西に上村川が流れる。近世の秋葉道と中馬道は対岸の川沿いを通り、北西の直下に二つの道の追分がある。

主郭Aは東西五〇メートル、南北三〇メートルで、北西は二重堀切で画し、南側は帯曲輪Cがめぐる。

曲輪Bは、Aと幅七メートルの堀切で画され、細い土橋《どばし》で連絡する。南東端に虎口があり、スロープとなった通路①で城外と連絡する。登城路は墓地となっていてはっきりしないが、①

の両側は横堀がめぐり、さらに竪堀を設けて入口を限定している。ＢはＡに対する馬出《うまだし》と評価できる。
この城は、規模は小さいが、馬出や横堀、竪堀、切岸《きりぎし》を組み合わせた技巧的な縄張が特筆される。

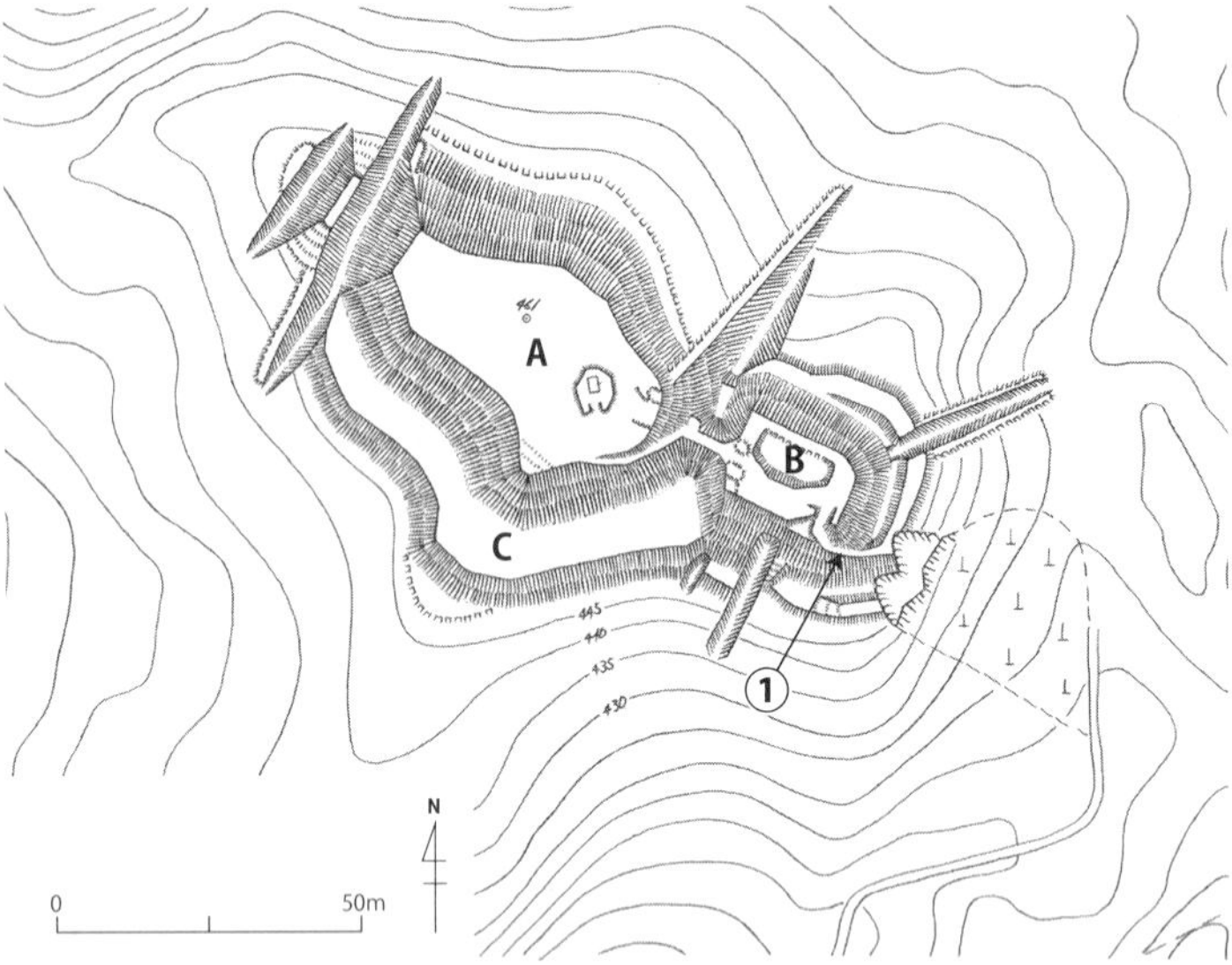

●―城山砦縄張図（作図：佐伯哲也）

●―城山砦　馬出と主郭と結ぶ土橋（手前）

前田砦と城山砦は、中馬道や秋葉道、上村宿を保持し、武田領と岩村城をつなぐことを目的として、武田によって築城もしくは改修を受けた可能性が高い。武田に従属する遠山氏にとっては、のどに刺さったとげのような砦であったろう。そして、織田との関係が破たんした元亀三年から天正三年（一五七五）の岩村落城に至るまで、特に重要な役割を果したと推定される。

【参考文献】小川雄「一五五〇年代の東美濃・奥三河情勢―武田氏・今川氏・織田氏・斎藤氏の関係を中心として―」『戦国史研究』四七（二〇一三）

（三宅唯美）

●遠山氏の本城にして東美濃を代表する山城

岩《いわ》村《むら》城《じょう》

〔県指定史跡〕

〔所在地〕恵那市岩村町
〔比　高〕一五〇メートル（藩主邸から）
〔分　類〕山城
〔年　代〕一六世紀前半
〔城　主〕遠山氏、秋山虎繁、河尻秀隆、田丸直昌、大給松平氏、丹羽氏、大給松平氏（分家）
〔交通アクセス〕明知鉄道「岩村駅」下車、岩村歴史資料館まで徒歩二〇分。

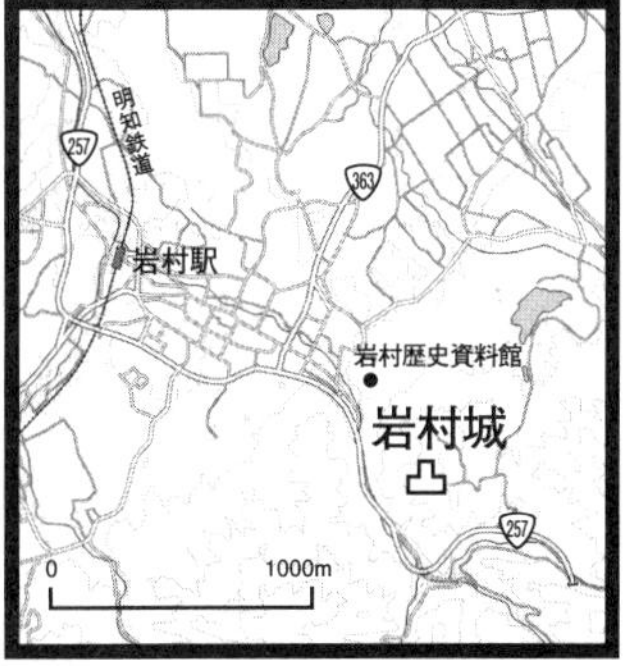

【岩村衆の盟主遠山景前】　遠山岩村氏は始祖遠山景朝の三子景員《かげかず》に始まる。一般には宗家と理解されているが、実際にはその台頭は戦国時代に入ってからである。

　天文年間の当主遠山景前《かげさき》は、飛驒三木氏出身の高僧で武田との関係も深い明叔慶浚《みんしゅくけいしゅん》を菩提寺大円寺に招き、尾張織田からは子の景任《かげとう》、直廉《なおかど》の室を迎えたほか、三河の松平、伊那の知久・坂西とも姻戚関係にあった。苗木家に養子を送り込むなど遠山荘内に割拠する遠山一族をまとめることにも成功し、天文末年には「岩村衆」と呼ばれるようになっていた。伊勢外宮《げくう》は、天文二十二年（一五五三）の書状で斎藤道三と同じ書札礼《しょさつれい》で遇し（「外宮天文引付」）、永禄三年（一五六〇）六角承禎《ろっかくじょうてい》条書では東美濃諸将の代表として遠山を挙げている。

　天文二十三年（一五五四）武田信玄が下伊那を攻略すると、ほどなく景前は信玄に従属した。翌弘治元年には武田の軍勢が岩村に駐留している。その翌年最後の当主景任が跡を継いだ。景任は、織田信秀の妹を室に迎えていたが、弟の直廉とともに、一貫して武田軍団の一員として行動している。

【元亀天正の争乱】　元亀三年（一五七二）、景任・直廉兄弟が相次いで病死し、岩村衆は当主不在となった。二人の外戚である織田信長は家督継承に介入し、四男の御坊丸を景任の後継者にすえ、十月までには岩村衆を織田方に寝返らせることに成功した。ところが十一月になると、岩村城は単独で武田に復帰し、翌年三月ごろに秋山虎繁《とらしげ》が城主となった。

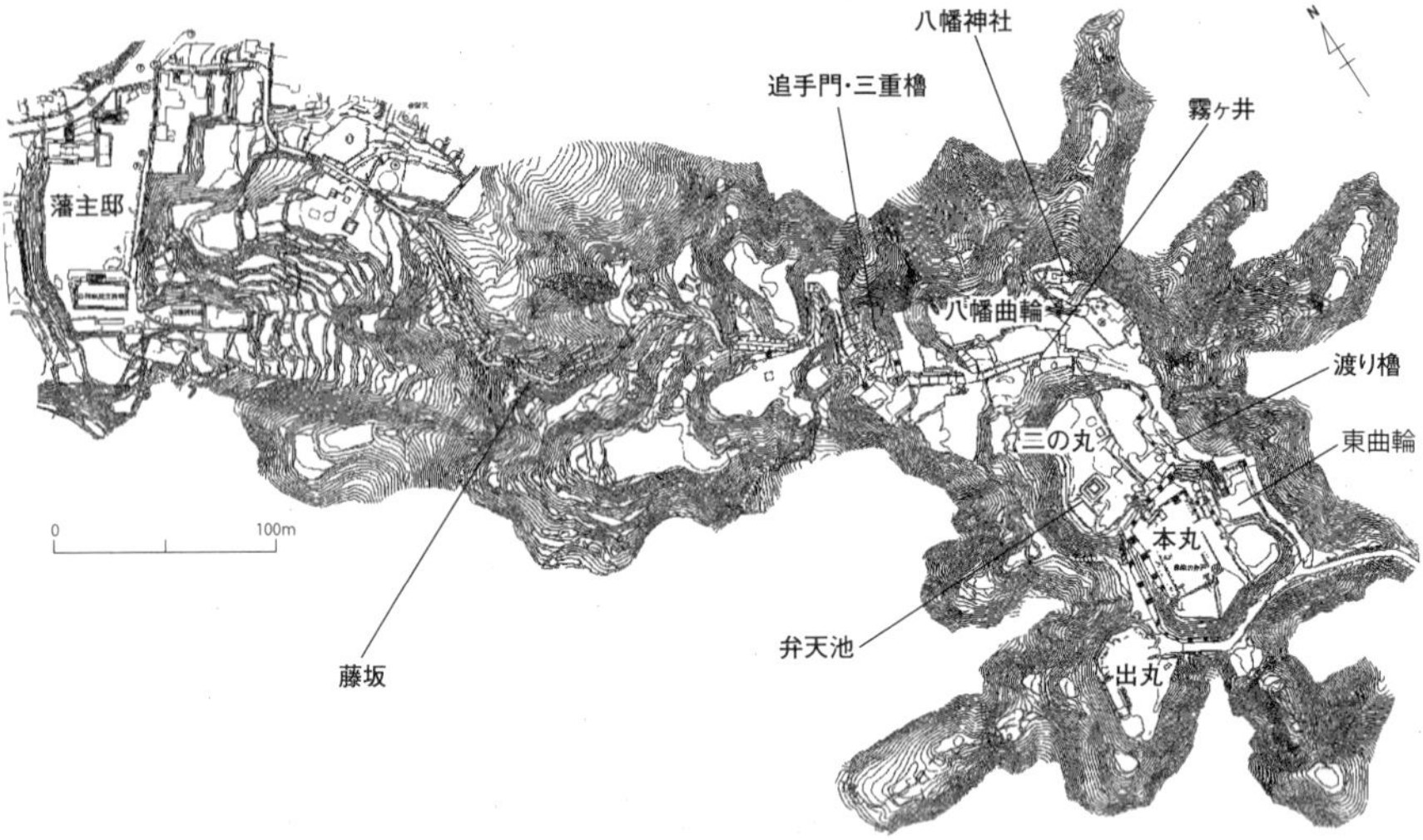

●—岩村城測量図（恵那市教育委員会提供）

●—上空から本丸と城下町を望む（恵那市提供）

天正三年（一五七五）五月、長篠の合戦で武田が大敗すると、信長は直ちに嫡男信忠を総大将として岩村城を囲んだ。半年におよぶ籠城の末に落城し、虎繁は処刑され、城内の甲信の兵や遠山氏の家臣は皆殺しにされたという。城山の東の水晶山は、信忠が陣を構え、落城直前に最後の合戦があったところで、城山から山頂に至る各所に陣城の遺構がある。その後、河尻秀隆、団忠正が城主となり、小牧長久手の合戦後は金山城主森忠政の属城となった。

関ヶ原合戦直前に田丸直昌が四万石で入部するが、西軍に属して改易され、慶長六年（一六〇一）に徳川譜代の松平家乗が二万石で入部した。現在見られる石垣造りの近世城郭は、家乗の整備によるものである。

【山城の成立】　岩村城は、俗に創築八〇〇年といわれるが、これは加藤景廉の遠山荘地頭補任にちなんだもので、現在の山城が築かれ始めたのは、一六世紀はじめだろう。永正五年（一五〇八）、城山に八幡神社が造営された。城山ではもっとも眺望がきき、山麓から望見できるところである。神社が先行し、山城が遅れて整備された可能性もある。

戦国期の城郭の主要部分は残っていないが、近世の整備から外れた山腹の尾根筋には堀切《ほりきり》や曲輪が遺存している。周辺の山城の主郭に匹敵する規模の曲輪もあり、規模の大きさがしのばれる。

【完成された近世城郭】　城郭は、城山の山上に本丸、二の丸、東曲輪、出丸《でまる》、八幡曲輪を配する。北西山麓に藩主の居館（藩主邸跡）が置かれており、比高差は一五〇メートルを測る。城下町はその西に展開しており、中央を流下する岩村川の北岸が武家地、南が町人地となっている。

本丸は、二つの二重櫓《やぐら》と多門《たもん》櫓があり、東と北に門が構えられていた。江戸後期には内部は空閑地であった。東曲輪は、本丸の正門に面して出桝形《でますがた》的な機能を果たした曲輪であり、櫓門を入ると一八〇度右折して本丸に進む。

二の丸は、上下二段からなり、菱櫓などの櫓のほか、朱印《しゅいん》蔵、御城米蔵、武器蔵、厩《うまや》など藩の重要な施設が置かれた。また上段中央に方形の池があり、中島に弁才天が祀られていた。本丸へは、二の丸門を入ると下段から上段を経て本丸埋門《うずみもん》まで屈曲しながら進む、連続した虎口《こぐち》空間として機能していた。

出丸は、本丸の南西にあり、太鼓櫓など二棟の二重櫓と三棟の多門櫓で厳重に防備されていた。多門櫓の一棟は作事《さくじ》小屋とされており、平時には城のメンテナンスを担っていた。

八幡曲輪は中央を追手門から本丸・二の丸へ通じる道路が通り、その両側に侍屋敷や蔵屋敷、八幡神社・神宮寺、霧ヶ井が整然と並んでいた。二の丸門の正面には「渡り櫓」と呼ばれる特殊な二重櫓があった。櫓の二階と二の丸門の間に帯曲輪をまたいで廊下橋が架けられており、本丸・二の丸と八幡曲輪を視覚的に画していた。追手門脇には唯一の三重櫓が

●—本丸北面野面積石垣

あった。追手門から藩主邸までは藤坂と呼ばれる急な坂道で、両側には八幡曲輪と同様に大区画の侍屋敷が配されていた。

　このような構造から、松平家乗が整備した当初は、本丸または二の丸に藩主の館、八幡曲輪から山麓にかけて上級家臣の屋敷や公的な施設、山麓に中下級家臣の屋敷を配置するプランであった可能性が高い。

　岩村城は、近世としては数少ない山城であるが、先行する戦国期の縄張に規制されることなく普請されている。近世城郭として一つの到達点を示すものだろう。また、城下町も大きな改変を受けずその姿をよくとどめており、城郭と一体となった近世城下町の都市計画をつかむことができる。城郭とあわせての見学をぜひお勧めする。

【別称「霧ヶ城」の由来】　岩村城は、『鷺森《さぎもり》日記』天正十年（一五八二）三月五日条に「（信長の）只今ノ御陣床ハ、東美濃霧カ城ト其沙汰あり」とあり、戦国期にすでに「霧ヶ城」と呼ばれていた。その由来については、天文三年（一五三四）「明覚山大円禅寺入寺法語」（『明叔録』）の一節に「大壇越藤景前公（中略）夫或振武威、則陰謀臣猛将於霧幕中、」とあり、「遠山景前は霧の幕中にいる」と記されていることが注目される。

　大円寺は城山の北東に立地する。その十境は現在五つが知られるが、三つは水晶山など周囲の山塊が選定されている。寺の正面にそびえる城山も十境の一つであった可能性は高い。「霧ヶ城」という名称は、妙心寺派僧の間で霧（山・嶺）と呼ばれていた山に築城されたことに由来するのではないだろうか。

【参考文献】小川雄「一五五〇年代の東美濃・奥三河情勢―武田氏・今川氏・織田氏・斎藤氏の関係を中心として―」（『戦国史研究』四七、二〇一三）、小笠原春香「武田・織田間の抗争と東美濃―元亀・天正年間を中心に―」（『戦国史研究』五三、二〇一六）、平山優『武田氏滅亡』（KADOKAWA、二〇一七）　（三宅唯美）

●陣城と名門領主の居城が並び立つ

信《のぶ》の城《しろ》・飯《いい》羽《ば》間《ま》城《じょう》

〔所在地〕恵那市岩村町飯羽間
〔比　高〕二〇メートル
〔分　類〕山城
〔年　代〕一六世紀中ごろか
〔城　主〕延友氏・遠山飯羽間氏
〔交通アクセス〕明知鉄道「極楽駅」または「岩村駅」下車、徒歩四〇分。

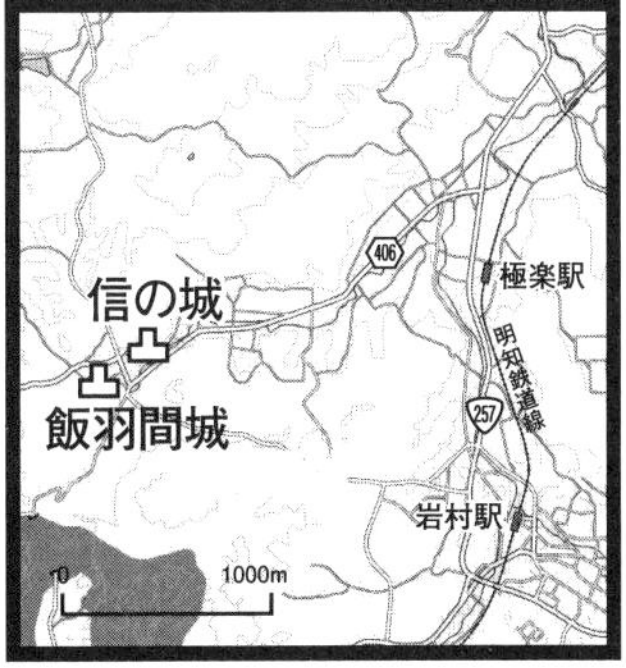

【「岩村近辺城主覚」】　「岩村近辺城主覚」（以下「城主覚」）は、寛永十五年（一六三八）岩村に入部した丹羽《にわ》氏信《うじのぶ》が、恵那・土岐両郡の古城を把握するために、岩村の名主から聞き取った記録である。二三の地名とそれに対応する人名が列挙してあり、おおむね元亀・天正の争乱前後の状況を示している。

地名は①「地名＋城主」、②「地名＋取手」、③「地名＋屋敷」、④「地名のみ」に書き分けられている。①は国衆の居城で小里・苗木・妻木・明知・串原・飯羽間・山田・高山・神篦村の九地点。②は軍事的な要請で短期間構えられたもので三地点が挙げられる。記された人物は番手と考えられる。③は村落規模の領主（土豪）の拠点で浅野村、佐々良木村の二地点である。浅野村の浅野氏は高山城主平井氏、佐々良木村の渡辺氏は串原城主遠山氏の、いずれも宿老クラスの被官であるが、村落内に大きな城はなく、集落の中に屋敷を構えていたと推定される。④は九地点あり②③のどちらかに分類することができる。

この記録と現存する城跡、他の史料を勘案すると、軍事性の高い山城を居城とするのは国衆に限られ、①の城主に岩村を加えた一〇家に限定される。そして、国衆に従属する土豪は、平時には拠点とする村落内に屋敷を構えて居住しており、有事には必要に応じて山城の番手を務める存在であった。

岩村町飯羽間には、岩村城攻めの陣城である信《のぶ》の城と①の飯羽間城が並んで立地しており、興味深い地区である。

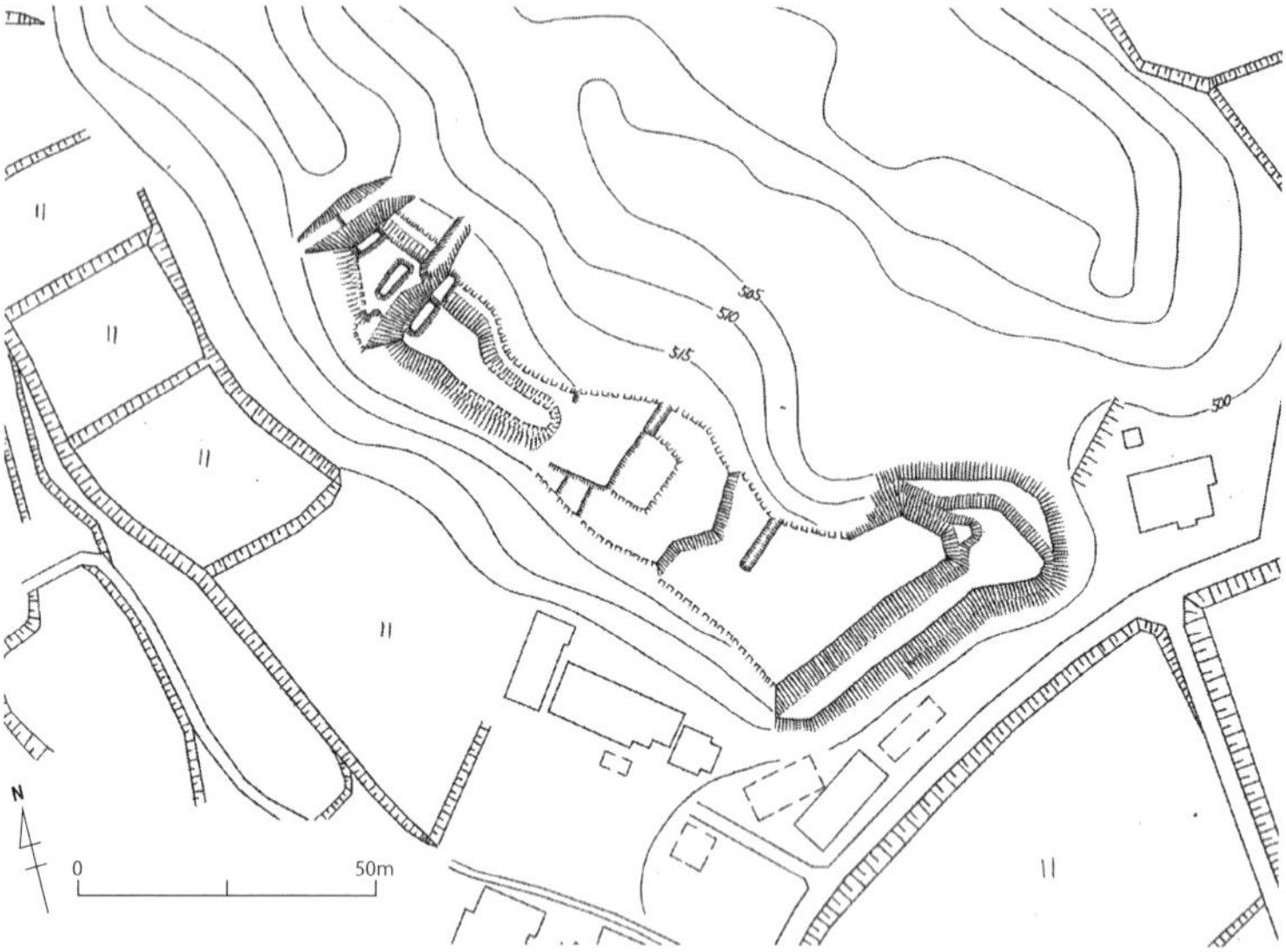

●—信の城縄張図（作図：佐伯哲也）

●—信の城全景

【岩村城攻めの陣城・信の城】

信の城は、岩村川の支流飯羽間川が形成する細長い谷状の平地の上流部、北側の山地から伸びる尾根の先端にある。岩村城からは直線距離で北西約四キロ、東美濃における織田方の拠点である神篦城（瑞浪市）や中山道方面からの道が岩村盆地に入る口元を押さえる位置である。字《あざ》「信《のぶ》」にあるので「信の城」と通称している。規模は飯羽間城に匹敵する。背後を二重堀切《ほりきり》で画し、その南側に数段の曲輪が続く。尾根の先端の街道と接する部分の比高は約一五メートルで、三段の切岸《きりぎし》を設けて防御している。切岸の間は帯曲輪状《おびくるわじょう》になっており、虎口《こぐち》が構えられた可能性もあるが、現状でははっきりしない。

信の城について「城主覚」には「根上村　神篦村城主之子信友市丞殿と申仁居被申候由」とある。筆者は、天正三年（一五七五）の織田信忠による岩村城攻めの際に、神篦城（瑞浪市）の延友《のぶとも》佐渡守が築いた陣城と考えている。

【名門在地領主の居城・飯羽間城】

飯羽間城は、谷状の平地の最上流部、信の城の南西六〇〇メートルにある。

城主である遠山飯羽間（飯間）氏は、岩村氏から分出した遠山一族で、室町期には奉公衆三番衆に名前を連ねている。

城跡は、飯羽間川が形成した比高二〇メートルの低い独立丘上にある。丘全体に曲輪が展開する。主郭部分は長辺三五～二〇メートル、短辺約二〇メートルの曲輪が東西に三段連なる。防御は急峻な自然地形と切岸に頼っており、明瞭な虎口や土塁《どるい》、堀などは認められない。

飯羽間城は「城主覚」が「城主」として挙げる九つの拠点の一つであるが、他のような大規模な山城ではない。飯羽間氏の所領も近代の飯羽間村の範囲を越えるものではなかったと推定される。しかし、奉公衆家として、土豪とは一線を画する存在であった。家格にふさわしい館の維持と実力に見合った規模を加味した結果が、急峻な段丘上の館である飯羽間城であったのではないだろうか。なお、同じような事情はやはり奉公衆家の居城である山田城（山岡町）にもうかがえる。

●—飯羽間城全景

元亀三年（一五七二）秋、武田信玄に従属する遠山景任（岩村城）・直廉（苗木城）兄弟が相次いで病没すると、織田信長はこの機を逃さず遠山一族を調略し、信玄から離反させることに成功した。飯羽間氏もこれに応じ、城主友勝は当主不在の苗木城に移り、飯羽間城は子の友忠の長子友信が継承した。さらに友忠と次子友重・三子友政は阿寺城（中津川市）に入った。飯羽間氏は、飯羽間村の小領主から恵那郡北中部を押さえる一大勢力となったのである。

飯羽間城主となった友信は、天正二年（一五七四）武田勝頼の東濃侵攻のときは明知城に籠城するが、城内で謀反を起こし落城に導いている（『信長公記』）。友信はその後甲斐に逃れたが、天正一〇年（一五八二）武田滅亡の際に織田方に捕えられて処刑されている。

岩村城攻めにあたり、飯羽間城を陣城とせず、同じような立地で新たに城を築いたのはなぜであろうか。飯羽間城からは岩村城を望見できないことも挙げられるが、なによりこの時点では飯羽間城は前年に友信が謀反《むほん》を起こした飯羽間氏の本城であり、さらなる謀反を警戒したためかもしれない。

【参考文献】三宅唯美「一六世紀東美濃における地域拠点の形成」（『城下町科研』総括シンポジウムⅡ資料集『中世・近世移行期における守護所・城下町の研究（二）』二〇一七）

（三宅唯美）

●四度の合戦が繰り広げられた中馬街道の要衝

明《あけ》知《ち》城《じょう》

〔県指定史跡〕

〔所在地〕恵那市明智町
〔比　高〕八五メートル（陣屋から六〇メートル）
〔分　類〕山城
〔年　代〕一六世紀中葉
〔城　主〕遠山氏
〔交通アクセス〕明知鉄道「明智駅」下車、徒歩一〇分。

【明知民部の城】　日本大正村として著名な恵那市明智町は、明治から大正にかけて製糸業で栄え、現在の町並みを形成した。その要となったのは、中馬《ちゅうま》街道（根羽村―名古屋）と南北街道（中山道大井宿―岡崎）である。明知城は、この二つの道の交差点を押さえる小高い山に築かれている。

明知城の史料上の初見は、天文二十年（一五五一）に定林《じょうりん》寺《じ》（土岐市）住持の東嶺智旺《とうれいちおう》が禅昌寺（下呂市）に宛てた書状である（『明叔慶浚等諸僧法語雑録』）。この年鎌倉への旅行を企図した東嶺は、その準備状況を報じているが、その中で、岩村大円寺の明叔慶浚《みんしゅくけいしゅん》を頼り「明民城」で出立の準備をしていると述べている。「明民城」は「明知民部の城」の意で、民部は元亀三年（一五七二）十二月の上村合戦で戦死した遠山明知景行《かげゆき》であろう。

【江戸遠山氏となった遠山明知（明智）氏】　後北条氏の重臣江戸遠山氏は、明知氏出身と推測されている。

明知氏は、遠山景朝の子景重を祖とし、遠山荘のうち手向郷地頭職を継承した。その子景長は『吾妻鏡』に将軍供奉人《ぐぶにん》として見られ、鎌倉期には明知氏が遠山一族の惣領であった。南北朝期には、子の朝廉が足利尊氏にしたがい、以後歴代が大蔵少輔・加藤左衛門尉を号し、一五世紀を通じて将軍近習《きんじゅう》、奉公衆として活動している。

一五世紀後半の当主は、元景―元廉と続く。元廉は、明応二年（一四九三）正月ごろまで在京していることが確認できるが、以降徴証がない。一方、江戸遠山氏の初代直景の初見

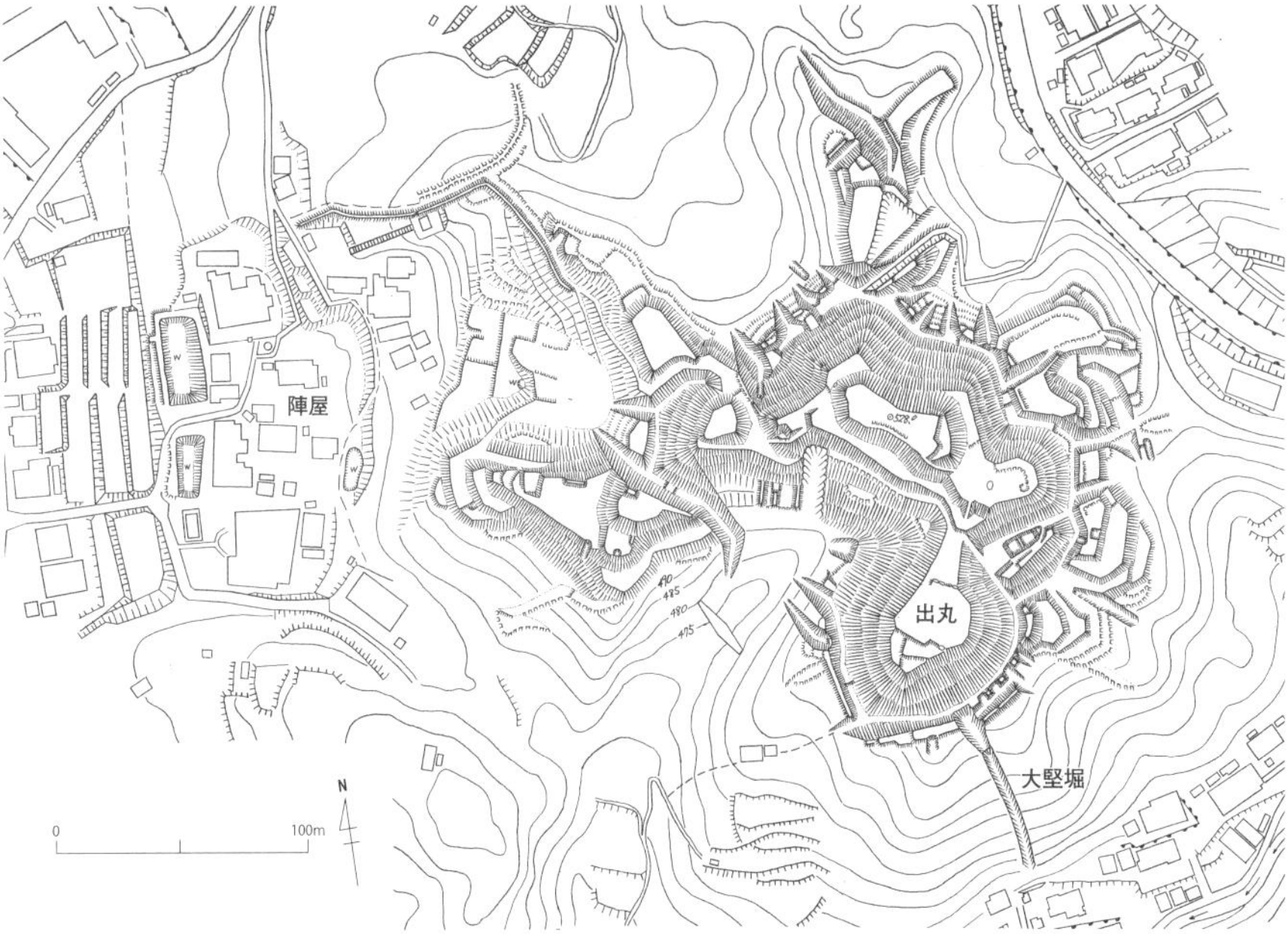

●—明知城縄張図（作図：佐伯哲也）

●—落合砦から見た明知城（左）と仲深山砦（右）

は永正三年（一五〇六）である。

伊勢宗瑞《いせそうずい》（北条早雲）による明応二年の伊豆乱入（足利茶々丸攻撃）は、足利義澄《よしすみ》による茶々丸追討と堀越公方《ほりごえくぼう》府支援が大義名分であったとされている。明知氏も、義澄の命により宗瑞とともに関東へ下向し、そのまま家臣となったとすれば、直景は元廉本人もしくはその子である可能性がある。

一六世紀中葉の当主景行《かげゆき》は民部少輔を官途としており、元廉の直系ではない可能性が高い。『寛永諸家系図伝』では、景行の父を景成とするが、これ以前の系譜は不明である。惣領家が関東に発向した後に在地を預った一族が、惣領家の関東定着とともにそのまま当主となったのだろう。

前述の東嶺は、相模国で国主北条氏康と対面するなどの厚遇を受け、帰国に際して遠山綱景にあいさつをしている。景行が綱景に北条領内での便宜を依頼したのだろう。このエピソードは、江戸・明知の両遠山氏が縁戚であり、関係を維持していたことを示唆している。

【四度の合戦が繰り広げられる】　明知城とその周辺では、記録の残っているだけで四度の合戦が行われている。

はじめは天文二十四年（弘治元年・一五五五）、西三河で今川方と対立していた鱸 兵庫助《すずきひょうごのすけ》は小渡（豊田市）に城を構え、その普請に協力するために岩村衆と広瀬右衛門大夫が出陣した。九月に帰陣するところを今川方の阿摺衆《あすりしゅう》が襲撃し合戦となった。阿摺衆は明知まで攻め込み、「近所通用之者六人」を討ち取るなどの戦果を挙げた。明知景行も岩村衆の一員として戦っただろう。

景行は、永禄年間には武田信玄にしたがっていた徴証があるが、元亀三年（一五七二）十二月の上村合戦では織田方の主将として参加し討死した。家督は孫の一行が継承した。

二度目の合戦は天正二年（一五七四）正月、武田勝頼は元亀三年に失陥した遠山領回復のため東濃に侵攻し、明知城を包囲した。信長は援軍に向かい、神篦城まで進出したが間に合わず、二月六日に「いいばさま右衛門」（遠山飯羽間友信）の謀反により落城し、「坂井越中守親類の者共数多」が討たれた（『信長公記』）。武田は、この戦いにより遠山領のうち木曽川以南を回復した。俗にいう「十八砦の攻略」であるが、実際にはこのときの攻撃目標は明智・串原の両城である（「阿寺城」の項を参照）。飯羽間の友信が明知にいたことから、織田方はこの両城に兵力を集中させていたと推定される。他の城の落城は自落に近いものであったろう。

明知氏が城に戻るのは翌年の長篠合戦後であろう。『明知年譜』では、僧となっていた一行の叔父利景が還俗して城を奪還し、一行を猶子としたとする。

なお、谷口克広氏は、明知城は織田信長の美濃平定の過程で坂井政尚（越中守の父、元亀元年に近江で戦死）に与えられたとする。しかし、元亀元年以前に明知城が信長の勢力下にあったとは考えにくい。元亀三年に調略により遠山一族が織田に服属したときに、越中守が番手として入城したのだろう。天正二年以降は不明であるが、越中守は本能寺の変で討死するまで東美濃衆の一員として織田信忠の麾下《きか》におり、引き続き明知城に置かれた可能性がある。

●—横堀と万ヶ洞に落ちる大竪堀

本能寺の変後、森長可《ながよし》は東濃に侵攻し、明知城も遠山氏を逐《お》って属城とした。天正十二年（一五八四）の小牧長久手の合戦に際しては、勃発後まもなく徳川方（主力は長可に逐われた東濃旧領主）が森領への侵攻を開始し、明知城も攻撃の対象となった。これが三度目の合戦である。このときの戦いについて、『明知年譜』は四月十七日に利景が落城させたとする。しかし、「讃岐遠山文書」によれば、一行と舅《しゅうと》の遠山佐渡守の手により、三月下旬には落城している。なお、小牧長久手の合戦後、城はふたたび森氏の属城となった。

四度目の合戦は、慶長五年（一六〇〇）の関ヶ原の合戦である。利景はその前哨戦で田丸直昌の属城となっていた明知城を攻略し、その功によって旧領六五〇〇石を安堵された。

遠山氏は、元和元年（一六一五）には、参勤交代を行う交代寄合格の旗本となった。明知城が廃城となった時期ははっきりしないが、所領回復後まもなく陣屋が構えられ、徐々にその機能が移っていったものと考えられる。

【横堀と連動した畝状竪堀群】　城は、城山の山頂に並ぶ東西二つの曲輪と通称「出丸《でまる》」を中心として、周囲の尾根の全域に曲輪を配している。登城路は、西側山麓の陣屋から主郭まで明瞭な導線があり、最終段階の大手道であると考えられる。

この城の一番の見所は、二つの主要な曲輪を囲繞《いじょう》する大規模な横堀・堀切《ほりきり》とこれと連動する畝状竪堀群《うねじょうたてぼり》である。横堀と竪堀を組み合わせて防御する事例は、この地域でもいくつか見られるが、このように多数の竪堀を横堀と複雑に組み合わせて用いる事例は他に類例がない。

横堀の外側にも主郭に匹敵する広さを持つ曲輪が複数存在する。これらの機能や横堀等との関係はさまざまな可能性が考えられるが、天正二年の飯羽間氏のように、番手として入城した周辺の領主・土豪が配置されたのかもしれない。

【特別な曲輪の存在】 主郭の南に位置する通称「出丸」は、この城の性格を考えるうえで重要な曲輪である。一辺約三〇メートルの方形で主郭をしのぐ広さを持ち、三方は急峻な切岸《きりぎし》で防御されている。虎口《こぐち》が開口する北辺には巨石列が配されている。また、曲輪内部には「柱石」と呼ばれる中央に直径二四センチほどの穿孔《せんこう》をうがった長辺一一〇センチほどの石がある。手《ちょう》水《ず》石であろう。

これらは、この曲輪が特別な機能を有していたことを示唆している。例えば、元亀・天正年間の坂井氏、一行・利景並立期の利景など、城主と並び立つ有力者の居館であった可能性がある。そのほかいろいろな想定が可能であろう。

【周辺の城館】 山麓の陣屋は、正面の水堀や背後を区画する土塁、馬場など遺構が良好に残り、代官村上氏屋敷等の建物も現存している。近世旗本陣屋の類例として大変貴重である。

城の南には、万《まん》ヶ《が》洞《ほら》と呼ばれる谷を隔てた山上に仲深山《なかのみやま》砦、その西に落合砦の二つの城跡がある。仲深山砦は明知城主郭に匹敵する規模の主郭の周囲に畝状竪堀群がめぐっており、一見の価値がある。三城は、万ヶ洞を中心とした一つの城と捉えることもでき、明知の変遷を考えるうえで重要な遺跡である。

また、明知城の北東二・四キロにある一夜城跡（同町杉野）、北西三キロにあるスワヶ根の砦跡（同町大泉）は、天正二年の戦いのときの、武田方、織田方それぞれの陣城との伝承がある。

【参考文献】 谷口克広『信長軍の司令官—武将たちの出世競争—』（中央公論新社、二〇〇五）、同『織田信長家臣人名辞典　第2版』（吉川弘文館、二〇一〇）、髙田徹「「仲深山砦跡」～「落合山取手跡」」（『岐阜県中世城館跡総合調査報告書』第三集、岐阜県教委、二〇〇四）、家永遵嗣「北条早雲研究の最前線—戦国大名北条早雲の生涯」（『奔る雲のごとく—今よみがえる北条早雲』北条早雲フォーラム実行委員会、二〇〇〇）

（三宅唯美）

●木曽と対峙する境目の城

阿《あ》寺《でら》城《じょう》

〔所在地〕中津川市手賀野
〔比　高〕一〇〇メートル
〔分　類〕山城
〔年　代〕一六世紀後葉
〔城　主〕不明
〔交通アクセス〕北恵那交通恵那線（手賀野）「上手賀野」下車。手賀野配水池東側の沢沿いに進み、沢を渡ると登り口。徒歩三〇分。

【山野と街道】　東濃地方の中央部には、屏風山断層が形成した標高五〇〇～一三〇〇《メートル》の山塊が、文字通り屏風のように連なり、中山道・下街道が通る北部と、中馬《ちゅうま》街道が通り岩村や明知《あけち》がある南部を隔てている。

　こうした山地は、前近代には薪炭《しんたん》草木をはじめとする生活必需品の生産の場であり、杣《そま》道が縦横に走っていた。また、交通にとっても障壁ではなく、谷沿いに散在する集落をつなぐ道ばかりでなく、山地を横断し、南北の集落を直線的に結ぶ道があった。

　屏風山断層の山地に立地する妻木城、小里《おり》城、佐々良木《さざらぎ》城、下手向《しもとうげ》城、椋実《むくのみ》城、馬隠し、督の城などの山城は、こうした山野の道や用益と密接に関わるものであったと考えられる。

　阿寺城もこうした山城の一つである。

　近世には、中山道中津川宿と南部の拠点である岩村との間には、川上集落から阿木に抜ける現在の国道三六三号のほかに、手賀野《てがの》から阿寺の尾根を登り、根ノ上の竜泉寺をへて阿木に至る道があった。中津川から根ノ上を越えて岩村に至るルートは複数想定できるが、この道が最短かつ平易である。阿寺城はこの二つの道の両方を押さえる位置に立地している。

【縄張の特徴】　城は、南北に延びる尾根上に三つの曲輪を配し、それぞれは、堀切《ほりきり》によって画されている。主郭である曲輪Aは南端が櫓台《やぐらだい》状に高まり、現在は御嶽神社の祠がある。

城の背後となる南側は三重の堀切で画されている。

前述の道は、北側の山麓から尾根を登り①に至る。①からは、現在は斜面の崩落が多くて明瞭ではないが、城の西側斜面を南進し、三重堀切のうちもっとも南の堀切⑦にとりついて、尾根に戻り、そのまま尾根道となって根ノ上の山頂へ向かっている。

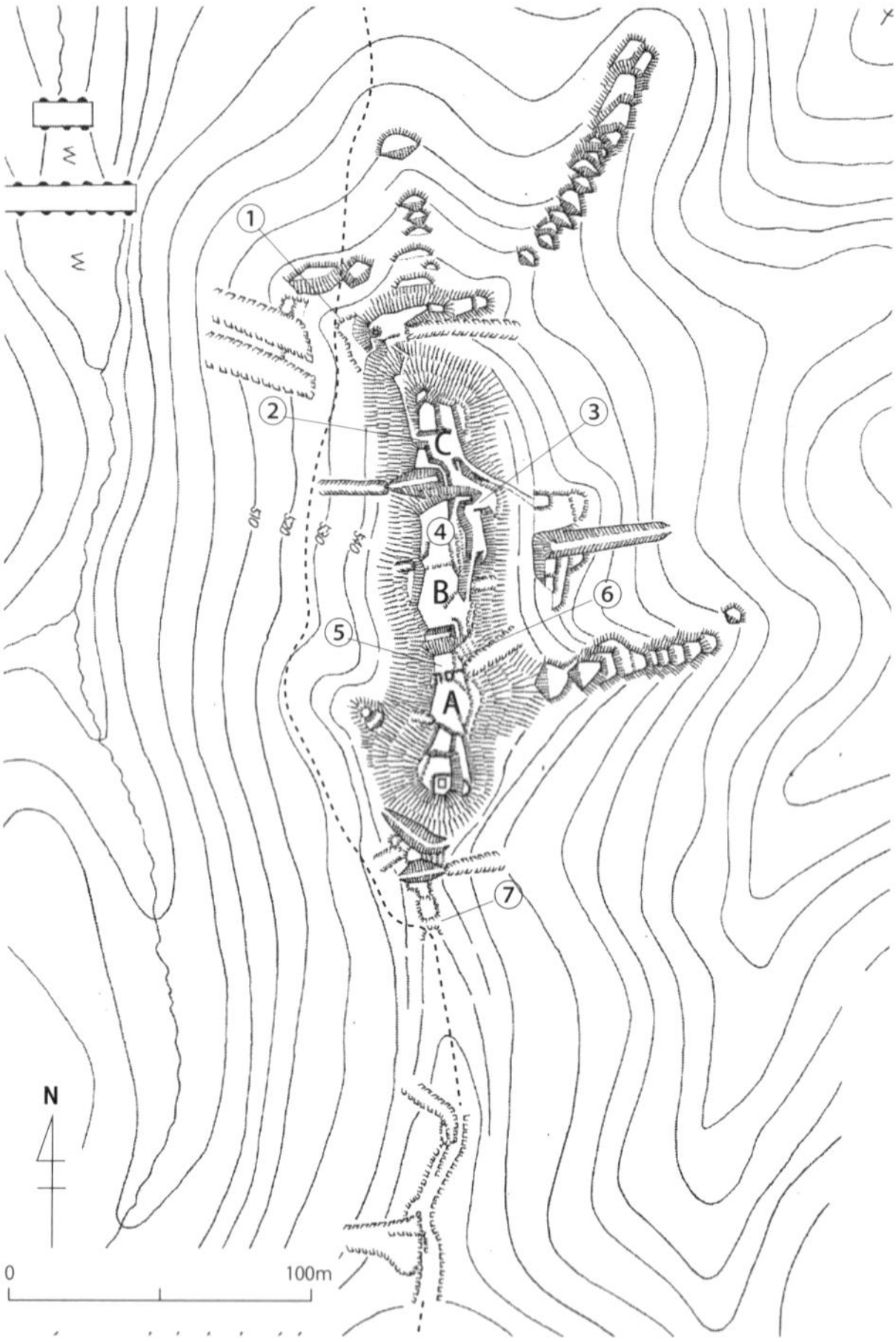

●—阿寺城縄張図（作図：佐伯哲也。道（破線）は筆者加筆）

城内には、①から東へ入り、斜面を登って西側の虎口《こぐち》②から曲輪Cに入る。②の両脇は櫓台《やぐらだい》状の上部の広い土塁《どるい》で囲む。曲輪Cの北側の尾根は小削平地を設けて連続した切岸《きりぎし》として通行を遮断、往来を西側の道に限定して防御しているようである。

曲輪Bは上下二段からなる。Cの南東端から東側斜面③にまわり、右に折れて下段④に入り左に折れて上段に至る。曲輪Aも主体となる平坦地の北側に一段低く小曲輪⑤を設けている。Bから神社まで、現在は参道として改変されて直線的に進むが、小曲輪の東側には虎口とみられる鞍部《あんぶ》⑥があり、Bと同様に、Bの南東端から東側斜面にまわり右に折れて⑤に入ったようである。

このように阿寺城は小規模ながらも技巧的で、虎口《こぐち》の形態からは織田氏の関与が考えられる。そして、根ノ上越えの道を直接押さえており、中津川・岩村間の交通を厳しく監視する役割を負っていたと考えられる。

●—曲輪A

●—曲輪C虎口②

【武田・織田の攻防の舞台となった木曽方面の境目の城】　天正二年（一五七四）正月、武田勝頼《かつより》は、元亀三年に失陥した遠山領を回復するため、恵那市南部に侵攻した。同時に、木曽口からは木曽義昌が侵攻し、阿寺城を攻撃した。次の書状はそのとき義昌から勝頼に宛てたものである。

（天正二年・一五七四）二月十日木曽義昌書状写（『戦国遺文武田氏編』四二九四号）

急度捧愚書候、仍明智・櫛原之属御存分由目出度奉存候、右意趣以使者申上処、安点良表江国中衆出勢与相見候、当陣間近候之条、用心等無油断儘、先以飛却言上候、其表之御備具披露御報可畏入候、恐惶謹言、

木曽
二月十日　義昌
甲府御陣所
参　人々御中

明知城、串原城の攻略を祝すとともに、織田勢が阿寺城周辺に進出してきたことを急報した。このとき織田信長は、明知城を後詰するため神篦《こうの》城まで来ていた。『信長公記』には記されていないが、阿寺城を後詰《ごづめ》するために軍勢を進出させたのだろう。有力国衆の居城である明知城、串原城と並んで武田方の攻撃目標となっていることが注目される。

このことについて『寛永諸家系図伝』（以下「寛永譜」）所収の苗木遠山譜では、阿寺城には遠山友忠とその子の友重、友政が在城し、天正二年（一五七四）の武田方との攻防で友重が討死したとする。「岩村近辺城主覚」（寛永十六年・一六三九成立）には「一阿寺　久須見村戸田甚左衛門、佐々良木村渡辺新右衛門、右両人番頭ニテ木曽之押、六拾五歳已前七歳程居申候」とある。

友忠父子は、遠山一族が武田から織田へ寝返った元亀三年（一五七二）秋以降に、織田方の番手として在城したのであろう。友忠父子は天正二年夏ごろに苗木城に移っており、戸

●―苗木城からみた阿寺城

田、渡辺の在番は、天正三年（一五七五）の織田信忠による岩村城攻めにともなうものと考えられる。「木曽之押」としての阿寺城の機能は、天正十年（一五八二）の武田滅亡によってその役割を終えており、「七歳程居申候」との記述と符合する。

苗木城本丸から南を望見すると、阿寺城と根ノ上の山塊、山麓の集落や中山道を一望にすることができる。阿寺城からは樹木のため確認できないが、同様に山麓から苗木城まで一望にすることができるだろう。木曽と岩村を結ぶ街道を押さえること、苗木城と連動して中山道を規制することを目的とする、境目の地域の軍事拠点としての性格の強い山城といえよう。

【参考文献】髙田徹「阿寺城跡」（『岐阜県中世城館跡総合調査報告書第三集』岐阜県教委、二〇〇四）、清水宣洋「阿寺城」（『岐阜の山城ベスト50を歩く』サンライズ出版、二〇一〇）、三宅唯美「一六世紀東美濃における地域拠点の形成」（「城下町科研」総括シンポジウムⅡ資料集『中世・近世移行期における守護所・城下町の研究（二）』二〇一七）

（三宅唯美）

●岩村城攻防戦の陣城か

阿《あ》木《ぎ》城《じょう》

〔中津川市指定史跡〕

〔所在地〕中津川市阿木
〔比　高〕八五メートル（阿木駅付近から）
〔分　類〕山城
〔年　代〕一六世紀後葉　一五七〇年代か
〔城　主〕不明
〔交通アクセス〕明知鉄道「阿木駅」下車、徒歩七分。

【阿木城の縄張】　阿木城跡は、岩村城から北に四・七キロ、岩村境の打杭峠《うちくいとうげ》を正面に望み、中山道中津川宿、同大井宿および岩村からの三つの道が交わる要の位置に立地している。明知鉄道阿木駅の北東約四〇〇メートル、阿木川に面した小高い山の上にあり、頂部に大きな主郭を構え、東、西、南の三方に伸びる尾根のうち東西の二つを堀切《ほりきり》によって遮断し、残る南に下る尾根を登城道としている。

主郭は、直径五〇メートルの円形を呈する。土塁《どるい》はなく、全周を高さ五メートルの急な切岸《きりぎし》としている。南北に一ヵ所ずつ凸状に張《はり》出《だし》が設けられ、虎口《こぐち》となっている。

主郭の周囲には帯《おび》曲輪が囲繞《いじょう》している。前述の虎口の張出によって東西二つの曲輪①②に分けられ、北の虎口からは②、南の虎口からは①に通じている。②は、二ヵ所に土塁が認められ、それぞれ、西と南の尾根に面している。二つの土塁の間には崩落の痕跡があり、一続きであった可能性が高い。西の尾根は堀切によって遮断されている。南の尾根は堀切がなく虎口③が設けられており、登城路は南側に限定されていた。

①の先に続く尾根は二重堀切によって画されている。このうち内側の堀切④は尾根に対して斜めに掘り込まれ、北は鍵の手に曲がり竪堀《たてぼり》となって斜面を下っている。南も同様に鍵の手に曲がる。竪堀の存在は林道により破壊されておりはっきりしないが、内側は竪土塁と切岸が連続している。このようにすることで、①およびその下の張出部⑤から横矢がかか

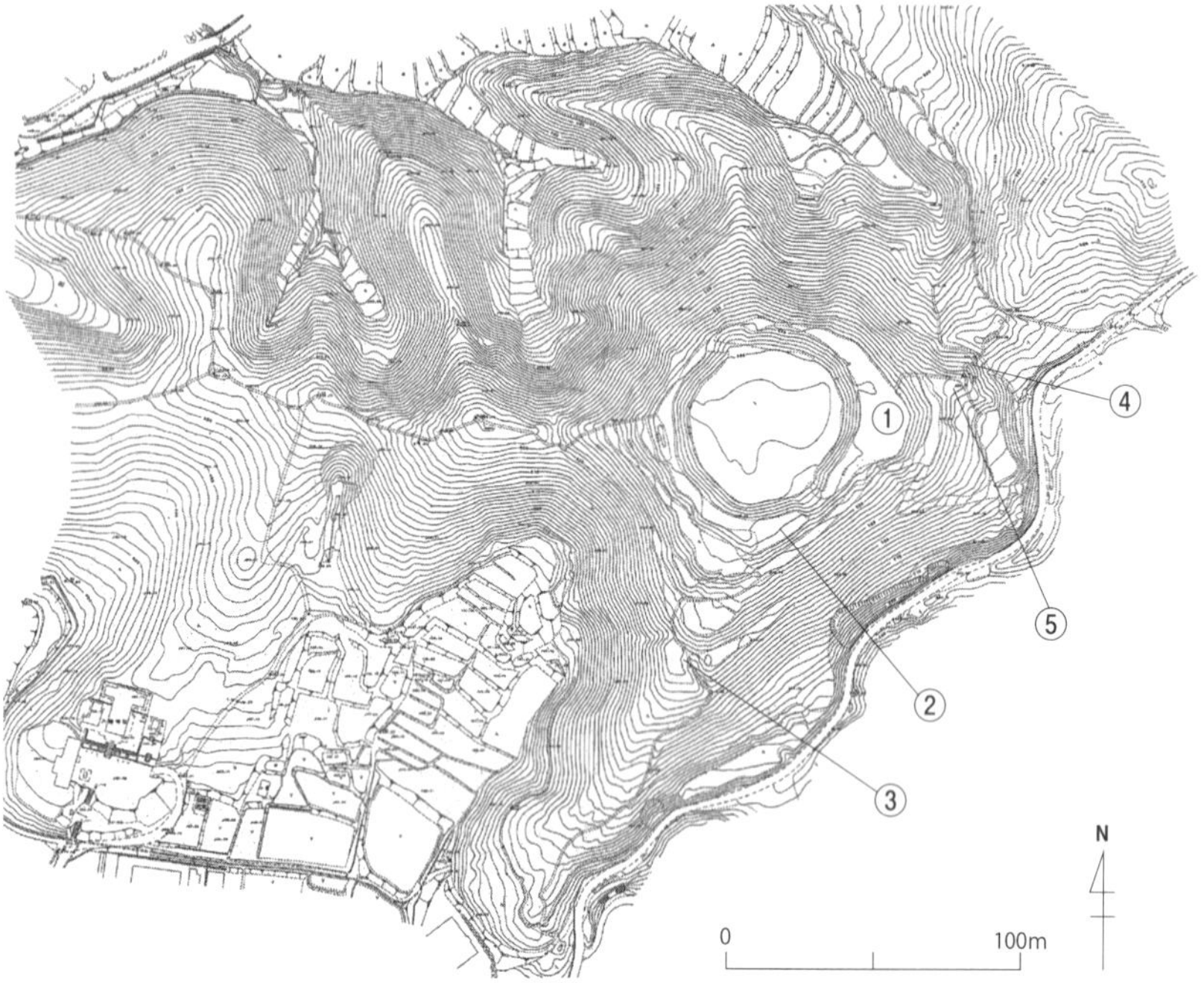

●—阿木城測量図（中津川市教育委員会提供）

●—打杭峠から望見した阿木城

るようにし、防御を固めている。このような背後の堀切の形態は、近隣では恵那市串原《くしはら》の柿畑城跡に類例が認められる。

【岩村城攻防戦の陣城】

阿木城の築城主体や経緯はまったく不明である。

一五世紀後半には奉公衆として岩村と同じ三番衆に「遠山安木」がいる。応仁の乱にも従軍しており（『見聞諸家紋』）、在京していたようだが、明応二年（一四九三）ごろ（「東山殿時代大名外様附」）を最後に徴証がなくな

●—背後の鍵の手に曲がる堀切

る。在地での活動の徴証もなく、一六世紀前葉には没落したと考えざるをえない。

「岩村近辺城主覚」（寛永十六年・一六三九成立）には「阿木村 戸田甚左衛門殿と申仁居被申候」とある。同書の阿寺の項では番頭として「久須見村戸田甚左衛門」とあり、両城の番手を兼ねていた、あるいは多少の時差を持って勤めていた、とも読み取れる。また『巌邑府誌《いわむらふし》』では「俚人《りじん》曰く、昔は大藤権允なる者これを守る、嘗《かつ》て巌邑兵と椓獗山に戦う、未だ何時の事たるか審《つまび》らかにせずなり、又曰く、堀田某《なにがし》なる者これを守る、呼びて曰く見澤殿」とある。このような伝承からは領主の拠点というよりは、陣城・付城としての性格がうかがえる。

髙田徹氏は、この城の特徴として、主郭の占める割合が格段に大きく他の曲輪は主郭の防御を強く意識し付属した感が強いとし、この城が段階的に改修されたものではなく、築城当初から大規模な縄張を志向していたとする。

周辺で主郭の大きさが五〇メートル程度で同様の特徴を有する山城としては、前述の柿畑城のほか、下手向城（恵那市山岡町）、天王山砦（同武並町）があげられる。いずれも元亀三年から始まる織田・武田の争乱で築かれた砦と推定されている。

阿木城も同様に、岩村と中山道を結ぶ街道を押さえるために築城され、岩村城攻防戦の間だけ短期間機能した陣城ではないだろうか。

【参考文献】髙田徹「阿木城跡」（『岐阜県中世城館跡総合調査報告書第三集』岐阜県教委、二〇〇四）、三宅唯美「一六世紀東美濃における地域拠点の形成」（「城下町科研」総括シンポジウムⅡ資料集『中世・近世移行期における守護所・城下町の研究（二）』二〇一七）

（三宅唯美）

●幕末まで存続した陣屋跡

旗本《はたもと》馬場《ばば》氏《し》陣屋《じんや》

〔所在地〕瑞浪市釜戸町中切
〔比　高〕〇メートル
〔分　類〕平城
〔年　代〕一六世紀末～一九世紀
〔城　主〕馬場氏
〔交通アクセス〕ＪＲ中央本線「釜戸駅」下車、徒歩三〇分。

【森長可の東美濃支配】　天正十年（一五八二）に本能寺の変が起こると、信濃から旧領の金山（可児市兼山）に戻った森長可《ながよし》は米田城（美濃加茂市）や大森城（可児市）など、近隣の城を攻めて東美濃一帯を平定し、小牧・長久手合戦で長可が戦死した後は、弟の忠政が領地を継いだ。

　本陣屋は、このように森氏が東美濃一帯の支配権を確立する際に築いたものとされるが、築かれた年代や配された武将などの詳細については明らかではない。『安藤家代々覚書』に「釜戸《かまど》村　横山甚内・安藤兵庫居住、其後森蘭丸、其後慶長四年亥歳《いどし》迄森武蔵守殿領分也」とあることから、天正十年（一五八二）頃から慶長四年（一五九九）頃まで、当地が森氏の支配を受けていたことは間違いないとみられ、森氏が本陣屋を築いたとすればこの時期ということになる。

【旗本馬場氏の登場】　また同書に「昌次公　馬場半左衛門、慶長五年子年下総国佐倉郷ヨリ当釜戸郷ニ御入部」とあるように、慶長五年以降は当地を領有した馬場氏の陣屋として使用されたもので、釜戸陣屋とも呼ばれている。

　馬場氏は、かつて木曽谷を支配した木曽氏の一族（木曽衆）であるが、関ヶ原合戦にともなう東濃合戦の際、馬場昌次《まさつぐ》が千村良重《ちむらよししげ》・山村良勝《よしかつ》らとともに東軍に属して戦功を挙げたことで、土岐《とき》郡釜戸郷をはじめ恵那郡・可児郡などにおいて一六〇〇石を知行して旗本となった。寛永十二年（一六三五）二代目利重が甲斐国巨摩郡内の一〇〇〇石を加増され、明暦三年（一六五七）三代目利尚が弟の利興に六〇〇石を分知したことで、釜戸《かまど》馬場氏（二〇〇〇石）と茄子川《なすびがわ》馬場氏に分かれた。千村・山村氏など他の木曽衆が尾張藩付属となった後も旗本として存続し、明治維新を迎えている。

菩提寺は釜戸の天猷寺《てんにゅうじ》であるが、利重以降は江戸に居住したため加勢・松井・鈴木・加納の四氏を代官とし、陣屋内には加勢氏を、その他の三氏は周囲に住まわせたとされるが、このうち松井氏はかつて森氏の家臣であったという。

【陣屋の所在地】 本陣屋が所在する釜戸町中切地区（旧・中切村）は中世東山道と近世下街道の合流地点にあたり、陣屋の西には宿の地名（旧村名）も残ることから、かつて中世東山道の宿場が存在したとされる。また、陣屋の南対岸の地名は公文《くも》垣内《がいと》（旧・公文垣内村）で、その名称から古代～中世にかけて在地領主の居館などが所在したと考えられており、中世から近世の政治・交通の要所にあたる。

【陣屋の構造】 本陣屋は土岐川右岸（北側）の段丘端部に立地し、南を流れる土岐川とは数㍍の落差で遮断されている。主郭北半は現在竹林となっているため立ち入っての観察は困難であるが、西・北・東側には高さ三㍍を超える土塁《どるい》を見ることができ、東側の土塁は二重となっている。また土塁の外

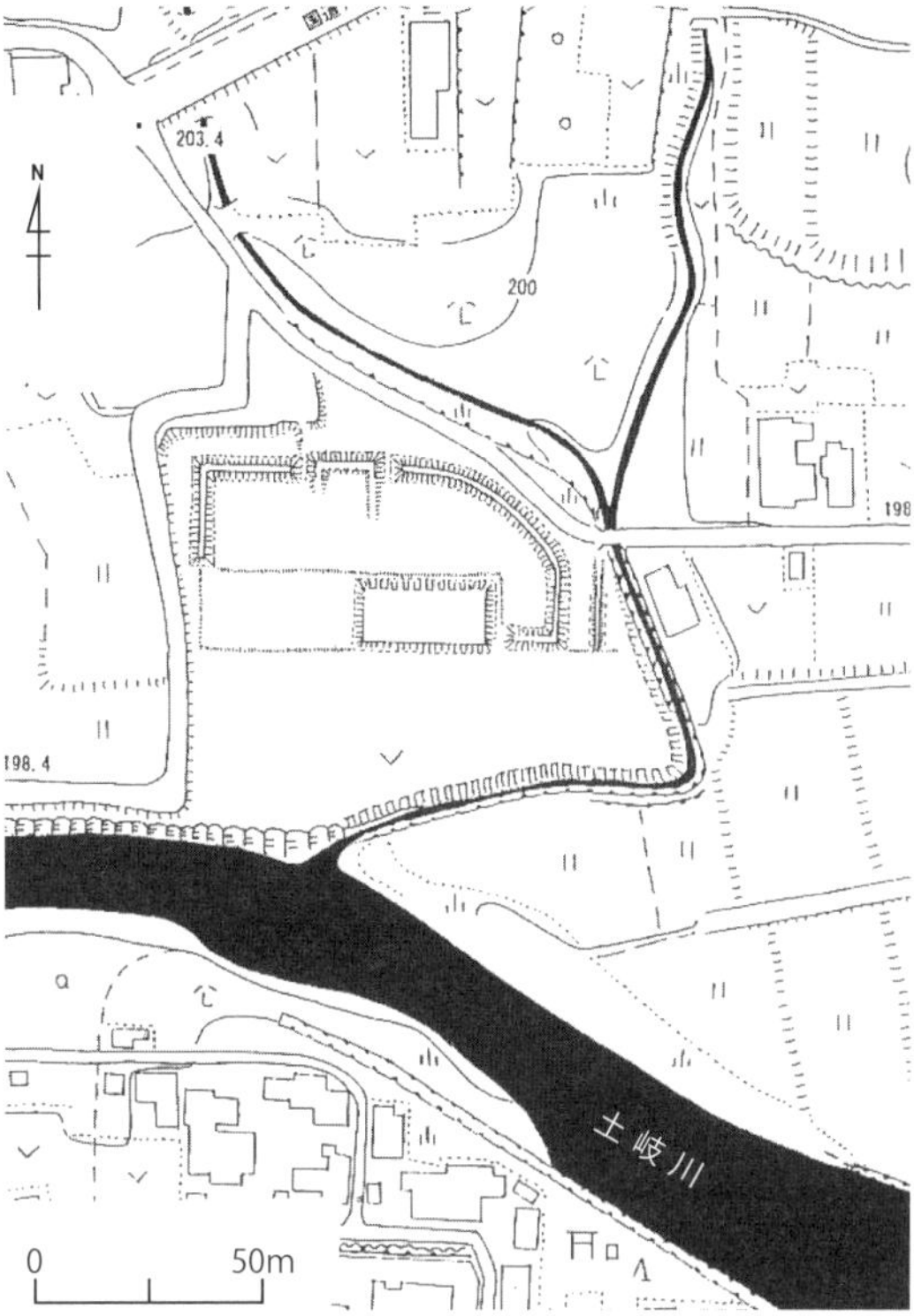

●—旗本馬場氏陣屋縄張図（作図：石塚晋一）

●—馬場氏陣屋遠景（西から）

周のうち北側から西側にかけては堀跡を確認することができる。また、曲輪の中央部には高さ一メートル《メートル》を超える土壇状の高まりも認められるが、これが陣屋にともなう遺構であるかは判然としない。

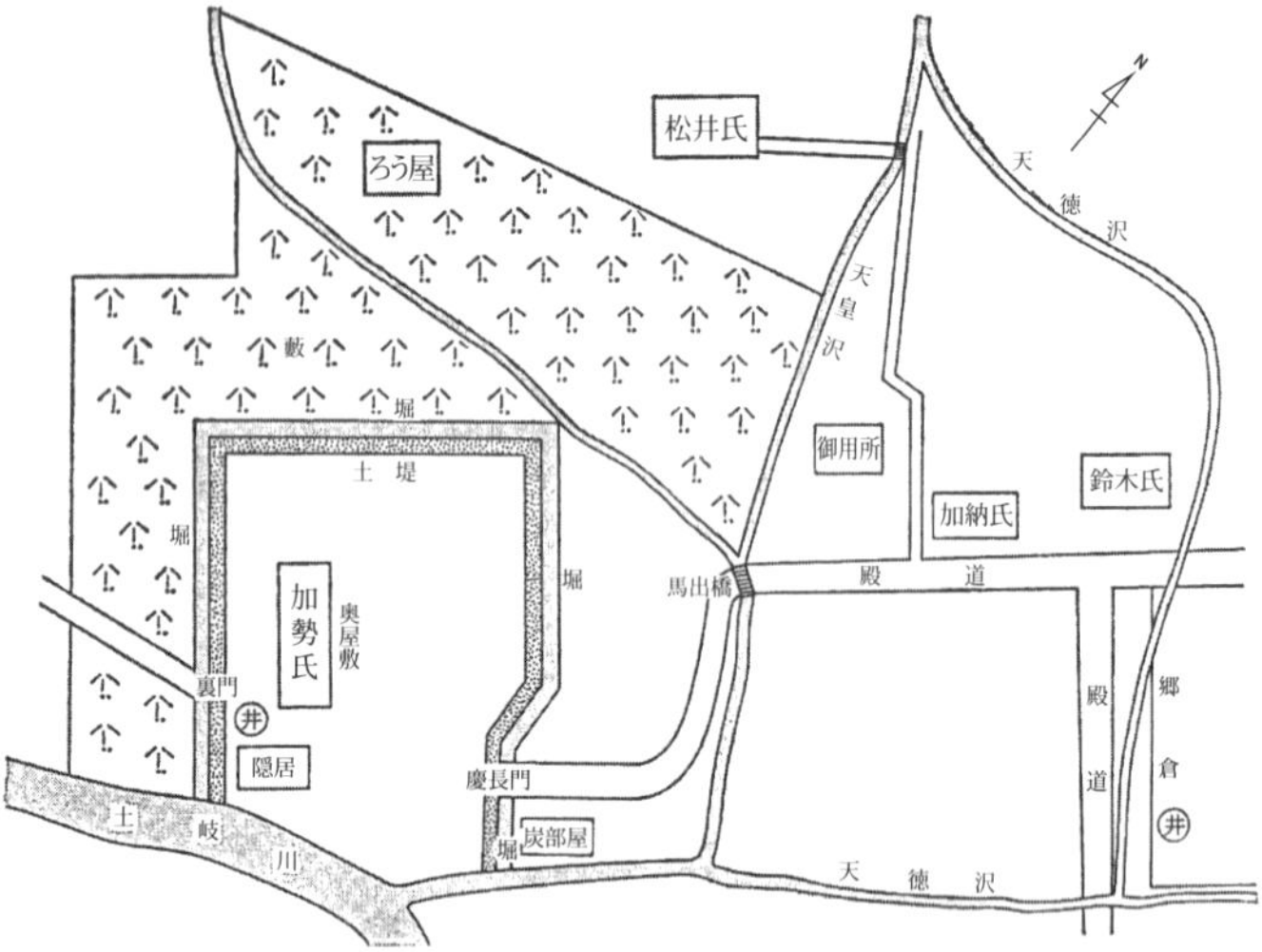

●―旗本馬場氏陣屋見取図（『博物学史散歩』上野益三 八坂書房 1978 より）

いっぽう、主廓の南半では土塁・堀などを見ることはできないが、これは明治三十五年（一九〇二）頃に国鉄の中央西線（現・中央本線）敷設のために遺構が破壊されたためである（現在、線路は土岐川の左岸〈南側〉へ付け替えられている）。

　しかし、本陣屋の構造については、幸い絵図の写しが残されており、概要を把握することができる。すなわち、主廓の東・北・西側に土塁、その外周には堀（周濠）をめぐらせて、東西の二ヵ所に虎口《こぐち》を配するというものである。また、前述のように南側は土岐川に面し天然の堀としている。東側の門は「慶長門」、西側の門は「裏門」と記され、いずれも平虎口として描かれているが、慶長門は枡形《ますがた》状であった可能性もあろう。この門はその名のとおり慶長年間に建てられ、茅葺きであったという。現在の遺構と絵図を比較すると、若干異なる部分もあるものの、その構造はおおむね一致していると言え、西側堀の一部は道路の下に埋まっているとみられる。

　このように本陣屋は、南半については後世の改変が認められるものの、北半の遺構は良好に遺存しており、近世の陣屋構造を検証する上で重要な事例と評価できよう。

【参考文献】上野益三「十五　釜戸と東京」（『博物学史散歩』八坂書房、一九七八）

（砂田普司）

●岩山に築かれた懸造りの山城

苗《なえ》木《ぎ》城《じょう》

〔国指定史跡〕

〔所在地〕中津川市苗木
〔比　高〕一七〇メートル（木曽川から）
〔分　類〕山城
〔年　代〕一六世紀中ごろ
〔城　主〕遠山苗木氏、河尻氏、遠山氏（飯羽間）
〔交通アクセス〕北恵那交通付知峡線「苗木」下車、徒歩二〇分。

【植苗木から高森へ】　苗木城は戦国時代には「高森」と呼ばれていた。初見史料は（天文九年・一五四〇）九月三十日三木直頼書状写（禅昌寺文書）で、禅昌寺に、岩村と高森から使者が来ていることを報じている。このときの当主は、遠山昌利（『明叔録』）と推定される。昌利は、遠山左衛門尉景徳（岩村景前か）が高野山の坊院宛に書状を発給したときに、副状を発給している（苗木遠山史料館所蔵文書）。岩村衆を率いる景前を一族の長老として補佐・後見する立場にあったのだろう。

植苗木から高森への移転は、苗木氏と岩村氏の連繫が深まる中で、大永年間から天文初めに昌利によって行われた可能性が高い。

【遠山直廉の活躍】　天文二十一年（一五五二）、岩村景前の第二子で昌利の跡を継いでいた武景が不慮の死を遂げ、第三子直廉が苗木家に入った。室は織田信長の妹とされている。

このころから遠山荘は激動の時期を迎える。東の信濃では、天文二十三年（一五五四）に武田信玄が下伊那と木曽を制圧し、直接境を接することとなった。また、南の三河では、今川義元が遠山氏と関係の深い奥三河の反今川勢力を討伐しようとしていた。

天文二十四年（弘治元年・一五五五）九月に武田信玄は、木曽氏に苗木を支援するよう命じる（『戦国遺文武田氏編』六四五号）。岩村衆の武田への服属の時期はこれ以前であろう。翌弘治二年七月には景前が没し、岩村は長子の景任が跡を継

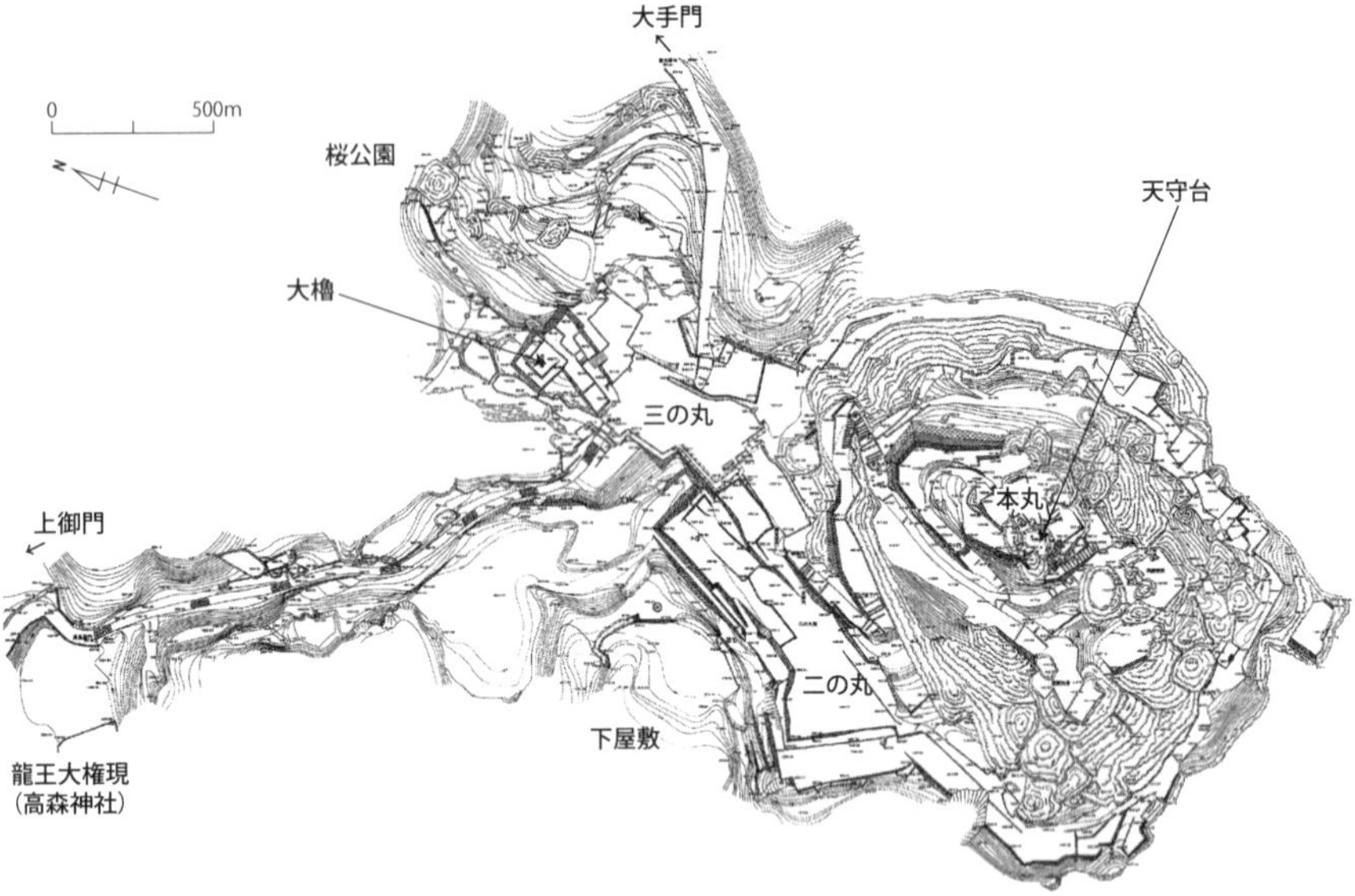

●―苗木城測量図（内郭部分）（中津川市教育委員会提供）

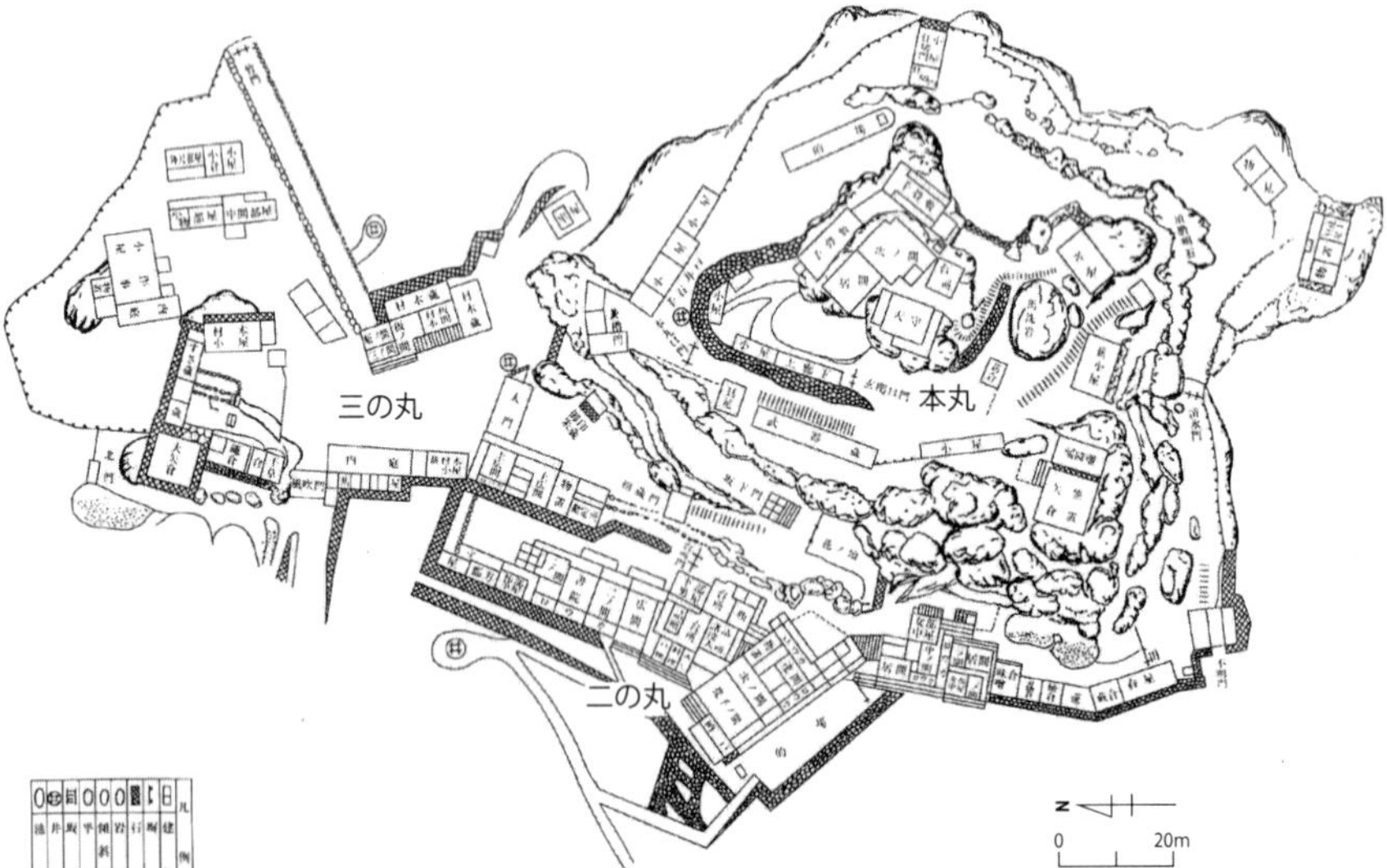

●―苗木城跡見取図（中津川市苗木遠山史料館編『苗木城絵図輯録』から引用）

●—手前から三の丸、下屋敷、高森神社の山塊

いだ。景任・直廉兄弟の家督継承とその確立は、武田の強い影響下で行われ、以後兄弟は一貫して武田方として活動していくことになる。

永禄八年（一五六五）、織田信長は、美濃攻略を本格化させ、九月には可児郡の金山城を手中にした。武田とも神篦口で合戦に及んだが（『信長公記』）、両者は全面的な衝突を回避し、翌九年までに同盟を結ぶに至った。この過程で信玄は、景任・直廉兄弟に「小里氏が離反したが自重をするよう」求め（『戦国遺文武田氏編』二〇九〇号）、さらには子の勝頼の室として、信長の姪で養女となった直廉の娘を迎えている。直廉は同盟の成否を左右する存在だった。

【苗木氏から飯羽間氏へ】　直廉は元亀三年（一五七二）五月に病没した。八月には兄景任も病没しており、岩村衆は当主不在となった。岩村・苗木の外戚である信長は家督継承に介入し、四男の御坊丸を景任の後継者にすえ、岩村衆を織田方に寝返らせることに成功した。このとき直廉の継嗣は立てられず、苗木氏は事実上滅亡した。苗木城には、飯羽間の遠山友勝が入った。

天正二年（一五七四）秋、友勝の後に子の友忠が苗木城を継承し、織田信忠麾下《きか》の部将として地位を確立した。織田領の東端で武田と対峙し、天正十年（一五八二）には木曽義昌

●—大堀切を埋めて造られた三の丸（手前）と本丸

の調略に成功して武田氏滅亡のきっかけをつくった。本能寺の変後は岐阜城主となった信孝にしたがうが、天正十一年（一五八三）森長可に二度にわたり攻撃され、遂に徳川家康の許へ退去した。

苗木城は、森氏の支城となった。森氏の川中島転封後は河尻直次が入るが、関ヶ原合戦後に友忠の子の友政が旧領を安堵されて復帰し、近世苗木藩の祖となった。以後転封されることなく幕末まで続くことになる。

【岩山に築かれた懸造りの城】　城山は、現在城郭として認識されている標高四三二メートルの高森山のほか、その北の桜公園、西の高森神社の三つの山塊からなり、城域は三五ヘクタールにおよぶ。木曽川北岸の中津川合流点および付知川合流点の間に立地しており、山頂からは馬籠から中津川市街地を一望に見ることができる。中山道（東山道）ばかりでなく、木曽・裏木曽・恵那山から搬出される材木の流通を直接押さえることのできる場所である。

苗木遠山史料館から、城下町に向かって北へ一〇〇メートルほど進むと左手に堤がある場所に至る。ここが上御門跡で城と城下町を画する実質的な大手門である。

本丸は、山頂の露岩を天守台とし、その北側の二段の平坦面に千畳敷と呼ばれた本丸御殿があった。平坦面は極めて狭く、御殿は下の段およびその周囲の露岩から柱を立ち上げた懸造りで建てられていた。なお、現在天守台には、天守三階部分の床面を想定復元した柱梁建物があり、懸造りの様相を体感することができる。

天守の南には一段低いところに馬洗岩と呼ばれる巨岩があり、これを巡るように帯《おび》曲輪が巡り、本丸口門に至る。ここから左に折れるのが正面の通路で、つづら折りの坂を菱櫓《ひしやぐら》門、坂下門、綿蔵門と下って大門に至る。一方、帯曲輪は千石井戸から時計回りに東から南へと巡り、不明門をへて二の丸に至る。そのまま北へ進むと二の丸の正門である勘定所門から出て綿蔵門の前で正面の通路と合流する。

二の丸には藩主が平時に住む御殿と政庁があった。下屋敷へ下る斜面を造成して南北一〇〇㍍×東西二〇㍍の敷地を確保し、書院、台所など四棟の殿舎が隙間なく建ち並び、一部は懸造《かけづく》りとなっていた。

大門の北の三の丸は、先行する大堀切《おおほりきり》を埋めて造成されている。方形の曲輪の北端に大櫓、東に駆門、西に風吹門があり、内部は広場となっていた。

大手門は、城下町とは反対の木曽川畔に構えられ、「四十八曲がり」と呼ばれる急坂を登り、駆門に至る。

城山は全山が花崗岩の岩山であるため、削平による造成が困難であり、巨岩の間に石垣を構築し、盛土をすることによって曲輪を造成している。一つ一つの曲輪はきわめて狭隘で、防御は自然地形に頼っており、近世城郭としては脆弱にみえる。ところが建物を復元してみるとその様相は一変する。苗木城で櫓と呼ばれているのは、天守のほか、笠置《かさぎ》櫓、物見《ものみ》櫓、三の丸大櫓などごくわずかであるが、実際には本丸とそれを取り巻く帯曲輪、三の丸の主要部分には、石垣の天端いっぱい、あるいはそれよりはみ出して懸造りで建てられた倉庫・蔵が建ち並んでおり、多門《たもん》櫓の機能を有していた。二の丸の殿舎群も同様である。狭隘な地形による不利を作事によって補っているのである。

【参考文献】横山住雄「中世末の苗木城と苗木氏の動向」(『美文会報』二七〇～二七二・二七五、一九九一)、髙田徹「美濃苗木城の縄張り」(『中世城郭研究』八、一九九四)、小川雄「一五五〇年代の東美濃・奥三河情勢—武田氏・今川氏・織田氏・斎藤氏の関係を中心として—」(『戦国史研究』四七、二〇一二)、小笠原春香「武田・織田間の抗争と東美濃—元亀・天正年間を中心に—」(『戦国史研究』五三、二〇一六)

(三宅唯美)

●奉公衆遠山苗木氏の居館

片《へん》岡《こう》寺《じ》跡《あと》

〔中津川市指定史跡〕

〔所在地〕中津川市福岡植苗木
〔比　高〕〇メートル
〔分　類〕平城
〔年　代〕一六世紀前半
〔城　主〕遠山苗木氏
〔交通アクセス〕ＪＲ中央本線中津川駅から。北恵那交通付知峡線「福岡総合事務所前」下車、徒歩一五分。

【室町幕府奉公衆遠山苗木氏】　遠山荘は恵那《えな》郡（現在の恵那市・中津川市）全域を荘域とする広大な荘園である。鎌倉期にこの地に地頭として入部した遠山氏は南北朝期には荘内全域に一族を分出させ、その多くが室町幕府奉公衆となった。

苗木氏もその一つで、『蔭凉軒《いんりょうけん》日録』長享二年（一四八八）八月二十二日条には「遠山有三魁、第一号苗木、第二号明智、第三号岩村、皆千貫許分限《ぶげん》（中略）遠山左京亮号政景（以下略）」とあり、遠山一族の中でも明智、岩村とともに本宗家の一つであった。

五番衆に属しており、寛正六年（一四六五）には遠山左京亮国景《くにかげ》が将軍足利義政の出行に供奉《ぐぶ》している。「永享以来御番帳」の遠山左京亮、康正二年（一四五六）に「遠山荘所々段銭《たんせん》」を納めている遠山左京助も国景だろう。『見聞諸家紋』には「五番遠山」とあり、応仁の乱では東軍として在京していた。前述の政景は、明応元年（一四九二）ごろの番帳である「東山殿時代大名外様附」に遠山左京亮と見えるが、明応二年（一四九三）の政変以降は在京の徴証はなく、苗木郷に下向したと考えられる。

苗字の地でもある所領苗木郷は、遠山荘のうち木曽川以北に加え、神坂《みさか》・馬籠《まごめ》に広がる。植苗木はその中央、付知《つけち》川東岸の上位河岸段丘にある。その西の下位河岸段丘には飛驒街道が通り、近世には福岡宿があった。

片岡寺跡は、直接には慶安三年（一六五〇）に創建され明治三年（一八七〇）に廃寺となった崇福山片岡寺の跡であるが、遠山苗木氏が高森（現在の苗木城）に移る前の居館であるとの伝承（『遠山来由記』『美濃御坂越記』など）がある遺跡である。

【遺跡の概要】 段丘のほぼ中央、道路沿いに高さ四メートル、幅四メートルの土塁《どるい》が、東西九〇メートルにわたり続いている。これが南辺土塁である。他の辺はほ場整備などで削平され残っていないが、戦前には他の辺の土塁も部分的に残り、周囲を堀状に細長い水田が囲んでいたという。

明治期の字絵図を参照すると、東西一一〇メートル、南北一〇〇メートルの長方形の区画がはっきりと読み取れる（上図）。区画の周囲をめぐる草野が土塁、その外側の細長い水田が堀と推定される。注目すべきは西辺の二ヵ所にある土塁の切れ目①②である。門と見ることができ、主門と脇門の二つを持ち西を正面とする方一町の館であることが分かる。

片岡寺跡は奉公衆クラスの有力国人の典型的な館の遺構と評価できる。

●—付知川西岸からみた植苗木（全景）

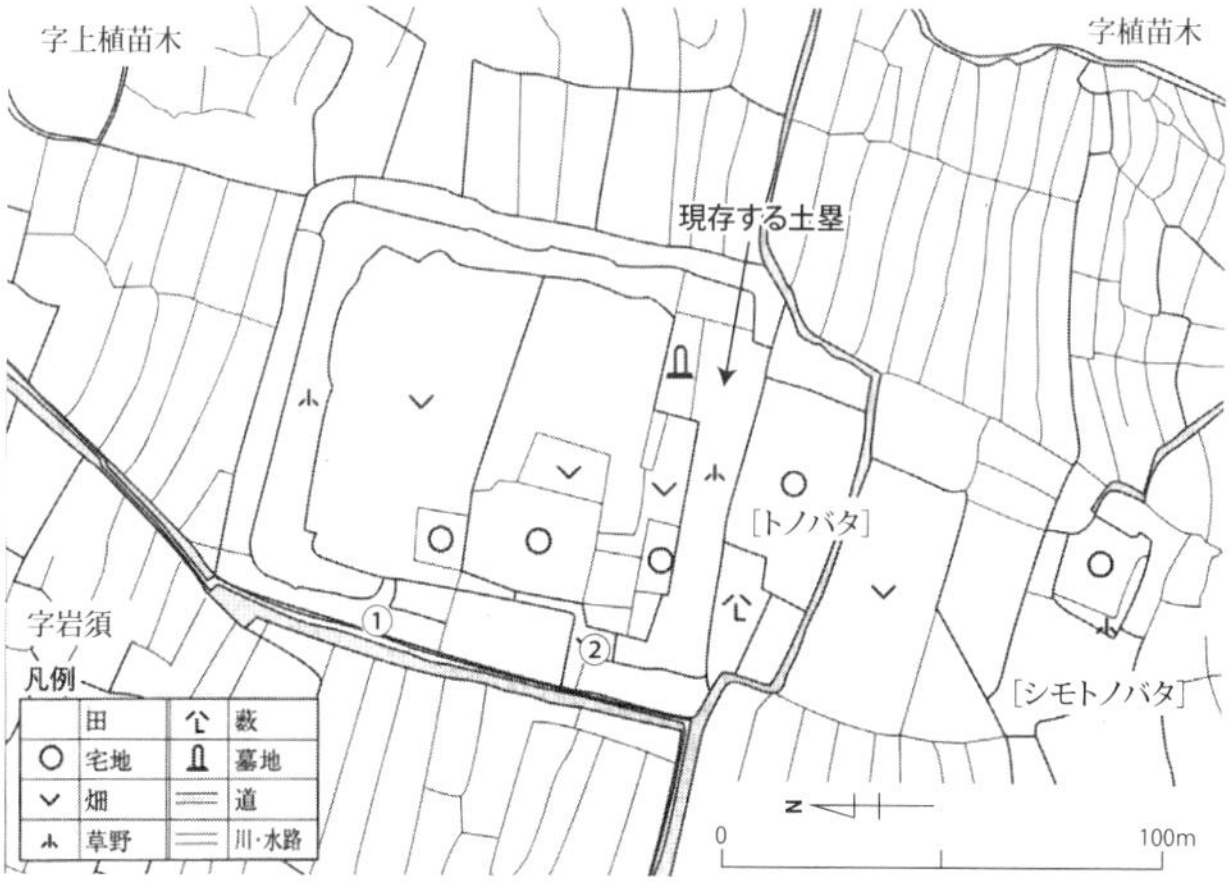

※線の途切れた箇所はかすれて判断できなかった部分である。

●—片岡寺跡周辺地籍図（三宅2003より転載）

【遠山苗木氏の本拠地の景観】

片岡寺跡の北東三五〇メートルにある植苗木神社（飛天王）は、天文年間に移転した牛頭天王

●—片岡寺跡南辺土塁

社（現在の榊山神社）の旧地との伝承がある。

神社の東の広恵寺《こえじ》堤の脇の道を東へ五〇〇メートルほど進むと、広恵寺観音堂がある。南北朝期に創建され近世初頭に廃絶した広恵寺の跡で、周囲には多くの平坦面と園池や井戸跡があり、宝篋印塔《ほうきょういんとう》や五輪塔も遺存している。貞享五年（一六八八）に写された大般若経箱書《はこがき》（広恵寺観音堂所蔵）に「観応元庚寅小春十七日　大檀那《おおだんな》広恵寺殿法海観公大禅定門」とあり、永禄十二年（一五六九）には苗木直廉が広恵寺に対して禁制制札を発給している（苗木遠山史料館所蔵）。遠山苗木氏の菩提寺とみてよいだろう。

このように、遠山苗木氏は、植苗木のほぼ中央に方一町方形館を構え、北東の山際に牛頭天王社や菩提寺を配置していた。館の周囲の状況は不明であるが、『美濃御坂越記』は、「村中に四方堀の屋敷が数ヵ所ありいずれも家老屋敷という」と記している。また、館に隣接して、家人や従属する職人の居住する場があった可能性もある。

【広恵寺城跡】　広恵寺城は、広恵寺堤北側の通称「城ケ根山」と呼ばれる西へ伸びる尾根にある。比高差は麓から一一〇メートル、片岡寺跡から一三五メートルを測る。

頂部に東西七〇メートル、南北三〇メートルの曲輪を造成し、東側は堀《ほり》切《きり》により画されている。北側斜面には「姫井戸」と呼ばれる井戸跡がある。堀切の東一〇〇メートルにも堀切状の地形が認められるが杣道の可能性もあり、城にともなうものとは断定できない。ここから南に下ると広恵寺観音堂の背後に出る。

城ケ根山は花崗岩の岩山で、曲輪内部には露岩が各所にみられ、削平が甘く自然地形に近い部分も多い。

このような状況から、広恵寺城を片岡寺跡と結び付け、詰城あるいは高森に移転する前の居城とする評価には躊躇を覚える。しかし、一定の広さの曲輪を造成しようとしていることも確かであり、高田徹が指摘するように、類例とも比較するなど検討していく必要があろう。

【参考文献】　高田徹「広恵寺城跡」「片岡寺屋敷跡」（『岐阜県中世城館跡総合調査報告書』第三集、岐阜県教委、二〇〇四）、三宅唯美「武家の儀礼と小京都の成立」（『岐阜県教育史　通史編1古代・中世・近世』岐阜県教委、二〇〇三）

（三宅唯美）

お城アラカルト

美濃中央部は空白地帯?

佐伯哲也

岐阜県教育委員会が発行した『岐阜県中世城館跡総合調査報告書』を見ても明らかなように、美濃中央部に名城と呼べる城郭は存在しない。難攻不落の名城岐阜城も例外ではない。

確かに岐阜城の山麓には、四階建ての豪壮な居館が存在し、巨石桝形《ますがた》虎口《こぐち》が存在していた。しかし山頂の山城部分は、中井均も述べるように、織豊系城郭の特徴をまったく示していない。近代以降の改変、あるいは地形的な制約も当然あったと思われるが、桝形虎口や横矢折れはほとんど確認できず、縄張的には単純な構造となっている。仮に歴史史料がまったく存在していなかったら、山頂部の岐阜城は単なる在地国人《こくじん》の居城と片づけられたかもしれない。織田信長の居城・岐阜城の、意外な一面である。

この特徴は、岐阜城周辺の城郭にも表れており、小規模かつ単純な構造の城郭しか存在しない。岐阜城を防御するハイレベルの縄張を持つ城郭がズラリと顔を並べていると思いがちだが、実態はまったく逆である。

これに対して、西濃・奥美濃・東濃には、岐阜県下でも指折りの名城が存在する。西濃の菩提山城、奥美濃の篠脇城、東濃の明智城はその代表例である。したがって美濃中央部は名城が存在しない、空白地帯と言えるのである。

なぜこのような現象が生じているのか、それは城郭最大の特徴が軍事施設ということに起因している。西濃・奥美濃・東濃は常に隣国戦国大名との抗争の場となっており、軍事的緊張が高かった地域である。そのような地域で、軍事施設である城郭の縄張が発達するのは当然の結果と言える。

方や美濃中央部は、織田氏の金城湯池《きんじょうとうち》であり、敵軍に攻め込まれる心配がほとんどなかった。この結果、城郭の軍事性(縄張)を発達させる必要性もなく、岐阜城を含む周辺の城郭は、貧弱な縄張となったのである。織田氏が築城した名城が集中するのは、敵対勢力との抗争が激化していた近畿地方である。

飛騨

江馬氏下館出土墨書かわらけ（飛騨市教育委員会提供）

●飛騨南部の三木氏本拠地

桜《さくら》洞《ぼら》城《じょう》

〔下呂市指定史跡〕

〔所在地〕下呂市萩原町萩原字古城
〔比　高〕四五五メートル（比高差不明）
〔分　類〕平城
〔年　代〕一六世紀前半～中頃
〔城　主〕三木直頼
〔交通アクセス〕ＪＲ高山本線「飛騨萩原駅」下車、徒歩二〇分。

【三木氏の系譜】　一八世紀に成立した『飛州志』「三木《みつき》氏略系」には正頼《まさより》・久頼《ひさより》・重頼《しげより》・直頼《なおより》・良頼《よしより》・自綱《よりつな》・秀綱《ひでつな》の七代が記される。しかし、同時代史料で実名を確認できるのは直頼以後である。直頼以前に一部地域の知行を起点として勢力拡大を図った結果、直頼の亡父（直頼父）の段階に三木氏が守護の一被官人という枠組みを超えて政治権力をもち、「国家全」と評される状況に至ったことが指摘されている（堀二〇一四）。『飛州志』「桜洞城跡」では、永正年中（一五〇四～一五二一）に直頼が築城したとある。

【桜洞城の来歴と周辺の歴史的環境】　桜洞城は現在に至る約四〇〇年の間に改変を受けている。その手がかりとなるのが江戸時代から大正時代の絵図や略図である（下呂市 二〇一四）。『飛州志』では城の外側に二重の空堀《からぼり》がめぐっていることが確認でき、明治時代初期の『斐太後風土記』の略図（左図）では城の東・南に一条の空堀と周囲に土塁《どるい》が認められる。『斐太後風土記《ひだごふどき》』の略図は、発掘調査当初の田畑に残る痕跡とも整合する点が多く、桜洞城の城郭構造を理解する手がかりとなる。絵図・略図の変化から、昭和八年の高山本線鉄道工事による西側土塁の完全な削り取りと、耕地開拓等による城跡周囲の土塁の削平が城の姿を大きく変えたことがわかる。

さて、城の周囲の歴史的環境にも注目したい。周囲には三木一族に関連する伝承地・地名・石碑が残る（左図）。城南側の小字《こあざ》名「奥殿」、そして『飛州志』記載の景劉院（直頼母の落飾・参禅後の尼院）の跡地とある「ケイリン畠」、そし

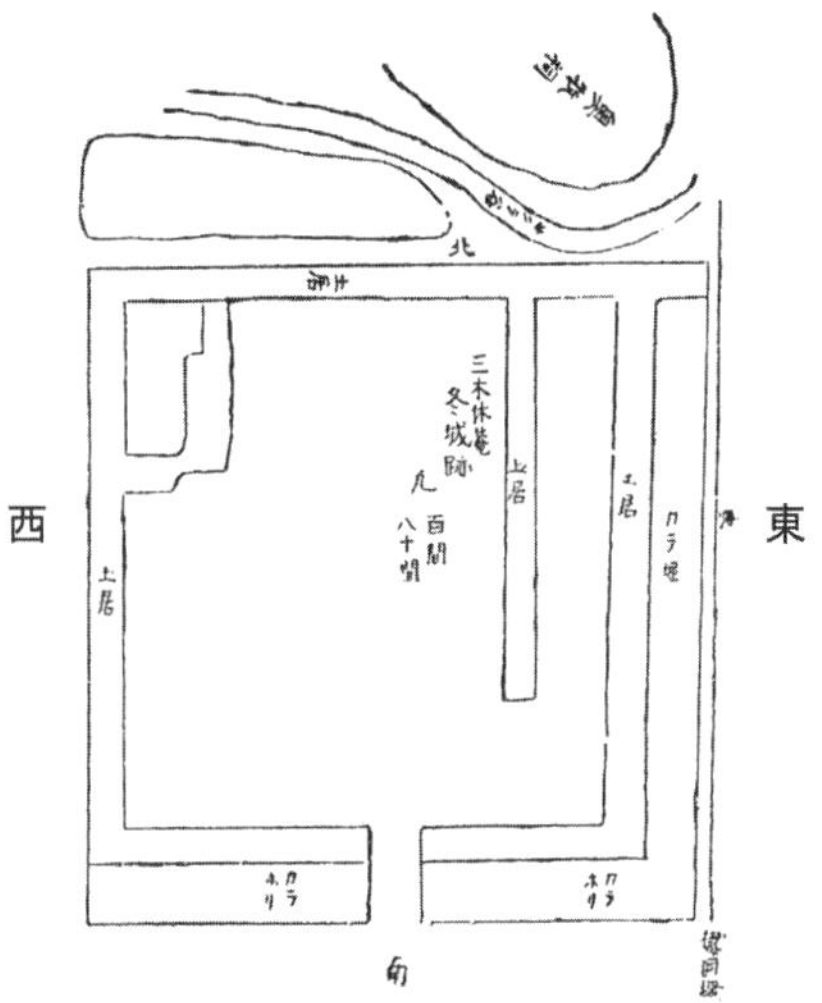

●—『斐太後風土記』（明治６年成立）に記載された桜洞城略図
（『大日本地誌大系　斐太後風土記 下巻』雄山閣より）

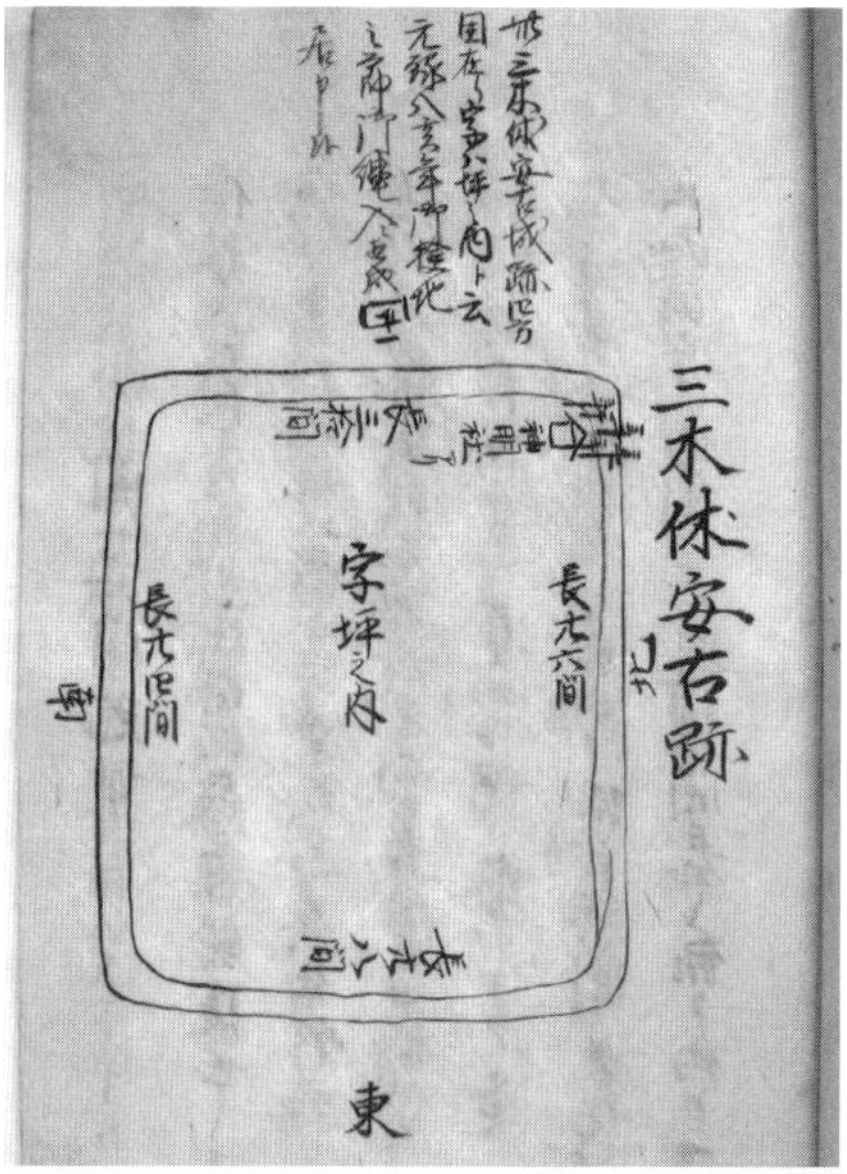

●—上呂村神佛古跡田家古記録 書上帳にある三木氏館跡（明治３年）

●—桜洞城跡の位置と周辺に残る三木一族の伝承など

て江馬時経の娘で若くして死去した三木良頼の室の戒名「月江宗光大全定尼」に由来すると推定される「月江庵跡」・「月江谷」、寛政五年（一七九三）建立の萬霊塔《ばんれいとう》の銘文「この地は疇《ちゅう》昔《せき》戦場なり、人曰く一宇精舎《しょうじゃ》有り」（吾郷二〇〇九）は、桜洞城城主の三木氏とその一族に関連の深い旧跡がかつて城の周囲に広がっていた傍証となろう。また、桜洞城跡から若干離れた大字上呂の坪之内に「三木休安古跡」と称し

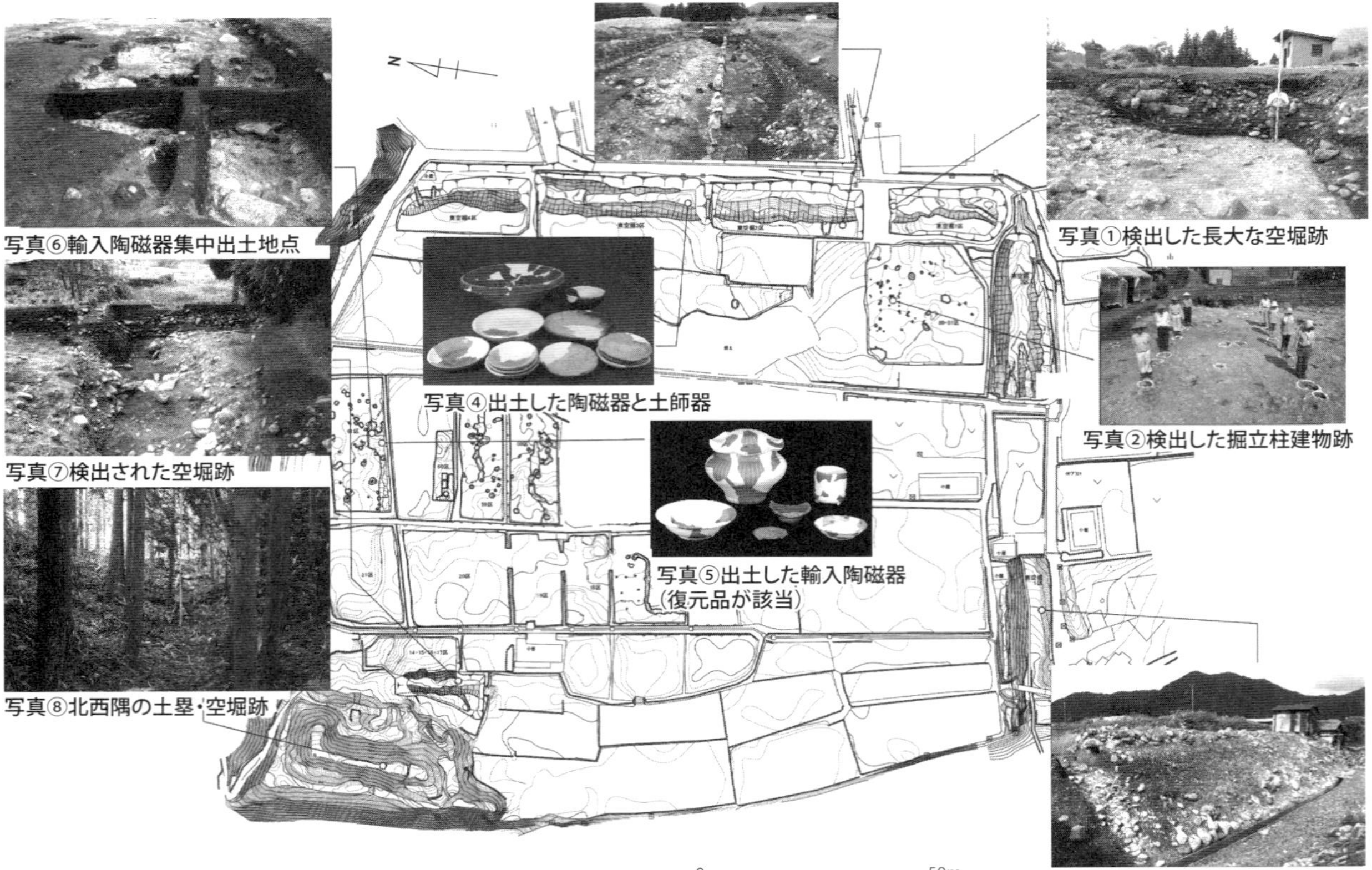

写真①検出した長大な空堀跡

写真②検出した掘立柱建物跡

写真③南西隅の土塁と空堀

写真④出土した陶磁器と土師器

写真⑤出土した輸入陶磁器（復元品が該当）

写真⑥輸入陶磁器集中出土地点

写真⑦検出された空堀跡

写真⑧北西隅の土塁・空堀跡

●―桜洞城跡の発掘で発見された遺構・遺物

●—桜洞城と萩原諏訪城の遠景

た方形館跡の記録がある（一九五頁：上図）。

【桜洞城の発掘調査】　発掘調査以前、土塁《どるい》・堀跡といった構築物が部分的ながら目視できる状況にあったが、二〇〇九年度の発掘調査の結果、南北一五一メートル・東西一三五メートルの方形単郭型の城であることが判明した。西側の鉄道工事による削り取り範囲を考慮すれば、ほぼ正方形に近かったと推定される。北に天然の要害である桜谷、西に飛驒川が形成した河岸段丘があり、東と南に最大の幅で七・七メートル、最大の深さでの二・九メートルの空堀を発掘調査により検出した。空堀の形状は箱型である。『斐太後風土記』の絵図（一九五頁上図）のとおりであれば、城の東側と南側には土塁がめぐっていたことが推定されるが、発掘調査当初は南側の一部のみに土塁の残存が認められた。その土塁には、崩落を防ぐ目的のためか、最上部に地山《じやま》に含まれる巨大な亜円礫もしくは円礫による石列がともなっていた（一九六頁写真③）。

【出土陶磁器による桜洞城の年代】　藤澤良祐・鈴木正貴の方法および年代観（藤澤 二〇〇八・鈴木 二〇〇一）にしたがい桜洞城の廃城年代を検討すると、桜洞城跡出土遺物に大窯第四段階がない点は特徴として大きく、次に大窯第一段階と第二段階が全体の六六・三%と比率が高く、大窯第三段階は確実例で二・五%と少量である。その数値は、尾張の小牧山城の城下町遺跡である新町遺跡と類似する。同遺跡は永禄六年（一五六三）に築かれ、同十年（一五六七）に居城移転のため役割を終えた遺跡である。したがって、桜洞城の廃城年代として考えられるのは永禄年間（一五五八～一五七〇）頃と推定できる。

【輸入陶磁器とその出土遺構】　桜洞城跡の出土品で注目されるのは輸入陶磁器とその集中出土地点である61区遺構００１である（一九六頁写真⑥）。城内の一角に輸入陶磁器の、それも小片となった一群が集中出土する状況は異様であり、桜洞城の廃絶もしくは大幅な役割交代を推測させる「片付け行為」を示す遺構であった。遺構００１の第2層は黒褐色粘質土と明黄褐色粘質土の互層であり、埋め立てによる整地が行われている。その層から小片となった多量の輸入陶磁器が出土した。輸入陶磁器には、一四世紀中頃から後半の龍泉窯《りゅうせんよう》系青磁酒会壺《しゅかいこ》とその蓋および青磁盤のほか、青磁香炉・染付《そめつけ》皿・染付坏・白磁皿・白磁坏・朝鮮半島系徳利がある。白磁皿と染付皿はその特徴から一五世紀後半から一六世紀中頃の年代を与えられる。それら一群とともに出土した灰釉《かいゆう》皿と天目《てんもく》茶碗は、古瀬戸後期様式第Ⅳ期新段階もしくは大窯第一段階から大窯第二段階の年代幅に収まり、鉄釉四耳壺《てつゆうしじこ》も一六世紀前半の製品である。そのため、遺構００１の年代は大窯第二段階に収まる段階、すなわち一五三〇年から一五六〇年頃と推定される。折しもその時期は三木直頼が没する天文二十三年（一五五四）とも重なる年代である。直頼没後にも桜洞城が使用された可能性があることは先述の推定廃城年代の通りであるが、遺構００１の存在をもって輸入陶磁器の権威が機能した桜洞城の全盛期を直頼の代に絞り込むことが可能である。文献史料ともその点は整合する。

【参考文献】吾郷武日『禅昌寺は桜洞にあったか～禅昌寺桜洞創建説の検討～』（私家版）（二〇〇九）、蘆田伊人編『大日本地誌体系　斐太後風土記（下巻）』（雄山閣、一九三〇）、大前久八郎『萩原町史』第一巻（二〇〇二）、岡村利平編『飛州志』（住伊書店、一九〇九）、下呂市教育委員会『桜洞城跡発掘調査報告書』（二〇一四）、佐伯哲也『飛驒中世城郭図面集』（桂書房、二〇一八）、鈴木正貴「尾張の拠点城館遺跡出土の瀬戸美濃産陶器」『研究紀要』第2号（愛知県埋蔵文化財センター、二〇〇一）、谷口研語『飛驒三木一族』（新人物往来社、二〇〇七）、藤澤良祐「瀬戸・美濃大窯編年と城の年代観」『戦国の城と年代観』資料集（帝京大学山梨文化財研究所、二〇〇八）、堀祥岳「文献史料から探る三木氏の動向」『城から探る飛驒南部の戦国時代』資料集・当日配布資料（下呂市教育委員会、二〇一四）

（馬場伸一郎）

●飛驒南部の石垣の城

萩《はぎ》原《わら》諏《す》訪《わ》城《じょう》

〔県指定史跡〕

〔所在地〕下呂市萩原町萩原字旅館敷
〔比　高〕標高四三一メートル、比高差—
〔分　類〕平城
〔年　代〕一六世紀後半
〔城　主〕伝 佐藤六左衛門秀方
〔交通アクセス〕JR高山本線「飛驒萩原駅」下車、徒歩五分。

【萩原諏訪城跡に関する史料】　萩原諏訪城跡は飛驒川左岸の河岸段丘に築城された平城である。『飛州志』によると、城郭となる以前、同地には諏訪神社の氏神が鎮座していたとある。その後、天正十三年（一五八五）に豊臣秀吉の命を受けた金森長近《ながちか》が飛驒の三木《みつき》氏を討伐した後、飛驒守備を佐藤六左衛門秀方《ひでかた》に命じ、萩原諏訪城を築城したという。確かに『四国《しこく》御発向《ごはっこう》并《ならびに》北国《ほっこく》御動座事《ごどうざのこと》』（天正十三年十月成立）に「飛驒国、佐藤六左衛門尉遣之」とあるが、織豊期の史料といえどもその記事の信憑性に疑問もあり（萩原 二〇一〇）、史料の取り扱いに注意が必要である。そのほか萩原諏訪城城主が佐藤六左衛門と記されるのは、一八世紀中頃成立の『飛州志』・『飛驒国中案内』、安永二年（一七七三）の「諏訪大明神除地《じょち》ニ被仰付被下候奉願上候御事」の記事、「越前白崎金森家文書」があり、いずれも年代的に新しい史料である。確固たる同時代史料がない今、佐藤六左衛門を城主とする根拠は薄いと言える。

加えて、史料による築城年代の絞り込みをさらに難しくしているのが、関ヶ原の合戦直前の萩原一帯の動向である。三木一族末裔の三木次郎兵衛の日記「自休居士自筆の日記写」（桐山編 一九一四）には、慶長十六年（一六一一）、苗木《なえぎ》の遠山友政《ともまさ》と三木次郎兵衛が面会し、「飛州萩原取合」について回顧する一場面が記されている。遠山友政は天正十一年（一五八三）に苗木を離れ、ふたたび苗木へ戻るのが慶長五年（一六〇〇）の関ヶ原の合戦前夜である（千早 二〇一一）。そ

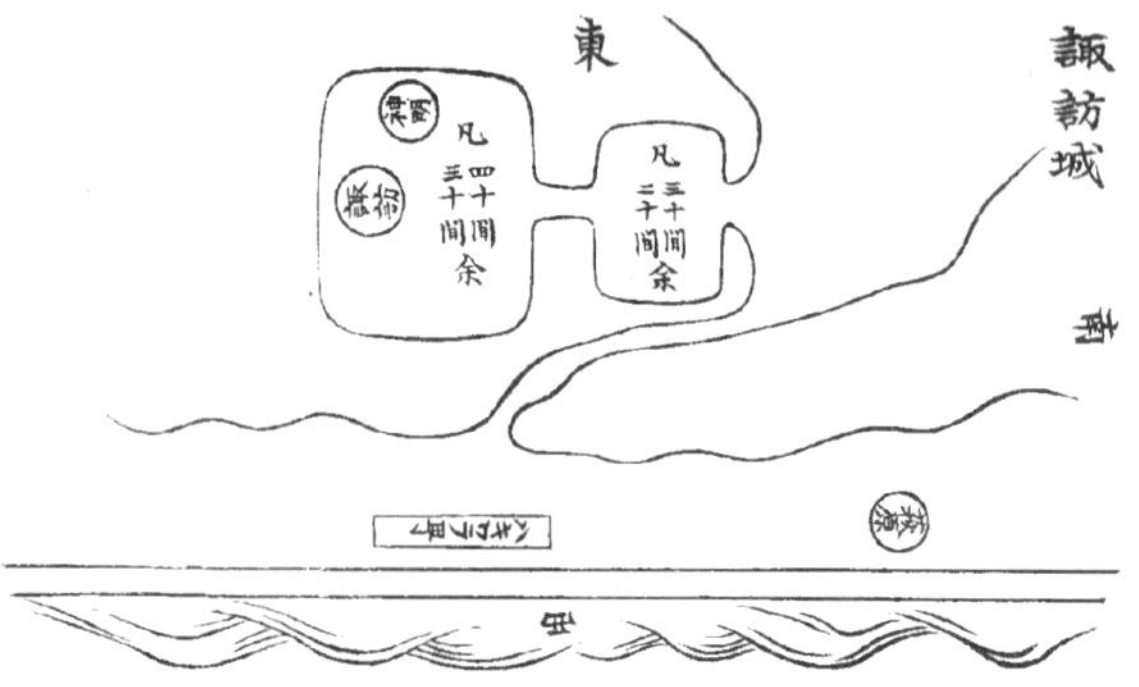

●―『飛州志』の萩原諏訪城

のため、友政と次郎兵衛の萩原での「取合」とは互いの軍勢による争いと考えられ、その時期は関ヶ原の合戦直前の錯乱時と推測するのが妥当である。

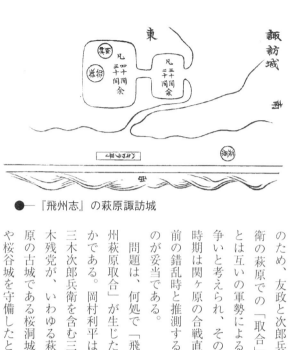

　問題は、何処で「飛州萩原取合」が生じたかである。岡村利平は三木次郎兵衛を含む三木残党が、いわゆる萩原の古城である桜洞城や桜谷城を守備したと考える（岡村 一九一七）。故に萩原諏訪城の築城は慶長五年以後とする。築城年代に二つの説があることに留意したい。

【萩原諏訪城跡の発掘調査】『飛州志』の絵図（上図）によると萩原諏訪城は本丸と二の丸で構成される。ただし、二の丸の部分には現在公民館が建設されており、残念ながら詳細を確認することができない。『斐太後風土記』の城跡略図（下図）には、二の丸の東側に「大手」、西側に「櫓《やぐら》跡」の記載がある。また、「裏門」と記された本丸西側の虎口《こぐち》一帯は、佐伯哲也により築城当初の原型を保つ石垣と評価され、石垣の積石部分が若干ながらも残る。略図には「四方石垣崩タル処多シ」との付記があり、『斐太後風土記』の底本（書上帳、ただし現存せず）の年代から推測すると、幕末から明治初期の状況を指し示すと考えられる。現存する石垣の多くは昭和四十七年度以降に行われた断続的な整備事業によるものであり、築城当時の石垣ではない点は注意を要する。

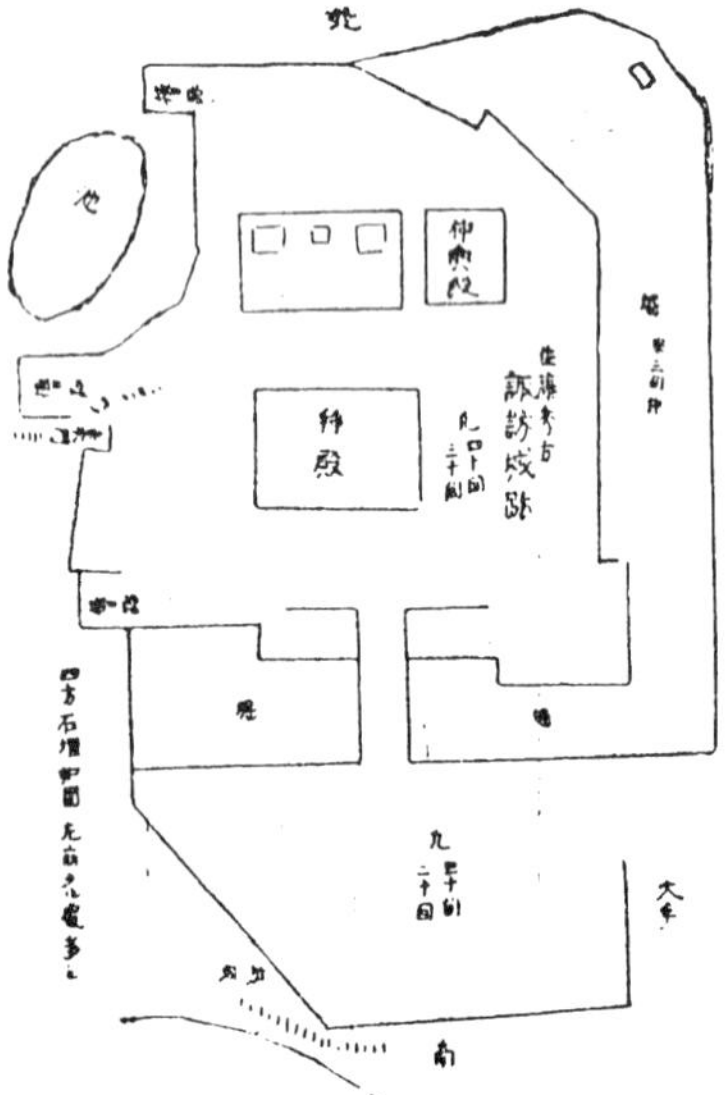

●―『斐太後風土記』の萩原諏訪城（『大日本地誌大系　斐太後風土記 下巻』雄山閣より）

　さて、石垣裏込の崩落防止工事にともない、平成二十四年度と二十五年度に実施された範囲確認調査では、西側虎口一帯に五ヵ所のトレンチを設定し、遺構検出を行った。その結果、虎口斜面の各トレンチでは表土を剥ぐと間もなく裏込が

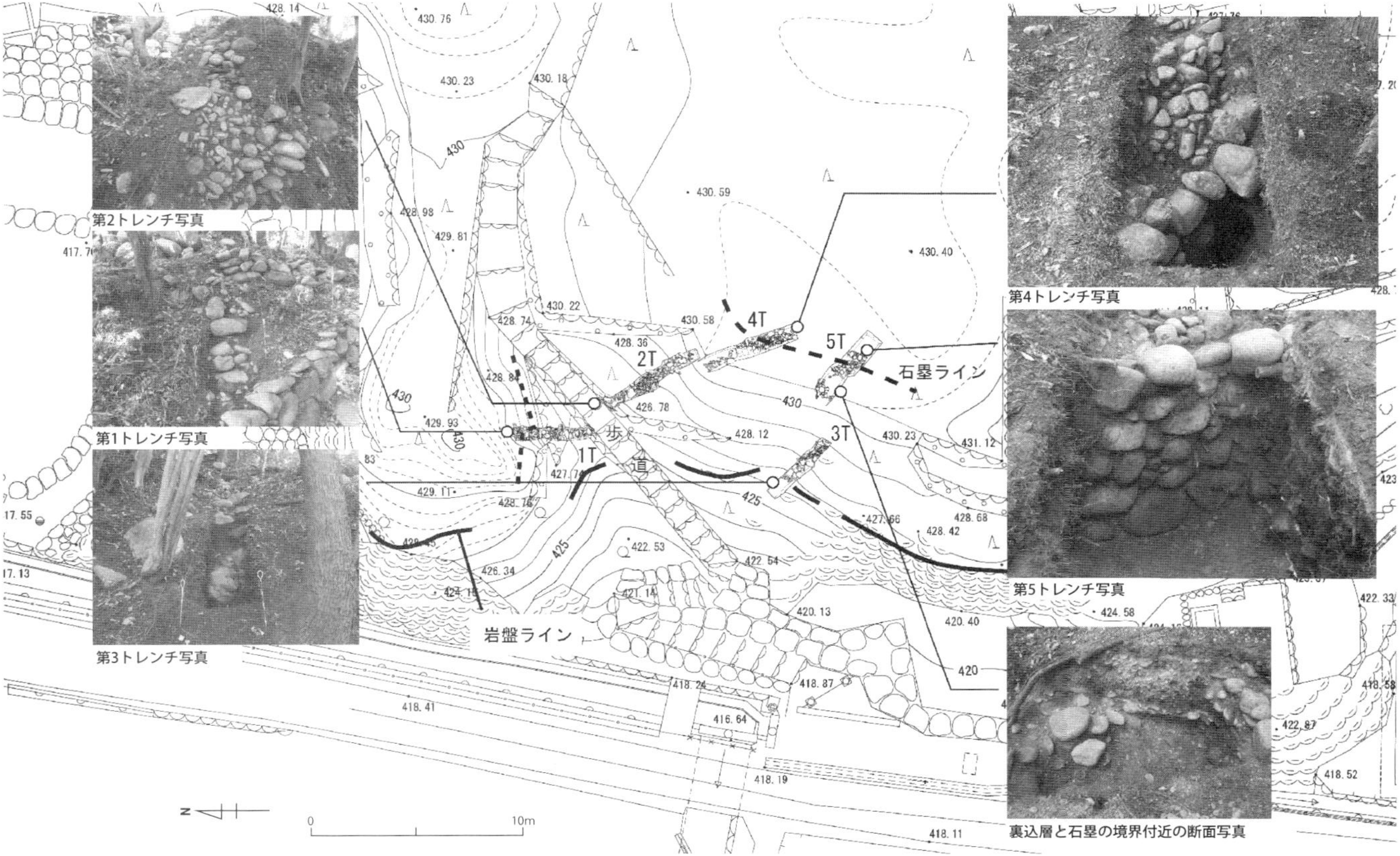

●—萩原諏訪城跡の発掘調査で検出した遺構

●—算木積

トレンチ内を埋め尽くすほどに現れ出た。裏込の範囲から推定すると、今日に至るまでに間に石垣の積石部分の多くが虎口一帯から失われていると考えられる。また、第3トレンチのもっとも標高が低い部分からは岩盤を検出し、少なくとも城の一部は岩盤上部に築城されていると推定した。

調査で最も注目されたのは、城内曲輪に相当する第4・第5トレンチから検出した石塁である。幅一・二メートルから一・五メートル程度、高さ〇・八メートル程度の野面積《のづらづみ》による石塁で、総延長は一〇メートルを超えると予測され、西側の曲輪の縁に沿って構築された。仮に虎口一帯の斜面にも完全な石垣が存在していたとすれば、石塁と合わせ、虎口構造はより重厚な防御施設であったと考えられる。なお、佐伯哲也は石塁を基礎とする平屋の多聞櫓《たもん》の存在を想定する（下呂市 二〇一四所収）。

最近、内堀信雄は、城跡北東の隅角に残る算木積《さんぎづみ》を含む石垣の一部が築城当時のものではないかと指摘する。飛驒の石垣編年を考える好材料となるか、今後の課題である。

【参考文献】蘆田伊人編『大日本地誌体系　斐太後風土記（下巻）』（雄山閣、一九三〇）、岡村利平「関ヶ原役前に於ける飛驒戦記」『飛驒史壇』第三巻第五号（一九一七）、岡村利平編『飛州志』（住伊書店、一九〇九）、桐山力所編・岡村利平校訂『飛驒遺乗合府』（住伊書店、一九一四）、下呂市教育委員会『萩原諏訪城跡発掘調査報告書』（二〇一四）、佐伯哲也『飛驒中世城郭図面集』（桂書房、二〇一八）、千早保之「飛驒の三木次郎兵衛」『墓からみた歴史』（苗木遠山史料館、二〇一一）、萩原大輔「関白秀吉越中出陣に関する基礎的考察」『富山史壇』一六二号（二〇一〇）、堀祥岳「文献史料から探る三木氏の動向」『城から探る飛驒南部の戦国時代』資料集・当日配布資料（下呂市教育委員会、二〇一四）

（馬場伸一郎）

●江馬輝盛荒城郷進出の拠点

梨《なし》打《うち》城《じょう》

〔高山市指定史跡〕

〔所在地〕高山市国府町八日町・漆垣内
〔比　高〕二三〇メートル
〔分　類〕山城
〔年　代〕一六世紀末
〔城　主〕江馬輝盛
〔交通アクセス〕ＪＲ高山本線「飛騨国府駅」下車、徒歩一時間。

【江馬氏最後の城郭】　中世に南飛騨を支配する三木氏は次第に勢力を拡大し、天正年間には北飛騨を支配する江馬氏と勢力を接してしまう。三木氏の脅威を実感した江馬輝盛《えまてるもり》が、三木氏の北進を食い止めるために築城したのが梨打城である。この結果、最前線である梨打城に輝盛は在城するようになり、梨打城山麓の八日町で三木自綱《みつきよりつな》と雌雄を決してしまう。すなわち八日町の合戦であり、結果は輝盛が戦死する大敗北に終わる。つまり梨打城は、江馬氏最後の城郭になったわけである。

【歴　史】　史料上三木氏と江馬氏との戦いが判明するのは天正七年（一五七九）からである。両者の勢力境となった荒城郷では軍事的緊張が高まり、江馬・三木両氏ともに城郭を築く必要性に迫られていたことが推定されるのである。したがって江馬輝盛による梨打築城は、天正七年以降と推定することができる。

三木自綱は織田方、江馬輝盛は上杉方だったが、天正十年（一五八二）三月輝盛も織田方についたため、両者は一時的に停戦する。ところが皮肉にも、天正十年六月、織田信長は本能寺の変において自刃してしまう。これにより三木と江馬の戦いが再燃する。

『大般若波羅蜜多経　巻第六百』によれば、先手を仕掛けたのが江馬輝盛で、天正十年十月二十六日三木自綱方の小島城（飛騨市）下に攻め入る。小島城には三木方の小島時光《こじまときみつ》が居城していた。しかし仲裁により戦わずして、輝盛はいった

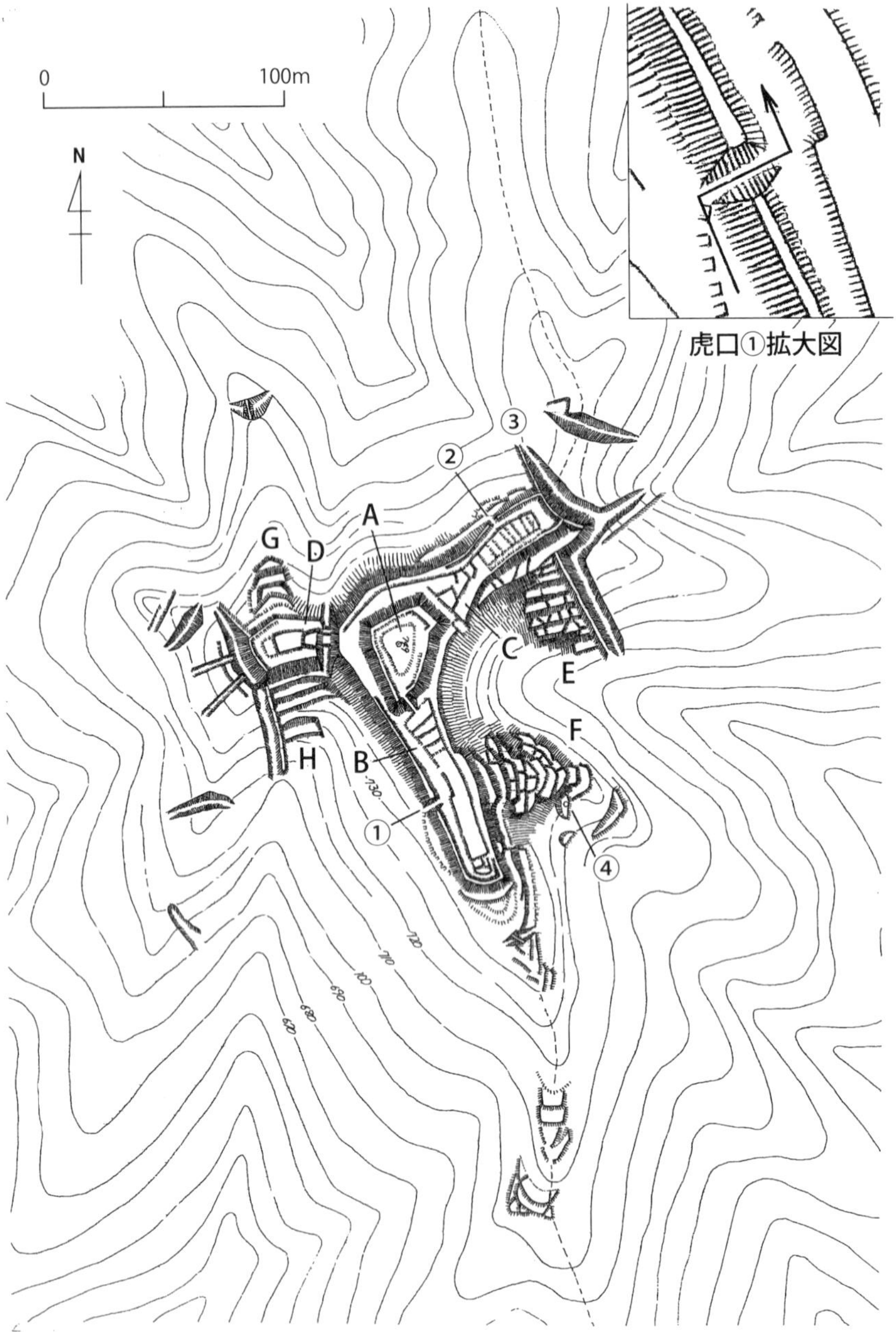

●—梨打城縄張図（作図：佐伯哲也）

飛驒

ん荒城郷の梨打城に退く。しかし翌二十七日自綱は配下の時光や牛丸氏をしたがえて輝盛を攻め、同日輝盛をはじめ多くの家臣が討ち死にしてしまう。いわゆる八日町の戦いは、江馬氏の大敗北で終わる。さらに翌二十八日、江馬氏の居城高原諏訪城も落城してしまう。

この後、江馬氏が再度梨打城を使用した形跡はない。天正十年の敗北により、梨打城も廃城になったのであろう。

【城跡の現状】 通称城山山頂に位置する。城跡からは、荒城川を挟んだ対岸に位置する三木方の白米城・甲山城を眺望することができ、江馬・三木両者の軍事的緊張が極度に高まっていた地域であることを、肌身に感じる。

遺構の残存状況は非常に良く、土塁《どるい》や堀切《ほりきり》が良好に残る。特に堀切は当時のシャープさを失っておらず、新緑・紅葉の季節の訪城は、至福の一時となる。しかし明瞭な案内板や説明板は一切なく、さらに遊歩道も整備されておらず、城内は雑木が生い茂っている。残念な管理状況と言える。

【塁線に多数の土塁を使用】 梨打城の特徴の一つとして、各曲輪に塁線土塁を多用していることが上げられる。主郭Aや敵軍に直撃される城域の突端に、より多く使用されていることから、塁線土塁が防御施設だったことは確実である。塁線土塁は飛騨の城郭では非常に珍しく、梨打城のように多用しているのは、他に尾崎城のみである。梨打城周辺で塁線土塁を使用している城郭は皆無であり、それだけ梨打城は特異な存在となっている。

越中にも領地を持っていた江馬輝盛は、天正六年(一五七八)に論田山城《ろんでんやま》(富山県富山市大山町)を築城している。実は論田山城にも、稚拙ながらも土塁で構築された明確な虎口《こぐち》が残り、そして塁線土塁を多用しているのである。これは梨打城の築城者・築城年代を推定するうえで、重要な事実となる。ちなみに論田山城周辺で塁線土塁を使用している城郭は皆無であり、論田山城は特異な存在となっている。

【明瞭な虎口の存在】 次に注目したいのは、虎口①の存在である。別添拡大図のように入ったと考えられる。稚拙ながらも土塁で構築された明確な虎口で、塁線土塁で武装された曲輪から長時間横矢攻撃を受け、屈曲して入る構造となっている。単純な平虎口から技術的な進歩を指摘できる虎口と言えよう。実は虎口①と酷似した構造を持つのが論田山城である。これも梨打城の築城者・築城年代を推定する上で重要な事実となる。虎口①のような虎口を持つ城郭は、梨打城・論田山城の周囲には存在せず、梨打城・論田山城は特異な存在となっている。

【小平坦面群の存在】 もう一つ注目したいのは、小平坦面群

●—梨打城虎口①

●—梨打城堀切③

B・C・D・Eの存在である。耕作地に乏しい飛驒は、廃城後も城跡はさまざまな形で再利用され、特に耕地として使用されるケースが多い。したがって山城の場合、小平坦面群が残っていても、はたして城郭遺構としての平坦面群なのか、あるいは耕地等の平坦面群なのか、悩みの種となっている。

梨打城の場合、小平坦面群は竪堀《たてぼり》の城内側にしか存在せず、竪堀に防御された配置になっている。これは敵軍の攻撃から小平坦面群を保護する配置と考えられるため、城郭遺構としてよいであろう。城跡付近に存在する小平坦面群は、性格が不明なことが多い。梨打城のように性格が明らかになる城郭は、重要な事例と言えよう。ちなみに②地点に湧水が認められる。あるいは城兵達の飲料水だったかもしれない。

【三木氏城郭との対比】 梨打城が天正七～十年に江馬輝盛によって築城されたことがほぼ確定した。しかし畝状《うねじょうからぼり》空堀群は用いていない。これに対し同時期の三木自綱の城郭（広瀬城・寺洞城郭群）は畝状空堀群を用いるが、虎口は確認できない。同時期・同地域に蟠居《ばんきょ》していた国人《こくじん》だが、最終到達した縄張は同じではなかったことにも着目すべきである。

【まとめ】 論田山城との共通点を多く持つ梨打城は、天正七年～天正十年に江馬輝盛によって築城されたと推定される。ほぼ城主・年代を絞り込むことができ、江馬氏の城館を研究するうえで重要な城館と言えよう。自然地形が多く、陣城的な構造を示していることから、輝盛が三木自綱との大規模な軍事衝突を予測した織田信長の死（天正十年六月）の直後、急遽築城し、同年九月に廃城になった短命の城郭という推測も成り立つ。

以上が縄張論を主体とした考えである。今後は考古学的な手法で新たな成果が得られることを期待したい。

【参考文献】『国府町史』史料編Ⅰ高山市役所国府支所（二〇〇八）、『飛驒古川歴史をみつめて』（飛驒市、二〇一五）

（佐伯哲也）

●初原的な畝状空堀群の城郭

三《さん》仏《ぶつ》寺《じ》城《じょう》

〔県指定史跡〕

〔所在地〕高山市三福寺町
〔比　高〕五〇メートル
〔分　類〕山城
〔年　代〕鎌倉時代か
〔城　主〕三木直頼
〔交通アクセス〕ＪＲ高山本線「高山駅」下車、徒歩一時間。

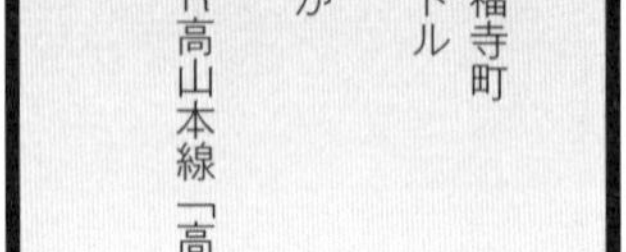

【初期三木氏の城郭】　南飛騨の国人《こくじん》領主だった三木《みつき》氏が飛騨中央部の拠点として使用したのが三仏寺城である。城主は三木直頼《なおより》で、後に飛騨を統一する自綱の祖父にあたる。直頼は協調と融和により勢力を拡大し飛騨を統一した人物で、力攻めと暗殺で飛騨を再統一した孫の自綱とは正反対の武将である。直頼は必要とあらば、格下の領主にまでご機嫌伺いをしており、直頼生存中の飛騨は、戦国とは思えないほど平和な日々が続いた。共存を重視した直頼の施政は、現代でも相通じるものがあろう。

【歴　史】　江戸期の地誌類『飛州志』によれば、鎌倉末期に藤原朝高《ふじわらともたか》が築城したとしているが、根拠は薄く否定したい。

　三木直頼が三仏寺城に在城していたのは事実で、『寿楽寺蔵書写大般若経書入』の大永元年（一五二一）条に「三木（直頼）殿者三仏寺在城候也」とある。益田郡桜洞城に本拠を置いていた三木直頼は、一六世紀初頭にはすでに飛騨中央部に進出していたのである。天文九年（一五四〇）十月十四日禅昌寺宛三木直頼書状には「明日ハ三枝迄可致帰宅候。一両日致休足八賀江可罷返候」とあるが、「八賀」とは三仏寺城のこととされている。また天文十三年（一五四四）五月十四日禅昌《ぜんしょう》寺宛三木直頼書状で直頼は「国中両城」主に対して、米の輸入の手配を命じている。この「国中両城」とは、三仏寺城・鍋山城あるいは三仏寺城・三枝城とされている。

　このように三木氏は一六世紀初頭に飛騨中央部に進出し、一六世紀中頃には高山盆地を完全に支配下に置いていたのである。その拠点として三仏寺城が使用されていたのは、ほぼ確実であろう。

【米は木曽から輸入】 前述の禅昌寺宛三木直頼書状で直頼は、米を木曽あたりから取り寄せる手配をしたと述べている。当時越中の神保氏は飛驒口を支配する斎藤氏を攻撃中で、神保氏は斎藤氏をさらに弱体化するため、飛驒街道を遮断し、三木氏を兵糧攻めにしたのである。この結果三木氏は、隣国信濃の木曽から米を買いつけなければならなかったのである。中世の飛驒で米は自給自足できず、越中から輸入していたことが判明する。

【居城は桜洞城】 三木直頼が三仏寺城を飛驒中央部の拠点として使用していたのは事実である。しかし居城はあくまでも飛驒南部の桜洞城（下呂市）であった。文献資料により、直頼は天文年間前桜洞城に居城していたことが判明している。さらに発掘調査により、桜洞城は永禄年間（一五五八〜七〇）に廃絶したことが判明している。したがって三仏寺城は、飛驒中央部の拠点として使用していたと考えるべきであろう。

【山城に移る飛驒国人】 発掘調査により、三木氏は平城である桜洞城を永禄年間に廃絶し、山城の古川城（飛驒市）・松倉城（高山市）へと居城を移す。北飛驒の江馬氏

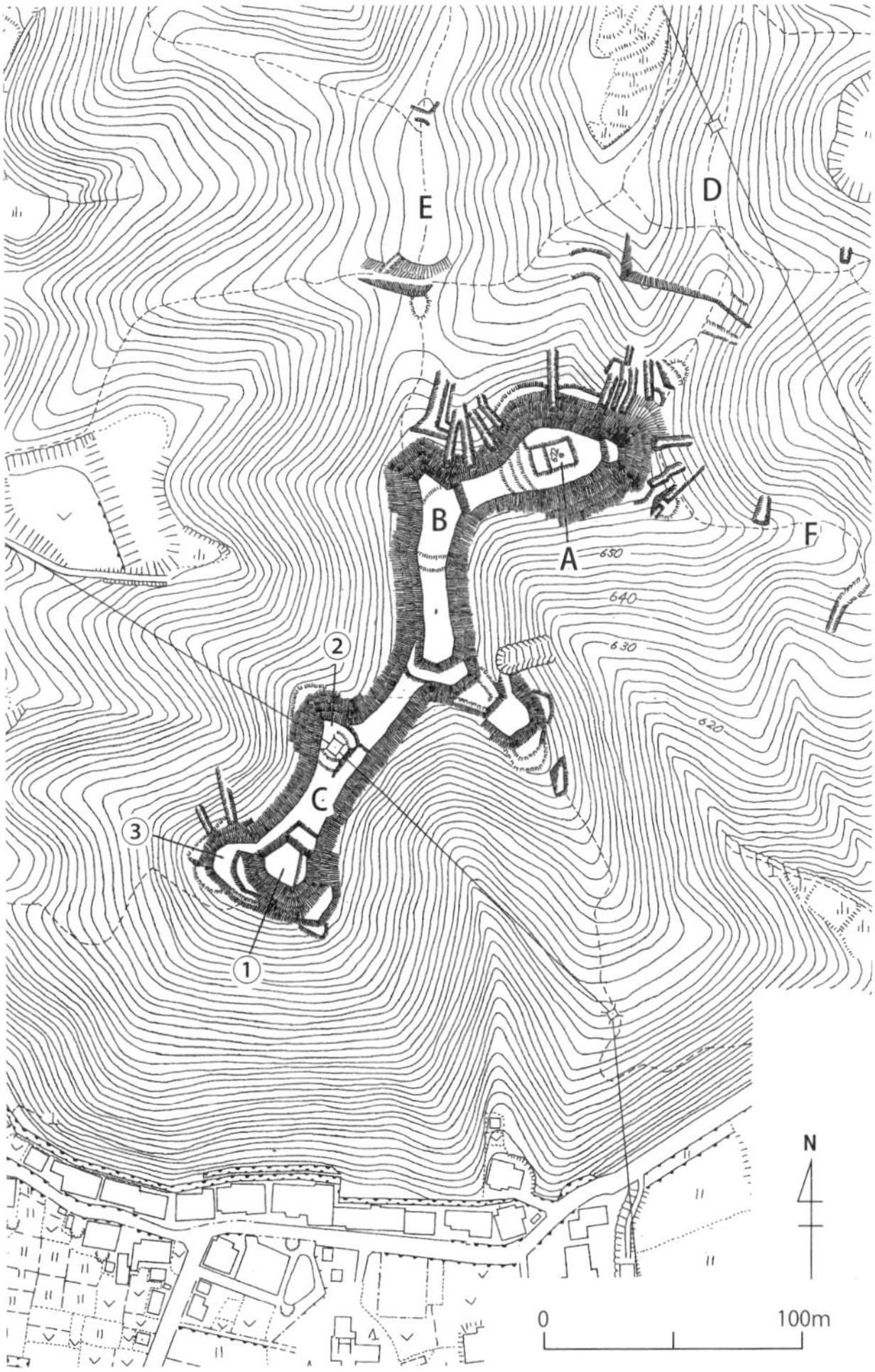

●—三仏寺城縄張図（作図：佐伯哲也）

も一六世紀中頃、それまでの江馬下館を捨てて山城の高原諏訪城へと居城を移す。さらに郡上郡の国人東氏も一六世紀初期に居館を廃絶させている。

●—三仏寺城出丸①

●—三仏寺城搦手登城口

このように国人達は一六世紀初期〜中頃にかけて平城（館）を廃絶させているケースが多い。これは偶然ではあるまい。おそらく不便を承知で戦乱を避けるために居城を山城に移したのであろう。

【宗教施設が存在か】 城は通称古城山頂上に位置する。主郭は最大面積を持つA曲輪であろう。ほぼ中央に長方形の土壇があるが、城郭施設としては異質である。飛騨では御嶽や乗鞍《のりくら》岳の秀麗な姿を眺望できる城跡が多く、そのような城跡では遥拝堂跡や、小《こ》祠《ほこら》が残っているケースが多い。主郭Aからは、正面に乗鞍岳の秀麗な山容を眺望することができるので、土壇には乗鞍岳を遥拝する小堂が建っていた可能性を指摘したい。西側が緩斜面となっているのは、小堂を建てるときに崩した可能性がある。

【堀切がほとんど存在しない】 B曲輪は両端を切岸《きりぎし》で遮断しているが、三仏寺城は城域の内外を問わず堀切《ほりきり》がほとんど見られない。わずかに主郭A東側の尾根続きに、小規模な堀切を設けているのみである。これに対して切岸は大規模で、特に主郭A直下は高さ約一二メートルの高切岸を設けて敵軍の攻撃を遮断している。この傾向は、三仏寺城周辺の城郭（中山城・冬頭城・山田城）に見られる共通事項であり、おおむね戦国初期の様相を呈していると思われる。三仏寺城も一六世紀初頭に存在していることが確認できるので、やはり古い縄張を残していると考えられる。したがって飛驒の山城において堀切は、一六世紀中頃以降から出現してくると言えよう。

【初期の畝状空堀群】 三仏寺城の縄張で、最も注目したいのは畝状空堀群《うねじょうからぼり》である。竪堀《たてぼり》を斜面に雑多な感じで並べただけというもので、横堀も備えていない。つまり竪堀単独の畝状空堀群である。この点広瀬城や小鷹利城等と決定的に違う。とはいえ、主郭A周辺のもっとも敵軍が進攻しやすいD・F・E尾根に集中して設けている。つまり敵軍との激戦が想定される重要攻撃ポイントに絞って畝状空堀群を設けているのであり、畝状空堀群は防御施設であることを雄弁に物語っている。

この畝状空堀群の構築年代は、広瀬城等の畝状空堀群より技術的に古いことが推定されるため、少なくとも天正年間以前と考えられる。それ以前の軍事的緊張が高まった時期とすれば、やはり三木氏が高山盆地に進出した一六世紀初頭が考えられる。したがって文献史料が残る大永元年（一五二一）頃三木直頼により構築されたと推定することができよう。

【まとめ】 三仏寺城の畝状空堀群は、戦国初期の様相を呈していると考えられる。同じく三木氏の畝状空堀群でも広瀬城のものとは大きく異なっている。それは戦国初期と末期という時代差によるものであろう。

三仏寺城は戦国末期に改修された形跡は見当たらない。三木氏初期の城郭を研究するうえで、重要な事例と言えよう。

【参考文献】『国府町史』史料編Ⅰ（高山市役所国府支所、二〇〇八）、『飛驒古川歴史をみつめて』（飛驒市、二〇一五）

（佐伯哲也）

●唯一現存する代官屋敷

高《たか》山《やま》陣《じん》屋《や》

〔国指定史跡〕

〔所在地〕高山市八軒町
〔比　高〕—
〔分　類〕代官屋敷（表門・役宅・米蔵等が現存）
〔年　代〕元禄五年（一六九二）
〔城　主〕徳川幕府
〔交通アクセス〕ＪＲ高山本線「高山駅」下車、徒歩三〇分。

飛驒

【主要建造物が残る唯一の代官屋敷】　高山陣屋とは、天領であった飛驒を統治する徳川幕府の代官所・郡代所が治政を行った場所である。全国で約六〇ヵ所あったとされる天領陣屋で、主要建造物が現存する唯一の陣屋として有名である。役宅・役所・御蔵・御門・書物蔵・井戸が現存する。明治維新後、昭和四十四年まで県庁や郡役所・県事務所等地方官庁舎として使用され続けたため、取り壊しや大幅な改修を免れたのであろう。政務を執った御役所はもちろんのこと、罪人を裁いた御白州《おしらす》も現存している。天領飛驒を実感できる歴史建造物と言えよう。

【当初は金森氏屋敷を使用】　元禄五年（一六九二）金森氏出羽上山《かみのやま》（山形県上山市）転封後、飛驒は幕府直轄領、すなわち天領となる。このときから天領の支配拠点が必要となり、金森氏家老・金森兵庫屋敷が「御公儀《ごこうぎ》御用之本陣」として使用された。

元禄八年二月高山城破却が決定すると、三月金森氏下屋敷に「公儀本陣」が移転する。そして四月には破却が始まった高山城三之丸から米蔵が下屋敷に移転された。米蔵は慶長八年（一六〇三）頃までに建造されたと推定され、一棟八房の巨大な米蔵である。米蔵は陣屋建物の中では最古の建物であると共に、現存する幕府支配の御蔵としては、最大・最古級の米蔵として貴重である。

下屋敷の構造は『浅野文庫蔵諸国当城之図』等によれば、堀・土塁《どるい》に四方を囲まれた方形館状をしていたと推定され

●—高山陣屋表玄関

る。ただし、平成三年岐阜県教育委員会により発掘調査が実施されたが、実態解明までには至らなかった。

　このように初期の陣屋は、金森氏関係屋敷を流用した小規模なものだった。下屋敷がどのような変遷を辿って陣屋専用の建物へと移っていったのか、詳らかにできない。

【初期の代官は常在ではない】　陣屋発足当時の代官は、常在ではなかった。およそ毎秋の検見（年貢徴収のための現地調査）の期間に限り飛驒に滞在していた。したがって単身赴任であり、屋敷もさほど大きくない。このような状況であるがために、広大な屋敷地は不要だったのであろう。享保九年（一七二四）に着任した代官・長谷川庄五郎忠国《ただくに》は、陣屋敷地の三分の二を「無益之地」として民間に払い下げた。つまり三分の一に縮小したのである。恐らく下屋敷の屋敷地では広大すぎて、屋敷地を維持管理するのが大変だったのであろう。

　代官の任地常在が命ぜられるのは元文三年（一七三八）のことで、代官長谷川庄五郎忠崇《ただたか》は自身はもちろんのこと、家族や家来達が居住するために役宅や長屋の新築を行っている。このとき初めて「本家」と呼ばれる妻子や生母が居住する家屋が構築された。いわゆる陣屋の「奥」の創設である。

【代官から郡代へ】　当初の飛驒代官は関東郡代が兼任してい

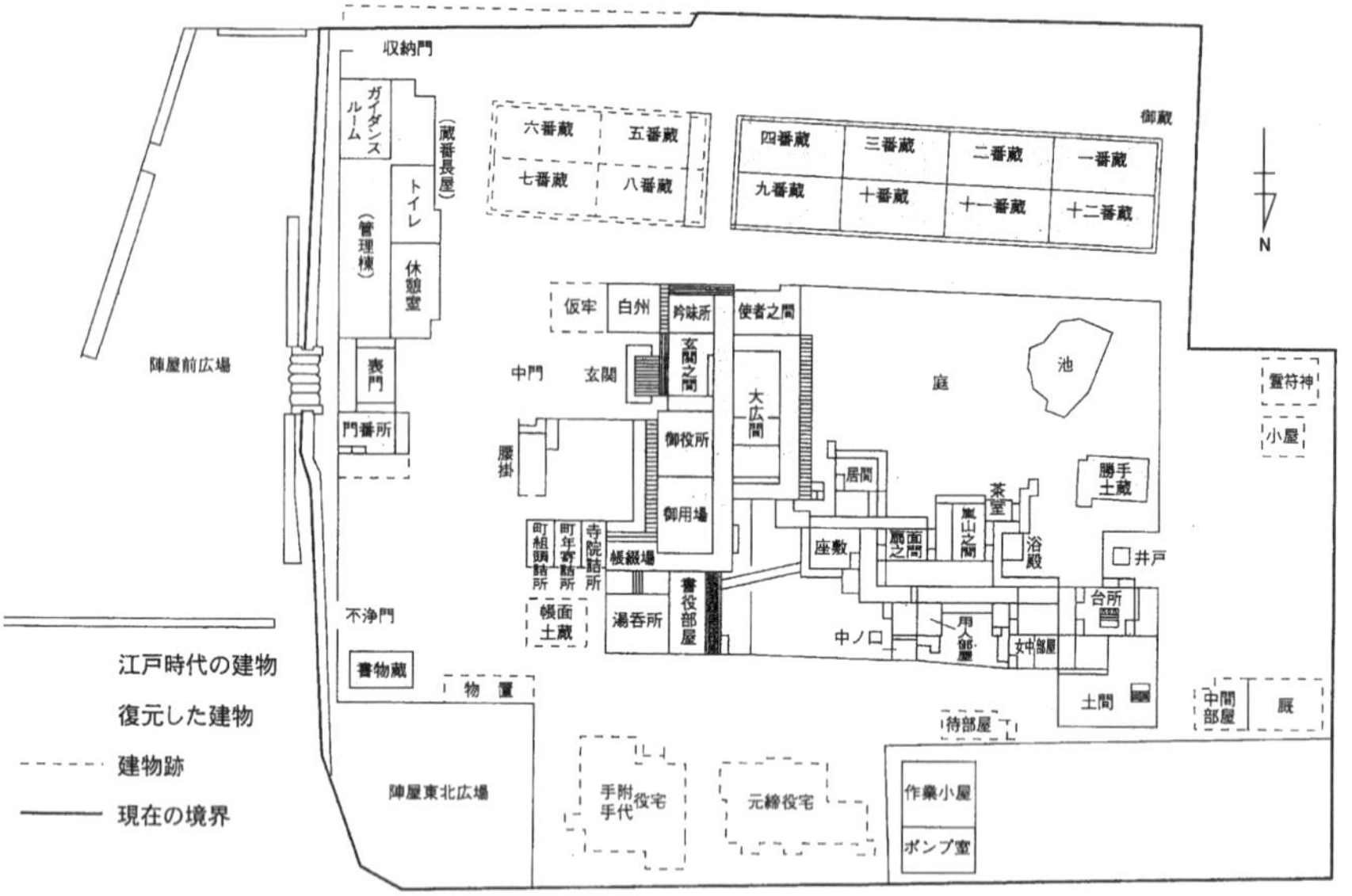

●—高山陣屋（岐阜県教育委員会高山陣屋管理事務所作成『全国に唯一現存する郡代・代官所　国史跡高山陣屋』より転載）

たが、正徳五年（一七一五）より専任制となり、さらに元文三年代官長谷川忠崇《ただたか》が高山に常在するようになる。そして明和四年（一七六七）には越前国内の天領も飛騨代官の管轄となり、安永六年（一七七七）代官大原紹正《つぐまさ》のときに郡代に昇進し、以後、明治維新まで続く。

【文化十三年・文政十三年の改修】　文化十三年（一八一六）に役所の全面改築、文政十三年（一八三〇）役宅の全面改築を実施しており、これが現在の陣屋建物の基本形となる。以前の改築から役所は七〇年、役宅は九〇年以上経過していたため、著しく破損していたらしい。このため文化十三年の計画では役所・役宅の両方を改修する計画だったが、費用が十倍以上も必要になるため、役宅は文政十三年となった。つまり公務を執る場所を優先し、生活空間は後回しにされたのである。郡代は一〇〇年以上経過したボロ屋敷に住んでいたということであろうか。

天保三年（一八三二）に表門・門番所が改築され、さらに天保十年に帳面土蔵が修理された。これが現在我々が目にしている高山陣屋の姿である。なお、昭和四十四年から平成八年まで実施された復元整備事業は、文政十三年作成図面を基に復元された。

【郡代豊田友直の日記】　飛騨郡代豊田友直《ともなお》は、天保十年（一

八三九）から弘化二年（一八四五）まで郡代を務め、ほぼすべての在任中の日記を残している。高山陣屋の様子はもちろんのこと、高山町内のことまで詳細な内容が判明する貴重な記録といえる。

日記によれば、江戸を出立したのは四月十一日、高山陣屋に到着したのは同月二十六日となっており、江戸から高山までは半月の旅程だったことが判明する。二十四日は萩原で止宿、二十五日は久々野《くぐの》で止宿、二十六日に高山到着となっており、一日約二〇キロ歩いたことになる。当時としては平均的な歩行距離と言えよう。

日記では陣屋内に三階建ての望楼があり、窓があり、非常に眺望が良いことを書いている。この望楼は、役宅居間にあったと考えられ、現在復元されている。

郡代の出勤について、前の郡代は十日、あるいは月に一度の出勤、そして自分（豊田友直）は二〜三日に一度出勤するつもりと書いている。先代の大井郡代は毎日出勤してかえって効率を悪くしたとしており、面白い。郡代の出勤は不定期だったようである。

【発掘調査】 過去の発掘調査では、近代以降の改変が著しく、遺構の残存状況は良くなかった。それでも用水池や溝・井戸・礎石等が検出され、文政十三年等の記載内容と一致していた。遺物については、江戸後期から近代以降のものが大半で、陶磁器類や寛永通宝・硯《すずり》等が出土している。

【まとめ】 以上述べたように、高山陣屋は郡代（代官）の役所はもちろんのこと役宅まで実見できる貴重な歴史遺産であり、しかも有料で一般公開されていることはありがたい。近くには豪壮な石垣を残す松倉城も位置する。高山陣屋だけでなく、一日じっくりと古都高山を見学してみてはいかがだろうか。

【参考文献】 高山陣屋改築２００年記念『高山陣屋の「表」と「奥」』（高山陣屋管理事務所、二〇一八）、『岐阜県中世城館跡総合調査報告書第四集（飛驒地区・補遺）』（岐阜県教育委員会、二〇〇五）

（佐伯哲也）

●見事な石垣造りの織豊系城郭

松《まつ》倉《くら》城《じょう》

〔国指定史跡〕

〔所在地〕高山市西之一色町
〔比　高〕二七〇メートル
〔分　類〕山城
〔年　代〕天正七年か
〔城　主〕三木自綱・金森長近
〔交通アクセス〕ＪＲ高山本線「高山駅」下車、徒歩一時間。

【訪城者を圧倒する豪壮な石垣】　高山市街地を見下ろす松倉山山頂に位置する。松倉城には、巨石（二～三メートル）を使用した高さ七～八メートルの豪壮な石垣が良好な状態で残っており、訪城者を圧倒させる。織豊武将が天正年間に構築した石垣で、これほど良好な状態で現存しているのは、岐阜県下では松倉城だけであり、貴重な事例と言えよう。

【歴　史】　築城期については不明だったが、堀祥岳が新史料として新宮神社所蔵「永禄九年熊野本宮再興棟札」を紹介し、天正七年（一五七九）三木自綱《みつきよりつな》による築城を主張しておられる。一次史料を使用した有力な説であり、賛同したい。

江戸期の地誌類によれば、自綱は天正十一年（一五八三）九月広瀬城を攻め落とし、広瀬氏を滅ぼす。飛騨を平定した自綱は家督を次男秀綱に譲り、自身は広瀬城に入ったとされている。つまり松倉城主は、初代城主自綱から、二代城主秀綱になったということである。

天正十三年（一五八五）金森長近《ながちか》は三木討伐のために飛騨へ進攻し、金森軍の猛攻を受けて松倉城は落城する。近年の研究により、金森長近本隊による三木討伐は閏八月一日以降に実施され、閏八月十四日以前に完了したことが確認できる。したがって松倉城の落城日も、その期間内に絞り込むことができる。飛騨国は一年間の管理期間をへて、天正十四年八月正式に長近に与えられる。

松倉城は天正十三年の落城をもって廃城になったとされている。しかし現存の石垣は、明らかにそれ以降の石垣である。飛騨国を賜った金森長近が万一の場合に備えて松倉城を大改修し、これが現存する石垣と考えるべきであろう。廃城年月は明らかにできない。仮説の範疇ではあるが、慶長五年（一六〇〇）関ヶ原合戦前後まで使用されたとしたい。

【天守台】　松倉城の特徴の一つとして、天守台の存在がある。これほど大規模で明確な天守台が現存する中世山城は、岐阜県内では唯一松倉城のみである。天守台の礎石は、外側に小礎石、内側に大礎石を配置する。この配置により、小建物が複数存在していたのではなく、天守台の平面いっぱいに大型の櫓《やぐら》一基、いわゆる天守が存在していたと考えて良い。天守台の平面は台形となっている。これも初期天守台の特徴と言える。

　松倉城天守台は二一×二〇メートルと大型の部類に属する。これだと広島城（広島県、二四×一九メートル）天守台に匹敵する。だからといって、筆者は松倉城天守台に五重の大天守がそびえ立っていたとは毛頭思っていない。松倉城の山上曲輪で、居住空間と言えそうな広場は天守台しかない。したがって天守台の一階部分は、居住施設としての平屋建物があり、その上に望楼がチョコンと載っていた

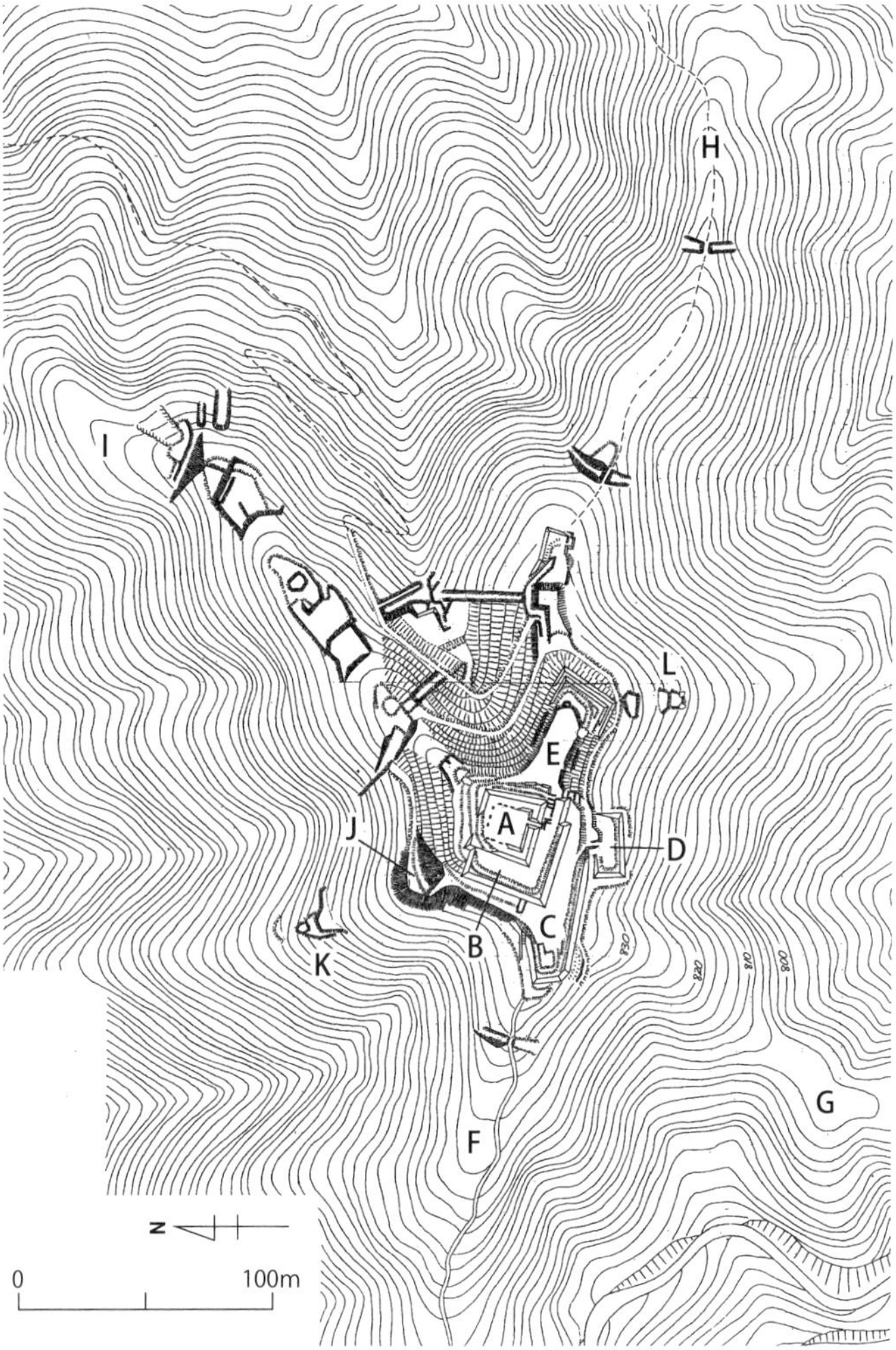

●—松倉城縄張図（作図：佐伯哲也）

●—松倉城Ｂ曲輪石垣

程度と考えたい。すなわち二階建て、せいぜいで二層三重だったと考えている。この構造は、同じく長近が築城した高山城天守と一致する。

【礎　石】　飛驒の山城で、礎石が検出されているのは、松倉城と高山城・古川城しかない。これら三城は、最終的にすべて金森氏が改修した城郭である。つまり山城に最初に礎石を導入したのが金森氏だったのである。礎石を導入した理由は、半永久的でしかも重量的な建造物を建てるためである。これまで簡素な建物しか存在しなかった山城に、金森氏は初めて重厚的な建物を設置したと言えよう。

【瓦】　天守等永久建造物の存在を想定できるが、瓦は採取できない。もちろん発掘調査が実施されないため詳細は不明だが、天守台だけでなく、城域全体からも瓦は採取されない。織豊系城郭の特徴を色濃く示しながらも瓦が採取されないのは、寒冷地のため瓦《かわら》が爆《は》ぜるため、葺《ふ》けなかったと考えられる。これは飛驒一国の拠点となった高山城も同様である。恐らく桧皮《ひわだ》葺か柿《こけら》葺だったと考えられよう。

【虎　口】　松倉城の大手虎口《こぐち》はＤである。壮大な櫓台《やぐらだい》を備えた内桝形《うちますがた》虎口である。虎口空間も備えており、このため多数の城兵も駐屯することができ、小曲輪の機能も兼ね備えている。櫓台を備えた（内・外）桝形虎口は、飛驒において高山城・萩原諏訪城等金森氏関係城郭のみに見られる施設であり、現存遺構が金森氏により構築されたことを如実に物語る遺構と言える。松倉城主要曲輪群の縄張は、織豊系城郭そのものといえよう。

【石　垣】　松倉城最大の特徴は高さ七〜八メートルの豪壮な石垣であろう。天正後期に構築された石垣で、これほど保存状態が良いのは全国的に見ても稀である。この高石垣を金森氏の前城主三木氏が構築したとする説も存在する。しかし現存する三木氏の石垣は、高さ二〜三メートルの貧弱なもので、このような高石垣を三木氏が構築したとは考えられない。

積み方は布積《ぬのづみ》の野面積《のづらづみ》で、隅角は長短の比が揃わない算木《さんぎ》積となっている。角度は約七〇度前後。裏込石の厚さは約一メートルと推定される。矢穴石は見当たらない。天正後期の石垣の特徴を示しており、金森氏が現存石垣を構築したのは、ほぼ確実といえよう。

豪壮な石垣だが、高石垣で固めているのは大手方向（F）に向いたA・B・C・D曲輪のみである。明らかに大手道を登城してきた武士達に対して視覚効果を狙った演出である。

これに対して搦手《からめて》方向に向いたE曲輪は、基本的には土造りの曲輪であり、東端を固めた石垣も、二〜三メートルの低石垣を三段に積んでいる。天守台も例外ではなく、搦手方向に向いた北・東面は貧弱な石垣を構築している。さらに搦手道沿いの虎口は櫓台を備えた内桝形虎口だが、土造りとなっている。大手・搦手方向の石垣を極端に変化させているのも、松倉城石垣の特徴と言えよう。ちなみに前城主三木氏の居館は搦手方向にあり、大手方向の豪壮な高石垣とはまったくリンクしない。高石垣は三木氏とはまったく無関係の武将、つまり金森氏より構築されたとする傍証になろう。

【まとめ】　松倉城ほど現存遺構と伝承が一致しない城郭も珍しい。構造的には金森氏構築が明らかで、しかも明確に残る石垣が、なぜ金森氏の伝承が残らなかったのか不思議でならない。そして、廃城年代も詳らかにできない。謎に包まれた松倉城の歴史を明らかにするには、発掘調査である。今後の重要な課題の一つと言えよう。

【参考文献】　岐阜県教育委員会『岐阜県中世城館跡総合調査報告書』第四集（飛騨地区・補遺）（二〇〇五）、『飛騨古川歴史をみつめて』（飛騨市、二〇一五）

（佐伯哲也）

●飛騨国主金森氏百年の居城

高《たか》山《やま》城《じょう》

〔県指定史跡〕

〔所在地〕高山市城山
〔比　高〕一〇〇メートル
〔分　類〕山城
〔年　代〕天正十六年（もしくは天正十八年）
〔城　主〕金森氏
〔交通アクセス〕ＪＲ高山本線「高山駅」下車、徒歩三〇分。

【高石垣の城】　元禄八年（一六九五）の破却により、石垣は全面的に撤去されてしまったが、かつては高さ一四メートルの高石垣が存在していた。天正後半において、この高さを越える石垣は石垣山城（高さ一八メートル）しかない。金森長近《ながちか》（もしくは豊臣政権）が高度な石垣技術を保有していたことを如実に物語っていよう。

【築　城】　飛騨一国を賜った金森長近が天正十六年（一五八八、もしくは天正十八年）に、飛騨統治の拠点として築城したとされているが、確証はない。ただし、天正十五年八月に長近の家臣石徹白長澄《いとしろながすみ》が照蓮寺に高山城下へ移転するよう要請している。これはすでに城下町の建設工事が始まっていたことを示唆している。この推定が正しければ、翌十六年から高山城の本格工事が着手されたと推定することも可能であろう。

江戸期の地誌類によれば、高山城の本丸と二の丸は慶長五年（一六〇〇）、三の丸は慶長八年に完成したと伝えている。残念ながら、これも確証はない。

【廃　城】　高山城は初代長近から六代まで金森氏が居城する。元禄五年（一六九二）金森氏出羽上山（山形県上山市）転封後、元禄五年十月から加賀藩前田家が在番を勤める。そして飛騨国が天領になることが確定すると、元禄八年二月十二日、江戸幕府は加賀前田家に破却を命ずる。高山城破却の様子は、加賀藩が記録した『高山廃城雑記』・『飛州高山廃城日記奥村日記』（以下、記録と略す）等の一次史料が残っている

●—高山城縄張図（作成：佐伯哲也）

ため、詳細に知ることができる。

作業は元禄八年四月二十二日本格着工し、まず本丸三階櫓《やぐら》、いわゆる天守閣から開始された。取り壊し作業は、城内の最重要建造物から取り掛かることが判明し、非常に興味深い。右記記録は天守のことを「御本丸西南方三階御櫓」・「御本丸西之方三階櫓」と記載している。記録では天守を御殿（屋《や》形《かた》）としても使用していたことを記載しており、殿舎建築の上に望楼を乗せた天守の姿を想定させる。

記録によれば四月二十二日は作業初日ということもあり、一四時頃に作業を終了して、宴会を行ったことを述べている。明日からの激務に備えて士気を高める、といった感じだろうが、今も昔も変わらぬ風景と言えよう。

本丸の建造物は五月二日、二の丸・三の丸の建造物は五月十二日までに撤去され、そして五月十八日までに大手一の門・桜門・番所等すべての建物が撤去された。石垣の撤去は翌五月十九日から始まり、六月九日に完了する。建造物・石

●—高山城三之丸Ｄ水堀

垣が撤去された本丸・二の丸・三の丸全域の地均《じなら》しと清掃が翌十日に実施され、これにより破却作業すべてが完了した。

以上が、高山城破城作業の経緯である。つまり四月二十二日から開始された破城作業は、六月十日に完了したのである。一六年もの歳月をかけて完成した高山城は、わずか四九日間で破却され、そして廃城となった。明確な廃城年月日はもちろんのこと、詳細な経緯までもが一次史料で判明する、全国でも稀有な城郭と言えよう。

【構　造】　高山城は前述のごとく、元禄八年の破却により、建物はもちろんのこと、石垣もほとんどが撤去されたため、当時の姿を想像することは困難になっている。幸いなことに、高山城在番を勤めていた加賀前田家が作成した『飛州高山城図』・『高山城本丸図』が現存している。両図は発掘調査結果とも符合し、信憑性の高い絵図と評価されている。同図を基に推定復元図を作成した。

Ａ曲輪が本丸。本丸の敷地面積いっぱいに本丸屋形が建てられていた。それでも面積が足らなかったらしく、南側の建物の一部は石垣天端よりはみ出して建てられ、支え柱で補強されていた。本丸屋形には、広間（儀礼空間）や台所・風呂（生活空間）・便所が存在し、一応居住施設としての機能を備えていた。

本丸の西端には三階櫓、いわゆる天守がそびえ立っており、高山の城下町を見下ろしていた。この天守は本丸屋形と一体となった天守閣で、居住施設の一部としても用いられていた。松倉城天守も居住施設としての機能を兼ね備えていたと推定される。高山城と松倉城とは共通する部分が多い。構築者が同一人物だったことを示唆している。

天守直下には、高山城でも最大の石垣がそびえていた。『飛州高山城図』には「七間三尺」、つまり高さが約一四㍍と記載されている。実に松倉城の二倍である。さらに大手道沿いの南之出丸《でまる》Eの石垣を高さ約一二㍍と記載している。大手道を登城する武士たちは一四㍍の石垣に驚愕したであろうが、これは明らかに視覚効果を狙った演出である。

【大手道の位置】　高山城の大手道は城下町と反対方向に設けており、大手門も城下町方向に向いていない。正確な理由は不明だが、実は松倉城も同様の構造となっている。これも高山城と松倉城が同一人物によって構築されたことを物語る傍証となろう。

【発掘調査】　高山市教育委員会が昭和六〇・六一年に本丸で実施された調査により、礎石《そせき》等が良好な状態で残存していることが確認され、破却では地上の構造物のみ撤去したと考えられた。本丸南側のトレンチから、石垣の根石が確認され、さらに裏込石が一〜一・二㍍の厚さで挿入されていることも確認された。遺物は少なく、土師《はじ》質陶器・天目《てんもく》茶碗・擂鉢《すりばち》・鉄釘・古銭が少々出土した程度だった。破却にあたり、すべて持ち去った結果なのであろう。なお、瓦も出土しなかった。

平成七年の調査は三の丸水堀が発掘され、大量のこけらが出土した。本丸から瓦が出土していないことから、高山城建造物の屋根はこけら葺きであったと考えられる。

【まとめ】　元禄八年の破城により徹底的に破却された高山城だが、三階の天守と高さ一四㍍の石垣がそびえていたことが判明した。破却されたことは残念だが、破却作業が克明に記された史料が残ることになったことはありがたい。今後は発掘調査による照合をさらに進めていくのが課題と言えよう。

【参考文献】　高山市教育委員会『高山城跡発掘調査報告書Ⅰ・Ⅱ・Ⅲ』（一九八六・八八・九六）、岡村守彦『飛驒史考近世編』（一九七九）

（佐伯哲也）

●豪華な中国陶磁器が出土

尾《お》崎《ざき》城《じょう》

〔高山市指定史跡〕

〔所在地〕高山市丹生川町町方
〔比　高〕四〇メートル
〔分　類〕山城
〔年　代〕一五世紀中頃
〔城　主〕塩屋秋貞
〔交通アクセス〕ＪＲ高山本線「高山駅」下車、タクシーを利用。

【通説を覆した発掘調査】　尾崎城は三木自綱《みつきよりつな》の重臣塩屋秋貞《しおやあきさだ》の居城とされていた。したがって発掘をすれば一六世紀後半の遺物が出土すると考えられていた。しかし出土した遺物から一五世紀第3四半期に廃絶したと考えられ、秋貞の時代とは約一〇〇年の差が開いてしまった。さらに中国製の高級陶磁器が大量に出土し、当時の飛驒人の文化水準が相当高かったことを物語る結果となった。飛驒中世史の通説を根底から覆す調査結果と言えよう。

【歴　史】　江戸期の地誌類『飛州志』によれば、尾崎城は塩屋筑前守秋貞の居城となっている。塩屋筑前守秋貞は三木氏の重臣で、上杉謙信との交渉を担当していた武将である。例えば永禄十二年（一五六九）上杉謙信は、昨年来音信が途絶えている三木良頼《よしより》に、各地の情報を知らせるように、秋貞を仲介として要求しているのは、その好例である。一次史料では、元亀二年（一五七一）猿倉城（富山県）を築城しているのが確認できる。

秋貞が一次史料で最後に確認できるのは天正十年（一五八二）頃で、年不詳二月十日黒金景信《くろがねかげのぶ》書状によれば、三木氏等飛驒諸将は上方と手切れになったので、塩屋秋貞父子を上杉方に誘い込もうとしたものである。秋貞が依然として勢力を保持していた証拠である。伝承では天正十一年三月、秋貞は上杉方の城生城主斎藤氏の攻撃を受けて戦死する。上杉氏からの勧誘を拒否した結果、上杉方からの攻撃を受けたと考えて問題なかろう。

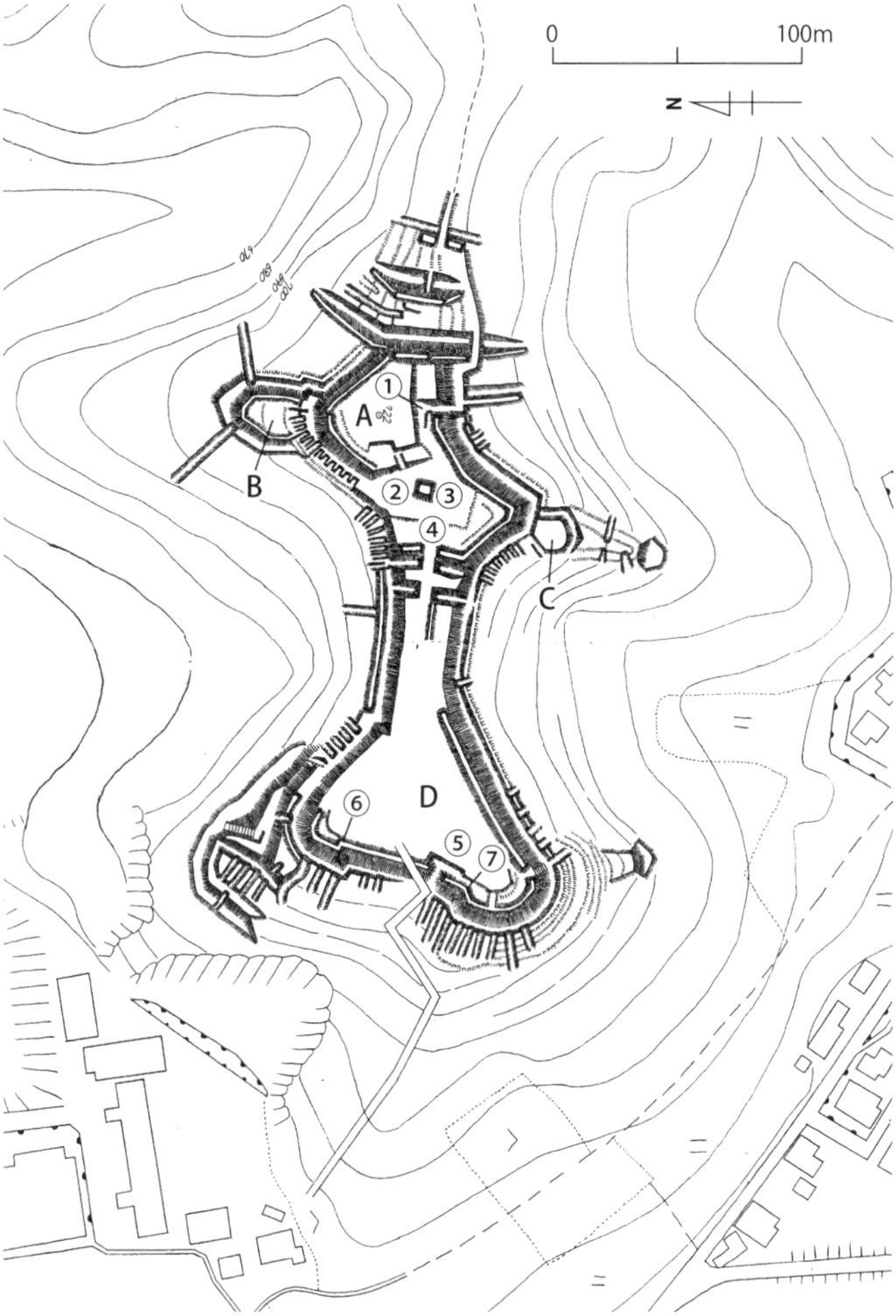

●—尾崎城縄張図(作図:佐伯哲也)

【大量の中国銭が出土】 明治三十九年丹生川《にうかわ》村民が日露戦争勝利記念碑を建設したとき、大量の中国銭が出土している。出土場所は二の丸(D)付近。同年四月に町方区長から高山警察署へ提出された『埋蔵物発見届』によれば、「二尺八寸」の地下に「十一貫六百目」(約四三キログラム)の中国銭が出土したと記載している。叺《かます》に入っていたと言われ、村民に分配されたと伝えている。一部は高山市役所丹生川支所が保管している。

支所に保管されている中国銭の総数は、一八八六枚。その内北宋銭が一四五二枚と大部分を占める。保存状態は良好。伝承通り叺に入っていたのなら、長期間土中に埋もれていたとは到底考えられない。埋納時期は近世末あるいは明治初期と考えられないだろうか。

【構　造】 通称城屋敷と呼ばれている。A曲輪が主郭。土橋《どばし》④の東側に、両側を土塁《どるい》で固めた木戸跡が発掘調査により確認された。木戸の総幅は約三メートル。両端に太い柱穴二個、内側に細い柱穴を二個配置している。両開きの木戸が建っていたと推定される。

東の尾根続きに数本の堀切《ほりきり》や竪堀《たてぼり》・土塁を設けて遮断し、弱点部を徹底的に潰している。B・Cの付属曲輪を設ける

●—尾崎城堀切

が、B曲輪は塁線土塁をめぐらし、さらに二本の竪堀まで設けて厳重に警戒している。虎口《こぐち》①は明確な内桝形《うちますがた》虎口。③は忠魂碑で城郭施設ではない。発掘調査により②地点にも土塁が存在していたことが判明し、これにより、主郭Aはほぼ全周に塁線土塁がめぐっていたことが判明した。

B曲輪にも内桝形虎口⑤があり、さらに⑥・⑦地点の塁線を屈曲させて横矢を効かせ、防御力を増強している。虎口と曲輪が一体となったハイレベルの虎口といえる。

虎口⑤から下った丹生川村中学校のあたりに、かつて土塁で構築された馬出《うまだし》があったと伝えている。横堀で区画された馬出なら、構築者は織豊武将、具体的には金森氏の可能性が強い。しかし中学校建設により現存していない。

【畝状空堀群】 尾崎城で注目したいのは、横堀をともなった畝状空堀群《うねじょうからぼりぐん》である。天正十三年（一五八五）金森軍（南飛騨から阿多野郷に進攻する金森可重《よししげ》軍）の飛騨進攻に対処するために、三木自綱が構築したと考えられる。ほぼ全周に設けているが、敵軍に直撃されるD曲輪に大規模かつ厳重な畝状空堀群を設けている点に注目したい。

【金森氏が改修】 現在三木氏の城郭に、桝形虎口や全面的な塁線土塁は確認されていない。したがって三木討伐後、金森氏が一時的に在城するため、塁線土塁や内桝形虎口①・⑤、さらには中学校にあったとされる馬出を構築したことが推定されよう。

【発掘調査】　丹生川村教育委員会により平成四〜八年に発掘調査が実施された。一〇〜一六世紀にかけて遺物は見られるが、大半は一五世紀中頃のもので、一五世紀第３四半期に廃絶したと考えられる。つまり塩屋秋貞時代とは約一〇〇年の差が生じてしまったのである。

出土した中国窯の製品は美術陶磁ともいえるもので、その量と質および器種の豊かさに着目される。さらに白磁・青白磁の壺・梅瓶《めいびん》・水注《すいちゅう》が見られ、飛騨人の文化水準の高さを物語っていよう。

礎石や敷石遺構はまったく検出されなかった。柱穴は約八〇〇個確認されたが、すべて素掘りの柱穴だった。したがって城跡には、簡素な掘立建物しか存在していなかったのである。

高級陶磁器が出土する一方で、土師皿《はじ》は破片で一四点しか出土しなかった。全体での割合は、わずか〇・四％にすぎない。土師皿の割合が六九％も占める江馬下館とはまったく違った性格の遺跡と言えよう。

高級陶磁器が出土したことから、かつて寺院が存在していたとする考えも存在する。しかし現存する飛騨中世寺院の建物は、すべて礎石建物となっている。前述の通り掘立建物しか存在せず、儀礼で用いるカワラケがほとんど出土しなかったことから、寺院存在説を否定したい。ほとんど居住性が見られないことから、高級陶磁器を保管する倉庫が存在していたと考えるのが、もっとも妥当なのではなかろうか。その後一六世紀後半に城郭が築城されたと考えるべきであろう。

【まとめ】　発掘調査は通説を覆し、飛騨中世史再考の必要性を感じさせる結末となった。高級陶磁器に注目されがちだが、礎石が存在せず、カワラケもほとんど出土せず、遊具や女性道具（化粧道具）・宗教遺物がまったく出土しなかったことも着目すべきである。どのような人物が、どのような目的で所持していたのか、またどのような性格の遺跡だったのか、新たに発生した課題は多い。

【参考文献】　丹生川村教育委員会『尾崎城跡発掘調査報告書第一〜五次』（一九九三・二〇〇二）、森本一雄『定本飛騨の城』（一九八七）

（佐伯哲也）

●飛驒国人最終到達点の城

広《ひろ》瀬《せ》城《じょう》

〔県指定史跡〕

〔所在地〕高山市国府町名張・瓜巣
〔比　高〕八〇メートル
〔分　類〕山城
〔年　代〕一五世紀初頭
〔城　主〕広瀬氏・三木自綱
〔交通アクセス〕ＪＲ高山本線「飛驒国府駅」下車、徒歩一時間。

【秀吉に反逆した飛驒国主の城】 三木《みつき》自綱《よりつな》は天正十一年（一五八三）飛驒一国を統一する。同年自綱は隠居して広瀬城に居城するが、このときの年齢は四三歳であり、名ばかりの隠居だった。時流は羽柴（豊臣）秀吉の天下統一へと急速に動き始めていたが、自綱は公然と反旗を翻す。しかし勝敗は明らかで、天正十三年秀吉の命令を受けて三木討伐のために飛驒に進攻した金森長近《ながちか》軍により、広瀬城等は陥落し、わずか一〇日間あまりで飛驒一国を制圧されてしまう。自綱が夢見た群雄割拠の時代は、すでに終わりを告げていたのである。

【歴　史】 広瀬城は広瀬氏代々の居城とされている。築城は飛驒応永の乱（応永十八年＝一四一一）頃とされているが、確証はない。

三木自綱に臣従し、飛驒平定戦にも積極的に参加していた広瀬氏だが、天正十一年（一五八三）九月、自綱から攻撃される。これにより広瀬氏は滅亡し、自綱は飛驒一国を平定する。自綱は隠居し、松倉城（高山市）は次男の秀綱に譲り、自綱は高堂《たかとう》城に居城したという。ただし、遺構から見た場合、広瀬城は最新技術を投入した縄張に大改修されているのに対して、高堂城はまったく改修されていない。したがって高堂城は使用したかもしれないが、自綱が隠居後の居城として使用したのは広瀬城と考えるべきである。

それも束の間、天正十三年（一五八五）閏八月飛驒に進攻した金森長近によって三木氏は攻め滅ぼされ、広瀬城も落城する。以後使用された形跡はなく、このときをもって廃城に

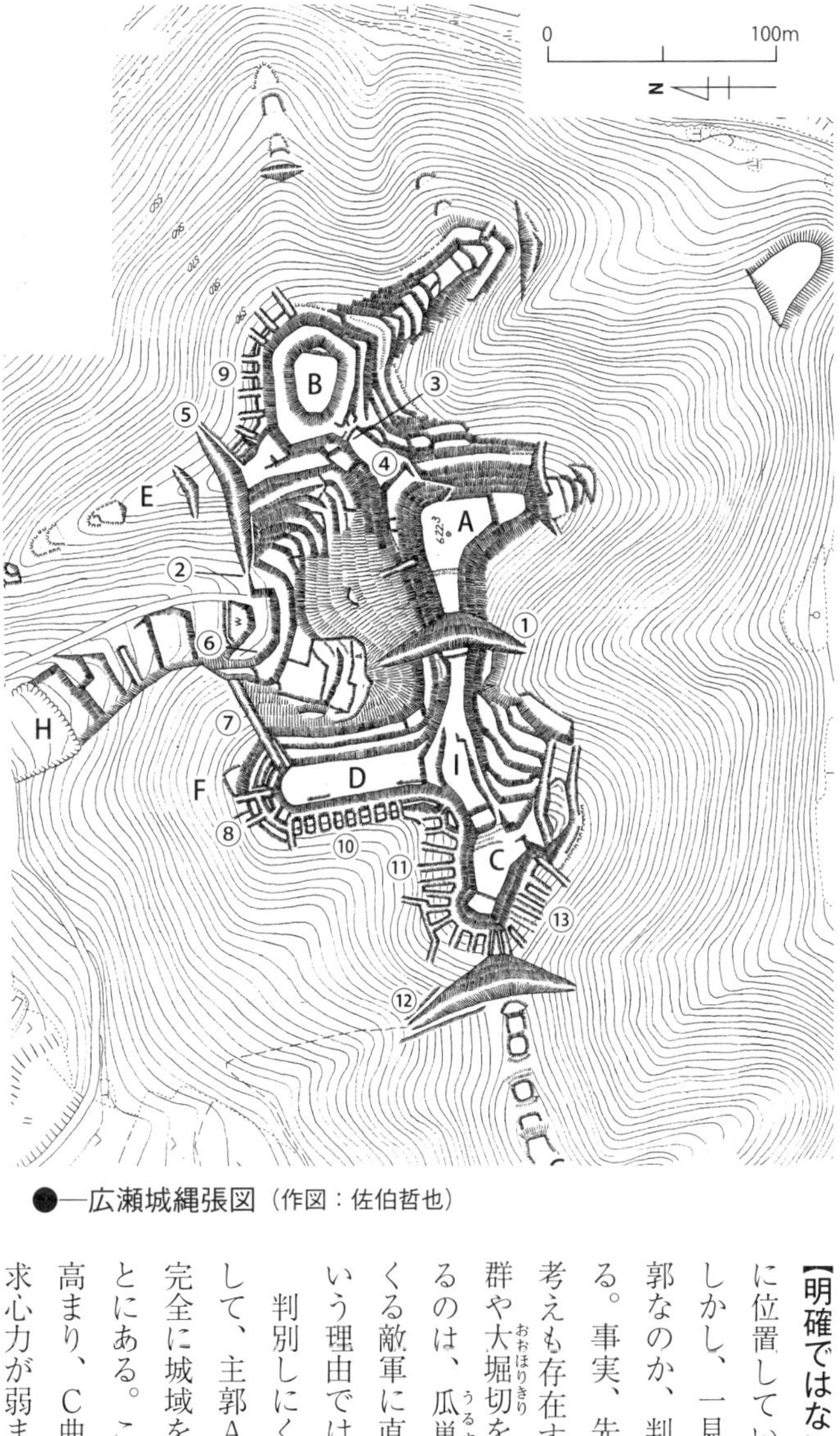

●—広瀬城縄張図（作図：佐伯哲也）

なったと考えられよう。なお自綱は降伏して命を助けられ（『宇野主水日記』）、京都の近衛前久《このえさきひさ》のもとに身を寄せる。そして天正十五年四月死去する。四七歳だった（飛驒史考中世編）。命だけ助けられたのは、隠居の身だったからなのであろうか。

【明確ではない主郭】　城域のほぼ中央に位置しているA曲輪が主郭である。しかし、一見しただけでは、どれが主郭なのか、判別しにくいのも事実である。事実、先端のC曲輪を主郭とする考えも存在する。C曲輪に畝状空堀《うねじょうからぼり》群や大堀切《おおほりきり》を設けて手厚く防御しているのは、瓜巣《うるす》（名張）峠から東進してくる敵軍に直撃されるからで、主郭という理由ではない。

判別しにくくしている原因の一つとして、主郭Aの西側に大堀切を設けて完全に城域を二分してしまっていることにある。この結果C曲輪の独立性が高まり、C曲輪に対する主郭Aからの求心力が弱まっている。このパターンは中世城郭に見られる縄張であり、広瀬城もまたその典型的な一例と言えよう。

【貧弱な石垣】　主郭A東側の登り口に、高さ約三メートル、角度約五〇度の石垣（裏込石なし）が残存している。大きさ三〇センチ程度の河原石を積み上げただけの、石積とも言える貧弱な石

●—広瀬城畝状空堀群⑪

垣である。上部に重量構造物が建っていたとは思えない。恐らく大手方向の主郭登城口に位置していることから、主郭の格式を高める「見せる」石垣だったと推定される。

この石垣の構築者は広瀬氏の可能性もある。とすれば、最終城主である三木自綱は、この石垣をまったく改修せず、畝状空堀群を取り入れた城郭に大改修したことになり、自綱が「容認」した石垣となる。これは自綱の石垣思想を推定する上で重要な事実となる。

【土塁・虎口が存在しない】 宿敵江馬氏の梨打城には多用されていた塁線の土塁《どるい》は、ほぼ存在しない。わずかにD曲輪に一部残るのみである。肝心の主郭Aには、痕跡すら残っていない。さらに虎口《こぐち》も確認できない。これも単純な虎口が確認できる梨打城とは対照的である。自綱が広瀬城を大改修したほぼ同時期に自綱が築城した寺洞砦群にも、虎口・土塁は残っていない。これは自綱の縄張思想を推定するうえで重要な事実となる。

【見事な畝状空堀群】 広瀬城最大の見どころは、なんといっても畝状空堀群であろう。特にC曲輪北側はほぼ原型を保っており、深さ三メートルの畝状空堀群は圧巻である。

次に堀切・横堀・竪堀《たてぼり》・切岸《きりぎし》を用いて防御ラインを設定している点に注目したい。敵軍に直撃されるD曲輪北端は二重の横堀を設けて防御力を増強しているが、二重の横堀を設けているのは飛驒では広瀬城のみである。畝状空堀群は全域に設けるのではなく、横堀および堀切の両脇に重点的に設ける。これは横堀等を越えず、両サイドに横移動する敵兵を補殺するために考えられ、極めて効果的な用法と言える。

防御ラインを設定することにより、主郭Aが敵軍に直撃される可能性は著しく低下し、両脇のB・C・D曲輪が敵軍の攻撃から主郭Aを保護してくれることになる。そして大堀切の設置により分断された城域を、一つにまとめている。これにより、曲輪単独の防御態勢から城域全体への防御態勢へ発展させている。さらに畝状空堀群の設置により、防御ラインに取りついた敵兵を完全に補殺している。防御ラインを構築した城主が、高い縄張技術を保有していたことを見事に物語っている。

【北側に設けられた防御ライン】 広瀬城の防御ラインは、重点的に北側に配置されている。逆に南側にはほとんど設けられていない。これは防御ラインを構築した城主は、敵の主力部隊は北側から進攻してくると想定していたことが判明する。防御ライン構築者は三木自綱であり、敵軍は金森長近軍と想定される。つまり防御ラインは天正十二〜十三年頃に自綱が金森軍を迎え撃つために構築したことが推定されるのである。

【まとめ】 広瀬城は飛驒一国を統一した三木自綱の最後の居城である。したがってその縄張には、飛驒国人領主の最終到達点の技術を見ることができる。

確かに織豊系城郭にみられるような石垣や虎口や土塁は駆使していない。それでも防御ラインを設定することにより城域を一つにまとめて弱点を克服し、敵軍の攻撃を遮断している。さらに畝状空堀群を設けることにより、敵軍の補殺率を向上させている。土造り城郭としてはハイレベルの縄張であり、自綱が優れた縄張り技術者だったことを裏付けている。しかし三木氏は金森軍の進攻により、あっけなく滅ぶ。土造り城郭では、鉄砲を主力とした軍隊に対抗できなくなっていたのである。

【参考文献】『国府町史』史料編Ⅰ高山市役所国府支所（二〇〇八）、『飛驒古川歴史をみつめて』（飛驒市、二〇一五）

（佐伯哲也）

●金森軍迎撃の要の城

小鷹利城《こたかりじょう》

〔国指定史跡〕

〔所在地〕飛騨市河合町稲越、古川町信包、古川町黒内
〔比　高〕一〇〇メートル
〔分　類〕山城
〔年　代〕不明
〔城　主〕向（小鷹利）氏、三木氏
〔交通アクセス〕JR高山本線「飛騨古川駅」から、市営バスひだまる桃源郷線〜山王行「橋本商店前」下車。城跡まで徒歩約三〇分。
※バス停はなく自分の下車したい場所を運転手にお伝えください。

【飛騨国司家の一角・小鷹利氏】　小鷹利城は、飛騨国司・姉小路《あねがこうじ》氏の一家、向《むかい》（小鷹利《こたかり》）氏の居城と伝わる。城名は向氏の別称「小鷹利」を冠する。向氏は、もともと公家の姉小路氏が分家した三家（古川・小島・向）のうちの一家である。姉小路氏が三家に分家した詳しい時期は不明だが、『教言《のりとき》卿記』応永十二年（一四〇五）五月条に「迎（向）家《いえ》煕《ひろ》」と見えるため、このころには分家していたと考えられる。また、『証如《しょうにょ》上人日記』の天文九年（一五四〇）五月の記録に「飛州小鷹利」とあり、『言継《ときつぐ》卿記』の天文二十三年（一五五四）九月条にも「小鷹狩左兵衛佐貞煕（向と号す）」とあり、一六世紀半ばごろには向氏から転じて小鷹利氏と名乗っていたことがわかる。

一六世紀になると、姉小路氏に変わって南飛騨より勢力を伸ばしてきた三木《みつき》氏が古川盆地で台頭する。享禄四年（一五三一）、三木氏は「古川ノ城」を落とし、古川盆地に勢力を広げる（『飛州志』所載「飛騨一ノ宮神社棟札文」）。そして永禄三年（一五六〇）二月、三木良頼《よしより》が従四位下・飛騨守に叙任され、三木氏は三家の一つ、古川氏の名跡を継ぐ。いずれの時期か不明だが、戦国末期までに向氏は没落し、三木氏がこの城を押さえていたと考えられる。天正十三年（一五八五）、秀吉の命を受けた金森長近《ながちか》・可重《ありしげ》父子が飛騨に侵攻し、三木氏を滅ぼす。小鷹利城もこの時に落城したと伝わり、この時期から程なくして廃城になったと考えられる。

【古川盆地の出入りを監視する境目の城】　古川盆地に所在す

●—小鷹利城全景（北より）

る城館を群として捉えると、小鷹利城は、「境目《さかいめ》の城」としての役割がある。盆地の北西端に位置し、白川郷方面から保《ほ》峠《とうげ》、湯峰《ゆみね》峠を越えて古川盆地を攻め入る敵を迎え撃つ立地にある。また、小鷹利城の主郭からは古川盆地を一望できる。峠の向こう側からの敵の来襲を監視しながら、盆地内にいち早くその情報を伝えることができる。

【峠からの来襲に備えた縄張】　峠を越える敵を警戒した様子は、城郭遺構の配置からも読みとれる。この城は、天正十三年（一五八五）の金森長近の飛騨侵攻に際して、古川盆地の山城で最初に戦いの舞台になったと伝えられている。金森軍侵攻ルートは諸説あり、実際にこの城で戦いがあったかどうかは不明であるが、城跡の遺構の様子からは、明らかに金森軍の侵攻に備えた様子がうかがえる。

敵正面である主郭の西側の斜面には、横堀と十数本の畝《うね》状空堀《じょうからぼり》群が一面に構築されている。尾根の堀切《ほりきり》を渡ってきた敵に対し、横移動を制限しつつ上部から攻撃できるようになっている。これらは盆地側の東側斜面と比較して西側斜面が厳重であることから、西側からの攻めを厳重に警戒したことがわかる。またその畝状空堀群に対して南側には土塁《どるい》で保護した曲輪が張り出しており、斜面を登る敵に対して横矢をかける構造となっている。

主郭に攻め入る際も、南東側から一段ずつ順番に曲輪を攻め上らなければならないよう狭い虎口《こぐち》が設けられている。曲輪の斜面の切岸《きりぎし》も急峻で、虎口以外から上ることは難しい。全体として西側から非常に攻めにくい構造となっている。な

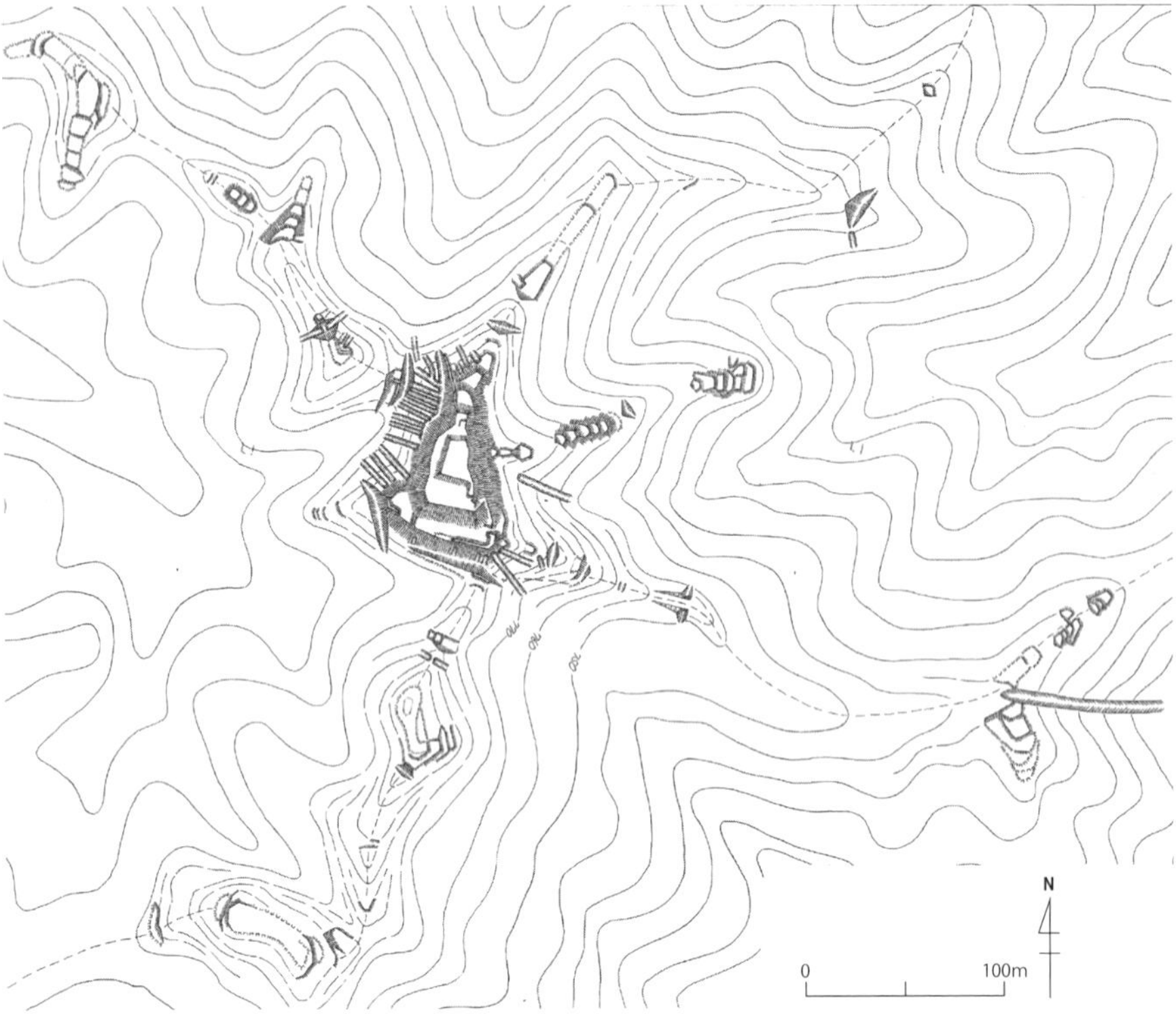

●—小鷹利城跡縄張図（作図：佐伯哲也）

●—小鷹利城の畝状空堀群

お、各曲輪はよく削平されており、当時は建物等が建っていた可能性がある。

畝状空堀群と横堀をセットで使用する例は、広瀬城（高山市国府町）などの三木氏の終末期の城跡に見られるものである。土造りの山城が基本である在地勢力の技術を結集し、金森氏の侵攻に備えたことをうかがわせる。また佐伯哲也によって、主郭まわりの虎口の設定に関しては、後に金森氏によって改修したという可能性が指摘されている。

このように小鷹利城では、飛騨のダイナミックな土造りの城の様相と、戦国末期の緻密な縄張を見ることができる。

【小鷹利城にまつわる伝承】 このように現地に残る城郭遺構からは、三木氏の改修が推測されるが、地元ではあくまで「小鷹利氏の居城」として伝わる。江戸時代に編纂された『飛州志《ひしゅう》』には、「飛騨国司姉小路家族小鷹利伊賀守居之城」と紹介されており、簡略な絵図も付されている。また、『明治三年信包《のぶか》村後風土記書上』の下書きにも、地元に伝わる伝承を記している。そこには「小鷹利ノ城」について「寅方へ向。同山ノ麓巳ノ方ニ下屋敷有。桜之御所ト云。今ニ此処《ここ》ニ百間四面ノ土手有。」とある。明治初めごろの地元の理解では、寅方（東北東）に城の正面があり、城山の巳（南南東方面）に「桜之御所」という下屋敷跡があるとしている。この付近は「古屋敷」という地名が伝わっている。その他に小鷹利氏ゆかりの神明社や、小鷹利氏建立と伝わる十王堂、「物見之御所」といったものがあることを紹介している。

また、『斐太《ひだ》後風土記』によると、永正年中は姉小路《あねがこうじ》済継《なりつぐ》の二男・高綱《たかつな》が数十年居城するが、天正四年（一五七六）死去し、その子が幼少であったため、家臣の牛丸重親《しげちか》が補佐し、やがて専横を企てたという。そして家臣の後藤重元が幼主を守って城を脱走したという話も伝わっている。重元は幼主を逃がすために角川《つのがわ》付近（飛騨市河合町角川）で迎えうち、討ち死にしたという。角川には、子孫によって文久二年（一八六二）に建てられた供養碑が残っている。向氏の幼主は無事に逃げ延びて常州佐竹氏に召抱えられ、向右近宣政と名乗ったという。いっぽう、牛丸氏が味方側という話のヴァリエーションもある。『飛騨編年史要』によると天正十一年（一五八三）まで小鷹利氏が小鷹利城を拠点とし、侵攻してきた三木自綱と牛丸綱親が戦い、逃げる途中に殿を務めた後藤重元が角川で戦死したという。このように小鷹利城をめぐる伝承も一様ではないが、地域には数多くの伝承が伝わっており、今後の調査によってこれらの伝承と、城との関連の糸口が発見されることが期待される。

【現在の城】 小鷹利城の遺構の残存状況は抜群であり、山城の痕跡を随所でたどることができる。峠の城であるためアクセスしづらい場所にあるが、主郭まわりの虎口や畝状空堀群など、戦国時代の様子を現地で確認することができる。

【参考文献】 岐阜県教育委員会『岐阜県中世城館跡総合調査報告書』（二〇〇五）、堀祥岳「古川地域の中世的景観」『飛騨古川　歴史をみつめて』（飛騨市、二〇一五）

（大下　永）

●ダイナミックな飛驒の山城の魅力を体感

向《むかい》小《こ》島《じま》城《じょう》

〔国指定史跡〕

〔所在地〕飛驒市古川町信包、古川町笹ヶ洞
〔比　高〕一三〇メートル
〔分　類〕山城
〔年　代〕不明
〔城　主〕向（小鷹利）氏、三木氏
〔交通アクセス〕JR高山本線「飛驒古川駅」から、市営バスひだまる桃源郷線「笹ヶ洞公民館」下車。徒歩約二〇分。

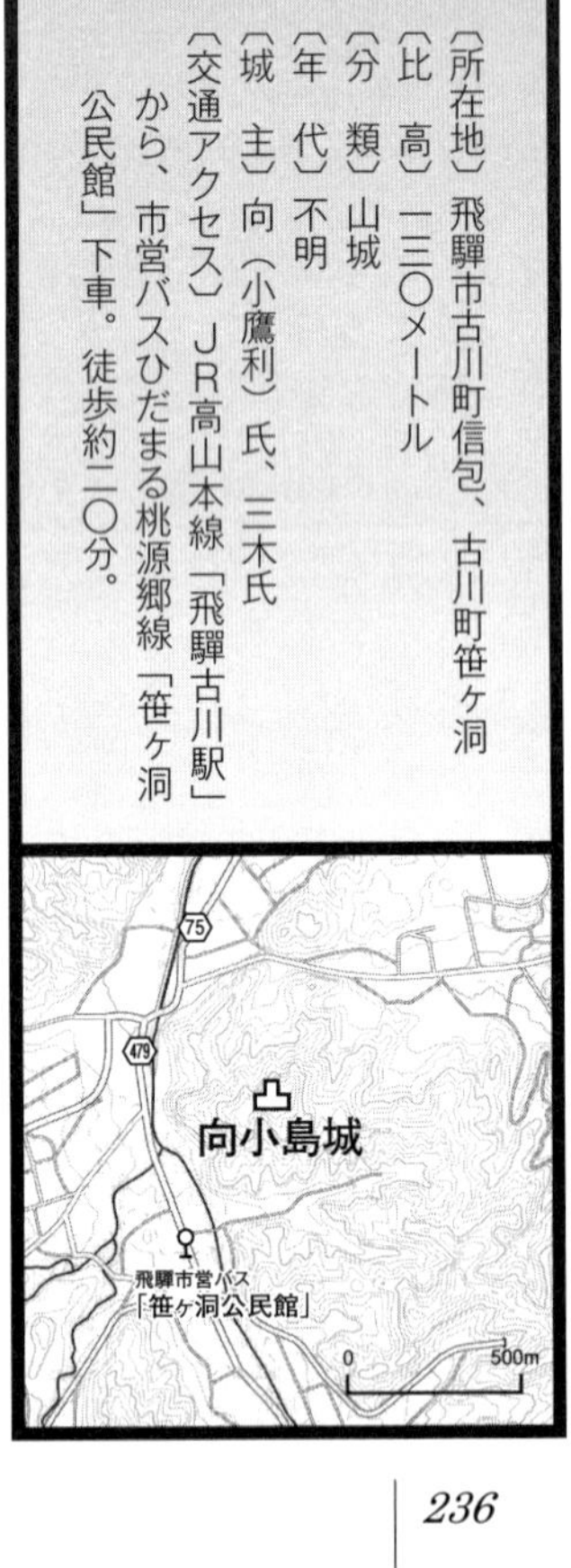

【飛驒国司家の一角・向（小鷹利）氏】　向小島城は、飛驒国司・姉小路氏の三家の一つ、向（小鷹利）氏の居城と伝わる。姉小路氏が三家に分家した時期や経緯は小鷹利城の欄で触れたとおりである。向氏がどこに拠点を構えていたか確かな史料はないが、向小島城のある地域は一五世紀の史料では「富安郡向小島」等とみえ（文明十八年『憶念寺本尊裏書』等）、天文年間ごろより「小鷹利郷」と呼称される（天文五年『願念寺本尊裏書』等）。少なくともこの地域を本拠としていたことは間違いない。そのため向小島城を向氏が拠点としていたという可能性はある。

小鷹利城の欄で触れたとおり、一六世紀になると三木《みつき》氏が台頭する。三木氏は一六世紀半ばには姉小路三家の一つ、古川氏の名跡を継ぐ。向氏も戦国末期までに没落し、変わって三木氏がこの城を押さえていたと考えられる。天正十三年（一五八五）、金森長近《ながちか》・可重《ありしげ》父子が飛驒に侵攻し、三木氏を滅ぼす。向小島城もこれ以降は金森氏が押さえ、以後は使われること無く廃城になったと考えられる。向氏に関わる伝承については小鷹利城に集中しており、向小島城にはあまり伝わっていない。これは近世以降の顕彰のあり方に要因があると考えられる。

【向氏の本拠を見下ろす山城】　向小島城は笹《ささ》ヶ《が》洞《ほら》と信包《のぶか》の両地区にまたがり、向氏の本拠地と推定される信包の集落を見下ろす立地となっている。この付近は、古川盆地の西側に位置し、北から延びる越中西街道や、西方の湯峰峠を押さえて

●—向小島城跡航空写真（西より）

いる。主郭からは西側に小鷹利城、北側に野口城、東側に小島城を望むことができる。向氏の拠点集落を押えるとともに、湯峰峠（小鷹利城）を越えてくる敵を警戒した立地となっている。

【指向性の高い縄張】向小島城は、小鷹利城と同じく、天正十三年（一五八五）の金森長近の飛騨侵攻に際して戦いの舞台になったと伝えられている。城跡の遺構の様子からは、明らかに金森軍侵攻に備えた様子が伺える。

この城のもっとも特徴的な遺構として、城の南西側の尾根に設けられている畝状空堀群《うねじょうからぼり》がある。横堀と連続した竪堀《たてぼり》をセットで構築し、さらに約一〇《メートル》の高さがある巨大な切岸《きりぎし》がそびえ、その上部に土塁《どるい》を設けている。連続した竪堀で前後左右の動きが鈍った敵に対し、上部から弓矢を浴びせることができる構造で、この城の中で特に厳重に護っている区画である。ちょうど湯峰峠方面に向けられて構築されているため、金森軍侵攻に備えて三木氏が急遽構築したと考えられる。また、各尾根上にも巨大な堀切《ほりきり》を設けて遮断しており、こちらも非常に見応えがある。

主郭部はよく削平されているが、他の箇所は全体的に削平が甘く、臨時的な城郭であった可能性が高い。また、篠脇城（郡上市大和町）のように広範囲にわたって畝状空堀群を構築せず、一つの尾根に絞って遺構を構築していることからも、この城が臨時的なものであることをうかがわせる。畝状空掘群と横堀をセットで使用する例は、広瀬城（高山市国府町）などの三木氏の終末期の山城に見られるものである。飛騨の在地勢力の技術を結集し、金森氏の侵攻に備えたものと考え

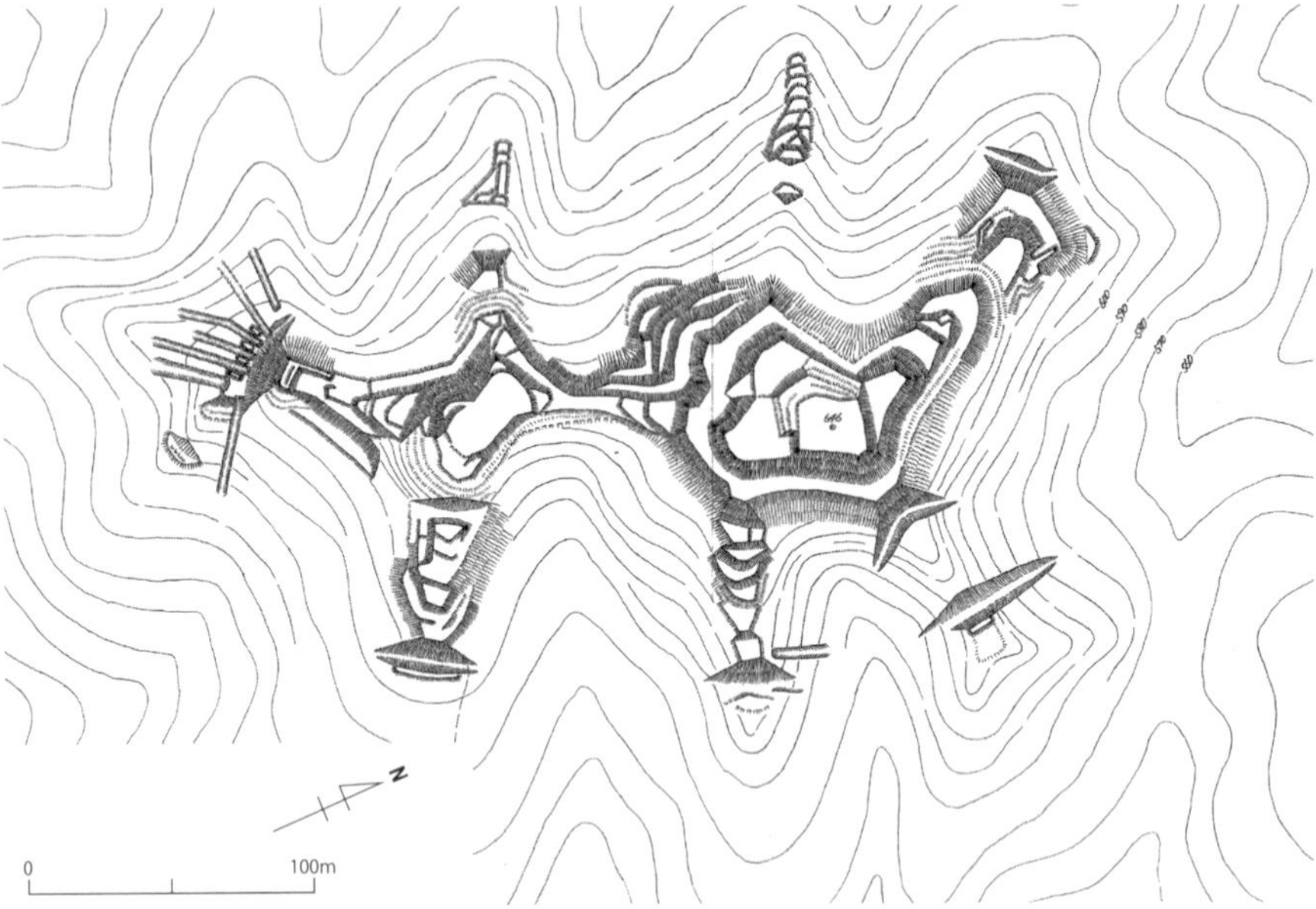

●―向小島城跡縄張図（作図：佐伯哲也）

●―向小島城の畝状空堀群

られる。

　このように向小島城は、姉小路氏の一家・向氏の居城と伝わる城であるが、現地に残る遺構からは、戦国期末期に三木氏によって大規模な改修が加えられた様子がうかがえる。金森軍に対抗するための在地勢力の重要拠点として位置づけられる城である。飛騨の大規模な土造りの山城の様子をよく見ることができ、城兵の緊迫感が今でも伝わってくるようである。

【向氏の拠点はどこか】　向小島城の付近に存在したと推定される、室町時代の向氏の拠点はどこにあったのだろうか。姉小路氏が分家した応永期ごろ、向氏が独自の拠点をこの周辺に構えたと考えられるが、詳細は明らかでない。小鷹利城付近には「古屋敷」「桜之御所」「物見之御所《ものみのごしょ》」といった伝承地が存在しているが、向小島城の麓・信包地区にも「殿野《との の》」という小字《こあざ》が残っており、地理的にはこの付近が有力な場所と考えられる。この地区は湯峰峠からつながる道と越中西街道から分岐して信包の集落に至る街道の合流地点であり、多くの側道もここで合流する。隣の笹ヶ洞地区や黒内地区とも接し、この地域のターミナル的な場である。また集落の傍を「殿川《とのがわ》」という川が流れている。周辺の山々から流れ出た水が、すべてこの殿野付近で合流し、本流の宮川に注いでいる。川の名称もさることながら、谷川沿いに拠点を形成する点は、姉小路氏の元々の拠点であったとされる「岡前館」（飛騨市古川町杉崎）と類似する。当主の居館と想定される区画としては、現在の向善寺《こうぜん》敷地（一六世紀後半に前身寺院が現在地に移転したと伝わる）がまとまった方形区画であり、用水路と街道を押さえる場所であるため、農地が豊富なこの地域を治めるにあたって、有力な場所であったと考えられる。

また、向小島城と殿野を挟んで対向には「城見寺垣内」という字が残る。地元の伝承ではその名の通り寺跡として伝わっているが、『岐阜県中世城館総合調査報告書』では堀切等の城郭遺構の存在から「城見寺城跡」という山城として報告している。同報告では城が先に存在し、廃城後に城見寺が建てられた可能性を指摘しているが、向小島城と同様に考えるならば、もともと向氏に関わりのある山寺として営まれ、後に山城として改修された可能性も考えられる。この場所には明治から大正期にかけて建てられた小鷹利氏に関する石碑が点在し、小鷹利氏に関する地元の顕彰は向小島城よりむしろ城見寺が主体であったと言える。

このように、現在の信包集落付近には多数の中世的な要素が存在し、中世の向氏との密接な関連が想定される。

【現在の城】 向小島城は　県史跡に指定されており、主郭には昭和三十年代に建てられた石碑や社が残る。向小島城の遺構の残存状況は抜群であり、戦国時代の山城の臨場感を身近に感じることができる場所である。しかし、現在のところ登山道は整備されていない場所であるため、見学する際は十分に注意してもらいたい。

【参考文献】 岐阜県教育委員会『岐阜県中世城館跡総合調査報告書』（二〇〇五）、堀祥岳「古川地域の中世的景観」『飛騨古川　歴史をみつめて』（飛騨市、二〇一五）

（大下　永）

●飛驒の中世を物語る飛驒国司・小島氏累代の城

小《こ》島《じま》城《じょう》

〔国指定史跡〕

〔所在地〕飛驒市古川町沼町
〔比　高〕一二〇メートル
〔分　類〕山城
〔年　代〕不明
〔城　主〕小島氏、金森氏
〔交通アクセス〕JR高山本線「杉崎駅」下車、徒歩約四〇分。

【飛驒国司家の一角・小島氏】　小島城は、飛驒国司・姉小路氏の一家・小島氏の居城である。姉小路氏は京都の公家であり、もともと一家であったが、応永年間には古川・小島・向の三家に分家している。小島氏に関しては、小島禅門常諶《じょうしん》という人物が史料に見え（『教言卿記』）、一五世紀はじめごろには分家して小島城が所在する小島郷を「名字の地」として治めていたものと考えられる。小島氏の家系として師言《もろとき》、持《もち》言《とき》という人物が確認できるが（『尊卑文脈』）、小島氏と名乗ったかどうかは判然としない。しかし、持言の子・勝言《かつとき》については、『親元日記』の寛正六年（一四六五）条に「飛驒国司〈勝言・小島殿〉」と見えるため、小島氏であることは確認できる。応仁年間には、小島氏は、同族の向氏と所領をめぐって相論している（『蜷晃魚同』）。

また、文明年間には同じく同族の古川氏とも合戦が起き、その中で勝言の嫡子が討ち死にするなど（『大乗院尋尊大僧正記』）、混乱が認められる。一六世紀になると、南飛驒から進出してきた三木氏によって、古川盆地は次第に圧力を受けるようになるが、小島氏は三木氏につきしたがうことで存続した。天正十年（一五八二）、小島郷に北接する高原郷を本拠としていた江馬氏の当主・輝盛《てるもり》は、十月二十六日に小島城下を攻める。翌二十七日、荒木郷八日町（現高山市国府町）にて三木《みつき》・姉小路連合軍と江馬軍の一大合戦が起こる（八日町の戦い）。結果、江馬方が敗れ当主・輝盛は討ち死にする。翌二十八日、小島時光《ときみつ》は三木軍の尖兵として高原郷に

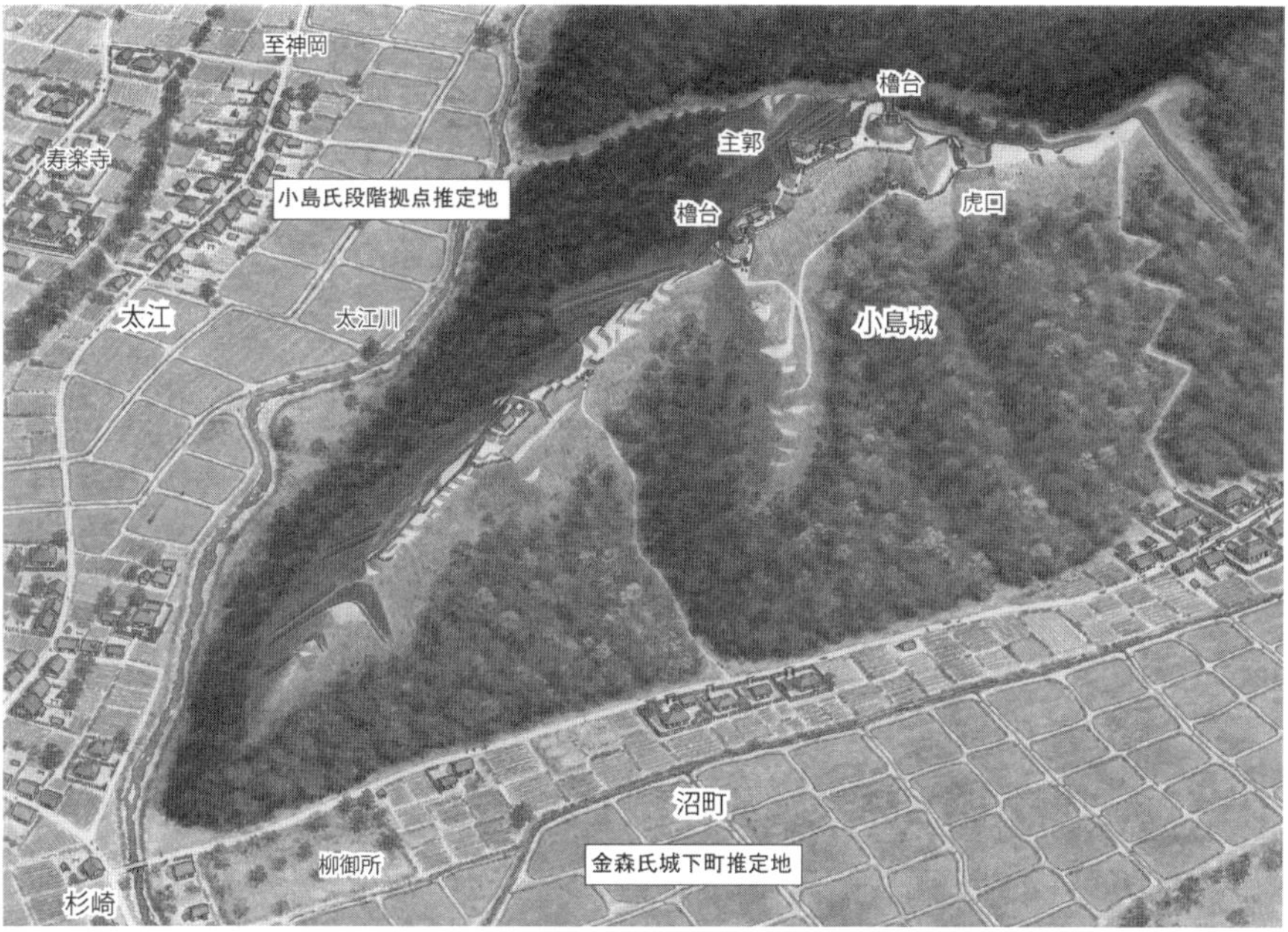

●—小島城跡想像復元イラスト（画：香川元太郎、監修：中井均）

討入り、高原諏訪城を落としている。この際、時光は高原郷から大鐘と大般若経を奪い、小島郷内の宮谷寺《きゅうこくじ》に納めている。このことが記された大般若経は、現在小島城の北麓にある寿楽寺《じゅらくじ》（古川町太江）に納められている（寿楽寺蔵『大般若経奥書』）。その後の小島氏の動静は不明であるが、天正十三年（一五八五）に羽柴秀吉の命を受けた金森長近が飛驒に侵攻した際に攻め滅ぼされたと伝えられる。

【小島城の立地】　小島城は、古川盆地に接する安峰山《あんぼうさん》の西端の尾根に築かれた山城で、小島郷と高原郷を結ぶ神原峠《かんばらとうげ》の峠道が脇を通る交通の要衝に位置し、江馬氏が本拠としていた高原郷からの侵入を睨んでいる。城の尾根を挟んで南側の古川盆地と、北側の神原峠の両方を同時に眺めることができる絶好の立地である。盆地の西方向に位置する小鷹利城・向小島城・野口城、東方に位置する古川城やその先の広瀬城も望むことができる。

【遺構の変遷と金森氏改修の痕跡】　小島城は、縄張図による城郭遺構の検討や平成三十年（二〇一八）に実施した発掘調査によって、二時期の使用段階が想定できる。一つは戦国期に小島氏によって使用された段階である。尾根を遮断する堀切や、横移動を制限する竪堀《たてぼり》等、飛驒の山城に見られる「土造りの城」の様子がよく見てとれる。尾根全体に小規模な曲

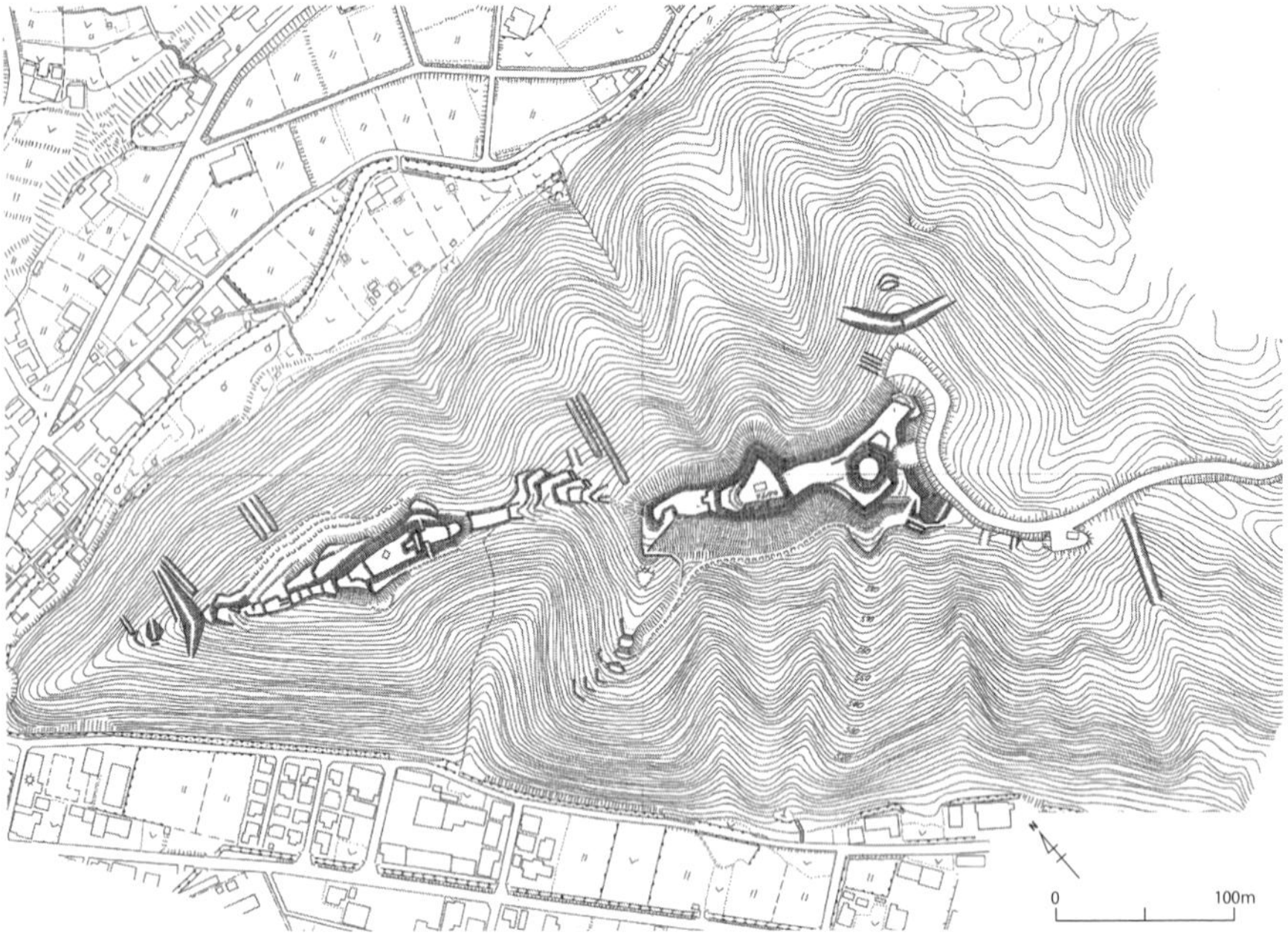

●—小島城跡縄張図（作図：佐伯哲也）

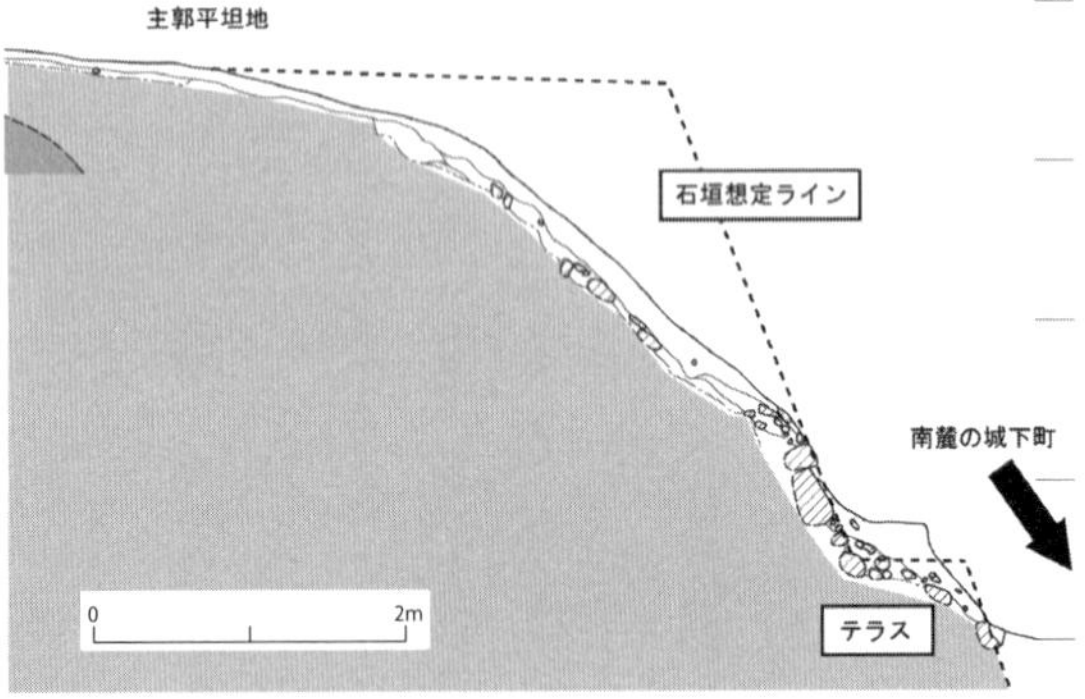

●—小島城跡石垣断面模式図（主郭南側切岸）

輪が分布し、小島氏が滅びる天正年間まで使用したと考えられる。また、発掘調査では主郭から小島氏段階と推定される「かわらけ」（中世の酒器）の破片が発見されている。

もう一期は天正十三年（一五八五）以降に金森氏によって改修・使用された段階である。小島城の主要部には、石垣を使用した大規模な桝形《ますがた》虎口《こぐち》状の開口部が存在し、算木積《さんぎづみ》をともなう石垣がその背面に構築されている。主郭の周囲にも石積が残存している箇所がある。また、発掘調査によって、埋もれていた石垣が確認され、主郭では高さ四メートルを超える二段の高石垣が確認された。主郭の石垣は南側斜面のみ確認できるため、南側の領民に見せていたと想定される。これらの石垣は、巨大な石材を使用し、裏込《うらご》め石をともなうなど、高度な技術によって積まれている。これは「土造り」を基本とする旧来の飛騨の山城には見られないものである。もともと小島氏が使用していた山城のうち、限定された場所のみ金森氏が改修し、統一政権の威光を示したものと考えられる。重要な場所において石垣を主な手段として改修する例は、美濃金山城（可児市）・水口岡山城（滋賀県甲賀市）等、全国的に見られ、いずれも信長・秀吉の一族・家臣によるものである。小島城は飛騨におけるその好例として位置づけられるものである。なお、後世の伝承であるが、江戸時代に記された『飛州千光寺記』には、金森可重《ありしげ》が「小島の山に城を搆えた」とあり、現地の城郭遺構の様相と符合する。

【小島城下の変遷】　小島城跡の山麓拠点については、周辺にさまざまな要素が見られ、その実態・変遷については現在も検討の最中であるが、江戸時代から明治初期にかけての史料から、中世のこの付近の景観を遡って想像したい。

小島城・小島氏に関する貴重な史料である大般若経が残り、小島氏の菩提寺であったと伝わる寿楽寺は、城の北麓に位置する。寿楽寺が所在する字は「左近」というものであり、当主が左近衛中将を任官した小島氏を想起させる。寺の北側には近世には白山社（現在の高田神社）があり、寿楽寺との間には方形の地割が認められる。また、この付近に「十楽観」という小島氏の居館が存在したと伝えられる。その他、周辺には「御番《ごばん》屋敷」「上番場」「下番場」「城下」といった城や武士に関連する字名が多く残る。この地域内には社寺も非常に多く認められ、前述の白山社の他に、加茂社・諏訪社・多度社などがかつて存在し、いずれも集落の境界付近に配置されている。段丘に沿って拠点を形成するあり方は、姉小路氏初期の拠点とされる岡前館や、高原郷の江馬氏下館の様相に似ている。これらから、中世小島氏の拠点を現在の寿楽寺周辺に求めることが考えられる。

一方、小島城の南麓の沼町・杉崎地区にも顕著な町場が認められる。『飛州志』の絵図に「往古　小島町」とあるように、古くからこの周辺は小島城の城下町が存在したと伝わっていた。この付近は昭和三十年代の区画整理により様相が変わってしまったが、明治期の地籍図を検討するとさまざまなことが明らかになってくる。この地区には「柳御所」「一番町」「二番町」「三番町」という小字が残っている。これらの地区割りは山城や宮川と並行な長方形の区画であり、整理された町場の存在が確認できる。小島城の城山の突端付近に「柳御所《やなぎのごしょ》」があり、やや不明確ではあるが方形の区割りが認められる。それに接続する形で山城側から「池田」「一番町」

「一番町」「三番町」と配置されており、「池田」と「一番町」の間は用水路により区画されている。この水路は拡幅され現在も残る。また、それぞれの小字には、「柳御所」から繋がる直線通路が存在し、その通路を機軸として、厳密ではないが短冊《たんざく》型の地割りとなっている。また、「柳御所」と太江川を挟んで西にも整理された街区が見え、本竜寺や西光寺といった寺院が固まって存在することから武家屋敷地や寺町的な地区であった可能性が考えられる。これらの小島城南麓の町場の構造を検討すると、武家屋敷と町人町を水路で区切るあり方や、中心となる城から伸びる直線通路を基軸に三之町まで町場が設定されていることなど、金森氏がこの地域の拠点として最終的に構築した増島城の城下町（現在の古川の町）とよく似た空間構造である。しかし、この地区からは人が暮らした痕跡として遺物が見つからないことや、地割りの設定が甘いことから長期間使われていない可能性が高い。そのため、金森氏は飛騨侵攻直後の増島城築城の前段階として、小島城を機軸とした城下町を建設しようとした時期があるのではないだろうか。山上の発掘調査で主郭の南側のみに石垣を積んだのは、この新たな城下町に、統一政権の象徴として、石垣を見せようという意識があったものと考えられる。

以上のように、中世的な要素が濃い小島城北麓の寿楽寺周辺から、近世的な城下町の様相が色濃い南麓の沼町・杉崎付近、というように支配勢力の変遷にともなって拠点も移ったということが考えられる。今後検討を進めていくことで、これまで謎であった飛騨の中世から近世への歴史の変遷の一端が解明できるかもしれない。

【現在の城】小島城はそれぞれの地区から登れるように登山道が整備されている。また、主要部の近くまで車用の作業道が整備されている。主要部も地元保存会によってこまめに整備されており、休憩所やトイレもある。他の飛騨の城跡と比べると格段に見学しやすく、山城初心者にもお勧めである。南北の麓も、前述のようにも歴史を感じさせる要素が多数あるので、ぜひ歩いて欲しい。

【参考文献】岐阜県教育委員会『岐阜県中世城館跡総合調査報告書』（二〇〇五）、堀祥岳「古川地域の中世的景観」『飛騨古川　歴史をみつめて』（飛騨市、二〇一五）、『古川町史　資料編一』（古川町、一九八二）

（大下　永）

●白壁土蔵のまち・飛騨古川の原点となった城

増《ます》島《しま》城《じょう》

〔県指定史跡〕

〔所在地〕飛騨市古川町片原町
〔比　高〕五メートル
〔分　類〕平城
〔年　代〕一六世紀末
〔城　主〕金森氏
〔交通アクセス〕ＪＲ高山本線「飛騨古川駅」下車、徒歩約一〇分。

【金森氏の飛騨入国と増島城の築城】　増島城は、金森長近《ながちか》が飛騨国支配における古川盆地の押さえとして築いた平城である。天正十年（一五八二）、八日町の戦いで三木《みつき》自綱《よりつな》は江馬《えま》輝盛《てるもり》を下し、飛騨一円は三木氏によって統一が図られた。ところが、三年後の天正十三年（一五八五）閏八月、羽柴秀吉より命を受けた越前大野城主・金森長近は、養子の可重《ありしげ》とともに飛騨侵攻を開始した。長近は早々に三木氏を破って飛騨国内を平定し、翌天正十四年（一五八六）に、正式に飛騨国が与えられた。

当初、金森長近は鍋山城（現高山市）に入ったと伝わり、最終的に高山城を拠点に飛騨国を統治した。古川盆地においては、当初は古川城あるいは小島城を拠点としたと伝わる。平成三十年（二〇一八）に実施した発掘調査によって、古川・小島の両城にその痕跡が確認された。増島城築城までの暫定的な拠点として、旧来の姉小路氏・三木氏の城を再利用していたものと考えられる。増島城の築城に関して確かな史料はないが、天正十六年（一五八八）頃から城の普請《ふしん》が始まったとされる。天正十七年（一五八九）に金森可重が「あきない町」に対して定書を交付しており、町場としての体を成していることから、城の築城もこのころには進行していたものと推測される。増島城は金森可重が城主となったと伝わるが、詳細は明らかではない。元和元年（一六一五）の一国一城令により増島城は廃城となって「古川旅館」と改称され、金森家の旅館・別邸となった。その後、元禄五年（一六九二）に金森氏が出羽国に転封し、増島城は高山城とともに破却されたと考えられる。天保年間の田畑屋敷絵図を見ると、曲輪跡は畑に、堀跡は水田として利用されている。本丸櫓台《やぐらだい》の上部には増島天満《ますしまてんまん》神社が建立された。近年合祀されて祭神は他所へ移ったが、社殿は現在もなお残る。本丸は櫓台の石垣と堀の一部が残り、県史跡となっている。現在は、本丸櫓台の西側には県立特別支援学校が、東側の二の丸に市立古川小学校が建っている。

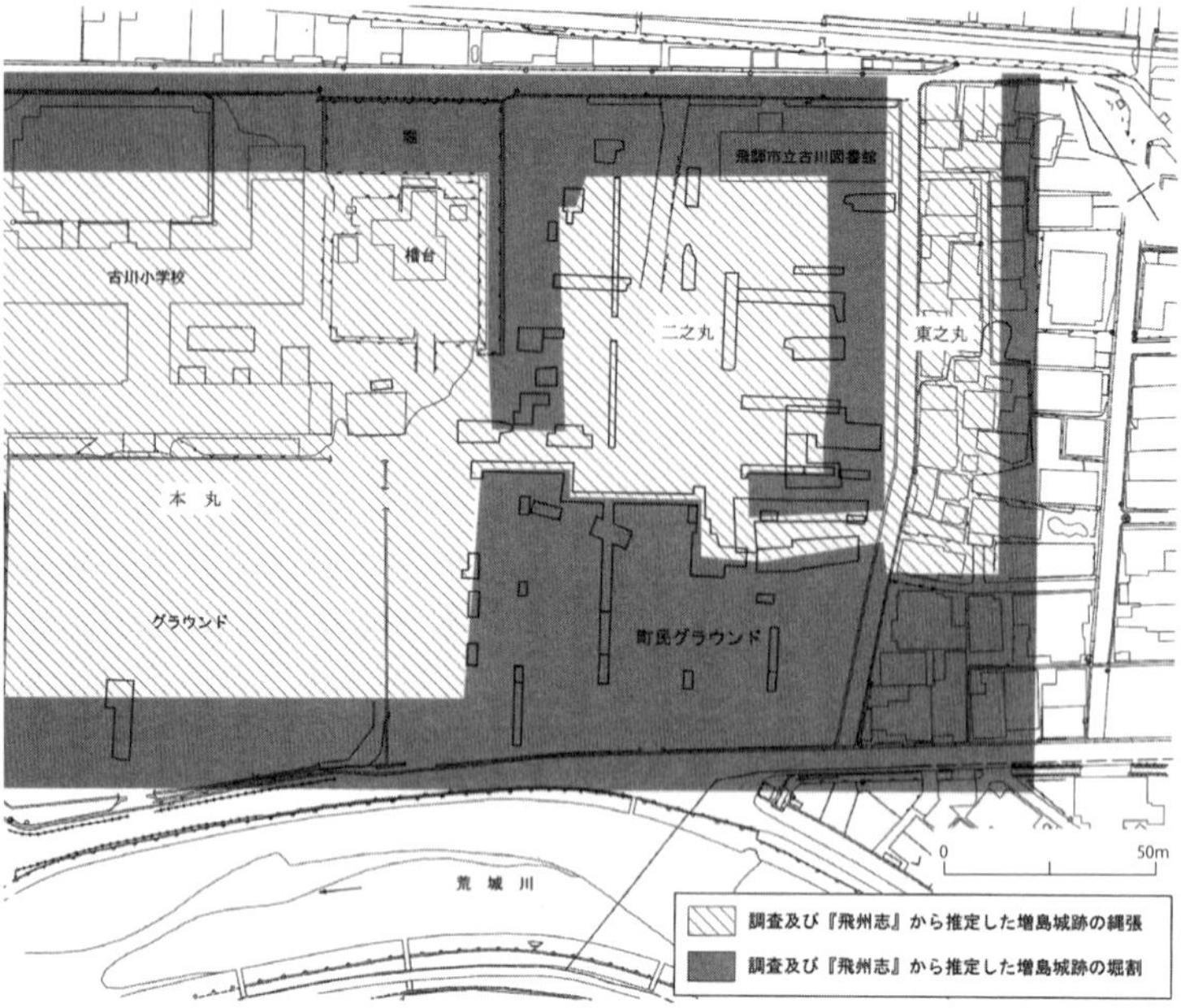

●―発掘調査および『飛州志』から推定した増島城縄張復元図

【増島城の立地】 増島城とその城下町は、古川盆地を貫流する宮川と支流の荒城川の合流地点に立地している。河川の合流地点にちょうど城下町の町人地が接し、増島城はそこから荒城川の上流側、右岸河岸段丘上に立地している。古川盆地の集落や街道は河川沿いに点在しており、人や物資の移動を押さえる絶好の場所に立地している。

【縄張の概要】 増島城は、本丸曲輪と二の丸曲輪推定地を中心に平成九〜二十一年（一九九七〜二〇〇九）にかけて確認調査を実施している（各曲輪の名称について絵図と発掘調査報告書で異なるが、本書では報告書の整理にしたがう）。後世の開発による影響も見られるが、一連の調査で曲輪の石垣がかなりの範囲で確認された。

増島城は、『飛州志』所載の絵図に「本丸」「二之丸」「三之丸」「東之丸」といった曲輪が描かれ、曲輪を繋ぐ橋や櫓台が描かれている。発掘調査でも同様の様子が認められ、破却後も地形はかなり残存し、絵図に描かれた状況と一致するところが多いことが判明した。また、調査では本丸と二之丸をつなぐ土橋《どばし》が確認された他、二之丸と東の丸を繋ぐ土橋も確認し、虎口《こぐち》形状であることが明らかになった。虎口付近の石垣は良好な状態を保っており、基底部からはクリ材の胴木が発見された。一方で絵図に見られる二之丸の櫓台や、本丸と三之丸を繋ぐ橋梁施設、曲輪内の建物配置など、まだまだ不明な点は多い。調査後は新たな校舎が建てられているが、工法に配慮して遺構は盛土保存されている。

常時見学できる本丸櫓台については、東面の石垣が当時の様相を伝えていると考えられる。自然石や割石を使用した野面積《のづらづみ》

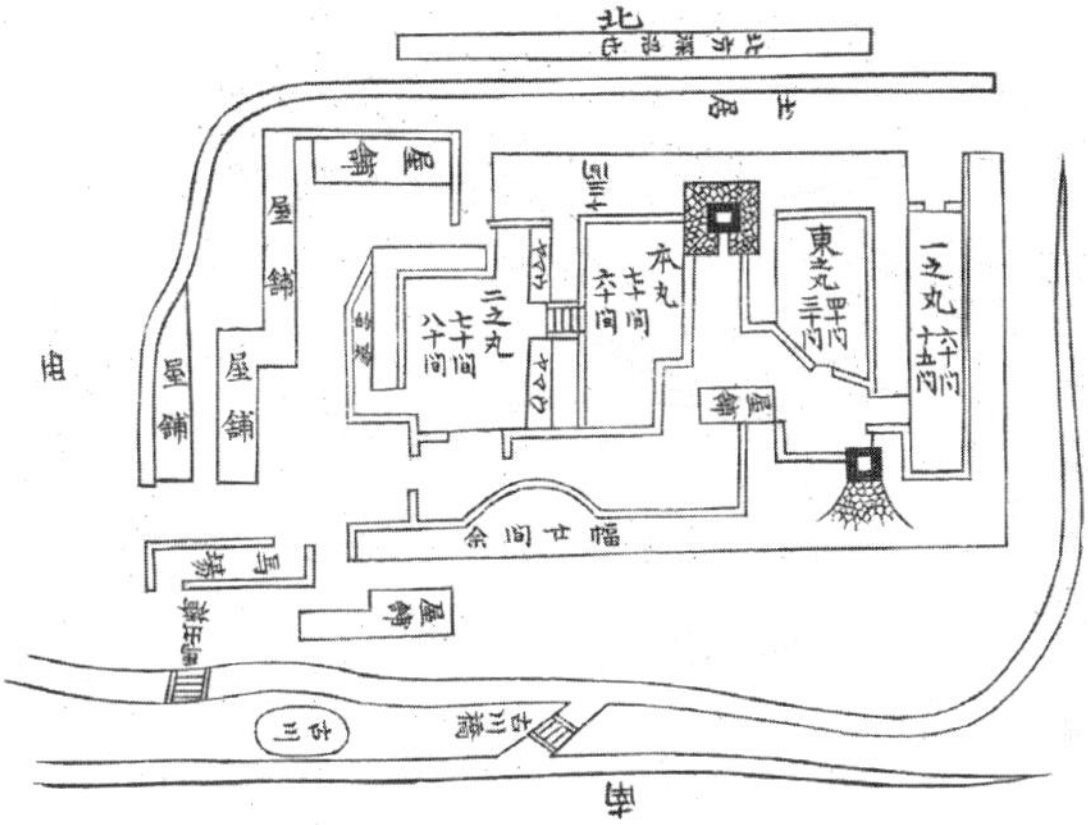

●—『飛州志』所載の増島城絵図

●—発掘調査で検出した石垣（二の丸曲輪虎口）

飛驒

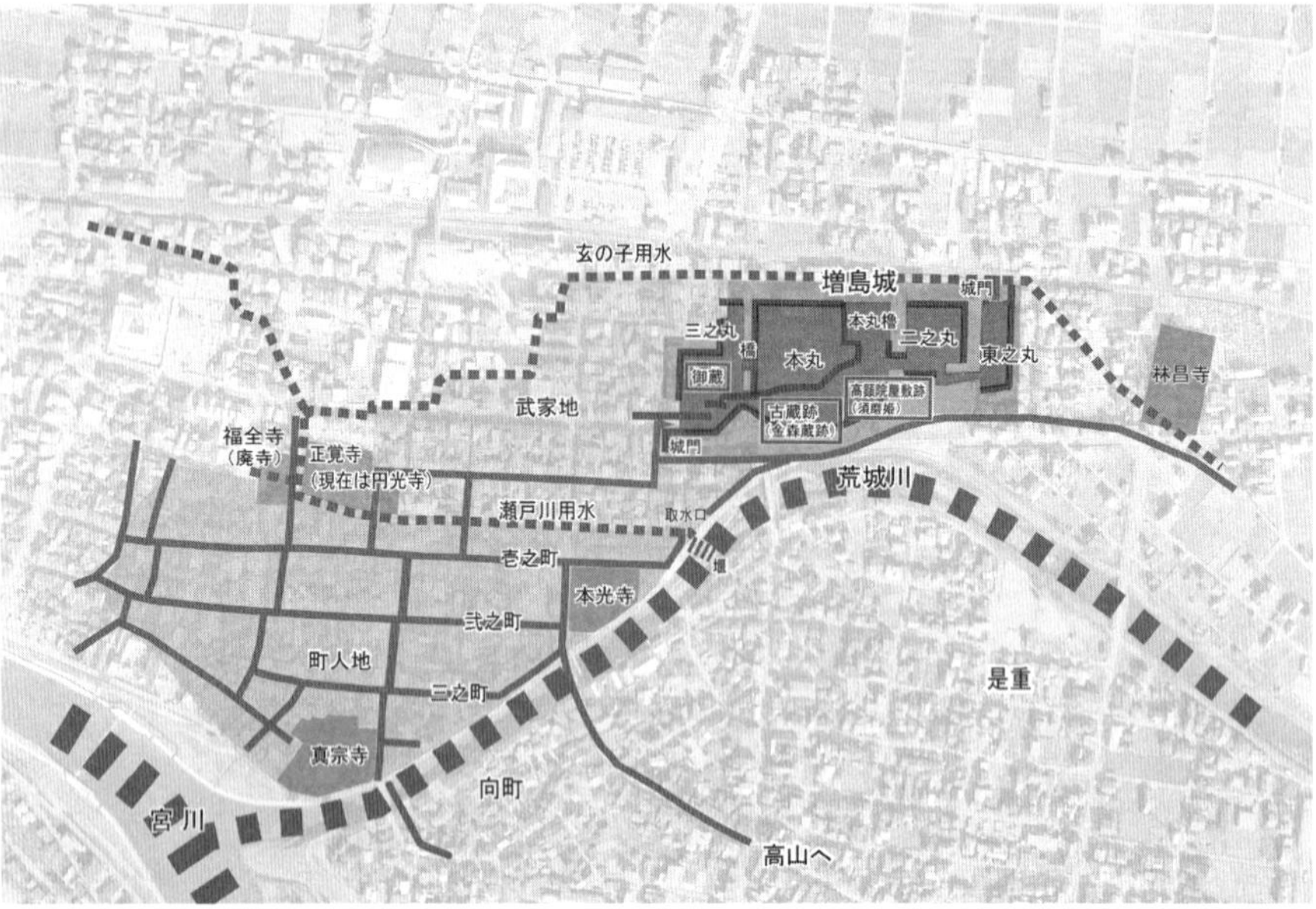

●—増島城下町推定図

であり南隅部は算木《さんぎ》積が認められる。発掘調査によって確認された古川・小島の両城の石垣の様相と比較しても築城当時の様子を色濃く残していると考えられる。曲輪配置については、本丸の外側に馬出《うまだし》（二之丸推定地）が存在する。この縄張は秀吉の築いた聚楽第《じゅらくてい》に認められるもので、当時最新鋭の築城技術を反映した城であった。

【城下町の構造】 増島城の築城と並行して、城下町の建設が行われた。慶長十年（一六〇五）の『飛騨国石高帳写《こくだかちょううつし》』には後の古川の町方付近の地名として「上町」「下町」が見え、その後慶長十八年（一六一三）の『飛騨国三郡高之御帳』では「町方」として一括されており、八年の間に町場形成が進んだものと考えられる。後世の記録ではあるが、『飛騨国中案内』には、「（略）上町・古町という所これあり候。（中略）この近辺は先年　蛤《はまぐり》ヶ城これあり候時分、城下町故、今にても古川上町《かんまち》などと云う事なり」とあり、町場の旧地として現在の古川町上町付近が想定される。旧来の在地勢力（姉小路氏）の拠点であった上町等の町場から人々を集住させ、増島城の城下町は発展したものと考えられる。

増島城下町の構造は、西大手方面に武家屋敷（現殿町）が配置され、用水路を挟んで南側に町人地・寺社地（壱之町、弐之町、参之町）が配置されている。城と町人地は、構造的に直接繋がっていないが、町の角地や川縁を押さえるように寺社が配置されている。この武家屋敷地と町人地が用水路で隔てられる様子は、小島城の南麓（沼町・杉崎）でも同様の構造が確認できるため、金森氏の古川盆地における城下町建設の特徴的な要素として捉えることができる。

●—増島城本丸櫓台（北から）

【現在の城】 増島城跡は本丸櫓台のみ残存し県史跡に指定されている。特に東側斜面の石垣は築城当時に近い古い様相を残している。その周辺は学校や宅地となっているが、北側の池等から当時の堀幅を体感できる。また、三の丸の推定地には御蔵（幕府直轄時代に周辺の郷村の年貢米を集積した蔵）の一部が残存するなど、みどころが点在する。

城下町も近代以降の大火等の影響はあるが、古い城下町の風情を残している。町中の名所には屋台蔵が点在し、例年四月に古川祭《ふるかわまつり》（世界無形文化遺産・国指定重要無形民俗文化財）が開催される。また、武家屋敷と町人地を区切っていた用水は現在「瀬戸川」と呼ばれ、鯉が泳ぐ観光名所である。特に円光寺と酒蔵の白壁土蔵が織り成す眺めは、司馬遼太郎が「飛驒随一ノ町並也」と表現した素晴らしい景色であり、是非体感してもらいたい。

【参考文献】 飛驒市教育委員会『飛驒市文化財調査報告書第3集　増島城跡』（二〇一〇）、堀祥岳「金森氏と高山藩」『飛驒古川　歴史をみつめて』（飛驒市、二〇一五）、河合英夫「発掘された中・近世の飛驒古川」『飛驒古川　歴史をみつめて』（飛驒市、二〇一五）、司馬遼太郎『秋田県散歩、飛驒紀行　街道をゆく二九』（朝日新聞社、一九九〇）

（大下　永）

●中世から近世への歴史の流れを示す飛驒国司の山城

古《ふる》川《かわ》城《じょう》

〔国指定史跡〕

〔所在地〕飛驒市古川町高野
〔比　高〕一〇〇メートル
〔分　類〕山城
〔年　代〕不明
〔城　主〕古川氏、三木氏、金森氏
〔交通アクセス〕JR高山本線「飛驒古川駅」下車、徒歩約六〇分。

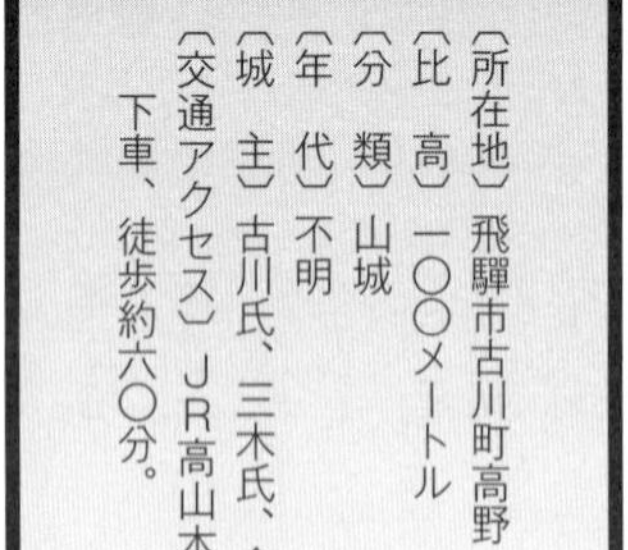

【飛驒国司家の一角・古川氏】　古川城は、飛驒国司・姉小路《あねがこうじ》氏の一家・古川氏の居城である。古川氏は、もともと公家の姉小路氏が分家した三家（古川・小島・向《むかい》）のうちの一家である。古川氏に関しては、応永年間の史料には古川少将尹綱《ただつな》が見え（『教言卿記』）、古川氏はこのころには分家して古川郷を「名字の地」として治めていたものと考えられる。このころ、国司・古川尹綱は幕府に対して敵対行為を行い、応永十八年（一四一一）に飛驒国守護の京極方の軍勢によって討伐される。しかし、尹綱の後継として昌家《まさいえ》がみえ、古川家は以後も存続している。

昌家以後、古川氏は「姉小路」と呼称されるようになり、在京して活躍する。その子・基綱《もとつな》は勅撰和歌集選進に携わるなど歌人として有名である。基綱をはじめとする古川氏の当主は、基本的には在京し、所領の古川郷には居住せずに代官を遣して所領経営を行っていたと考えられる。しかし明応の政変（一四九三）以後に状況は変化し、経済基盤である所領において実力を以って維持しなければならなくなった。下向した古川氏の当主（基綱・済継・済俊）が三代続けて飛驒で不慮の死を遂げる中、南飛驒から勢力を伸ばした三木《みつき》氏が古川盆地に圧力を加えていく。享禄三年（一五三〇）、三木氏は古川氏・向氏の内紛に乗じて軍事行動を行い、古川氏の当主（高綱か）を保護する。翌四年（一五三一）、向氏の家臣・牛丸与十郎が「志野比《しのび》（現在の飛驒市宮川町忍か）」に籠もるが三木氏に攻め落とされる。また、三月には「古川ノ城」が

三木氏によって攻め落とされ、残兵は白川方面に敗走するが、悉《ことごと》く討ち取られる（『飛州志』所載「飛騨一ノ宮神社棟札文」）。このような戦いを通して古川氏の家中を掌握した三木

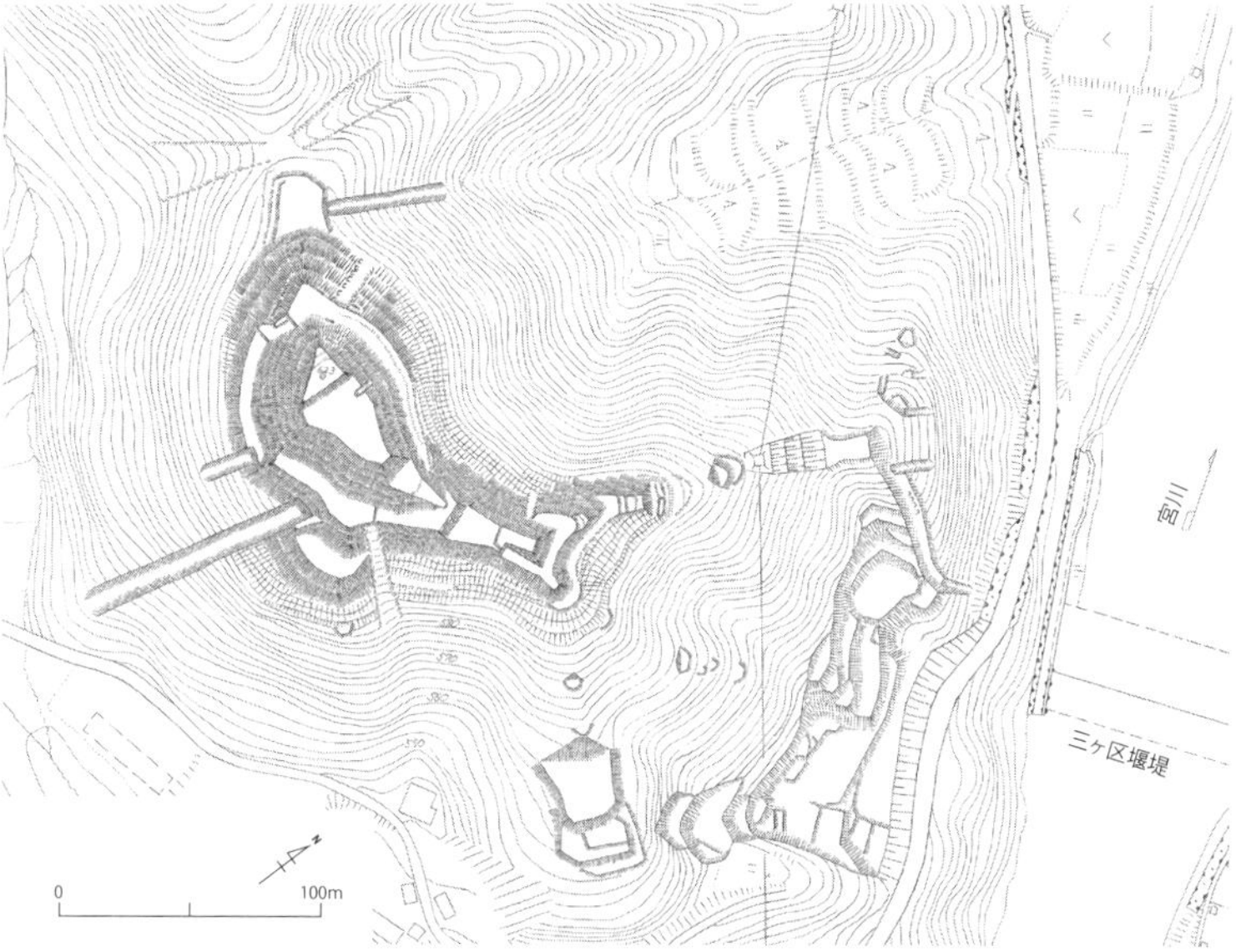

●—古川城跡縄張図（作図：佐伯哲也）

●—虎口の石垣

良頼《よしより》は、永禄三年（一五六〇）に従四位下・飛騨守に叙任されて古川氏の名跡を継ぐ（『公卿補任』等）。以降古川郷および古川城は三木氏が押えていたものと推定されるが、天正十三年（一五八五）に羽柴秀吉の命によって金森長近が飛騨に侵攻し三木氏を滅ぼした。金森長近は、増島城を築くまでこの古川城を仮の居城としたと伝わっている。

【古川城の立地】 古川城は、古川盆地に接する通称「城山」に位置している。中世古川郷の中心的な集落と想定される上《かん》町《まち》遺跡を見下ろしている。上町遺跡は、岐阜県下でも最大の古墳時代～奈良時代の遺跡であるが、貿易陶磁器の出土等から中世期にも集落であったことが想定される。古川城はこの上町遺跡や宮川を押えるとともに、すぐ北方に位置する百足《むかで》城、西方に位置する小島城を望むことができる。

【発掘調査成果と遺構の変遷】 古川城はこれまでに行われた縄張図の検討や、平成三十年（二〇一八）に実施した発掘調査によって、その実態が明らかになりつつある。

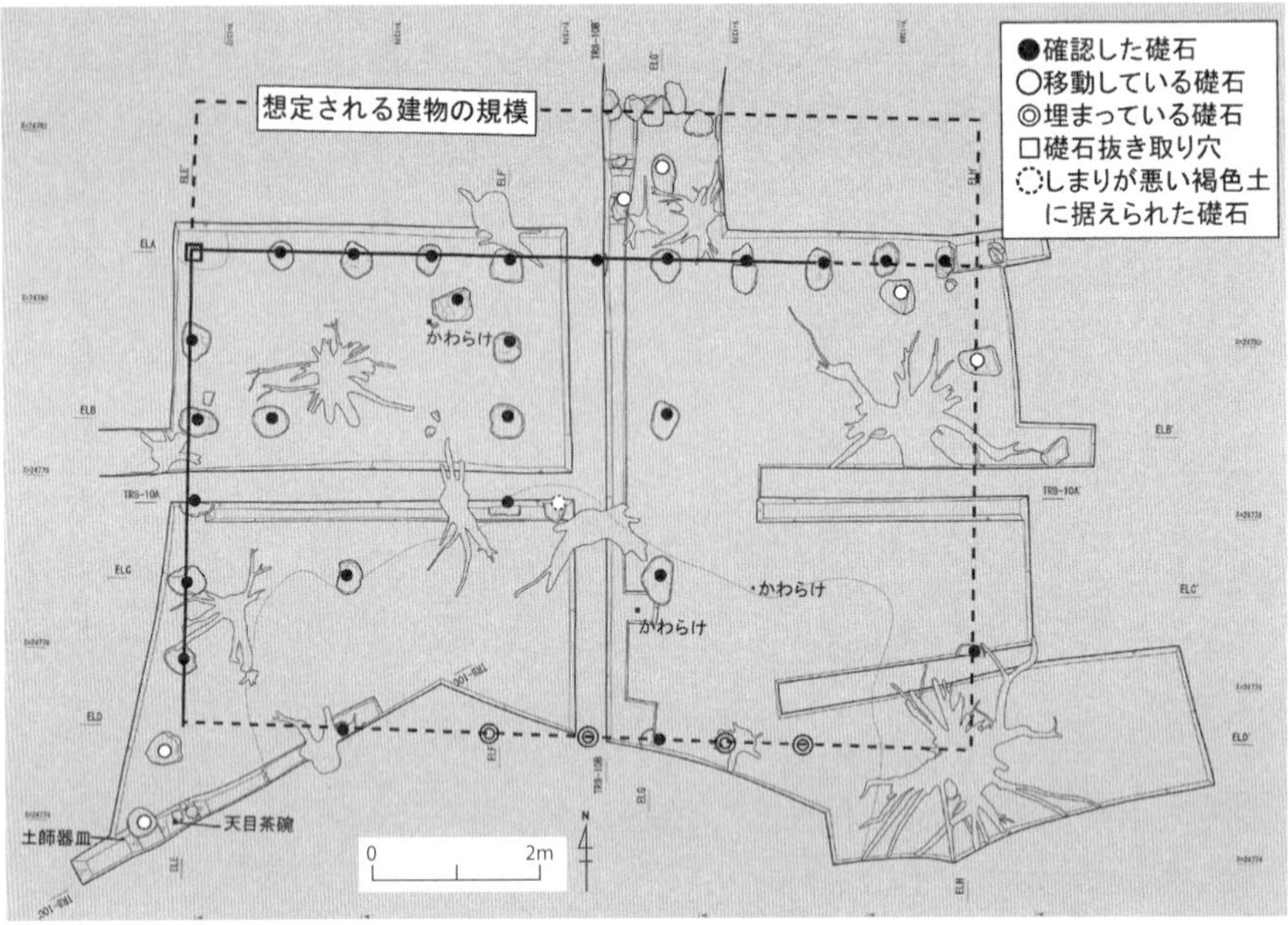

●—礎石建物模式図

●—主郭の礎石建物

古川城の使用時期は大きく分けて二時期が想定できる。第一段階は古川氏もしくはその後に名跡を継いだ三木氏（後期姉小路氏）によって築かれた山城としての段階である。主郭を中心に急峻な切岸《きりぎし》や竪堀《たてぼり》が築かれており、飛騨の「土造りの城」の様子がよく見てとれる。

もう一期は天正十三年（一五八五）以降に金森氏によって改修された時期で、発掘調査の成果によってその可能性が高まった。古川城の主要部東側には石垣を使用した桝形《ますがた》虎口《こぐち》が存在する。虎口は城への進入方向の正面を石垣によって遮断し、常に上部の城側から攻められる構造となっている。石材はもともと部分的に露出していたが、さらに発掘調査で巨大な石材を積んでいる様子や、広範囲に残存している石垣の様子が確認され、虎口区画は総石垣であることが判明した。これらの石垣は巨石を用い、裏込《うらごめ》をともなうなど高い技術で構築されており、金森氏による改修と考えられる。

また、主郭最奥部の櫓台の調査でも大きな成果があった。

調査では五間《桁行》×四間《梁間》と想定される礎石建物を確認した。その位置や規模から麓の領民に権威を示すための天守に相当する建物であったと考えられる。建物跡からは金森氏段階と推定される瀬戸美濃産の天目茶碗の破片が出土し、この建物で茶の湯を楽しんでいたと考えられる。一方で、姉小路氏段階に使用したと推定できる「かわらけ」（中世の酒器）などの遺物も出土した。そのため、古川氏あるいは三木氏の居城であったことも確認できた。

　このことから、姉小路氏の居城であった古川城を、金森長近が飛騨を平定した際に大改修を加え、秀吉の統一政権としての威光を示すために麓の領民に見せていたものと考えられる。『飛州志』『飛騨太平記』等の近世の記録には、金森可重は当初は古川城に入城したと伝わり、伝承どおりの様相が発掘調査によって証明された。同じく調査で金森氏の改修が確認された小島城とあわせて、最終的に増島城に移るまでの段階としての使用が想定できる。古川城は統一政権による地方支配の変遷がわかる全国的にも貴重な事例と言える。

【城の伝承に深く関わる「蛤石」】　古川城は「蛤城《はまぐりじょう》」とも呼ばれ、今でも地元ではこの名で呼ぶ人も多い。その由来となったのが、山上に存在する奇石「蛤石《はまぐりいし》」である。蛤石はハマグリ型の紋様のある「球状岩」と呼ばれる変成岩で、付近でもあまり採掘されない珍しい石である。『飛州志』には、元々は雌雄の二石あったが、旱魃《かんばつ》の際に雨乞《あまご》いとして一石を麓の川に沈めてしまったため、一石になったとしている。さらに、金森長近が在城した際にこの石の存在から「蛤城」と城の名を改めたとしている。『飛州志』添付の絵図によれば、東麓の谷沿いを城主の屋敷跡と推定し、その場所に蛤石が描かれている。その後いずれかの時期に山上に移されたものと考えられ、現在も城下を見守っている。

【現在の城】　古川城は登山道が整備されており、麓からの比高差も低く登りやすい山城である。主郭まわりの切岸など、戦国時代の土の城のダイナミックさを体感できると同時に、石垣をともなう桝形虎口など、金森氏の改修の痕跡も現地で追うことができる。また、城の伝承と深く関わる蛤石は現在も城跡に存在する。古くから地元の人々に大切にされてきた城跡なので、マナーを守って見学したい。

【参考文献】佐伯哲也『岐阜県中世城館跡総合調査報告書』（岐阜県教育委員会、二〇〇五）、『上町遺跡向町地点』（飛騨市教育委員会、二〇一三）、堀祥岳「古川地域の中世的景観」『飛騨古川　歴史をみつめて』（飛騨市、二〇一五）、野沢保・下坂康哉・石原哲弥・下畑五夫「飛騨古川町の蛤石」（『地質ニュース』二九〇号、一九七八）

（大下　永）

●鉱山の町・神岡の礎となった城

東《ひがし》町《まち》城《じょう》

〔飛驒市指定史跡〕

〔所在地〕飛驒市神岡町城ケ丘
〔比　高〕三五メートル
〔分　類〕平山城
〔年　代〕一六世紀後半
〔城　主〕江馬氏、金森氏
〔交通アクセス〕JR高山本線「飛驒古川駅」から。濃飛バス「神岡営業所」で市営バスひだまる神岡東部線に乗換「スカイドーム神岡」下車。城跡まで徒歩約一〇分。

【江馬氏築城と金森氏改修の伝承】　東町城は、野尻城または沖野城とも伝わる、飛驒市内で唯一の平山城である。室町時代から戦国時代にかけて高原郷（現在の飛驒市神岡町、高山市上宝町周辺）を支配した地方領主・江馬氏の居城と伝えられている。東町城に関する同時代の文献史料は皆無であるが、江戸中期に編纂された『飛州志』には、江馬氏の家臣・川上中務丞《なかつかさのじょう》が居城としたと記され、同書所載の絵図には「江馬之御館」として描かれている。

　同一段丘の南側に位置する江馬氏下館における発掘調査の結果、一六世紀前半には下館を廃絶して他所に移ったことが判明しており、東町城はその後の移転先として有力な場所である。天正十年（一五八二）に八日町の戦いで江馬氏は三木《みつき》氏に敗れ、当主の江《え》馬《ま》輝盛《てるもり》は討死するが、江馬氏自体はその後も存続する。そのため、東町城を江馬氏が使用したと仮定した場合、八日町の戦い以降もしばらくは江馬氏によって使用されたと考えられる。天正十三年（一五八五）に金森氏が飛驒に入部し、東町城には家臣の山田小十郎が城代となり入れ置かれたとされている。東町城はこの時に大きく改修されたものと考えられる。元和元年（一六一五）一国一城令により廃城となり、この時か元禄五年（一六九二）に金森氏が出羽国に転封になった直後に破却されたと考えられる。

【神岡鉱山の発展と城】　現在、城跡の主要部は城跡公園として整備され、資料館（高原郷土館）となっている。東側区画は住宅地となっており、南側区画には飛驒市立神岡中学校が建つ。主要部の資料館敷地には「神岡城」「旧松葉家」「鉱山資料館」の三施設が建っている。いずれも昭和四十五年（一九七〇）に三井金属鉱業株式会社が神岡鉱業所の創業百周年を記念して整備したものである。神岡城はもともとあった櫓台の上に、犬山城や丸岡城等を参考に設計して建てられた模擬天守である。設計考証は『定本飛騨の城』の著者・森本一

●―東町城縄張図（作図：佐伯哲也）

雄が行い、設計製図は名古屋工業大学の城戸久教授が行った。旧松葉家は、神岡町割石地区に明治元年頃に建築された民家を移築したもので、岐阜県有形民俗文化財に指定されている。鉱山資料館は近代以降の神岡の主要産業であった神岡鉱山を解説する資料館である。

【金森氏改修の痕跡】　資料館の整備によって石垣は積み直され、遺構にも大きな影響を及ぼしたと考えられる。しかし、整備前の図面や古写真を確認すると、曲輪の形は資料館整備前と大きく変わっていないことや、積み直される前の石垣の様子がわかる。江戸時代に描かれた「越中東街道画巻」には東町城が「江馬出張」として紹介され、非常に強い存在感を放っている。絵図には高石垣をともなう櫓台のほか、堀跡と見られる切れ込みも描かれている。また古写真を確認すると堀の痕跡が認められるほか、現在天守がある場所は算木積《さんぎづみ》をともなう石垣が築かれていたことが確認できる。そのため、この場所には石垣を基底とする天守相当の重層櫓が建っていた可能性が高い。

　石垣の多用は江馬氏の城には見られないもので、古写真から見える石の積み方からも金森氏の改修の可能性が考えられる。また、この櫓台は段丘に面して構築されていることから、下方の町場から見える象徴的な役割を果たしていたと考

●東町城（公園整備前古写真）櫓台石垣（大坪洋子氏蔵）

えられる。

【東町城の周辺の様相】　立地を見ると、東町城は近世以降の主要な町場や街道、河川を押さえる場所に立地している。高原川沿いの船津地区は、近世以降に高原郷の中心地として発展した。東町城はその船津を見下ろす段丘の縁に位置している。このため、東町城はこの町場に強い影響を与えたものと考えられる。また東町城からは高原川のほかに、越中と高山を結ぶ主要街道である越中東街道がよく見える。越中東街道から分岐して信州方面に接続する上宝道《かみたからみち》も東町城付近で分岐しており、交通の要衝に位置している。

また、小島道裕による地籍図の検討の結果、東町城は堀の部分が大字境となり、城の所在地は大字東町であることが判明した。大字東町の中心地は、段丘崖下から高原川までの現在の市街地の一部であるため、歴史的には城が存在する段丘上の大字殿より段丘崖下の大字東町との関係が強かったことをうかがわせる。段丘下には通称「城下」という地名も残り、現在の神岡の市街地は東町城の城下町として形成されたか、戦国時代から商業の中心となり始めた東町周辺を取り込む形で東町城を築城に至ったという可能性が想定される。

このように、東町城は現在の神岡の町を形づくった重要な城であったと考えられる。

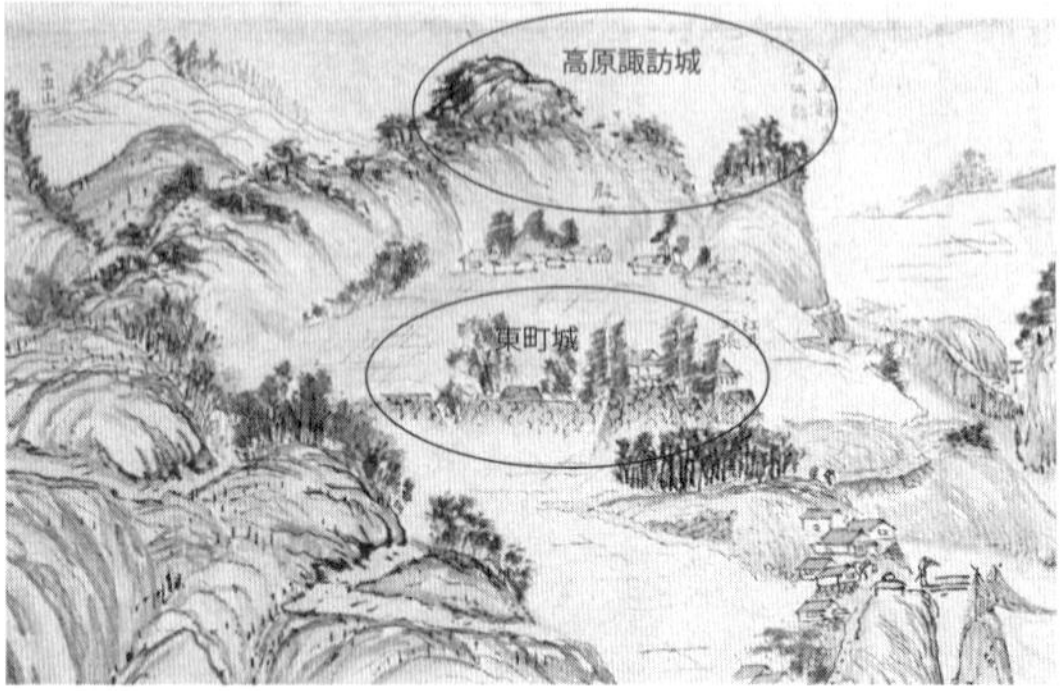

●―越中東街道画巻（洞雲寺蔵、東町城・高原諏訪城付近）

【近年の発掘調査成果】　東町城跡においては、平成三十年（二〇一八）に初めて本格的な考古学的調査を実施した。資料館東側の住宅建設にともなう調査で、柱穴・堀などの遺構が発見された。調査地区は内堀と外堀で囲われた一般的に言うと二の丸にあたり、建物は掘立《ほったて》柱であることが確認された。掘立柱建物を構成する柱穴の状況は、江馬氏下館の堀外地区の状況と近似するため、近世初頭の金森氏ではなく、前段階の江馬氏に関わる可能性があると想定された。またこの

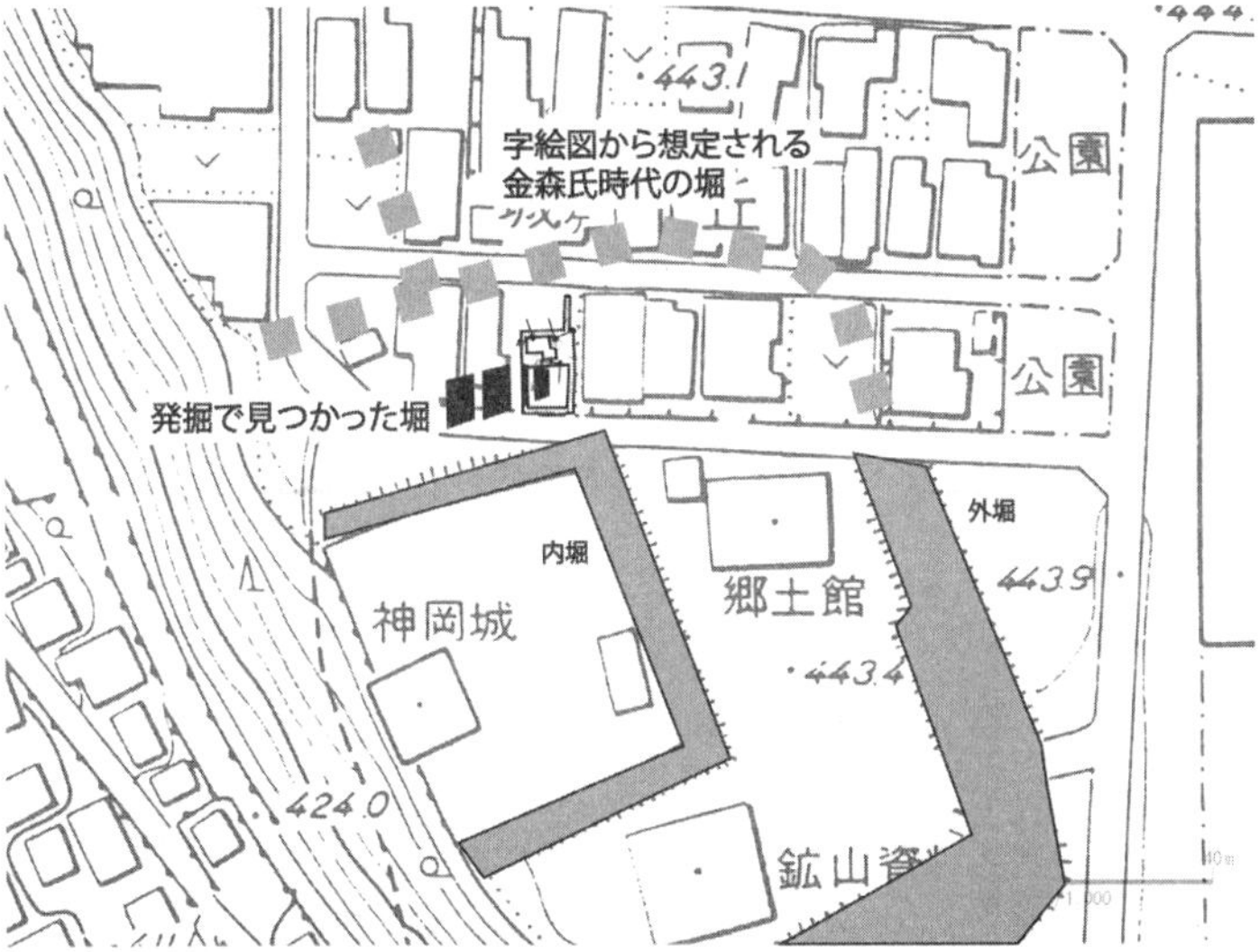

●—発掘調査で発見された堀の位置

調査では、堀と想定される五メートル幅の溝状の遺構を確認した。これまで字絵図等から想定していた金森氏段階の堀とは位置が合わないため、やはり江馬氏が造った堀と想定される。今回発見した遺構は、一六世紀初頭の江馬氏下館廃絶後から一六世紀後半の金森氏入部までの高原郷における江馬氏の本拠としての手がかりとなるもので、東町城が江馬氏最後の拠点であった可能性が高まったと言える。

【現在の城】 東町城は資料館として整備されており、神岡の観光名所の一つとして知られている。天守は神岡の町からよく見えるため、神岡のシンボルとして親しまれている。また、城の縄張は現在も確認することができる。築城から破却まで神岡町内の歴史を語る上で重要な城である。市街地に位置し、駐車場も完備されており、気軽に訪れることができる。江馬氏下館も徒歩圏内であるので、合わせて訪れたい。

【参考文献】 神岡町教育委員会『江馬氏城館跡 下館跡発掘調査報告書Ⅰ』(一九九五)、岐阜県教育委員会『岐阜県中世城館跡総合調査報告書』(二〇〇五)、佐伯哲也「公園整備前の東町城跡写真について」『濃飛史艸』第八九号(岐阜県歴史資料保存協会、二〇〇六)、森本一雄『定本 飛騨の城』(一九八七)

(大下　永)

●江馬氏の本城と、現代に蘇った中世の武家館

高原諏訪城《たかはらすわじょう》・江馬氏下館《えましもやかた》

〔国指定史跡・国指定名勝〕

〔所在地〕飛騨市神岡町殿
〔比　高〕一六五メートル（高原諏訪城）
〔分　類〕山城・居館
〔年　代〕一四世紀末
〔城　主〕江馬氏
〔交通アクセス〕ＪＲ高山本線「飛騨古川駅」から。濃飛バス「神岡営業所」で市営バスひだまる山之村線に乗換「江馬館前」下車。

【北飛騨の雄・江馬氏の本拠】　高原諏訪城は、室町時代から戦国時代にかけて高原郷（現在の飛騨市神岡町および高山市上宝町周辺）を支配していた地方領主・江馬氏《えまし》の本城である。またその麓には、江馬氏の居館・下館が存在する。

江馬氏の出自については謎に包まれている。一三世紀末ごろ伊豆国田方《たがた》郡江馬荘を本拠としていた鎌倉幕府執権・北条氏か、その在地御家人である伊豆の江馬（江間）氏のいずれかの一族が飛騨に所領を得て高原郷に入ったとされている。一四〜一五世紀にかけて、史料に江馬氏が度々登場する（『山科家文書』『烏丸家文書』等）。使節遵行の使者として室町幕府から認められるような、飛騨地方の有力武士であったことが分かる。

戦国時代になると、江馬氏は動乱の中で姉小路《あねがこうじ》氏や三木《みつき》氏《し》と争っている。天正十年（一五八二）、時の当主・江馬輝盛《てるもり》は南飛騨を治める姉小路（三木）自綱《よりつな》に敗れて討ち死する（八日町の戦い）。直後に三木方の小島時光《ときみつ》が高原郷に攻め入り、高原諏訪城は落城する（寿楽寺蔵『大般若経裏書』）。こうして江馬氏は、北飛騨の領主としての姿を失うこととなった。

【高原諏訪城の立地と構造】　高原諏訪城は下館の東背後、二十五山から南に向かって延びる尾根の南端頂および稜線の延長上、保木戸平（城山）山頂に位置する。江馬氏の本拠地である殿地区の段丘を見下ろすとともに周辺の出城と連絡し、越中方面・古川方面を監視する立地となっている。その立地

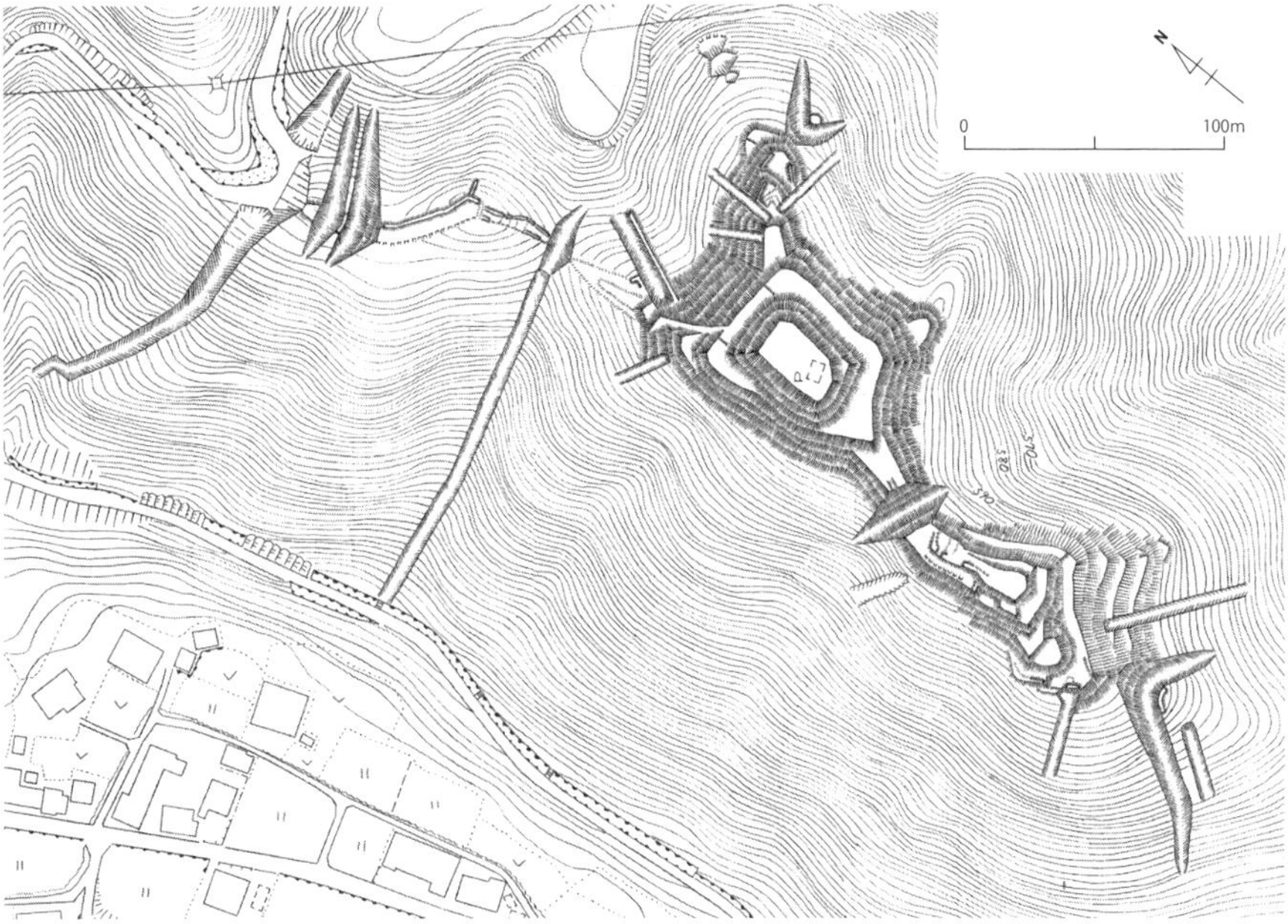

●—高原諏訪城縄張図（作図：佐伯哲也）

や規模から江馬氏の本城と考えられるが、築城年代・築城者は不明である。

地元で通称「一本松」と呼ばれている山の高台が主郭で、昭和中期まで象徴となる一本の松が生えていた。また、この場所は下館の会所から庭園越しに望むことができる。主郭平坦地は広いため、城の中枢区画であったと考えられる。主郭切岸《きりぎし》の下部には取り巻くように帯曲輪がめぐっている。また、その北側尾根の延長に巨大な堀切《ほりきり》や竪堀《たてぼり》を連続して設け、尾根筋からの攻撃に備えている。一方、主郭の南方にも巨大な堀切を設け、その先にも平坦地があり、さらに尾根の先端にも巨大な堀切と竪堀を設けている。この城の最大の特徴が、これらの各地区を区切るように構築されている巨大な堀切や竪堀である。いっぽうで古川盆地の城跡（小島城・古川城）に見られるような石垣の多用や桝形《ますがた》虎口《こぐち》の利用といった、後の改修の痕跡は認められない。そのため、飛騨の在地領主・江馬氏の城造りの特徴をよく示していると言える。戦国時代の大規模な土木工事の跡を体感できる、飛騨有数の山城である。

【明らかになった下館の構造】　下館では、昭和四十七〜五十三年（一九七二〜一九七八）に土地改良にともなう発掘調査が行われ、庭園跡・建物跡・堀跡などの中世武家館の遺構が

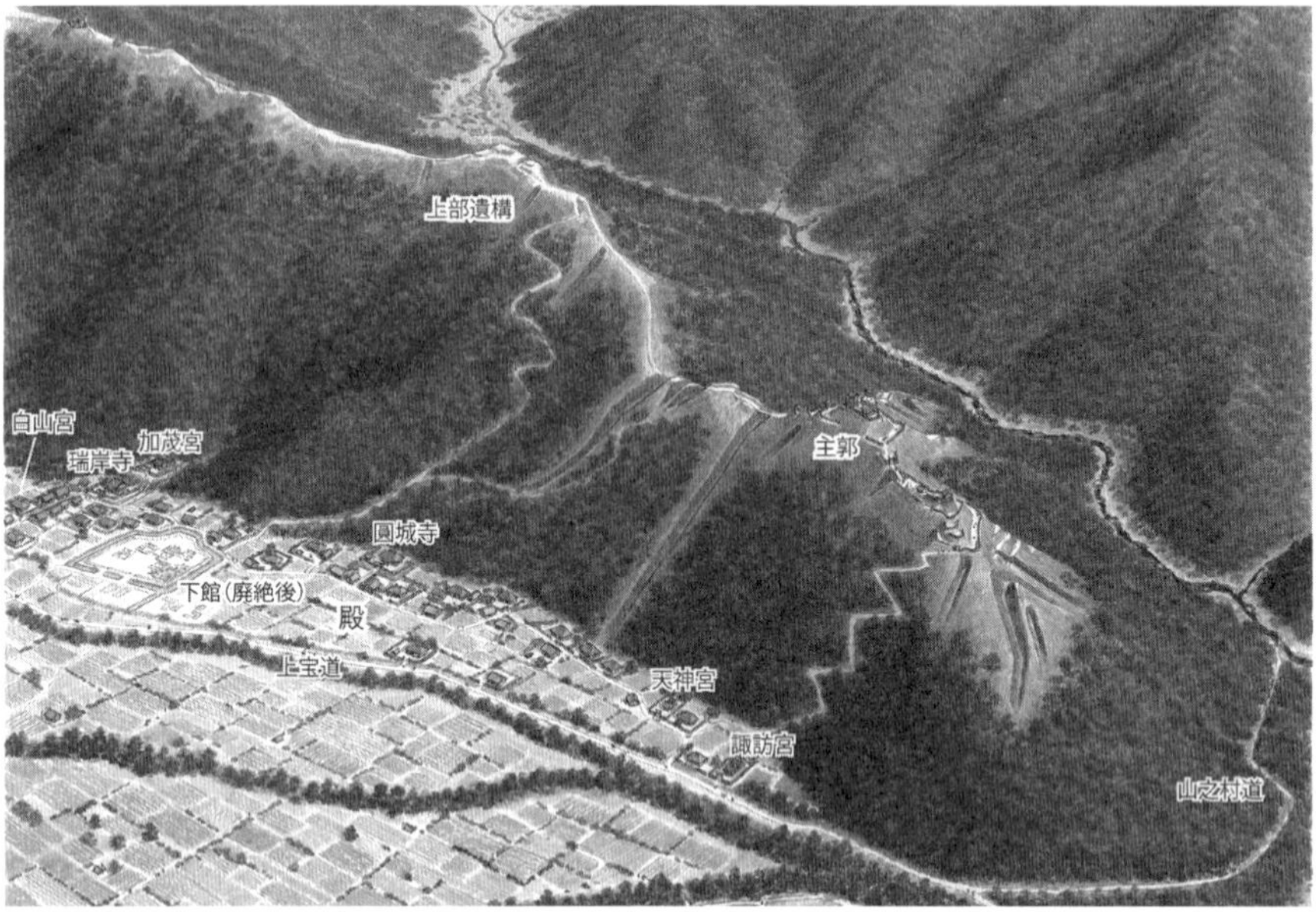

●—高原諏訪城跡想像復元イラスト（画：香川元太郎、監修：中井均）

良好に残っていることが明らかになった。その後、高原諏訪城や周辺の関連する山城跡（洞城、石神城、寺林城、政元城、土城）とともに昭和五十五年（一九八〇）に「江馬氏城館跡」として国の史跡に指定された。平成六年（一九九四）から史跡整備に向けた発掘調査が行われ、その結果、一四世紀末に館が成立し、一五世紀の後半〜一六世紀の前半ごろに庭園を持つ中世武家館の形式が成立したと推定された。

館の中心部は、北・西・南側の三方向を堀と土塀に、東側を山に囲まれた約一町四方の敷地である。西を正面とし、西側土塀には南側に主門、北側に脇門がある。それぞれの門の前は堀を掘り残し、土橋《どばし》としている。堀の形は基本的には逆台形の「箱堀」だが、主門前のみ逆三角形の「薬研《やげん》掘」であり、権威と格式の高さを示したものと考えられる。館の南西隅部には、東西二七メートル、南北一二メートルの不正楕円形の池を持つ庭園が配置される。その庭園に北接して会所《かいしょ》があり、土塀越しに北飛騨の山々を背景として取り込んでいる。庭園は豪壮な景石が並び立つのが特徴である。園池は対岸の汀をなす花《か》崗岩《こうがん》の景石群とともに、左手奥に滝石組、右手奥に中島と岩島を配し、会所の西側に張り出した縁台（月見台）の正面には洲浜を設けて、多用な意匠と視点を演出している。堀内には会所の他に常御殿《つねごてん》、対屋《たいのや》、台所と目される建物が確認でき

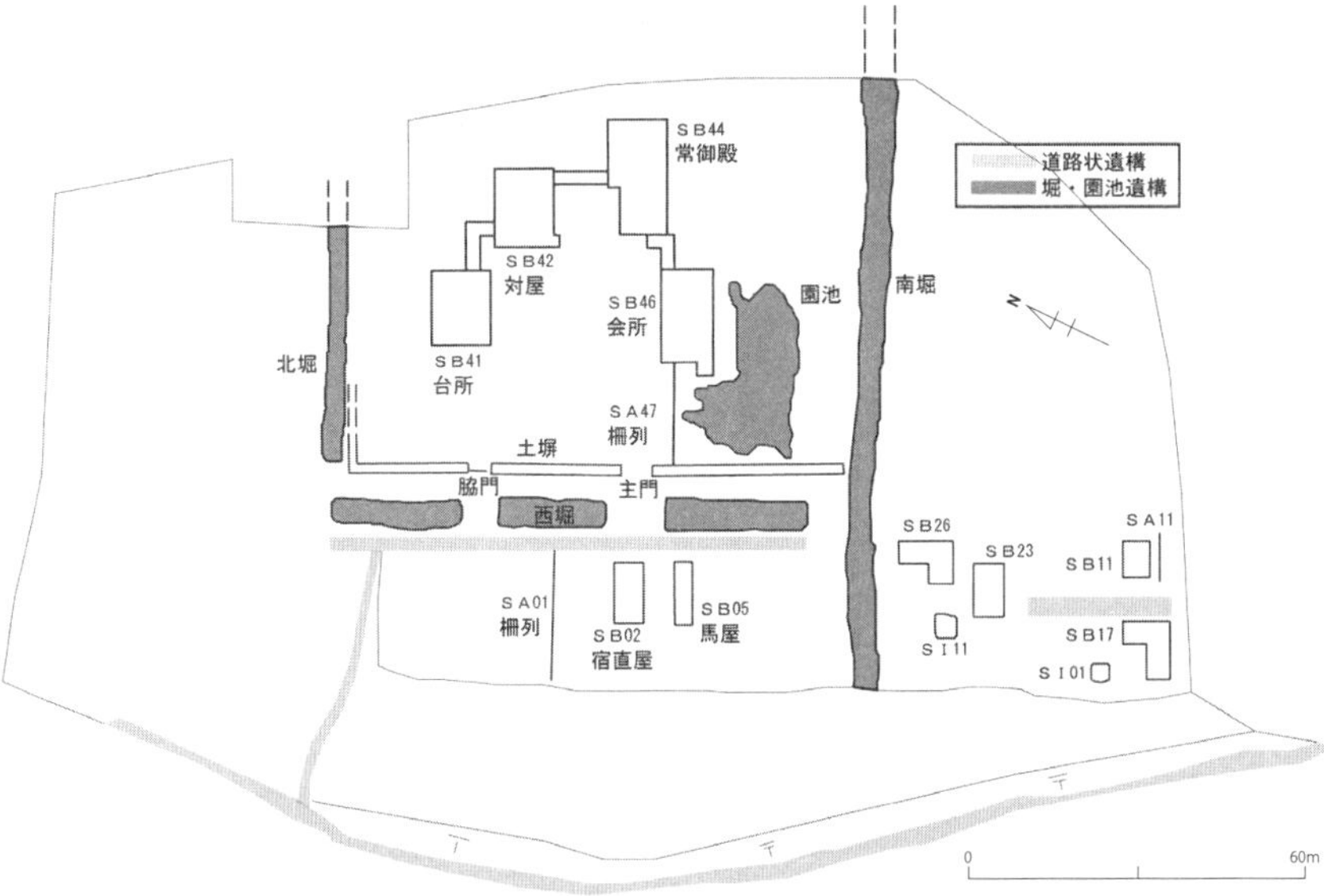

●—江馬氏下館跡遺構配置図（15世紀後半～16世紀初頭）

る。いずれも礎石建物であり、掘立《ほったて》柱建物・竪穴住居である堀外の地区とは対称的である。堀外は、道路や柵で区画を設け、主門前には門前の警備を行う宿直屋《とのいや》や馬屋が配され、南堀より南側には職人の作業小屋と考えられる竪穴住居や掘立柱建物が発見されている。発掘で発見された遺物は土師器《はじき》皿、瀬戸美濃焼の茶碗・壺甕類・香炉、瓦器の風炉《ふろ》・火鉢などの国産陶磁器のほかに、青磁の碗・皿・花瓶、白磁の皿、青白磁の梅瓶《めいぴん》、天目《てんもく》茶碗などの中国製陶磁器も多数出土している。また、碁石や銅製火箸《ひばし》も出土している。これらの遺物からは、会所を舞台に饗応・座敷飾り・茶の湯などを行っていたと想像できる。また、庭園・脇門

●—下館の発掘で出土した墨書かわらけ

付近の二ヵ所からは墨書かわらけが出土しており、館造営の際にまじないの一環として埋納したものと推定される。

下館の構造は、「洛中洛外図」に描かれる室町将軍邸や細川管領邸など、当時の上級武士の邸宅のあり方に酷似しており、江馬氏も同様の儀礼や文化的な催しを行って権威を示していたと考えられる。関連して『梅花無尽蔵《ばいかむじんぞう》』には、長享三年（一四八九）に江馬氏がもてなしを行った記録が残っている。「満盤の風味、江湖に置く」という文言から、下館の庭園・会所が舞台になったと考えられる。江馬氏は、当時先進的だった京都の武家文化の影響を受けながらこの地域を治めていたことが明らかになった。

●―復元された会所と庭園（国名勝）

【現在の城】下館は、庭園・会所・主門・土塀等の主要な遺構は詳細な検討を行い、復元展示の手法で整備して公開している。このうち復元会所と庭園区画は、室町時代さながらの庭園風景を会所建物から眺めることができ、平成二十九年（二〇一七）に「江馬氏館跡庭園」として国の名勝に指定された。会所内部では茶道・香道などの日本の伝統文化の体験講座が行われることもあり、会食の場所としても使用できる。高原諏訪城は下館跡付近の殿圓城《えんじょう》寺の裏から徒歩で登ることができる。城山を貫通する県道南側の尾根上主要部が見学しやすく、巨大な堀切をはじめとする城郭遺構や、主郭からの眺めは圧巻である。下館とセットで訪れたい。

【参考文献】岐阜県教育委員会『岐阜県中世城館跡総合調査報告書』（二〇〇五）、飛騨市教育委員会『史跡江馬氏城館跡下館跡地区整備工事報告書』（二〇一〇）、飛騨市教育委員会『史跡江馬氏城館跡・名勝江馬氏館跡庭園 保存活用計画書』（二〇一九）

（大下　永）

●江馬氏の本拠を見渡す最重要拠点

傘《からかさ》松《まつ》城《じょう》

〔県指定史跡〕

〔所在地〕飛驒市神岡町吉田・寺林・釜崎
〔比　高〕五〇〇メートル
〔分　類〕山城
〔年　代〕不明
〔城　主〕江馬氏
〔交通アクセス〕JR高山本線「飛驒古川駅」から。濃飛バス「神岡営業所」で同バス吉田線に乗換「阿弥陀堂前」下車。城跡まで徒歩一時間。または同線にて常蓮寺近辺で下車（バス停はなく、下車したい場所を運転手に伝える）。城跡まで徒歩約一時間。
※他にも複数の登山道がある。

【築城伝承と戦国末期の様相】　傘松城は吉田城とも称される、中世高原郷の中心地・殿段丘を見下ろす山城である。傘松城の南東麓、神岡町小萱《こかや》地区にある薬師堂（国指定重要文化財）の懸仏に永仁七年（一二九九）、藤原左兵衛尉国家《くにいえ》という人物が檀那《だんな》として記されており、この記録をもって江馬《えま》氏入国以前、鎌倉時代の築城とされてきた。また『定本飛驒城』によると、さらに遡って平治の乱で敗れた源義平に絡んだ伝説もあるとしている。このように平安～鎌倉時代の築城伝承がある一方で、中世後期にこの地方を支配していた江馬氏の城としては伝わってこなかった。

しかし、岐阜県が中世城館跡総合調査を実施し、傘松城を担当した佐伯哲也によって、現存する城郭遺構は江馬氏の最終段階の一六世紀後半まで使用された可能性が高いことが指摘された。傘松城の築城年代は不明であるが、一六世紀半ばに古川盆地を三木氏が掌握し、江馬氏との軍事的緊張が高まった際には、この傘松城がよく機能したものと考えられる。天正十年（一五八二）の「本能寺の変」直後、江馬氏は飛驒の覇権を争い、三木氏と雌雄を決すべく古川盆地へと進軍し、激突する（八日町の戦い）。決戦の結果、当主の江馬輝盛《てるもり》は討ち死し、その直後に小島時光《ときみつ》が高原郷に攻め入って本城の高原諏訪城は落城し、以降江馬氏は目立った活動が見られなくなる。傘松城が戦場となったかを文献からうかがい知ることはできないが、この時からほどなくして廃城になったものと考えられる。

●―傘松城全景（高原諏訪城跡上空より）

【高原郷支配における抜群の立地】 傘松城は現在の神岡市街地の西方・観音山（洞山）の山頂部に位置する。主郭からは高原諏訪城や下館といった、江馬氏の本拠地を眼前に捉えることができる。また、高原川上流（信州方面）に位置する洞《ほら》城や石神《いしがみ》城も視認できる。洞城や石神城は、江馬氏の本城である高原諏訪城からは直接見ることができないが、傘松城を通すことで連絡することができる。

そのほか、江馬氏と対立していた姉小路氏・三木氏が拠点としていた古川盆地方面の街道もよく見渡している。傘松城からは、西側の越中街道沿いに位置する寺林《てらばやし》城を眼下に見下ろすほか、東側の吉田街道も眼下に見下ろしている。高原諏訪城や下館からは古川盆地から敵が攻めてきた際、この観音山が屏風のように前に塞がって峠・街道を見通せず、侵入を察知しづらいという立地上の弱点がある。傘松城はまさにこの屏風の上から見下ろすような位置にあり、外敵の侵入警戒や高原郷支配のための最重要の軍事拠点であったと言える。

【江馬氏の城造りの特徴】 傘松城跡の城郭遺構は山頂を中心に、三方向の尾根沿いに展開する。主郭の南西側にあたる吉田地区の常蓮寺付近から登り、長い尾根道を歩いていくと、途中に堀切《ほりきり》が現れる。その堀切の先には切岸《きりぎし》・土塁《どるい》・竪堀《たてぼり》をともなう曲輪《くるわ》が上部に現れる。西側から攻め上った敵はまずここで苦戦を強いられたことだろう。第一の難関を越えてさらに尾根を攻め上ると、さらに巨大な堀切が存在する。幅は約一五メートル、深さ約七・五メートルを測り前後には土塁をともなっている。そこを越えるとやっと城の中枢部近くに辿り着くが、

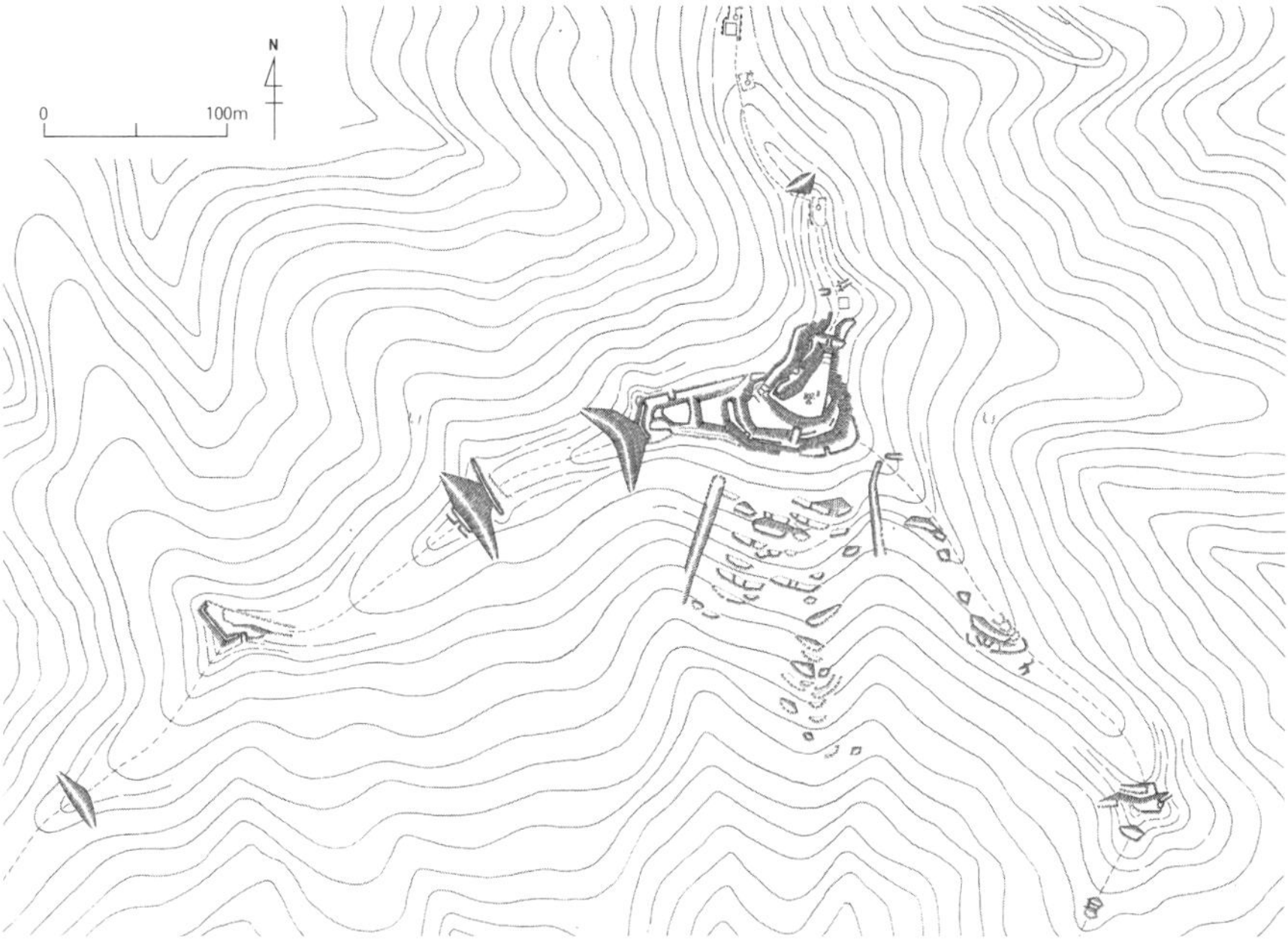

●—傘松城縄張図（作図：佐伯哲也）

またもや巨大な堀切によって阻まれる。堀切の上部には土塁が築かれ、主郭方向へのまわり込みを防止するように左右の斜面に竪堀を備えている。巨大な堀切は、高原諏訪城や洞城にも見られ、江馬氏の城造りの特徴をよく示している遺構である。堀切は敵の侵入を防ぐ機能がある一方で、城を区切って場所ごとに使い分けていたと考えられる。

最後の砦となる主郭付近も多くの工夫が凝らされている。主郭北側には土塁状通路が接続した虎口《こぐち》が存在する。土塁状通路は主郭西側の切岸と一体となって遮断線となっているほか、この通路の上を通行中は主郭から絶えず監視される構造であり、この地域の山城では発達した形の虎口である。また、主郭を西方向から攻め込んだ敵は主郭手前の横堀に誘導され、主郭周辺を取り巻く帯曲輪を通ることになる。この帯曲輪の通行中は、やはり長い時間上部からの攻撃にさらされる。このように、主郭付近は敵をまわらせ囲い込む構造になっており、西尾根上の巨大な堀切などと比較して技巧が細かい構造である。このような主郭まわりの様相は、他の江馬氏の山城と比較しても遜色ないもので、江馬氏が一六世紀後半に改修したものと想定される。

その他、江馬氏の本拠側にあたる主郭の北側尾根や南東側の尾根にも堀切や竪堀・曲輪群が認められる。主郭北側の堀切には城兵の出入りのためか、土橋《どばし》が設けられている。これら本拠側の遺構は西側と比べていずれも小規模で、防御性は低い。このことからも西側の古川盆地からの敵の侵入を特に警戒している様子が分かる。そのほか、主郭南側の斜面には二本の竪堀が存在し、その周囲には小規模な平坦面が多数存在する。

傘松城は巨大な堀切に代表されるダイナミックな土造りの城郭遺構や、主郭まわりの技巧的な通路設定を駆使しながら、常に西側からの攻めを警戒していた様子が分かる。実際に主郭から下館を見ると、人の動きまで手に取るように分かるような場所で、攻め落とされれば江馬氏にとって致命的な場所である。何が何でも傘松城は死守しなければならないという、江馬氏の意思が感じられる。

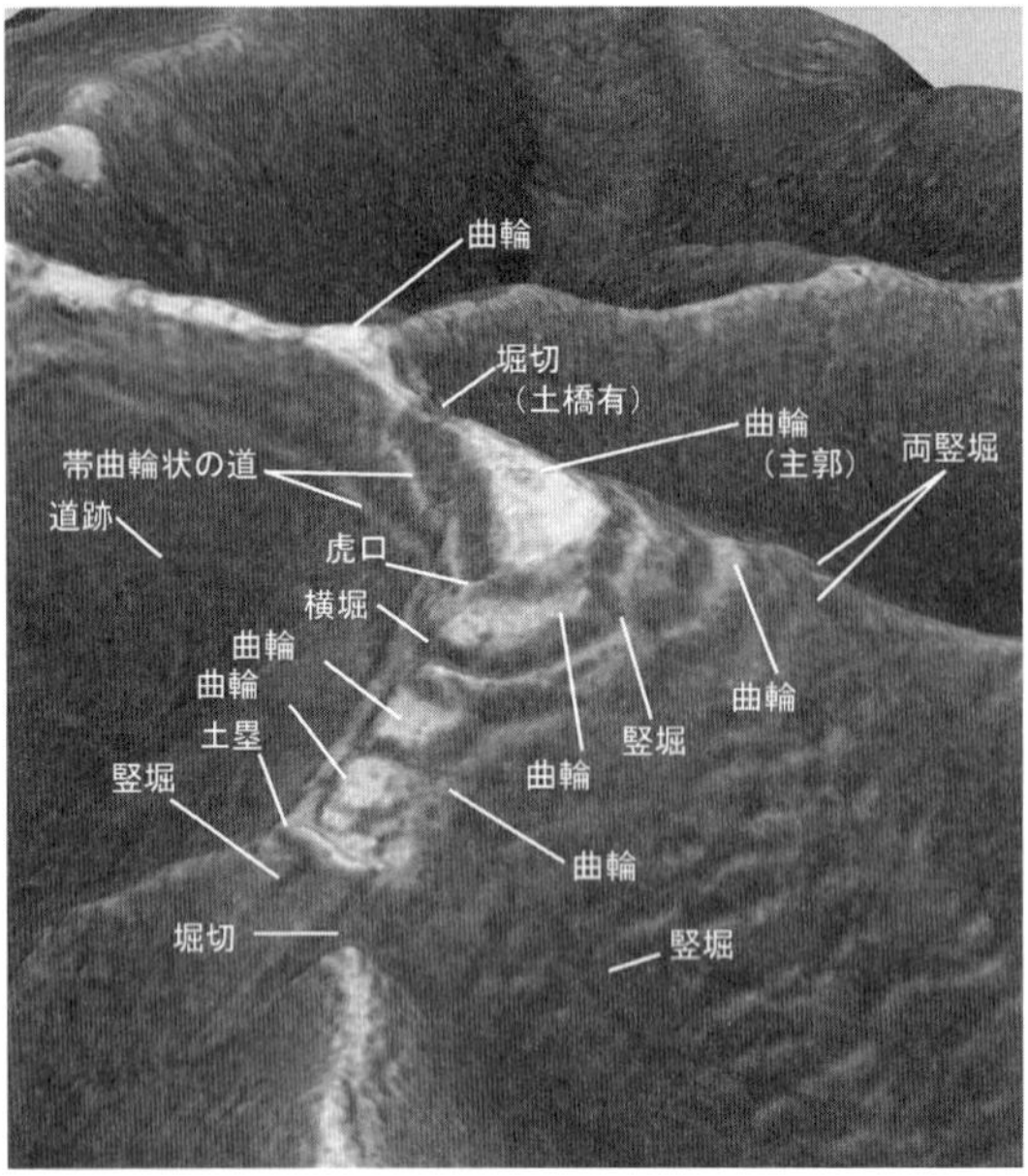

●—傘松城鳥瞰図(赤色立体図、主郭周辺)

【現在の城】傘松城は観音山と呼ばれるように、近代になって船津の洞雲寺が観音霊場を整備し、現在は信仰の山としても知られている。麓の各地区から登る道があり、吉田区側は地区を挙げて登山道を整備するなど、地元から愛される山城である。

麓から登るとかなり距離と比高差があるが、一度登ってしまえばすばらしい遺構や眺めで満足させてくれることは間違いない。数メートル尾根上を移動するだけで山の反対側の様子を克明に見渡すことができる立地や、連続して設けられた巨大な堀切は、まさに圧巻の一言である。戦国時代の武将の気持ちになって、ぜひ現地で追体験して欲しい。

【参考文献】岐阜県教育委員会『岐阜県中世城館跡総合調査報告書』(二〇〇五)、森本一雄『定本 飛驒の城』(一九八七)、佐伯哲也『飛驒中世城郭図面集』(二〇一八)、大下永「史跡江馬氏城館跡と傘松城跡の位置づけ」飛驒市教育委員会『飛驒市遺跡詳細分布調査報告―古川町・神岡町―』(二〇一九)

(大下 永)

執筆者略歴

石川美咲（いしかわ　みさき）	1991年生まれ	福井県立一乗谷朝倉氏遺跡資料館学芸員
岩井彩乃（いわい　あやの）	1978年生まれ	郡上市教育委員会
内堀信雄（うちぼり　のぶお）	1959年生まれ	別掲
大下　永（おおした　ひさし）	1985年生まれ	飛驒市教育委員会
佐伯哲也（さえき　てつや）	1963年生まれ	関西電力(株)
島田崇正（しまだ　たかまさ）	1973年生まれ	富加町教育委員会
鈴木　元（すずき　げん）	1966年生まれ	大垣市役所
砂田普司（すなだ　しんじ）	1977年生まれ	瑞浪市教育委員会
戸﨑憲一（とざき　けんいち）	1968年生まれ	各務原市教育委員会
中井　均（なかい　ひとし）	1955年生まれ	別掲
中嶌　茂（なかしま　しげる）	1971年生まれ	(公財)土岐市文化振興事業団
長沼　毅（ながぬま　たけし）	1973年生まれ	可児市役所
馬場伸一郎（ばば　しんいちろう）	1974年生まれ	下呂市教育委員会
三宅唯美（みやけ　ただよし）	1960年生まれ	恵那市役所
森島一貴（もりしま　かずき）	1981年生まれ	関市文化財保護センター
横幕大祐（よこまく　だいすけ）	1965年生まれ	池田町教育委員会

編者略歴

中井　均

一九五五年、大阪府に生まれる

一九七九年、龍谷大学文学部史学科卒業

現在、滋賀県立大学人間文化学部地域文化学科教授

〔主要著書〕

『中世城館跡の考古学』（編著、高志書院、二〇一四）

『城館調査の手引き』（山川出版社、二〇一六）

『近世城郭の考古学入門』（編著、高志書院、二〇一六）

『近江の山城を歩く』（編著、サンライズ出版、二〇一九）

内堀信雄

一九五九年、栃木県に生まれる

一九八一年、名古屋大学大学院文学研究科博士前期課程修了

現在、岐阜市ぎふ魅力づくり推進部文化財保護課特任研究員

〔主要著書〕

『守護所と戦国城下町』（共編、高志書院、二〇〇六）

『戦国美濃の城と都市』（高志書院、二〇二一）

東海の名城を歩く

岐阜編

二〇一九年（令和元）十二月一日　第一刷発行

二〇二五年（令和七）四月一日　第二刷発行

編　者　中《なか》井《い》　均《ひとし》

　　　　内《うち》堀《ぼり》信《のぶ》雄《お》

発行者　吉川道郎

発行所　株式会社　吉川弘文館

郵便番号一一三―〇〇三三

東京都文京区本郷七丁目二番八号

電話〇三―三八一三―九一五一（代）

振替口座〇〇一〇〇―五―二四四番

https://www.yoshikawa-k.co.jp/

組版・製作＝有限会社　秋耕社

印刷＝株式会社　平文社

製本＝ナショナル製本協同組合

装幀＝河村　誠

ISBN978-4-642-08364-5

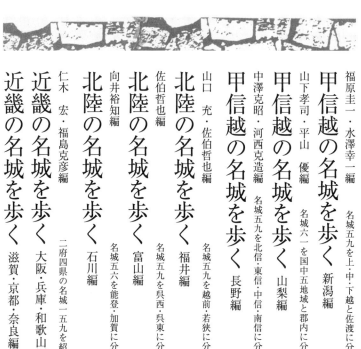